公路工程监理培训教材

Hetong Guanli

合同管理

（第二版）

雒　应　主编

交通部基本建设质量监督总站　审定

人民交通出版社

内 容 提 要

本书是公路工程监理培训教材之一，全面介绍了公路工程监理人员应掌握的合同管理基础知识，包括：合同法律知识、公路工程招标投标、公路工程合同、公路工程施工合同条款的基本内容、工程转让与分包、工程风险与保险、工程变更、工程延期、工程费用索赔、违约与合同纠纷的解决、FIDIC合同条件概论等内容。

本书主要作为公路工程监理人员的培训教材，亦可供公路工程设计、施工、管理单位从事合同管理的技术人员参考。

图书在版编目（CIP）数据

合同管理/雒应主编．—2版．—北京：人民交通出版社，2007.2

公路工程监理培训教材

ISBN 978-7-114-06373-2

Ⅰ.合… Ⅱ.雒… Ⅲ.道路工程—经济合同—管理—技术培训—教材 Ⅳ.U415.1

中国版本图书馆CIP数据核字（2006）第165164号

公路工程监理培训教材

书　　名：合同管理（第二版）
著 作 者：雒　应
责任编辑：沈鸿雁　毛　鹏
出版发行：人民交通出版社
地　　址：（100011）北京市朝阳区安定门外外馆斜街3号
网　　址：http://www.ccpress.com.cn
销售电话：（010）59757973
总 经 销：人民交通出版社发行部
经　　销：各地新华书店
印　　刷：北京交通印务实业公司
开　　本：787×1092　1/16
印　　张：19.5
字　　数：456千
版　　次：1999年9月　第1版　2007年3月第2版
印　　次：2013年3月　第2版　第12次印刷
书　　号：ISBN 978-7-114-06373-2
定　　价：35.00元

《公路工程监理培训教材》

编审委员会

序

1988年国务院做出在土木工程建设领域中实施工程监理制度的决定，交通部成为全国实施工程监理制度的首批试点部门之一。监理制度实施二十余年来，对促进我国公路和港口建设工程管理水平的提高发挥了重要作用。

为提高监理人员的管理能力、业务素质和专业技术水平，同时也为了使建设、设计、施工等参建各方了解和熟悉监理业务，交通部基本建设质量监督总站自1990年开始，陆续委托长安大学、长沙理工大学、重庆交通大学、东南大学等院校进行培训并编写了培训教材。截至2006年底，全国接受培训人员10万余人。

随着相关法律法规不断完善，国家对工程质量、安全和环保工作提出了新要求，加之新技术、新工艺、新材料、新设备不断涌现，原教材中的一些内容已不适应当前公路建设实际。有鉴于此，我站从2005年8月起着手组织对1999年版监理业务培训教材进行修订。修订后的教材共五册，分别是《监理概论》、《工程质量监理》、《工程费用监理》、《工程进度监理》、《合同管理》。

本套教材以最新颁布的法律、法规、标准、规范为依据，紧密结合公路建设实际，既注重监理培训的基本知识点，又综合考虑了培训对象知识结构方面存在的差异，并力争体现国际和国内工程建设管理和工程监理领域的新理念、新情况、新进展。同时，在教材编写过程中，编写人员还充分借鉴了教学过程中收集的反馈意见和建议。因此，本套教材更具科学性和实用性，是广大工程监理、工程管理、工程技术人员掌握监理技能、学习监理知识、拓宽知识面的良师益友。

我国公路建设方兴未艾。希望广大公路建设者，特别是从事工程监理工作的人员在工作中不断学习，增强责任感，为公路建设事业又好又快发展做出贡献。

交通部基本建设质量监督总站

李彦武

2007年3月

前　言

合同管理是公路工程监理业务培训的一门必修课程。本教材是根据交通部基本建设质量监督总站于2005年8月在北京主持召开的公路工程监理培训教材修订研讨会上确定的《合同管理》教学大纲，以原1999年版《合同管理》教材为基础，并参照交通部公路水运工程监理工程师执业资格考试大纲而修订编写的。这次修订广泛征求了长安大学、长沙理工大学、重庆交通大学、东南大学等高校及交通系统各相关单位的意见和建议，修订后增强了教材的理论性、系统性和可操作性。要求学员通过本课程的学习后，具备基本的法律和合同的观念与理论，熟悉合同的订立、履行、变更、解除和纠纷处理，掌握公路工程项目招标、投标、合同管理工作的程序和要点，并灵活熟练地将《公路工程国内招标文件范本》(2003年版)中的合同条款应用到工程实践中去，加强对工程分包、风险的管理，正确处理工程变更、延期、费用索赔、合同纠纷处理等问题，进一步增强市场经济与法制观念，运用法律、经济和科学管理的手段，搞好公路工程监理中有关合同管理的工作，具备监理人员培训上岗的要求。

本教材修订后，第一、二章内容有所充实完善，对基本理论加强论述，更加突出了合同法律基础知识的内容与讲解；第三章讲述公路工程施工招投标的法律法规、程序和方法；第四章讲述公路工程项目合同管理的特点、原理，使合同管理的范围加宽，内容加深；第五章到第十一章是关于《公路工程国内招标文件范本》(2003年版)中合同条款的论述与讲解，注意了理论性与系统性，还新增了部分内容，更加紧密结合我国的公路工程实践经验；第十二章讲述国际咨询工程师联合会(简称FIDIC)编写的《土木工程合同条件》的条件、发展、内容构成、应用状况及其与《公路工程国内招标文件范本》的合同条款的主要区别，加强了我国工程项目管理与国际接轨。

本教材由长安大学雒应主编。具体编写分工如下：第一、二、三章由长沙理工大学袁剑波、周娴编写；第六章由长安大学陈万春编写；第七章由长安大学秦建平编写；第四、五和八～十一章由长安大学雒应编写；第十二章由重庆交通大学刘浪编写。全书由中交第一公路工程局刘吉士高工主审。

本教材的编写是在交通部基本建设质量监督总站领导的具体指导下进行的，并得到长安大学、长沙理工大学、重庆交通大学、东南大学及其他有关单位的领导和同志们的支持与帮助，在此致以衷心的感谢！此外，作者在编写本教材的过程中，进行了大量的调研，有关专家提出了许多好的建议，同时编写中还参考了许多文献，对于这些专家和文献作者为推进我国公路工程建设管理工作的进步所作的贡献表示钦佩，也借此机会向他们表示谢意。

由于编者水平有限，时间较紧，教材中谬误和疏漏之处在所难免，敬请读者批评指正。有关意见和建议请寄长安大学公路学院(邮编:710064)。

编者

2007年1月于西安

目　录

第一章 绪 论

第一节 市场经济与合同法律

一、市场经济与合同法律

党的十四大明确提出了在我国建立社会主义市场经济体制的经济体制改革目标,我国的经济体制改革从此有了明确的方向:即培育市场,加快经济建设步伐,加强合同法律的制定与执行,以促使我国国民经济持续、快速并稳健地发展。

在市场经济体制下企业的经济联系主要表现为企业与企业之间的横向联系。市场合同主体之间具有平等的法律地位,并没有大小高低之分。横向联系需要法律手段来制约,市场中商品生产与商品交换必须遵循共同的规则,于是合同制度便应运而生,成为维持企业之间正常的经济联系的法律手段。因此,随着市场经济体制的形成、发育和完善,合同制度势必成为我国经济生活中的重要法律制度。

二、合同与法律

合同,又称契约,它是当事人双方或数方设立、变更和终止相互权利和义务关系的协议。合同制度在我国有着悠久的历史,远在奴隶社会,奴隶主买卖奴隶的契约,就是合同的一种形式。但合同作为一种企业之间横向联系的法律工具,却是现代商品生产和商品交换高度发展的结果。

自从人类进行第三次社会大分工后,商品经济得到了飞速发展,生产的社会化程度越来越高,分工越来越细,整个社会成为一个生产协作的有机整体,不同企业都是这个有机体中的一个细胞,离开这个有机体,企业就难以生存。企业之间,既是竞争对象,又是相互依存的伙伴。几乎任何一件产品,单凭企业自身的力量完成生产的全过程,而不借助外界的协助,那是不可想象的。就拿公路工程来说,建设单位要修建一条公路,单凭自己的力量是无法独立完成的,因此必须委托设计单位和施工单位进行公路的设计和施工,并且根据公路中包含的道路、桥梁、隧道、交通工程设施等不同工程的特点,委托不同的专业设计单位和施工单位;施工单位在施工中又可能将部分工程分包给别的单位,施工中需要的预制构件可能委托给预制厂;而预制厂所需要的各种原材料又得委托材料供应部门或生产厂家,等等。所以一项产品的生产过程实际上是无数企业相互协作和配合的结果,如果其中有一家单位不予协作,势必产生连锁反应,引起生产的混乱,其产品的完成亦无法实现。那么如何建立生产各方在建设过程中的有机联系,如何使一个项目的生产各方在建设过程中的相互协调,配合默契,使一个复杂的大系统的运转畅通无阻,得心应手?在市场经济体制下一个重要的保证措施,就是依靠法律。

什么是法律?法律是体现统治阶级意志,由国家制定或认可,依靠国家的强制力来保证实施的行为规范。简单地讲,法律是一种具有强制力的特殊行为规范,在社会化大生产中,法律依据其自身的地位,可以起到维护经济秩序的作用。企业之间要维持正常的经济交往,就得以法律的形式规定双方的权利和义务,促使生产各方全面地履行自己的职责。但就一项具体的生产而言,法律不可能对此做出具体的规定,在这种情况下,经济合同便产生了,它肩负起自己特有的使命,作为一种法律手段参与其经济生活的各个角落,成为维持企业之间横向联系的桥梁和纽带。通过合同手段,生产中各企业可以在平等互利的基础上有机地联系起来,保证每一个生产目标的实现。

由此看来,合同具有法律手段的特殊地位和作用,订立合同是一种法律行为。但合同并不等于法律,合同只有在依法成立时,才具有法律约束力,所以合同的订立必须以法律为前提,合同必须服从法律(或法规),违反法律的合同是无效合同。另一方面,当合同依法成立后,即具有法律效力受国家强制力的保障,此时违反合同,人民法院可以依守约方的请求强制违约方实际履行或承担其他违约责任。这就是合同与法律的关系。合同与法律的关系,也是特殊与一般的关系,法律代表了行为规则的普遍性,而合同则是法律在某一具体问题中的应用,它代表了行为规则的特殊性,普遍性寓于特殊性之中。因此,当事人双方的合同关系,实际上是一种法律关系。

什么是法律关系呢?法律关系是以法律规范的存在为前提,根据法律事实与行为而产生的权利义务关系。社会关系有各种各样的形式,如政治关系、朋友关系、经济关系、婚姻关系等等,在没有相应的法律之前,这种关系主要靠道德规范的制约,而有了相应的法律之后,这种关系被法律所调整,构成法律关系。所以法律关系是由法律规范的当事人之间的权利和义务关系。构成法律关系的要素有三个:主体、客体和内容。主体是指法律关系的参加者,当事人,它是权利的享有者和义务的承担者;客体又叫标的,它是权利和义务共同所指的对象;内容就是当事人的权利和义务。法律关系是一种平等关系,这里指的平等包括主体地位的平等、权利的平等和意志的平等,平等是民事法律关系的基本特征。法律关系又是一种对等关系,即权利和义务总是同时存在的、相互适应和相互制约的。在合同关系中,当事人甲方的权利是当事人乙方的义务,而当事人甲方的义务又是当事人乙方的权利,只享有权利而不承担义务或只承担义务而不享有权利的法律关系是不存在的。

三、建设市场的特点及对合同制度的影响

伴随着社会主义市场经济改革的深化,我国的土木工程建设市场也得到快速培育和发展。在20世纪80年代,我国工程建设市场就推行了招标投标制、承包合同制,90年代又推行了建设监理制和建设项目法人制。这些建设项目管理制度既是相互独立的,又是相互联系和相互影响的。其中,招标投标制度是实施承包合同制度的前提,是保证合同依法成立、合同内容公平公正、合同价格经济合理进而合同能正常履行的基础;建设监理制度是实施承包合同制度的保证,是保证业主、承包人双方合法权益、促进合同正常履行的重要手段;而建设项目法人制是

减少行政干预、保证主体平等从而有效实施承包合同制度的基本条件。他们共同构成了工程建设领域社会主义市场经济体制的有机整体,为合同制度在建设市场的全面推行奠定了至关重要的基础。

四、合同法律制度的现状与健全

健全与完善合同法律制度是适应社会主义市场经济体制的需要。我国现行的经济合同制度是20世纪80年代初开始建立的,应该说已取得了较大的发展,但同时还需进一步加强和完善。

1. 加强合同法制观念

合同法制观念是现代市场经济运行的重要精神支柱和约束力量。但由于历史的和社会的种种原因,我国国民的合同法制观念普遍不强,合同平均履约率不高,而且利用合同进行诈骗的违法案件时有发生。这种合同或契约关系中的不正常情况,不仅影响到了我国市场经济的发育和成长,而且也阻碍了国民经济的正常运行。因此,加强合同法律观念,信守合同原则是建立社会主义市场经济体制、健全经济合同法律制度、实现经济关系合同化的一项基础工程。当然,这绝非一朝一夕之事,要看到我国经济关系合同化进程的艰巨性、长期性和复杂性,只有将其看作是一个系统工程,通过全社会各个方面的努力,才能逐步完成。

2. 保障合同主体的独立性

建立与完善现代企业制度,赋予企业独立的法律地位与资格,排除行政干预对合同制度的影响,是经济关系合同化的重要前提。所以,在国家各项宏观改革措施出台的同时,应加快施工企业现代企业制度改革的进程,进一步完善建设项目法人制度,使企业真正做到自主经营、自负盈亏、自我约束。同时,还应保障投资者的资产收益、重大决策和选择经营者的权利,从而实现所有权与经营权的彻底分离。这样,企业才能以独立的法律人格,在自主自愿、平等互利、协商一致的原则下签订与履行合同。

3. 进一步完善合同法律制度

加快与完善合同立法,特别是统一合同法的制定与实施,将有利于创造良好的市场运行法制环境,为市场经济条件下的合同关系的建立、普及和发展,提供新的土壤。近年来我国加快了合同法律制度的配套与完善工作,1999年3月15日第九届人大二次会议通过并颁布了《中华人民共和国合同法》,有效地解决了原有合同立法中存在的问题。《中华人民共和国合同法》(以下简称合同法)自1999年10月1日起施行。该法按总则、分则、附则编制,共23章428条,明文规定了15种合同,是指导我国市场经济下合同订立、履行与管理的根本大法。新《合同法》与已颁布的《中华人民共和国招标投标法》、《中华人民共和国反不正当竞争法》、《中华人民共和国银行法》、《中华人民共和国担保法》、《中华人民共和国票据法》、《中华人民共和国保险法》、《中华人民共和国仲裁法》等法律构成了我国比较完善的市场经济法律体系,保证了经济关系合同化过程中相适应的其他经济立法的相互配套、相互协调及相互作用。

然而,合同或契约观念的树立,合同主体的形成与发展,各项合同法律制度的健全与完善,这几者之间是相互依存、相互作用的。从某种意义上说,合同法律制度的完善有待于市场经济的发育、成长与发展过程,离开了市场经济这个大环境,任何东西都将成为无本之木,无源之水。总之,合同法律制度的健全与完善、社会经济关系合同化或契约化的实现在我国将是长期而艰巨的任务，而其真正实现之日，也就是我国市场经济体制完善之时。

第二节　合同管理概述

一、合同管理与分类

合同管理一词在不同的场合有不同的含义，概括起来合同管理是指依据合同规定对当事人的权利和义务进行监督管理的过程。合同管理可分为宏观的合同管理和微观的合同管理。宏观合同管理是指国家和政府机关为建立和健全合同制度所开展的管理工作，包括立法工作、行政执法工作、行政监督工作等；微观的合同管理是指企业对合同的管理工作。就公路工程承包合同而言，微观合同管理按主体的不同可分为业主的合同管理、承包人的合同管理和监理单位的合同管理。同时，微观的合同管理又可分为广义的合同管理和狭义的合同管理。广义的合同管理是指以合同为依据所开展的所有合同管理工作，甚至包括招标投标工作；狭义的合同管理主要是指合同在变更过程中所开展的有关管理工作，包括处理工程变更、工程延期、费用索赔、审批工程分包等事宜。本书的合同管理主要是指监理工程师依据合同所组织的各项管理工作，重点是在合同变更过程中的合同管理工作。

二、施工监理与合同管理的关系

根据交通部颁发的《公路工程施工监理办法》和《公路工程施工监理规范》(JTG G10—2006)，施工监理是指监理单位参加监理投标，中标后与业主签订监理合同，并依据合同要求在施工准备阶段、施工阶段及缺陷责任期阶段对工程质量、安全、环保、费用、进度和合同等事宜进行全面的监督和管理。从施工监理的概念可知，施工监理的依据是合同，监理工程师所进行的监理工作实际上是合同管理工作，无论是进行质量、安全、环保监理，还是进行进度控制或计量支付，监理工程师都应按合同办事。监理工程师的职责和权限一旦在施工承包合同中予以明确，就变成了业主和承包人应遵守和执行的承包合同条款。一方面监理工程师应尽职尽责，不能越权；另一方面业主和承包人应服从监理工作，配合监理工作。监理工程师既不属于合同关系的甲方，也不属于合同关系的乙方。监理工程师的独立地位和公正要求，决定了他在合同管理中，能督促合同双方全面地履行合同，公正地解决工程变更、延期、索赔等合同管理事宜，协调双方的合同关系，及时避免或减少合同履行中产生的争议或纠纷，维护业主、承包人的合法权益，保证合同的正常执行。总之，监理工程师在合同管理中，既能处理日常的合同事务，又能对承包合同双方起到监督和约束作用。这就是施工监理与合同管理的关系。

三、加强和完善公路工程合同管理的必要性

改革开放以来，我国的公路建设事业取得了长足发展。由于公路工程建设中较早地采用了招标投标制、承包合同制及施工监理制，以后又推行了建设项目法人制，因而在公路工程质量、工期和造价上取得了良好的效果。特别是一些世行贷款项目，如京津塘高速公路，由于采用了严格的招投标制度、FIDIC 条款及施工监理制度，保证了合同的正常履行和工程的投资效

益。目前,在我国许多地区的公路交通部门掀起了一股 FIDIC 条款的学习热潮。FIDIC 条款是国际咨询工程师联合会颁发的土木工程施工合同条件,由于其内容具有公平合理、严密、权责明确及可操作性强的特点,因而得到了许多国家认可和使用。我国的世行贷款项目都采用 FIDIC 条款作为合同通用条款,一些由国家投资的公路建设项目,也在合同条款中逐步引进了 FIDIC 条款的内容。FIDIC 条款的推广使用,促进了承包合同制的完善。在十余年 FIDIC 条款的学习和使用中,交通部结合我国国情并总结经验,颁发并出版了《公路工程国际招标文件范本》和《公路工程国内招标文件范本》(1999 年版)、《公路工程施工监理合同范本》。而后,又对 1999 年版的《公路工程国内招标文件范本》进行了修订,出版了 2003 年版的《公路工程国内招标文件范本》,要求自 2003 年 6 月 1 日起,公开招标和邀请招标的二级以上公路和大型桥梁、隧道建设项目,必须使用《公路工程国内招标文件范本》(2003 年版);二级以下公路项目可参照执行;外资贷款项目有特殊规定的,可以适用其规定。这些文件和合同范本的颁发,进一步促使了我国土木工程管理与建设市场的繁荣与健康发展。

尽管项目法人制、施工监理制和承包合同制在公路工程建设中得到了全面推行,但在实践中依然存在不同程度的问题,影响了合同的正常履行,妨碍了合同公平与工程的正常进展。因此,加强和完善合同管理有着非常重要的意义,其重要意义体现在以下几方面:

(1)加强合同管理是工程建设市场从人治走向法治的需要;

(2)加强合同管理是基本建设管理的需要;

(3)加强合同管理有利于引进外资,是对外开放的需要;

(4)加强合同管理有利于提高企业素质,增强企业的竞争能力。

四、本书内容和教学要求

本书是研究和介绍监理工程师如何根据合同进行工程项目的监督和管理的培训教材,它以合同法律知识为基础,以我国公路工程施工合同条件《公路工程国内招标文件范本》(2003 年版)为重点,全面介绍了公路工程施工承包合同在订立、履行过程中的规定、基本程序和基本要求、当事人的权利与义务以及监理工程师的职责和权限,它是法学、经济学理论、土木工程科学和管理科学在组织实施合同中的具体运用,是监理工程师从事监理工作的必修内容。

本课程要求学员重点掌握公路工程施工监理中合同管理的基本概念、法律基础知识、《公路工程国内投标文件范本》(2003 年版)的主要内容以及有关工作程序和要求,能够依据合同处理施工监理工作中的实际问题,达到上岗操作的水平,更好地为发展我国的公路交通事业服务。因此,本书第一章和第二章是合同法律知识的学习,重点学习合同法的有关规定;第三章以《公路工程国内招标文件范本》(2003 年版)为主,参照国际招投标的有关规定,结合有关法律、法规介绍了公路工程招投标程序和方法;第四章以合同法律知识为基础,介绍了各种公路工程承包合同管理问题;第五章到第十一章重点介绍了公路工程施工合同条款的基本内容,并具体阐述了工程变更、分包、延期、索赔及违约的处理原则和方法等内容;第十二章简要介绍 FIDIC 合同条款及其与国内公路工程施工合同条款的区别。

全书立足于基本概念、基本理论、基本知识,注重理论联系实际,既便于教学,又便于学员在工作中不断自学提高。

〔思考题〕

1. 什么是法律和法律关系?

2. 法律关系包括哪些构成要素,其含义是什么?

3. 什么是合同?

4. 试论述合同在经济生活中的地位与作用。

5. 试论述招标投标制、承包合同制、项目法人制、建设监理制的内在联系。

6. 试论述法律与政策、法律与经济、法律与管理的相互关系。

7. 合同管理的内涵有哪些?

8. 简述施工监理与合同管理的关系。

9. 为进一步完善和健全合同制度,有哪些问题亟待解决?

10. 针对公路工程合同管理中存在的问题,论述加强和完善合同管理的必要性,以及怎样加强和完善公路工程合同管理。

第二章　合同法律知识

第一节　概　述

一、合同的基本概念

前面已经介绍了合同的概念，依据《中华人民共和国合同法》（以下简称《合同法》）的规定，合同是平等民事主体的自然人、法人、其他组织之间订立、变更、终止民事权利、义务关系的协议。合同在主体上范围较宽，可以是法人，也可以是自然人或其他组织。

合同在内容上应是关于财产关系即民事债权和债务关系的协议，而不是人身关系的协议，这是《合同法》的要求。对涉及婚姻、收养、监护等有关身份关系的协议，适用其他法律的规定。所谓法人，是指具有权利能力和行为能力并依法享有民事权利和承担民事义务的组织。企业、机关、事业单位、社会团体等组织，只要符合法定条件的都可成为法人。法人的本质是法律对一个社会组织的人格化，它是相对于自然人而言的。法人成立的必备条件有四个：

（1）依法成立。得到国家机关的登记、注册和认可。企业法人的注册机关是国家工商行政机关；事业法人的注册机关是上级政府主管机关。

（2）有独立支配的财产和经费。这是保证法人能独立进行经济活动、承担民事责任的物质基础。法人没有独立支配的财产，或者让法人从事超出自己财产范围之外的生产经营活动，不利于市场经济秩序的稳定。

（3）有自己的名称和组织机构。企业在办理法人登记时，要申明自己的法人名称、组织机构、联系地址、开户银行等。

（4）能够独立承担民事义务和进行诉讼活动。即法人对自己的法律行为所产生的法律后果承担全部法律责任，比如签订经济合同，在经营管理中出现了亏损，以及在经济活动中拖欠了债务等，都要由法人负责。

二、合同的代理

1. 代理的概念与基本特征

前面介绍了法人的概念，在合同的订立与履行过程中，法人的权利能力是由法人的职能范围或服务经营范围来决定的，而法人的职权是通过法人代表的行为来实现的。法人代表是指具有法人资格的企业或事业单位的法定代表人，如厂长、经理等，对合资公司或股份公司来说，法人代表是公司的董事长。只有法人代表才能代表公司进行生产经营活动,参与招标投标,签订经济合同。总工程师、总经济师、总会计师不是法人代表,未经法人代表授权,是不能代表公司进行经营活动的。法人代表的权力受法律的保护。在企业生产和经营过程中,经济关系涉及各个方面,工作繁多,不可能事事都由法人代表亲自处理,但法人代表可委托其他人(或组织)代行处理。这种一方(代理人)以他方(被代理人,也叫本人)的名义,在授权范围内同第三人为意思表示或接受第三人的意思表示,其法律后果直接归属于他方的行为叫做代理。代理具有以下四个基本特征:

(1)代理活动本身是一种法律行为;

(2)代理人是以被代理人的名义实施民事法律行为;

(3)代理人进行民事活动时,在授权范围内独立地表现自己的意志;

(4)代理人的代理行为所产生的法律后果直接由被代理人负责。

2.合同代理的基本形式与要求

根据我国法律规定,代理的产生有以下方式:

(1)委托代理　是指按照被代理人委托授权而产生代理权的代理行为。

(2)法定代理　是指由于法律的直接规定,而产生代理权的代理行为。

(3)指定代理　是指根据人民法院或指定单位(一般是国家主管机关)的指定,而产生的代理行为。

合同代理通常采用委托代理,代理人代订合同时,必须事先取得委托人的委托证明,并根据授权范围以委托人的名义签订,才对委托人直接产生权利和义务。因此,在法人代表授权以后,代理人可以代表公司进行经营活动。这种经营活动同样受到法律的保护,但代理人的这种活动,只有满足以下条件,才具有法律效力。

(1)必须事先取得委托单位的委托证明,即委托书。委托书须写明代理人的姓名、性别、年龄、单位、职务、委托代理事项、代理权限、有效期限、营业执照号码、开户银行、账号、委托日期等,并由法定代表人签字和委托单位盖章。

(2)代理人必须在授权范围内签订合同。委托单位对其代理人所签的合同,只对授权范围内部分负责;代理人超越授权范围签订的合同,事后又未被法人代表追认的,超越部分对委托人不具有法律约束力,而应由代理人自己承担损害赔偿责任。

(3)代理人必须以委托单位的名义签订合同。代理人如以自己的名义签订合同,则此合同只对代理人本人发生效力,而对委托单位无法律约束力。

3.合同代理的表现形式

充当或作为合同代理人的情况大体上有以下三类:

(1)企业或经济组织内部的有关人员;

(2)企业或其他经济组织的外聘和外雇人员;

(3)其他法人组织或其外驻机构。

三、合同的主要条款

合同的主要条款是指《合同法》规定的合同应当具备的基本条款,这些条款是合同的主要内容和核心。它规定了合同的三个要素特别是当事人双方的权利和义务,是确认合同内容是否完整、是否有效成立的条件,也是当事人双方履行合同和处理合同争议或纠纷的依据。

根据《合同法》第12条规定,合同的内容由当事人约定,但一般包括以下条款。

1. 当事人的名称或者姓名和住所

2. 标的

标的是指合同中当事人双方权利和义务共同所指的对象。由于合同的种类不同,标的也不相同。标的,可以是某种实物,也可能是某种工程、劳务活动或智力成果等。比如,买卖合同的标的是某种产品;勘察设计合同的标的是提供的勘察设计资料;公路工程施工承包合同的标的是公路工程项目等。

3. 数量

所谓数量是对标的的计量,是衡量标的大小、多少、轻重的尺度。签订合同,必须明确规定标的数量。为使数量清楚,计量单位和计量方法要明确,不可含混不清。要采用统一的计量单位,做到计量标准化、规范化。

4. 质量

标的质量是合同的主要内容,必须明确规定标的质量标准。当前,在订立公路工程施工承包合同时,主要通过"工程量清单"、"技术规范"、"图纸"等文件来明确规定标的的数量和质量。

5. 价款或报酬

价款或报酬统称为"价金"。所谓价款或报酬,是指合同当事人一方向交付标的物的另一方支付的以货币为表现形式的代价。在以货物为标的合同中,这种代价称为价款;在以劳务、智力成果为标的合同中,这种代价称为报酬。标的物的价格,由当事人双方协商确定或通过招标确定。

6. 履行期限、地点和方式

履行期限是指履行经济合同标的和价金的时间界限。合同的履行期限并不等于有效期限,合同有效期是指合同生效之日起至合同中当事人的权利和义务终结的时间,有时合同履行期限结束了,合同依然有效。例如,公路工程施工承包合同的有效期并不等于合同工期,合同工期结束了,但承包合同依然有效,合同关系依然存在,所以,如承包人未按时完工,业主可依据合同对其扣留违约金。履行地点是交付或提取标的物的地方,公路工程施工承包合同中,履行地点为公路工程项目所在地。履行地点也应该明确,否则易产生合同纠纷。履行方式,是指当事人采用什么方式履行合同义务。合同的履行方式,首先取决于标的性质,不同性质的标的,有不同的履行方式,但无论采用什么方式都必须明确规定是一次履行还是分期分批履行,是当事人自己履行还是由他人代为履行等。如公路工程施工承包合同中,通常应将转让和分包问题、分段移交问题等在合同中做出明确规定。履行方式包括标的交付方式和价金的结算方式。在价金结算过程中,除国家允许用现金履行义务的外,必须通过银行转账结算,且应以人民币形式支付。

7. 违约责任

违约责任是指由于当事人一方或双方的过错,造成经济合同不能履行或不能完全履行时责任方必须承担的责任。明确规定双方的违约责任,有利于双方严肃认真地签订和履行经济合同,有利于追究责任方的违约责任。

8. 解决争议的方法

当事人可以参照各类合同的示范文本订立合同。

四、合同的形式与分类

《合同法》规定,合同在类型上包括买卖合同、供用电、水、气、热力合同、赠予合同、租赁合同、融资租赁合同、承揽合同、建设工程合同、运输合同、技术合同、保管合同、仓储合同、委托合同、行纪合同、居间合同。公路工程建设中的勘察、设计、施工合同属于建设工程合同的范畴,而监理合同属于委托合同的范畴。

合同还可以按照不同的标准,从不同的角度,进行不同的分类,这种分类在法律上具有一定的意义。

1. 合同的形式

根据订立合同的形式划分,合同可分为口头合同和书面合同。书面合同是指合同书、信件和数据电文(包括电报、电传、传真、电子数据交换和电子邮件)等可以有形地表现所载内容的形式。口头合同内容简单且当面成交,履约时间短,无需签订书面协议。由于口头合同无据可查,一旦发生合同纠纷,难以举证,无从处理,因此对于法律、行政法规规定采用书面形式的以及当事人约定采用书面形式的,应当采用书面形式。根据《合同法》第270条规定,建设工程合同,应当采用书面形式。对于必须采用书面形式的合同,是否采用了书面的形式,就成了经济合同有效的条件。在公路工程承包合同,不仅其合同应采用书面形式,而且双方来往的函件,以及监理工程师在合同管理中作出的指示、同意、决定或批准等都应当采用书面形式,这些文件都可以视为承包合同的补充文件。随着电子技术的飞速发展,人们将采用电子技术签订经济合同,而使传统书面形式的合同进入电子合同时代。

2. 合同的分类

(1)根据履行期限的长短不同,可分为长期合同和短期合同。长期合同是指合同期在一年以上的合同;短期合同是合同期不超过一年的合同。按国际惯例,长期合同中应单独设立因通货膨胀等因素对价款或报酬额产生影响的处理条款,而不应笼统地让承包人在报价中去考虑此类风险。

(2)按合同的效力不同,可分为有效合同、无效合同和可撤销合同。无效合同不具有法律效力。

(3)按合同内容的包含关系不同可分为总合同与分合同。分合同的内容属于总合同的组成部分。分包商只和总包商发生合同关系,总包商应就分包商的权利和义务向业主负责,当分包商违约时,业主只追究总包商的违约责任。

(4)根据合同的主从关系不同可分为主合同与从合同。主合同是指不以其他合同的存在为前提而独立成立和独立发生效力的合同;从合同是指依据其他合同的存在为前提而成立并发生效力的合同。例如,担保合同、保险合同等就是施工承包合同的从合同。主从合同的关系是,主合同不仅影响从合同的存在,而且影响从合同的履行;而从合同并不影响主合同的存在,但它却影响主合同的履行。有没有从合同,主合同的履行情况和履行质量是不一样的,主合同与从合同并存可产生互补作用。

(5)按当事人双方是否互负义务可分为双务合同与单务合同。双务合同是当事人双方相互享有权利和相互负有义务的合同,也即双方的义务具有对应关系,一方的义务就是对方的权利,反之亦然,一方承担义务的目的就是为了获取对应的权利。《合同法》规定的大多数合同都属于双务合同。单务合同是指合同当事人双方并不相互享有权利、负有义务的合同,主要是一方享有权利而另一方承担义务的合同,如赠与合同。

第二节　合同的订立

一、合同订立的基本原则

订立合同的过程是合同当事人就合同的权利、义务及合同的主要条款达成一致的过程。当事人之间订立合同是产生一定社会后果的法律行为,为保证合同的有效性,在合同的订立过程中应遵守以下基本原则。

1. 合法原则

订立合同时,必须遵守法律和行政法规,服从法律、法规的规定和要求。合法原则的内容如下。

(1)主体资格合法。即订立合同的当事人,应该是法人或其他经济组织、个体工商户、农村承包经营户等,且应满足合同条例和行政法规的规定。

(2)合同的内容必须合法、真实。即合同的标的必须是法律允许交易的标的,合同的条款应服从法律、法规的规定,合同的主要条款应完备,内容表述应真实。

(3)代理合法。即合同的代理应符合我国的合同代理制度,代订合同前,应取得委托人的委托证明,并根据授权范围以委托人的名义签订。

(4)程序和形式合法。即合同的订立程序和订立形式应符合法律、法规的具体规定。

2. 平等、自愿、公平原则

在订立合同过程中,应遵循平等互利、协商一致的原则,满足地位平等、权利平等、意志平等的要求。当事人有订立或不订立合同的自由。任何一方不得把自己的意志强加给对方,更不得胁迫对方签订合同,任何单位和个人不得非法干预合同的订立。

二、合同的订立程序

当事人订立合同的过程,是要约和承诺的过程。即合同的订立程序,包括要约和承诺两个阶段。

1. 要约

要约是希望和他人订立合同的意思表示。一项要约欲取得法律效力,必须具备一定的条件,《合同法》要求应符合以下规定:

(1)内容具体确定。

(2)表明经受要约人承诺,要约人即受该意思的约束。

内容具体确定是指要约的内容明确、全面,受要约人通过要约不但能明白地了解要约人的真实意愿,而且还能知道未来合同的一些主要条款;经受要约人承诺,要约人即受要约的约束是指要约一经到达受要约人,在法律或者约定的期限内,要约人不得擅自撤回或变更其要约,一旦受要约人对要约予以承诺,要约人与受要约人之间的合同订立过程即告结束,合同也就成立了,发出要约的人自然要受已经成立的合同的约束。

要约不同于要约邀请(或称要约吸引)。要约邀请是希望他人向自己发出要约的意思表示,它通常不满足要约的构成条件,没有特定的对象,它自身并不发生必须与对方订立合同的效力,而只是唤起别人向自己做出要约的意思表示。寄送的价目表、拍卖公告、招标广告、招标说明书、商业广告等为要约邀请。

要约到达受要约人时生效。采用数据电文形式订立合同,收件人指定特定系统接收数据电文的,该数据电文进入该系统的时间,视为到达时间;未指定特定系统的,该数据电文进入收件人的任何系统的首次时间,视为到达时间。采用直接送达的方式发出要约的,记载要约的文件交给受要约人时即为到达;采用普通邮寄送达方式要约的,以受要约人收到要约文件或者要约送达受要约人信箱的时间为到达时间;在要约中提出了生效时间,则以要约中提出的生效时间为准。

要约对要约人的约束力在要约生效以后才发生,这种约束力表现为要约人不得擅自撤回或者变更其要约,一旦受要约人对要约予以承诺,合同即告成立,当事人应按要约中提出的合同条款履行合同。在要约生效期间,对以特定物为标的的要约,不能同时向第三者要约。根据《合同法》规定,当事人撤回要约,应在要约未生效之前进行,即撤回要约的通知应当在要约到达受要约人之前或者与要约同时到达受要约人。

根据《合同法》规定,要约在下列情形下不得撤销:

(1)要约人确定了承诺期限或者以其他形式明示要约不可撤销;

(2)受要约人有理由认为要约是不可撤销的,并已经为履行合同做了准备工作。

要约在下列情形下失效:

(1)拒绝要约的通知到达要约人;

(2)要约人依法撤销要约;

(3)承诺期限届满,受要约人未作出承诺;

(4)受要约人对要约的内容做出实质性变更。

所谓实质性变更是指有关合同标的、数量、质量、价款或者报酬、履约时间、地点和方式、违约责任和解决争议方法等的变更。

2. 承诺

又叫接受提议,是受要约人同意要约的意思表示。承诺有效成立,必须具备以下条件;

(1)承诺的内容应当与要约的内容一致。受要约人对要约的内容提出或附带实质性的变更条件,则这种意思表示不是承诺而是新要约;

(2)承诺须由受要约人或其合法的代理人表示;

(3)承诺应当在要约确定的期限内到达要约人,要约没有确定承诺期限的,承诺应当依照下列规定到达:

①要约以对话方式作出的,应当即时作出承诺,但当事人另有约定者除外;

②要约以非对话作出的承诺应当在合理期限内到达。合理期限要根据要约发出的客观情况和交易习惯确定,既要保证受要约人有足够的时间考虑,也要使要约人的信赖利益不受损害。

承诺期限的开始时间按以下规定计算：

要约以信件或者电报作出的，承诺期限自信件载明日期或者电报交发之日开始计算；信件未载明日期的，自投寄该信件的邮戳日期开始计算；要约以电话、传真等快速通信方式作出的，承诺期限自要约到达受要约人时开始计算。

承诺期限的截止日期是指承诺最迟必须送达的时间。未能在承诺期限截止日期前送达的承诺为无效承诺或新要约。受要约人在承诺期限内发出承诺，且按照通常情形能够及时到达要约人，但因其他原因承诺到达要约人时超过了承诺期限的，除要约人及时通知受要约人因承诺超过期限不接受该承诺的以外，该承诺算及时到达。

当承诺符合以上条件时，则承诺到达要约人时生效。承诺应当以通知的方式作出，但根据交易习惯或者要约表明可以通过行为作出承诺的除外。

承诺生效后，当事人不得撤回承诺，除非撤回承诺的通知在承诺通知之前或与承诺通知同时到达要约人。这是因为根据《合同法》规定，承诺生效时合同成立，特别是当要约和承诺方主体合格，内容合法、真实、完整，程序和代理合法有效，且符合前述平等原则的基本要求，就产生了有效成立的合同（或合同关系），对当事人双方具有法律约束力。

3.要约和承诺的表现形式

以竞争形式订立合同时，要约和承诺最典型的表现形式是招标和拍卖。

（1）招标。招标可分为招标文件的准备与发送、投标、评标定标三个阶段。

①招标文件的准备与发送。这是招标人通过一定的方式公布一定的标准和条件，招请有关单位参与投标的行为。这一个过程在性质上属于要约邀请，无特定对象，不发生招标人必须与对方订立合同的效力。

②投标。投标是投标人按照招标人提出的标准和条件，在指定的期限内向招标人报送标书，提出报价的行为。投标是一种要约，对投标人有约束力。投标人在投标有效期内不得变更或撤销标书，并负有按标书内容与招标人订立合同的义务。为约束投标人履行这一义务，通常要求投标人在投标时提交投标担保。

③评标和定标。本阶段是招标人对投标人投送的标书进行评定、比较、选择并确定中标人的行为。向中标人签发中标通知书是定标的标志，定标有发生承诺的效力。

投标与定标的过程实际上是要约与承诺的过程，定标即意味着双方当事人的意思表示一致，合同成立。

（2）拍卖。拍卖是由出卖标的物的人提出出卖该物的要求和条件，再由各应买方提出自己的条件，相互报价，进行竞争，最后由出卖人拍定成交的行为。出卖人叫拍卖人，买受人叫拍买人或应买人。一般情况下，拍卖人提出的拍卖要求和条件属于要约邀请，无特定对象，应买人提出的条件属于要约，拍卖人的拍定属于承诺。一旦拍定，即表明双方当事人意思表示一致，合同即告成立。

4.编制合同条款的法律要求

编制合同条款时，一方面符合合法原则和公平原则；另一方面，合同的主要条款应完备具有较强的可操作性。同时应遵守以下规定。

（1）国家根据需要下达指令性任务或者国家订货任务的，有关法人、其他组织之间应当依照有关法律、行政法规规定的权利和义务订立合同。

(2)采用格式条款订立合同的,提供格式条款的一方,应当遵循公平原则确定当事人之间的权利和义务,并采取合理的方式提请对方注意免除或者限制其责任的条款,按照对方的要求,对该条款予以说明。

格式条款是当事人为了重复使用而预先拟定,并在订立合同时未与对方协商的条款。

5.缔约过失责任

《合同法》规定,当事人在订立合同中,因以下各种过错给对方造成损失的,应承担损害赔偿责任:

(1)假借订立合同,进行恶意磋商。

(2)故意隐瞒与订立合同有关的重要事实或者提供虚假情况。

(3)有其他违背诚实信用原则的行为。

缔约过失责任往往是基于合同不成立或合同无效而产生的民事责任,违反的是合同前义务。

6.合同的成立

根据《中华人民共和国合同法》规定,下列情形下合同成立:

(1)承诺生效时合同成立。

(2)当事人采用合同书形式订立合同的,自双方当事人签字或盖章时合同成立。

(3)采用合同书形式订立合同,在签字或盖章之前,当事人一方已履行主要义务,对方接受的,该合同成立。

(4)当事人采用信件、数据电文等形式订立合同的,可以在合同成立之前要求签订确认书,签订确认书时合同成立。

合同成立的地点有如下规定:

(1)承诺生效的地点为合同成立的地点。

(2)采用数据电文形式订立合同的,收件人的主营业地点为合同成立的地点,没有主营业地点的,其经常居住地为合同成立的地点。

(3)当事人采用合同书形式订立合同的,双方当事人签字或盖章的地点为合同成立的地点。

(4)当事人约定了合同成立地点的,约定的地点为合同成立的地点。

三、合同的生效

《合同法》规定,下列情况下合同正式生效:

(1)依法成立的合同,自成立时生效。

(2)法律,行政法规规定应当办理批准、登记等手续的,则只有经过批准、登记以后合同才能生效。

(3)当事人对合同的效力附生效条件的,则自条件成熟时生效。

(4)当事人对合同的效力附生效期限的,则自期限届至时生效。

四、无效合同与可撤销合同

1.无效合同的概念与类型

凡严重违反合同订立原则的合同都属于无效合同。《合同法》明确规定,下列合同为无效合同：

（1）一方以欺诈、胁迫的手段订立合同，损害国家利益。

（2）恶意串通，损害国家、集体或者第三人利益。

（3）以合法形式掩盖非法目的。

（4）损害社会公共利益。

（5）违反法律、行政法规的强制性规定。

根据合同法的规定，无效合同有以下类型：

（1）主体不合格的合同。如：规定主体必须具备法人资格时，不具备法人资格的社会团体组织，以法人名义签订的合同；未经核准登记以及未领取营业执照，以个体工商户名义签订的合同；不满足法律、行政法规有关民事主体的其他强制性主体资格要求的人（包括法人和团体）签订的合同。

（2）内容不合法的合同。如合同条款违反国家法律、行政法规的强制性规定的合同；合同标的为国家明令禁止买卖的物或未经许可经营的物或法律、法规所不允许的行为；当事人有意回避法律，损害国家利益、社会公共利益和他人利益而签订的合同等。

（3）代理不合法的合同。如代理人未经授权、超越代理权限或者代理权消灭后，未被代理人追认所签订的合同；代理人以被代理人的名义同自己签订的合同；代理人以被代理人的名义同自己代理的其他人签订的合同；代理人与对方通谋签订损害被代理人利益的合同。

（4）程序和形式不合法的合同。如规定必须采用招标投标程序订立合同时，违反法定的订立程序的合同；合同的订立形式必须采用书面形式时，不符合法定形式的合同。

（5）当事人一方采用欺诈、胁迫的手段损害国家利益订立的合同。

2. 无效合同的确认及法律责任

无效合同的确认权，归仲裁机构或人民法院。无效合同的确认，具有溯及既往的效力，无效合同从订立时起就没有法律效力。对无效合同的财产后果，应当根据当事人的过错大小，按以下办法处理：

（1）返还财产。即使当事人的财产关系恢复到签约以前的状态。如果当事人依据无效合同取得的标的物还存在，则应返还给对方，如果标的物已不存在而不能返还或没有必要返还时，可用折价赔偿损失的方法给对方抵偿。

（2）赔偿损失。这是过错方造成损失时，应当承担的责任。如果双方都有过错，应当按照责任的主次、轻重来承担经济损失中责任相适应的份额。

（3）追缴财产。这是对当事人恶意串通、故意损害国家利益、集体利益或者第三人利益的行为所采取的一种惩罚手段，追缴的财产上交国库或者返还集体、第三人。

3. 可撤销合同

可撤销合同是指合同的内容对当事人一方显失公平或当事人一方对合同内容有重大误解的条件下订立的合同，以及一方取欺诈、胁迫的手段或乘人之危，使对方在违背真实意思的情况下订立的合同。可撤销合同履行中发生纠纷，当事人有权请示仲裁机构或人民法院对合同予以变更或撤销，合同被变更后，应按变更后的合同执行；合同被撤销后，原合同从签订时起即告无效。

4. 无效免责条款

无效免责条款指没有法律效力的，当事人约定免除或者限制其未来责任的合同条款。这些条款有：

(1)造成对方人身伤害的免责条款。

(2)因故意或者重大过失造成对方财产损失的免责条款。

(3)提供格式条款一方免除自身责任、加重对方责任、排除对方主要权利的合同条款。

5. 部分无效合同

无论是无效合同还是可撤销合同，如果其无效或者被撤销而宣告无效只涉及合同的部分内容，不影响其他部分效力的，则其他部分仍然有效。部分有效的合同须具备以下条件：

(1)合同内容是可分的。

(2)合同无效或者被撤销的部分不影响其他部分的效力。即无效部分或被撤销部分与其他部分之间没有直接的、必然的联系。

五、效力待定合同

以下几种情况下，《合同法》将其归纳到合同效力待定的范畴之中。它们包括：

(1)限制民事行为能力的人订立的合同。如果该合同是纯获利益的合同或者是与其年龄、智力、精神健康状况相适应的人订立的合同，则合同有效；如果该合同不是纯获利益的合同或者是与其年龄、智力、精神健康状况不相适应的人订立的合同，则须经法定代理人追认后，合同有效；如果法定代理人不予追认或拒绝追认，则合同无效；在合同被法定代理人追认前，对方基于善良动机可以撤销合同，则对方在向法定代理人表示后，自撤销之日起，双方的权利义务关系归于消失。

(2)无权代理人订立的合同。对行为人没有代理权，超越代理权或者代理权限终止以后再以被代理人的名义所订立的合同，如果被代理人对代理权予以追认或对方有理由相信行为人有代理权的，则合同有效；如果被代理人不予追认或拒绝追认，则合同无效(见前文)；合同被追认前，善意相对人可以随时撤销合同(应及时向对方发出撤销通知)。

(3)法人代表(或其他组织负责人)越权订立的合同。如果对方知道或者应当知道其超越权限的，则合同无效，否则，该代表行为有效，合同成立。

(4)无处分权的人处分他人财产而订立的合同。在这种情况下，经权利人追认或者无充分处分权的人订立合同后取得了处分权，合同有效；否则合同无效。

六、合同的担保

为了促使合同全面履行，保证权利人的权利得以实现，增强当事人履行合同的责任心，维护合同的严肃性，保障市场经济有序运行，依据《中华人民共和国担保法》，合同实行担保制度。

合同的担保，是指合同当事人根据法律规定或双方约定，为确保合同的切实履行而设定的一种权利、义务关系。合同的担保有如下法律特征：

(1)附属性。亦称从属性，即合同的担保一经成立，便在原合同关系的基础上产生一种新的担保法律关系，这种法律关系不是一种独立存在的法律关系，而是从属于主合同的法律关系，它必须以主合同的有效存在为前提，合同变更或消灭时担保也随之变更或消灭。

(2)预防性。即合同的担保具有防止违约的作用，可以保障当事人的权利不受损失，只要一方不履行合同，另一方就有权请求履行担保义务或主动行使相应的权利，因而对违约有警戒作用，会产生预防受损的积极效果。

根据我国法律规定，合同的担保形式有定金、保证、抵押、留置权、质押五种，以下分别对五种担保的法律特征进行说明。

1. 定金

定金是指缔约一方为了保证合同的履行，在订立合同前向对方给付一定数额的货币的担保形式。《合同法》第115条规定的定金罚则是：债务人履行债务后，定金应当抵作价款或收回；给付定金的一方不履行约定债务的，无权要求返还定金；收受定金的一方不履行约定债务的，应当双倍返还定金。

在采用定金作担保形式时，定金的大小应适当，定金过高会加重当事人的负担，实践中也难于执行，定金过低则不利于促进合同的履行，起不到定金应具备的作用。如勘察设计合同实行定金担保，一般规定设计合同的定金为设计费的20%。

定金罚则适用当事人过错违约的情况，当事人过错违约时，除接受定金罚则外，仍要支付违约金、赔偿金等。但根据《合同法》第116条，当事人既约定定金又约定违约金的，一方违约时，对方只能在定金与违约金条款中二者择一，而不能并用。

定金不同于预付款。预付款与定金的区别是，预付款不具备担保作用，如果合同不能履行，当事人应如数退还预付款，但不发生像定金那样双倍返还的法律后果。支付定金是履行担保合同的过程，而支付预付款是履行合同义务的过程。例如，在公路工程施工承包合同的履行中，实行预付款制度，即在合同签订后或工程开始施工前，由建设单位(业主)先行向施工单位支付一定数量的工程款额，而后在承包合同的履行过程中由业主逐步扣回。但当承包人不履行合同时，法律并不要求承包人双倍返还预付款，而只是要求承包人承担违约责任。

定金也不同于押金。押金也称押租，承租人根据财产租赁合同，为担保承租义务的履行向出租人预付的资金称为押金。定金与押金的区别是：定金是在合同履行前交付的，且可适合于多种合同；而押金是在履行中交付的，且只适用于租赁合同。不履行合同时，定金适用定金罚则，而押金在租赁关系结束时可退回给承租人或抵偿欠租，它并不适用定金罚则。

2. 保证

保证是指保证人以自己的名义作为债务人的关系人，向债权人约定，当债务人不履行合同时，保证人按照约定履行债务或者承担责任的一种担保方式。保证合同履行的第三人是保证人，被担保履行合同的义务人为被保证人。

保证人应与被担保合同的债权人订立保证合同。保证合同是从合同，被担保的合同是主合同。保证人以自己的资产和名义作出担保，因此保证人承担保证责任的意思表示是保证合同成立的根本条件。此外，订立保证合同时应符合合同的订立原则，应采用书面形式。

保证的主要法律特征如下：

(1)保证人是主合同当事人以外的第三人，他是以自己的名义担保主合同的履行，而不是主合同义务的代理人，在义务人不履行合同时，承担保证责任。

(2)保证人必须是具有债务清偿能力的法人、其他组织或者公民，但学校、幼儿园、医院等以公益为目的的事业单位不得为保证人,企业法人的分支机构、职能部门也不得为保证人,另外,国家机关不能作为合同的保证人(为使用外国政府或国际组织贷款政府担保除外)。

(3)保证合同是从合同,以主合同的存在和有效为前提,主合同无效,则保证无效。

(4)保证的方式有一般保证和连带责任保证。一般保证的保证人在主合同纠纷未经审判或者仲裁,并就债务人财产依法强制执行仍不能履行债务前,对债权人可以拒绝承担保证责任;而连带责任保证的债权人在债务人履行期限届满没有履行债务时,就可以要求保证人在其保证范围内承担保证责任。当时人没有约定保证方式时,保证人按连带责任保证承担保证责任。

(5)保证责任的范围包括主债权及利息、违约金、损害赔偿金和实现债权的费用。保证合同另有约定的参照约定,没有约定或约定不明确的,保证人应当对全部债务承担赔偿责任。

公路工程施工承包合同中,通常采用保证作为合同担保,一般由承包人开户银行出具履约保证书(又叫银行保函),对承包人在合同中的义务做出保证。如果承包人违约给业主造成损失,业主可以向银行索赔,银行应在限额(通常规定为合同价的5% ~10%)范围内向业主赔偿。

3. 抵押

抵押是合同当事人一方(债务人)用自己或第三方财产为另一方当事人(债权人)提供清偿债务的权利的一种担保方式。当债务人不履行合同时,债权人对依法变卖其财产所取得的价款,具有优先受偿的权利。抵押的财产必须是《担保法》中规定可以用作抵押的财产,如房屋、机器、交通工具、土地使用权等。采用抵押担保方式时,抵押人和抵押权人应当以书面形式订立抵押合同,并在抵押人所在地的公证部门办理抵押物登记。

抵押担保,主要适用于借款合同或对外贸易合同,我国《借款合同条例》第7条规定,借款方申请借款,应具有中国人民银行规定的一定比例的自有资金,并有适销适用的物资和财产作贷款的保证。借款方无力偿还贷款合同时,贷款方有权要求依照法律程序处理借款保证的物资和财产。上述规定就使贷款方享有贷款保证的物资和财产的抵押权。

抵押在现行的公路工程施工承包合同中也常采用,如规定承包人履行合同时,应以现场的施工机械作抵押。

4. 质押

质押是当事人一方(债务人)将自己或第三人所有的动产或某种权利(如汇票、支票、本票、存款单、依法可以转让的股份、股票、专利权、著作权中的财产权等)移交给债权人占有,作为履行合同(债权)的担保的一种担保形式。当债务人不履行合同时,债权人有权以该动产或权利折价或者以拍卖、变卖该动产或将权利兑现或转让的价款优先受偿。采用质押形式时,债务人或第三人为出质人,债权人为质权人,移交的动产为质物。

质押担保的范围包括主债权以及利息、违约金、损害赔偿金、质物保管费用和实现质权的费用。以动产为质押的合同,出质人和质权人应当以书面形式订立质押合同;以依法可以转让的股票、商标专用权、专利权、著作权中的财产权出质的,出质人与质权人不仅应当订立书面合同,还应向有关部门办理出质登记。

5. 留置权

留置权是用标的物作为担保的一种形式,该担保主要发生在保管合同、运输合同、加工承揽合同中。根据法律规定,当债务人未在法定或约定的期限内全面履行合同时,债权人有权依照《担保法》留置该财产,以该财产折价,或者以拍卖、变卖该财产的价款优先受偿。

第三节　合同的履行

一、合同履行的概念

合同的履行,是指合同依法成立以后,当事人双方按照约定的标的、数量、质量、价款或报酬、履行时间、地点和方式,全面完成各自所承担的合同义务,从而使该合同所产生的当事人的权利得以全部实现,当事人的经济目的得以达到的整个行为过程。

合同履行的法律意义在于:一方面,它能使当事人自合同成立生效之日起,就关注自己和对方合同义务的履行情况,促使合同义务得到全面正确的履行;另一方面,它能够使当事人尽早发现对方不能履行或不能完全履行合同义务的情况,以便采取相应的补救措施,避免使自己陷入被动和不利,防止损失的发生和扩大。合同履行不仅是合同效力的主要内容,而且是整个合同法的核心。

合同履行在概念上包含实际履行和全面履行两层意思和要求。

1. 实际履行

实际履行又叫实物履行,是指合同当事人必须严格按照合同规定的标的履行各自应尽的义务(除非合同被解除)。实际履行包括以下内容。

(1)合同规定什么标的,就应该交付或完成什么标的,不能用其他东西来代替。

(2)当事人一方不能履行或不能完全履行合同时,即使支付了违约金或赔偿金,承担了经济责任,也不能免除继续履行合同的义务。

(3)除非是法律规定的例外情形,当事人一方不履行合同时,对方有权在履行期限届满前向人民法院请求强制履行(见《合同法》第109条及第110条)。

贯彻实际履行原则,能够促使合同当事人提高合同法律意识,以认真负责的态度完成合同规定的义务,同时也有利于保护国家利益和社会公共利益,防止当事人双方宁可偿付违约金、赔偿金,也故意不履行合同的情况。所以,在贯彻实行履行原则时,非经权利人同意,义务人不得任意变更标的,也不得用货币和其他物品代偿,即使权利人同意,也不得损害国家利益和社会公共利益。这是具有我国特色的法律规定。

2. 全面履行

全面履行又叫适当履行,指在合同履行过程中,除非当事人协商一致对合同进行变更,当事人双方必须按照合同规定的标的数量、质量和价款,在规定的时间、地点,按规定的方式全面履行合同规定的各项义务。《合同法》第60条规定,当事人应当按照合同约定全面履行自己的义务。

实际履行和全面履行是合同履行概念的内涵与外延,是区分合同履行与不履行的标准。

二、合同履行原则

合同履行原则,是指合同当事人在履行合同时所必须遵循的共同准则。

合同履行原则除包括实际履行原则和全面履行原则外，还包括合法原则、诚实信用原则、协作履行原则、情事变更原则等。

合法原则是指合同当事人在履行合同中，应当遵守法律、行政法规、尊重社会公德，不得扰乱社会经济秩序，损害社会公共利益（见《合同法》第7条）。

诚实信用原则是指合同当事人在履行合同过程中，应信守合同承诺，按时、按质、按量履行合同规定义务，讲究信用，恪守诺言，诚实不欺，在不损害他人利益和社会利益的前提下追求自己的利益（见《合同法》第6条、第60条）。

协作履行原则是指合同当事人在履行合同过程中，应相互协作，相互帮助，除认真履行合同规定的各项基本义务外，还全面及时履行各项附随义务（如通知、协助、保密等），积极为对方履行合同创造有利条件，及时协商解决合同履行中出现的问题，在对方发生损失的情况下采取积极措施防止损失的扩大。

情事变更原则是双方当事人在贯彻实际履行原则时如遇到下列情况时，允许以货币、其他物品、劳务行为代替履行，或者另一方当事人不同意变更或解除原合同时，向仲裁机构申请仲裁，或向人民法院起诉。

（1）由于不可抗力发生致使合同无法实际履行；

（2）以特定物为标的的合同实物已经灭失，实际履行已不可能；

（3）由于一方违约，使合同履行成为不必要。

三、合同的不履行

凡是违反实际履行和适当履行要求的行为，都称为不履行合同。不履行合同的情况是复杂的，原因是多种的，它包括全部不履行、部分不履行、到期不履行等情况：

（1）全部不履行。是指合同签订或者当事人的合同关系产生以后当事人即拒不履行合同的行为，如获得中标资格后（或与业主签订合同），承包人不进场施工。

（2）部分不履行。是指当事人没有按约定全面履行合同的内容，这是违反全面履行原则的行为，实践中，这种问题相当普遍。

（3）到期不履行。是指到了约定的期限未按期履行或过期履行，也叫做履行迟延。

到期不受领，也是一种到期不履行。如公路工程施工承包合同履行中，承包人已按时完工，但业主不予及时验收。

不履行合同按产生的原因分析可分为下列类型：

（1）欺骗性不履行。这是一种利用合同诈骗所表现出来的不履行现象，其实质是任何当事人一方在自身无履约能力或虽有一定履约能力的情况下，自订立合同之时，就根本没有履行合同的诚意，其目的是通过诈骗手段使对方履行合同，非法占有对方的钱或物，而自己却不履行合同。这种行为会给经济生活带来混乱与危害。

（2）干预性不履行。这种不履行即指当事人受上级行政主管部门或行政首长的行政干预或命令，以及地方政府的保护主义影响，造成的合同不履行。干预性不履行在我国比较普遍，也比较典型。

（3）故意性不履行。即当事人明知自己的行为或不行为及其结果都是对合同规定的违反，并可能带来不良后果而有意为之。

(4)政策性不履行。即指由于国家的产业政策和产业结构的调整而产生的不履行现象。

(5)过失性不履行。即指合同当事人由于自身主观的疏忽大意或判断失误或无知而引起的不履行现象。

(6)垄断性不履行。即指一些处于独家垄断地位的公用性企业,利用自身的独占地位及经济优势向合同对方当事人提出种种强制性要求,如不能满足或无正当理由的情况下,则不履行自身合同义务的现象。

(7)拖欠性不履行。即属于拖欠合同价款或酬金的不履行行为。

(8)报复性不履行。即指一方当事人在对方提出不履行或预计对方将不履行合同时所采取的一种报复性行为。其结果造成双方违反合同,即混合违约。

(9)不可抗力性不履行。即因不可抗力原因造成经济合同不履行的现象。

四、抗辩权的行使

抗辩权是指合同履行中,在符合法定条件时,当事人一方对抗对方当事人的履行请求权,暂时拒绝履行其债务的权利。它包括同时履行抗辩权、先履行抗辩权和不安抗辩权。

1. 同时履行抗辩权

当事人互负债务,没有先后履行顺序的,应当同时履行。同时履行抗辩权包括:一方在对方履行之前有权拒绝其履行要求;一方在对方履行债务不符合约定时,有权拒绝其相应的履行要求。

同时履行抗辩权的适用条件是:

(1)由同一双务合同产生互负的对价给付债务。

(2)合同中未约定履行的顺序。

(3)对方当事人没有履行债务或没有正确履行债务。

(4)对方的对价给付是可能履行的义务。

所谓对价给付是指一方履行的义务和对方履行的义务之间具有互为条件、互为牵连的关系并且在价格上基本相等。

2. 先履行抗辩权

先履行抗辩权包括两种情况:当事人互负债务,有先后履行顺序的,先履行的一方未履行的,后履行的一方有权拒绝其履行要求;先履行的一方履行债务不符合约定时,后履行一方有权拒绝其相应的履行要求。

先履行抗辩权的适用条件是:

(1)由同一双务合同产生互负的对价给付债务。

(2)合同中约定了履行顺序。

(3)应当先履行的合同当事人没有履行债务或没有正确履行债务。

(4)应当先履行的对价给付是可能履行的义务。

3. 不安抗辩权

不安抗辩权是指合同中约定了履行的顺序,合同成立后发生了应当后履行合同一方财务状况恶化的情况,应当先履行合同的一方在对方或提供担保前有权拒绝先为履行。设立不安抗辩权的目的在于,预防合同成立后情况发生变化而损害合同另一方的利益。

应当先履行合同的一方有确切证据证明对方有下列情形之一的,可以中止履行:

(1)经营状况严重恶化。

(2)转移财产、抽逃资金,以逃避债务。

(3)丧失商业信誉。

(4)有丧失或可能丧失履行债务能力的其他情形。

当事人中止履行合同的,应当及时通知对方,对方提供适当的担保时应恢复履行。中止履行后,对方在合理的期限内未恢复履行能力且未提供适当的担保,中止履行的一方可以解除合同。当事人没有确切证据就中止履行合同的应承担违约责任。

五、保全措施

债的保全措施,是指法律赋予债权人制止债务人财产减少的权利以保证其债权实现的一种措施,分为代位权和撤销权。

1. 代位权

代位权是指当债务人怠于行使其对第三人享有的权利而对债权人的债权造成损害时,债权人为保全自己的债权,以自己的名义代债务人行使其债权的权利。

债权人代位权的成立条件有四个:

(1)债权人与债务人之间必须存在合法的债权债务关系。

(2)债务人必须有对第三方的权利存在。

(3)必须是债务人怠于行使其债权。

(4)必须是债务人怠于行使权力的行为有害于债权人的债权。

债权人代位权的行使应通过人民法院,其范围应以债权人的债权为限,债权人行使代位权的必要费用,由债务人承担。

2. 撤销权

撤销权是指债权人对债务人滥用其财产处分权而损害债权人的债权的行为,请求法院予以撤销的权利。

债权人撤销权的构成要件是:

(1)债务人实施了一定的处分财产的行为。

(2)债务人处分财产的行为已经发生法律效力。

(3)债务人处分财产的行为已经损害债权人的债权。

(4)债务人处分财产的行为已经具有主观恶意。

撤销权的行使应通过人民法院,其范围应以债权人的债权为限,债权人行使撤销权的必要费用,由债务人承担。撤销权自债权人自知道或者应当知道撤销事由之日起一年内行使。自债务人的行为发生之日起五年内没有行使撤销权的,该撤销权消灭。

六、违约责任

违反合同的法律责任可分为当事人责任和直接责任人责任。不履行经济合同的行为是由于当事人的过错所引起的,则当事人的行为是一种违约行为,应承担法律责任,简称违约责任。

1. 违约责任的形式

根据《合同法》的规定，当事人违反合同时应承担违约责任，其形式如下：

(1) 支付违约金。《合同法》规定的违约金首先具有赔偿作用，其次在法律允许的范围内可体现一定的惩罚作用。违约金的额度应适当，太高会有悖于合同订立的公平原则，实践中也难于执行，不利于合同的正常履行，太低则起不到赔偿作用。因此，《合同法》第 114 条规定，“约定的违约金低于造成的损失的，当事人可以请求人民法院或者仲裁机构予以增加；约定的违约金过分高于造成的损失的，当事人可以请求人民法院或者仲裁机构予以适当减少”。违约金有法定违约金与约定违约金，当二者不一致时，应按照约定优先的原则，以约定违约金为准。对约定了违约金，同时采用了定金做担保的合同，当事人只能在违约金及定金罚则中选择一种。

(2) 支付赔偿金。赔偿金是指由于当事人一方的过错不履行或不完全履行合同给对方造成损失时，在违约金不足以弥补损失时而向对方支付不足部分的货币。它是违约责任的形式之一。赔偿损失的范围，既包括直接损失，又包括间接损失。所谓直接损失是指违约行为所直接造成的财物减少或当事人的成本增加(即由于违约使对方为此多付的费用)；所谓间接损失是指可得利益的损失，指因违约行为使对方失去实际上可以获得的利益，主要是利润损失。为了简化赔偿金的计算，当事人可以在合同中约定赔偿金的计算方法，但其方法同样应满足公平合理的原则，否则当事人一方可以向人民法院申请予以适当增加或减少。

(3) 继续履行合同。根据合同实际履行原则，违约方在承担经济责任后，无论是支付违约金还是支付赔偿金，都不能代替合同的履行。对于不履行合同的一方而言，只要对方当事人要求履行，除法律规定可以不在履行或者没有履行的可能(即履行不能)的情况外，就应当继续履行(见《合同法第 109 条和第 110 条》)。如果违约方不履行，债权人可请求人民法院强制执行。如果双方都同意解除合同(或经人民法院调解后解除合同)，则应按变更与解除合同的法律规定办理。

(4) 采用其他补救措施。即违约方在违约事实发生后，所采取的返工、修理、重做等措施。如根据《合同法》第 111 条，当质量不符合要求时，受害方可根据约定或根据标的的性质以及损失的大小，合理选择要求对方承担修理、更换、重作等违约责任。

(5) 解除合同。根据《合同法》的规定，如果当事人一方违约致使合同无法按期履行或无法实现合同目的，则合同可以解除而不必继续履行。因此，解除合同也是处理违约责任的一种形式。

除当事人的违约责任外，对由于失职、渎职或其他违法行为造成重大事故或严重损失的直接责任者个人，应追究经济行政责任直至刑事责任。

2. 承担违约责任的原则与条件

根据《合同法》的有关规定，承担违反经济合同责任的原则与条件是：

(1) 要有不履行合同的行为。这是裁定当事人是否需要承担违约责任的基本条件，也是违约行为产生的根源。

(2) 行为人要有过错。不履行合同的原因可归结为两个方面，一是当事人自己的过错；二是其他无法防止的外因(包括不可抗力)。只有当不履行合同是当事人的过错造成的时候，当事人才必须承担违约责任。所谓过错，是指当事人不履行合同的主观心理状态，包括故意和过失。故意是指当事人明知自己的行为会引起合同不履行的后果,但仍实施这一行为,有意促成或放任这种结果的发生;过失指当事人应当预见到自己的行为可能引起经济合同不履行的后果,由于疏忽大意没有预见或已预见而轻信可以避免,致使合同不能履行或不能完全履行。不管是故意还是过失,其违约责任的处理都是相同的,但直接责任人的行政责任和刑事责任有所不同。

当处理的违约责任关系到赔偿金的确认时,则在上述条件的基础上还应满足以下条件,即:

①要有损害事实。损害事实是指当事人违约给对方造成的经济损失和其他不利结果。损害事实必须是客观存在的,不是主观估计的。损害事实包括直接损失和可得利益损失,损害事实要依靠充分的证据来说明。

②违约行为和损害事实之间要有因果关系。即损害事实一定是由于当事人的违约行为造成的,而不是由于其他原因造成的或部分是由于其他原因造成的。

3.违约责任的减免

根据《合同法》的规定,当事人一方由于不可抗力的原因不能履行合同时,可以根据情况部分或全部免予承担违约责任。

不可抗力是当事人无法抗拒的外界力量,其特点是事先不能预见、发生不可控制、损失不可避免的客观情况。通常包括人力不可抗拒的自然灾害及一些重大政治事件,如地震、洪水、台风、暴乱、政变、战争、罢工等。一般情况下,因不可抗力造成合同不能履行或不能完全履行时,当事人不承担违约责任。这是因为:第一,当事人主观上无过错;第二,当事人双方都受到了经济损失。如果要求不履行合同的一方承担违约责任,有悖于公平原则。但是在下列情况下,不能免除当事人的违约责任。

(1)发生不可抗力事件后,当事人有义务及时采取一切可能采取的措施,尽最大努力避免和减少损失。否则,如果发生了本来可避免的损失,则对这一部分损失不得免除责任。

(2)当事人迟延履行合同而发生了不可抗力,则不能视为无过错而免除其违约责任。

(3)发生不可抗力事件后,当事人应向对方及时通报不能履行或延期履行合同的原因,使对方能及时采取补救措施,否则,由此而加重对方的损失,加重部分不在负责之列。

(4)合同约定不因不可抗力而免除违约责任的,可按约定执行。

(5)保险合同的保险方,不得因不可抗力而免除赔偿投保方的损失。

4.违约责任与无效合同法律责任的区别

(1)违约责任是合同有效情况下产生的法律责任,而无效合同的法律责任是合同无效情况下产生的法律责任,两者的性质是不同的。当当事人产生经济纠纷而需确定法律责任时,如合同是有效合同,则涉及到违约责任的处理问题,如合同是无效合同,则无违约责任问题,而只涉及到无效合同的法律责任的处理问题。

(2)违约责任与无效合同法律责任的表现形式不同。违约责任包括支付违约金、赔偿损失等形式,而无效合同的法律责任形式中不存在违约金的支付问题,通常只要求恢复到合同签订前的状态,因而责任的表现形式是返还财产、赔偿损失,对损害国家和社会利益的合同则追缴其财产。

第四节　合同的变更、转让、解除及终止

一、合同的变更

《合同法》中的合同变更是指对有效成立的合同就其内容即当事人的权利、义务进行变更(增减、修改)的过程。它不包括合同主体的变更和合同标的的变更。合同主体的变更叫做合同的转让,而合同标的变更会导致原有合同关系的消灭和新合同关系的产生,即相当于将原合同解除后重新订立一项新的合同。

合同依法成立后,对当事人具有法律约束力,根据合同的履行原则,当事人双方应按照合同规定的标的及当事人的权利和义务认真严肃、全面地履行合同义务,任何一方无权擅自变更或者解除合同,否则应承担违约责任。但《合同法》同时也规定,如果符合以下条件,当事人可以变更合同。

(1)双方协商一致。由于合同是当事人协商一致而达成的协议,所以只要当事人双方愿意,而且能就变更的事宜达成一致,则可以变更合同,反之,当事人一方不愿意或双方不能就变更合同的协议达成一致,则不能变更合同,在变更协议达成前,原协议有效。

(2)符合合同订立的基本原则。变更合同是一个订立新的补充合同的过程,同样应符合合同订立的基本原则。因此,当事人在订立合同过程中,应遵守法律和行政法规,不得损害国家利益、社会公共利益和第三方的利益;在变更合同过程中,应遵守平等、自愿、公平原则;规定合同应采用书面形式的,变更合同的协议同样应采用书面形式,法律、法规规定变更合同应当办理批准、登记手续的,应办理登记手续。否则,变更的协议是一份无效协议。

(3)不损害合同履行的基本原则,包括合法原则和诚实信用原则。

(4)合同变更协议的内容明确。合同变更协议的内容约定不明确,会使当事人无法按照该协议履行合同义务,因而不产生法律效力,《合同法》规定按未变更处理。

二、合同的转让

合同转让是指合同主体的变更,他是合同变更的一种特殊形式。合同转让后,原合同主体之间的权利义务关系随之全部消失或部分消失。合同转让包括合同权利的转让(债权的转让)、合同义务的转(债务的转让)以及合同权利、义务的一并转让三种情况。

1. 合同转让的一般法律规定

合同转让的法律规定如下:

(1)合同转让建立在对方当事人同意的基础之上,未经对方当事人同意的转让行为是无效行为。对转让同意,《合同法》第 84 条及第 88 条中分别就合同义务的转让及合同权利和义务的一并转让进行规定时予以了说明;对合同权利的转让,《合同法》规定应通知债务人,但如果债务人不同意这种转让,则仍可以通过行使抗辩权来拒绝这种转让请求。

(2)法律、行政法规规定转让权利或者转让义务应当办理批准、登记手续的,则只有在办理批准、登记手续后,其合同转让才能生效。

(3)违反以下规定的转让无效:

①根据合同性质不得转让而进行的转让；

②按照当事人约定不得转让而进行的转让；

③依照法律规定不得转让而进行的转让。

(4)合同权利转让后，受让人依法取得与债权有关的从权利（如索赔请求权）；合同义务转让后，受让人应当依法承担与主债务有关的从债务（如违约赔偿）。

(5)合同权利转让后，债务人对让与人的抗辩，可以向受让人主张；合同义务转让后，新债务人可以主张原债务人对债权人的抗辩。

2. 建设工程合同的转让

建设工程合同的转让除应满足以上法律规定，还应遵守如下法律规定：

(1)禁止承包人将其承包的工程全部转包（以分包之名行转让之实）给第三人。

(2)禁止承包人将其承包的全部工程肢解以后以分包的名义分别转包给第三人。

三、合同解除

合同解除是指在合同成立以后，因当事人一方的意思表示，或者双方的协议，使基于合同而发生的债权债务关系归于消灭的行为。合同解除包括约定解除和法定解除。

1. 约定解除

约定解除的法律规定如下：

(1)当事人协商一致，可以解除合同。协商解除合同的过程，是解除协议的订立过程，因而在订立解除协议时，须遵守合同订立原则。

(2)如果当事人在合同中约定了解除合同的条件，则解除合同的条件成立时，解除权人可以解除合同。

FIDIC条款中，施工承包合同的约定解除有以下条件：

(1)履行延迟作解除条件。如承包人未按进度要求施工且在收到监理工程师的通知后未采取必要步骤加快施工进度，则业主可以通知承包人解除合同；又如业主在应付款期限后28天内仍未向承包人支付进度款，则承包人可以通知业主解除合同。

(2)不能履行作解除条件。如承包人或业主被依法宣布破产而不能履行合同时，对方当事人均可以通知另一方解除合同。

(3)拒绝履行作解除条件。如业主干扰、阻挠监理工程师签发任何支付证书，或当监理工程师签发的支付证书按程序需要业主批准时业主拒绝作出批准的决定时，承包人可以通知业主解除合同。

(4)不完全履行作解除条件。如承包人不按质量要求施工且当监理工程师提出书面警告后又固执地不予改正或公然不履行合同规定的义务时，业主有权通知承包人解除合同。

(5)擅自转让或分包合同作解除条件。如承包人未经业主同意转让合同，未经监理工程师批准而分包合同，则业主均有权通知承包人解除合同。

2. 法定解除

《合同法》规定，下列情况均允许当事人解除合同：

(1)因不可抗力致使不能实现合同目的。

(2)在合同期限届满之前当事人一方明确表示或者以自己的行为表明不履行主要债

务的。

(3)当事人一方迟延履行主要债务,经催告后在合理期限内仍未履行。

(4)当事人一方迟延履行债务或者有其他违约行为致使不能实现合同目的。

(5)法律规定的其他情形(如《合同法》第 69 条规定合同在依法中止履行后,对方在合理期限内未恢复履行能力并且未提供适当担保的,中止履行的一方可以解除合同)。

3. 合同解除的法律后果

(1)合同解除后,尚未履行的中止履行。

(2)已经履行的,根据履行情况和合同性质,当事人可以要求恢复原状,采取其他补救措施,并有权要求赔偿损失。

四、合同的终止

合同的终止是指因某种原因而引起合同的债权债务客观上不复存在。《合同法》规定,有下列情形之一者,合同的权利、义务终止。

(1)债务已按照约定履行。即合同当事人已按照合同的履行原则全面履行了合同。

(2)合同解除。即合同已按照前述的约定解除情况或法定解除情况解除。

(3)债务相互抵消。即当事人互负债务时,各自用其债权来充当债务的清偿从而使其债务与对方的债务在对等额内相互抵消。

(4)债务人依法将标的物提存。即债务人依法将无法赔偿的标的物交有关部门保存而使得合同关系消灭。

(5)债权人免除债务。即债权人以债务消灭为目的而抛弃债权。

(6)债权债务同归于一人。即债权、债务人因某种原因合为一体而使得合同自然终止。

(7)法律规定或者当事人约定终止的其他情形。

第五节　合同的鉴证、公证和管理

一、合同的鉴证与公证

1. 鉴证

鉴证是指合同管理机关根据当事人的申请,依法证明合同的真实性和合法性的一项法律制度。除国家规定必须鉴证的合同外,合同的鉴证实行自愿原则。

合同的鉴证,应当依照国家法律和行政法规的规定,审查以下内容:

(1)签订合同的当事人是否合格,是否具有权利能力和行为能力。

(2)合同当事人的意思表示是否真实。

(3)合同的内容是否符合国家的法律和行政法规的要求。

(4)合同的主要条款内容是否完备,文字表述是否正确,合同签订是否符合法定程序。

合同鉴证一般由合同签订地或履行地工商行政管理局办理,申请鉴证应当提供下列材料:

(1)合同正本、副本。

(2)营业执照或副本。

(3)签订经济合同法定代表人或委托代理人资格证明。

(4)其他有关证明材料。

合同在鉴证过程中,鉴证人员根据当事人双方提供的合同文本及有关证明材料和外调材料,依照国家法律、行政法规和政策规定,进行严格审查。鉴证人员如果认为经济合同真实、合法、可行,符合鉴证条件,即予以证明。由鉴证人员在合同文本上签名,并加盖工商行政管理局合同鉴证章。如果当事人提供的合同文本及证明材料不完备,当事人应予以补正。如果发现合同不真实,不合法,则不应予以证明,而且应在合同文本上注明不予以鉴证的理由。如果工商行政管理局发现自己对合同的鉴证有错误,可以撤销证明。

2.公证

合同公证是国家公证机构根据当事人的申请依法确认合同的合法性与真实性的法律制度。我国的公证机构是司法部领导下的各级公证处,它代表国家行使公证权。合同公证实行自愿原则。任何合同是否需要经过公证,不是法定的必要程序。但是具体到某一地区或某类合同是否需要经过公证,应根据具体规定办理。没有经过公证的有效合同与公证的合同,具有同等的法律约束力。

3.鉴证与公证的区别

(1)性质不同。鉴证是国家工商行政管理机关根据合同鉴证法规依法作出的管理行政行为;公证是国家司法部领导下的公证机构根据国家公证法规作出的司法行为。

(2)行使鉴证和公证权的国家机关不同。合同公证是由国家公证机关统一行使公证权;鉴证则是由政府鉴证机关,即工商行政管理局依法行使鉴证权。

(3)法律效力不同。公证后的合同具有法定证据效力,如人民法院审理案件时,收集的证据涉及的某项文书系公证文书,即确认具有法定证据效力,而予以强制执行。公证在国内外都起作用。鉴证则不具有强制执行的效力,且只能在国内起作用。

二、合同的管理

所谓合同的管理是指《合同法》规定的合同管理机关依据法律、行政法规规定的职责对合同进行监督的行为。

1.合同管理的特征

(1)管理的主体是国家规定的合同管理机关,即县级以上工商行政管理部门。

(2)合同管理是一种宏观的行政监督和管理,是一种依法行使其职责的行政执法行为,而不是一种微观的超越法律和法规的行政干预行为。

实践证明,合理管理是建立和维护市场经济秩序的重要手段。

2.合同管理的职能

(1)指导和组织各业务部门广泛、深入地学习《合同法》和有关合同法规。

(2)查处违法合同。

(3)加强法人登记,为合同的履行创造良好的条件。

(4)开展合同的鉴证活动,避免或减少无效合同行为。

(5)调解合同纠纷。

(6)推行合同示范文本制度,通过合法、公平、完备、可操作性强的合同示范文本来指导当事人订立合同，提高合同订立的效率和质量。

(7)积极开展重合同守信用活动，通过对企业履行合同的信用程度予以考核评估、确认和授予荣誉称号等形式来促进企业信守合同并提高合同的履约率。

第六节　合同争议的处理

一、合同争议的处理方式

合同争议是指在合同履行中双方当事人对权利和义务所发生的争执。《合同法》第128条指出："当事人可以通过和解或者调解解决合同争议。当事人不愿通过和解调解解决或者调解不成的，可以根据仲裁协议向仲裁机构申请仲裁。当事人没有订立仲裁协议或者仲裁协议无效的，可以向人民法院起诉"。根据以上规定，合同在履行过程中，合同争议的处理方式有协商、调解、仲裁、诉讼等四种。

1. 协商

由于合同是双方协商一致的结果，所以合同履行中产生合同争议也同样可以通过协商来解决。所谓合同争议的协商又称和解，是指合同当事人在履行合同过程中，对所产生的合同争议，互相主动接触，充分商议，取得一致意见，从而正确解决合同争议的一种方法。

协商也叫合同谈判。当事人双方在合同争议发生以后，由于自身利益的关系，会对一些问题产生不同的理解。合同履行中发生的问题是千变万化的，有些问题合同中可能未做出具体规定，有些问题在处理原则上虽然合同条款中有所涉及，但处理的细节又得通过互相谈判才能解决。因此，合同谈判是必要的，有时，双方因为一些问题的理解差异很大，距离很远，谈判会很艰巨甚至反复。但通过谈判，可以达到缩短距离，求同存异，形成一致意见的目的。

2. 调解

所谓调解是指在第三者参加下，由第三者出面，查明事实，分清责任，通过说服或法制宣传与教育，从而促使双方互相谅解，在双方当事人同意的条件下，达成解决合同争议协议的一种方法。

调解合同争议主要有以下四种方式：当事人上级主管机关的调解；律师事务所调解；工商行政管理部门调解；人民法院调解。工程承包合同实行监理制度后，监理工程师也有权进行合同的调解。如FIDIC条款中规定，当事人双方在对承包合同的争端提交仲裁之前，首先应提交监理工程师进行裁决，这种裁决在性质上即属于调解。

3. 仲裁

亦称公断，是第三者就某一争议居中裁断的过程。合同的仲裁，是指合同双方当事人之间因合同发生争议经双方协商不成，调解又达不成协议时，根据当事人双方的协议或申请，由合同仲裁机关做出的裁决。我国经济合同的仲裁的发展，经历了"只裁不审"、"两裁两审"到"又裁又审"和今天的"裁审自择，从一而终"的过程，逐步和国际惯例接轨。

4. 诉讼

即合同争议的审理，是指人民法院依照国家法律对经济合同争议案件进行审查判决，以保护当事人的合法权益，制裁违法违约行为，维护社会经济秩序的法律活动。

二、合同争议的处理原则

合同争议处理有协商、调解、仲裁、诉讼等四种方式，到底采用哪种方式，可由当事人自行选择，但在实践中，不论采取哪种方式，都要以“弄清事实，分清是非，明确责任，适用条款”为前提并坚持以下原则。

1. 协商为主的原则

即合同争议发生以后，要立足于双方通过协商解决。协商解决合同争议，符合当事人双方的经济利益，有利于维护各自的合法权益。合同争议给当事人双方都会带来一定的经济损失，如果不能及时解决，损失会更大。协商既可以减轻仲裁机构和人民法院的工作（任务），又可以减少当事人双方的经济损失。

2. 调解优先的原则

这主要指合同争议无法协商解决时，无论是仲裁机构还是人民法院，都应该先行调解，通过调解让双方自愿达成协议，只有在调解不能解决双方的争议时，才采用仲裁或诉讼方式。

三、合同争议的仲裁

前面介绍了仲裁的涵义。在进行经济合同争议仲裁的过程中，应满足如下原则与要求。

1. 平等原则

(1)双方当事人在仲裁活动中地位完全平等。

(2)仲裁机构必须保障双方当事人平等地行使权力。

(3)仲裁机构应通过自己的全部仲裁活动，对法律赋予当事人的各项权利和义务，毫无例外地给予保护。

2. 自愿原则

即合同的仲裁建立在仲裁协议的基础上，当事人要么在合同中订立仲裁条款，要么在经济争议发生后双方订立仲裁协议（明确仲裁事项、仲裁地点和仲裁机构）。

3. 独立仲裁原则

其内涵如下：

(1)仲裁机构为独立的实体单位，同其他仲裁机构和行政机关无隶属关系。

(2)合同争议仲裁过程中，不应受到各种行政和社会的干扰。

(3)合同仲裁实行一裁终局制度，合同争议的仲裁结果具有最终法律效力，实行裁审分开的原则。

(4)合同争议的仲裁不受人民法院的司法管辖，经过仲裁的案件，人民法院也不再受理。

4. 先行调解原则

即仲裁机构在处理经济争议时，应当先行调解，只有在当事人不愿调解或调解不成时，才依法进行仲裁。仲裁须遵照《经济合同仲裁条例》和《经济合同仲裁委员会办案规则》的规定程序进行。

合同争议的仲裁结果生效后，当事人应当执行，当事人一方在规定的期限内不履行仲裁机构裁决的，另一方可向有管辖权的人民法院申请强制执行。

四、合同争议的审理

提请人民法院审理的合同争议案件，应当是未经仲裁的合同争议案件。合同争议通常由合同成立地点的人民法院审理。合同争议案件的审理实行二审终局制，人民法院审理合同争议案件之前，通常先进行调解，但不能久调不决。调解不成，即由法庭判决。合同争议判决后，当事人若不服一审判决，应在15日内向二审人民法院提起诉讼，过期不上诉的，判决即发生法律效力，如果当事人不自动履行，人民法院有权强制执行。二审法院审理上诉案件，可以进行调解，调解达成协议的，原审法院的判决即视为撤销。二审即为终审，当事人只能申诉不得再行上诉，必须无条件执行二审判决。

〔思考题〕

1. 试说明合同概念的内涵。
2. 什么是法人？法人成立有哪些必备条件？
3. 代理的概念及法律特征是什么？
4. 有效代理的基本条件是什么？合同代理有哪些表现形式？
5. 为使合同有效成立，合同包含哪些内容？
6. 简述合同的订立原则。
7. 什么叫要约和承诺？各有何法律特性？
8. 什么是无效合同？有哪些类型？
9. 无效合同的法律责任是什么？
10. 合同的担保有哪些形式？各有什么特征？
11. 简述合同的履行原则。
12. 不履行合同有哪些形式？
13. 违反合同的法律责任有哪些？违约责任与无效合同法律责任有何区别？
14. 承担违约责任的条件是什么？
15. 什么情况下可减免违约责任？
16. 简述勘察设计合同及施工承包合同的违约责任。
17. 什么是抗辩权？什么是代位权和撤销权？
18. 简述变更与解除合同的基本条件。
19. 简述变更与解除合同过程中应注意的问题。
20. 什么叫合同转让？合同转让有何法律规定？
21. 什么是鉴证和公证？鉴证和公证有何联系与区别？
22. 合同的行政管理与行政干预有何区别？简述行政管理经济合同的职能。
23. 处理经济争议有哪些方式？应坚持什么原则？
24. 简述合同争议的仲裁原则。

第三章　公路工程招标投标

第一节　公路工程招标投标概述

一、招标投标的基本性质和法律特征

(1)招标投标是建设市场的一种交易方式,是在双方同意基础上的一种买卖行为,其特点是由唯一的业主设立标的,招请若干家投标单位公平竞争,通过秘密报价,从中择优选取并达成交易协议的过程。

(2)招标投标是市场竞争的表现形式,是工程建设领域建立社会主义市场经济体制的过程中培育和发展建设市场的一项重要的改革措施,是竞争机制(竞争规律)在建设市场产生作用的体现。

(3)招标投标方式是建筑产品的价格形成方式,是价格机制和供求机制(价值规律和供求规律)在建设市场产生作用的体现。

(4)招标投标方式是合同的订立方式,招标投标过程是合同的形成过程。

(5)招标投标是一种法律行为。招标投标过程是要约和承诺的实现过程(在招标投标过程中投送标书是一种要约行为,签发中标通知书是一种承诺行为),是当事人双方合同法律关系产生的过程,所以招标投标是一种法律行为。

二、招标投标的基本原则和要求

招标投标的基本原则和要求是由招标投标的基本性质和法律特征决定的。具体如下:

(1)合法原则。由于招标投标是经济合同的订立方式,招标投标行为是一种法律行为,所以,它必然要受到法律的规范和约束,服从法律的规范和要求。合法原则包括主体合法、内容合法、程序合法、代理合法等要求。

(2)平等原则。平等原则是由合同的订立原则所决定的,平等原则(公平交易)也是市场交易的基本要求。平等原则包括地位平等、权利平等、意志平等以及平等竞争、投标机会均等等内容。

(3)优胜劣汰原则。这是由招标投标的竞争规律所决定的,也是通过市场优化资源配置的必然结果。

(4)遵循价值规律和服务供求规律的原则。

除此之外，招标投标应建立在建设市场是买方市场的基础上，这是有效开展招标投标工作的前提。

三、招标投标的法律与法规

(1)《中华人民共和国合同法》，包括各种有关的合同法规，它为招标文件内容的规范化提供了法律依据。

(2)《中华人民共和国招标投标法》，它是一部规范招标、投标行为及评标、定标工作的专项法律。

(3)《中华人民共和国反不正当竞争法》，包括各种有关法规，它为市场竞争行为的规范化提供了法律依据。

(4)《中华人民共和国建筑法》，是调整在从事建筑活动和实施对建筑活动监督管理过程中所形成的社会关系的法律。它规定了施工许可、施工企业资质审查和工程发包、承包、禁止转包，以及工程监理、工程安全和质量管理等方面的内容。

(5)《建设工程质量管理条例》(国务院令第279号)，该条例对建设工程的招标、发包和主体资质作了原则性的规定和要求。

(6)《工程建设项目招标范围和规模标准规定》，它具体规定了必须进行招标的工程建设项目的具体范围和规模标准。

(7)《评标委员会和评标方法暂行规定》，它具体规定了评标过程中评标委员会的产生及有关的评标方法。

(8)《工程建设项目施工招标投标办法》，它在《招标投标法》的基础上对工程建设项目的施工招标投标作了进一步详细规定。

(9)《公路工程施工招标投标管理办法》，它是规范公路工程施工招标投标工作的主要法规。

(10)《公路工程施工监理招标投标管理办法》，它是规范公路建设市场监理招标投标的主要规范。

(11)《公路工程勘察设计招标投标管理办法》，它是规范公路工程勘察设计招标投标工作的主要法规。

(12)《公路建设市场管理办法》，它分别就公路建设市场的主体、市场交易以及市场的监督和管理等问题进行了详细的规定。

(13)《公路工程施工招标资格预审办法》和《公路工程施工招标评标办法》，该办法在《公路工程施工招标投标管理办法》和《公路建设市场管理办法》的基础上，对公路工程施工招标投标中的资格预审和评标工作制定了可操作性很强的实施细则，其中有些地方还有待于根据新的法律法规进一步完善。

四、公路工程招标的几种形式

根据标的不同，公路工程招标有如下几种形式。

1. 勘察设计招标

勘察设计招标又称勘察设计竞赛，招标过程中，由业主在可行性研究工作的基础上提出勘察设计的基本原则(如路线走向、桥址位置、计划工期等),然后由勘察设计单位提出自己的勘察设计方案,业主从中选择一家勘察设计方案优秀、设计费用(报价)适中的单位作为本项目勘察设计单位。在勘察设计招标过程中重点应考察设计方案的优劣,设计方案的优劣对工程造价有决定性的影响。因此,业主在勘察设计招标中,应认真评价勘察设计方案的可行性、可靠性以及技术实施的难易(这些因素对工程造价和工期也有重要影响)。另外,勘察设计单位的业绩、技术经历、技术等级也是考察设计单位的一些重要方面,而勘察设计费和报价只要适中即可。

2. 施工监理招标

这是公路工程推行施工监理制度后发展起来的一种重要的招标形式。施工监理招标过程中,业主制定一份招标文件(包括监理合同条款、服务范围、施工图纸)。监理单位在此基础上提出监理大纲和监理费报价。业主通过评比,从中选择一家监理方案优秀、监理费用适中的单位承担本项目的监理工作。监理招标的目的是优选监理单位,优化监理大纲从而达到保证工程质量、工期及控制工程造价的目的。监理招标过程中,监理费的高低是次要的,监理大纲的优劣是主要的,监理人员的质量决定了监理工作的质量,而监理工作的质量又影响了工程施工中投资控制、质量控制、进度控制的效果。因此,业主在监理招标过程中,应对拟承担本项目监理工作的人员素质、经验、资质等进行重点评定,在人员资质、监理经验及监理方案优秀的情况下,再考察其监理费报价是否合理适中。在监理实施过程中应对人员的到位情况重点进行管理。监理招标过程中实行低价定标的方式是不可取的,只会得不偿失。实行优质优价的监理招标定标有利于监理工作质量的提高(因为不管是哪家监理单位,除了个别工作可以通过计算机辅助监理来提高监理效率、节省监理开支和成本外,其他成本都难有降低),而低价定标只会影响监理工作质量。

3. 材料设备招标

公路工程建设过程的材料设备招标主要是对一些特种材料和机械设备(依赖进口)进行招标。招标过程中由业主提出所需材料、设备的品种和规格及数量要求,供应商或制造商据此提供自己的材料设备性能和报价,业主择优选择材料或设备的供应单位。材料设备招标过程中,价廉物美是选择供应商或制造商的基本原则。

4. 施工招标

即由业主通过招标方式选择施工单位的过程。施工招标的目的是在保证施工质量和工期的前提下降低施工成本和工程造价,因此,投标报价的高低是施工评标中应予重点考虑的因素。

除以上4种基本形式外,公路工程招标实践中还有设计施工总招标这种形式,即由业主事先提出设计施工的基本原则和要求,招标过程中,由设计单位和施工单位组成设计施工联合体进行投标,业主从中选择一家工程造价经济合理、工期符合要求的单位承担本项目的设计施工。这种招标形式有利于优化设计方案,降低工程造价,也有利于做到设计施工综合安排,加快工程的整体进度(设计施工总承包模式,有利于业主减少项目管理工作,而将主要精力投入到项目的经营工作中去)。

五、公路工程施工招标文件范本

对于公路工程的施工招标而言,按资金的来源不同,分别使用以下不同的范本。

1. 公路工程国内招标文件范本

现行版本为中华人民共和国交通部于2003年以“交公路发[2003]94号文”颁布，自2003年6月1日起实行的《公路工程国内招标文件范本》(2003年版)，新版本规定对于全部或部分使用国有资金投资或者国家融资的，在中华人民共和国境内的二级以上的高等级公路和大型桥梁、隧道的建设项目，必须强制性使用2003年版《公路工程国内招标文件范本》，二级以下公路可参考执行，外资贷款项目有特殊规定的，可以适用其规定。《公路工程国内招标文件范本》是依据《中华人民共和国招标投标法》、《评标委员会和评标方法暂行规定》与《工程建设项目施工招标投标办法》编写的，是上述三个法律文件在公路建设行业施工招标工作中的具体化。

2. 世界银行项目的各种招标文件范本

现行版本分为在国际上使用的，称之为标准招标采购文件(SBD)版本，和经世界银行和国际咨询工程师联合会同意专在中华人民共和国境内使用的版本(CMBD)。

(1)对于使用世界银行贷款的一切境外的土木工程施工承包合同的招标，必须根据世界银行编写的《采购指南》、《世界银行贷款项目招标文件范本——土建工程国际竞争性招标文件》(SBD版本)。

(2)对于使用世界银行贷款的境内公路工程建设和水运工程建设项目，实行国际竞争性招标的，必须按照世界银行与我国财政部的规定，使用由财政部门根据世界银行的要求编写的《世界银行贷款项目招标文件范本——土建工程国际竞争性招标文件》(CMBD版本)。

(3)对于使用世界银行或其他国际金融机构贷款的境内公路工程建设和水运工程建设项目，实行国内竞争性招标的，必须按照世界银行与我国财政部的规定，使用由财政部编写的《世界银行贷款项目招标文件范本——土建工程国内竞争性招标文件》。

六、几种施工招标文件范本的文件组成

现将交通部《公路工程国内招标文件范本》(以下简称“交通部公路范本”)、CMBD国内标范本、CMBD国际标范本三个范本的招标文件组成内容及解释顺序对比列表如表3-1。

招标文件的组成内容

表3-1

卷	交通部公路范本	CMBD国内招标范本	CMBD国际招标范本
一	第一篇　投标邀请书格式 第二篇　投标人须知(含资料表和修改表及附件) 第三篇　合同通用条款 第四篇　合同专用条款	第1章　招标邀请书 第2章　投标人须知及前附表 第3章　合同通用条件 第4章　合同专用条件	第1章　招标邀请书 第2章　投标人须知 第3章　招标资料表 第4章　第一部分合同通用条件 第5章　第二部分合同专用条件
二	第五篇　技术规范	第5章　技术规范 第6章　投标函格式、投标保证金格式	第6章　技术规范 第7章　投标书、投标书附录、投标保函格式

续上表

卷	交通部公路范本	CMBD 国内招标范本	CMBD 国际招标范本
三	第六篇　投标书与投标担保格式 第七篇　工程量清单 第八篇　投标书附表格式 第九篇　合同(协议书)格式 第十篇　履约担保格式 附篇　施工组织设计建议书格式	第7章　工程量清单和计日工清单 第8章　资格审查资料格式 第9章　合同协议书格式和中标通知书格式 第10章　保证金格式 格式1　履约保证金银行保函格式 格式2　预付款银行保函格式	第8章　工程量清单 第9章　协议书格式、履约保函格式及预付款保函格式
四	第十一篇　图纸	第11章　图纸	第10章　图纸 第11章　说明性注释 第12章　资格后审 第13章　争端解决程序

招标文件的解释顺序是:如果前后出现矛盾、不一致的地方,以顺序在后的为准(后款优先)。

不同的招标文件范本,其形式和内容基本上大同小异,而且基本上是以世界银行贷款项目招标文件范本《土建工程国际竞争性招标文件》(SBD本)为基础,结合某些具体情况加以修改补充所形成的。

根据施工招标项目的特点和需要,招标人应当编制一份招标文件,投标人应仔细阅读招标文件,并按照招标文件的规定与要求编写投标文件。

七、招标投标的意义与作用

实行招标投标制度的意义在于通过招标投标引进竞争机制,防止垄断和地方保护主义现象,保护建设市场,减少建设市场的行政干预,规范业主行为。招标投标制度的开展有如下作用:

(1)有利于促进社会主义市场经济体制的建立和完善。

(2)有利于建设市场的统一和开放以及有序竞争,有利于培养和发展建设市场。

(3)有利于促进社会劳动生产力水平和生产效率的提高,即促进企业的技术进步和管理水平的提高,在保证工程质量和工程进度的前提下,降低工程造价,提高投资效益;同时也有利于促使建设单位按程序办事,认真做好招标的前期准备工作,还有利于保护承包人的合法权益。

实践证明,凡是严格按照招标的基本原则(合法原则、公平原则)以及招标的基本程序组织招标的建设项目在投资控制、质量控制以及进度控制上都收到了明显的效果。如京津塘高速公路招标、鲁布革水电工程招标都是实行招标制度后取得明显效果的一些典型项目。特别是鲁布革水电工程施工招标更具有代表性。

第二节　公路工程施工招标

一、公路工程施工招标的基本方式与特点

根据《公路工程施工招标投标管理办法》的规定，公路工程施工招标的法定方式有公开招标与邀请招标两种方式。

1. 公开招标

公开招标又称为无限竞争性招标，招标中投标单位的数量不受限制，凡符合规定条件的承包人都可自愿参加投标。公开招标使招标单位（业主）有较大的选择范围，可在众多的投标单位之间选择报价较低（或工期较短）、信誉较好的承包人。这种方式更有助于开展全面竞争，打破垄断和地区保护主义，能促使承包人努力提高工程质量、缩短工期和降低造价。但这种招标方式使得业主（或招标单位）的工作量较大，招标费用也多；同时，由于投标单位很多，投标的社会成本增大，而这种社会费用最终将反映到工程建设的社会成本上，最终还是由建设单位负担。

2. 邀请招标

邀请招标又称为有限竞争性招标。招标中投标单位的数量要受到限制，项目法人可选择数家投标单位并发出邀请函进行招标，通常为5～8家，同一合同段不得少于3家。招标前，业主事先对投标单位进行资格预审，在此基础上建立投标单位候选人名册，招标中分别根据各标段的特点有选择地邀请几家承包单位参加投标。被邀请的投标单位通常是业绩、施工技术力量、财务状况等方面处于同一水平的而且都能胜任本标段的施工单位。因此，业主评标中主要看投标单位的报价（类比价）是否具有竞争力。这种招标方式不仅满足了公平竞争的要求，降低了招标费用和投标的社会费用，而且大大减小了评标的难度，增加了评标的客观公正性。这种招标方式在国际招标中广为流行。

另有一种邀请招标称为排他性招标。被邀请的投标单位不是经过公开资格预审后选择的，而是处于排斥某些单位、地区保护、工程性质特殊（只有少数单位胜任）或工程保密等考虑而由业主确定的。这种方式限制了公平竞争，违反了机会均等原则，公路工程施工招标中不宜采用。因为它不利于建立统一、开放、竞争有序的公路建设市场。

由于邀请招标容易出现排他性现象，影响公平竞争，所以，我国法律、法规对此种方法的应用范围进行限制。如《公路工程施工招标投标管理办法》规定，只有在施工规模小、或有特殊技术要求、或工期特别紧的不宜公开招标的公路建设项目，经交通部或交通厅批准，才可以进行邀请招标。

除了公开招标和邀请招标方式外，国际上还有一种比邀请招标更简单的招标方式，其投标单位不超过3家，故称3家报价。招标中，投标单位无需资格预审，业主可以从过去合作的客户中邀请3家承包单位投标，并以标价最低的单位作为中标单位。这种方式主要在一些工期很急、规模较小、技术不太复杂的工程中使用。业主工作量少，无需仔细评标，但不宜在大型项目的招标中使用。

二、施工招标应具备的条件

根据《公路工程施工招标投标管理办法》的规定，结合公路建设项目招标承包实践的要

求,在进行公路工程施工招标前,应具备以下条件:

(1)初步设计文件已被批准。

(2)项目已正式列入国家或地方公路建设计划,业主已办理建设项目报建手续。

(3)建设资金已经落实。

(4)项目法人已经成立,并符合项目法人资格标准要求。

(5)施工招标文件已经编制,并通过了交通主管部门的审批。

除以上5个基本条件外,公路施工招标之前,监理单位应已选定(因为监理单位和监理工程师的姓名是要作为合同条款写入招标文件之中的)。

三、施工招标的基本程序

施工招标的基本程序可用图3-1表示。招标程序主要包括招标准备、投标组织及评标定标三个阶段,附加标底的编制与审定工作。它包括以下主要工作:

(1)招标人确定招标方式。

(2)招标人编制资格预审文件和招标文件。

(3)招标人发布招标广告,发售资格预审文件(采用邀请招标的,招标人可直接发出投标邀请书,发售招标文件)。

(4)对潜在的投标人进行资格审查,将资格预审结果报主管部门审批。

(5)向资格预审合格的潜在投标人发售招标文件。

(6)组织投标人考察施工现场,召开标前会议。

(7)接受投标人的投标文件,公开开标。

(8)组建评标委员会评标,推荐中标候选人。

(9)招标人确定中标人,并将评标报告和评标结果报交通主管部门核备。

(10)招标人发出中标通知书。

(11)招标人与中标人签订公路工程施工承包合同。

四、招标的组织机构及其职能

成立招标的组织机构是有效地开展招标工作的先决条件。招标的组织机构包括决策机构、日常工作机构和招标监督机构等。

1.决策机构及其职能

招标决策机构俗称招标领导小组。在实行项目法人制的条件下,决策机构成员由业主单位领导(代表)组成,政府在转变职能后,由直接参与决策工作,改革为依据法律和行政手段进行监督。决策机构的职能和工作如下:

(1)审定或编制招标工作计划。招标工作计划是保证招标工作正常有序、按时按质完成的前提,招标工作计划应明确各标段各项招标工作的时间安排。

(2)确定招标方式。招标方式包括公开招标、邀请招标等多种方式,采用邀请招标方式的应报交通主管部门审批。

(3)选定承包方式。按计价方式的不同,施工承包合同有总价合同、单价合同、成本加酬金合同等多种类型,且各有不同的特点和适应范围。如总价合同的特点是业主管理工作量较

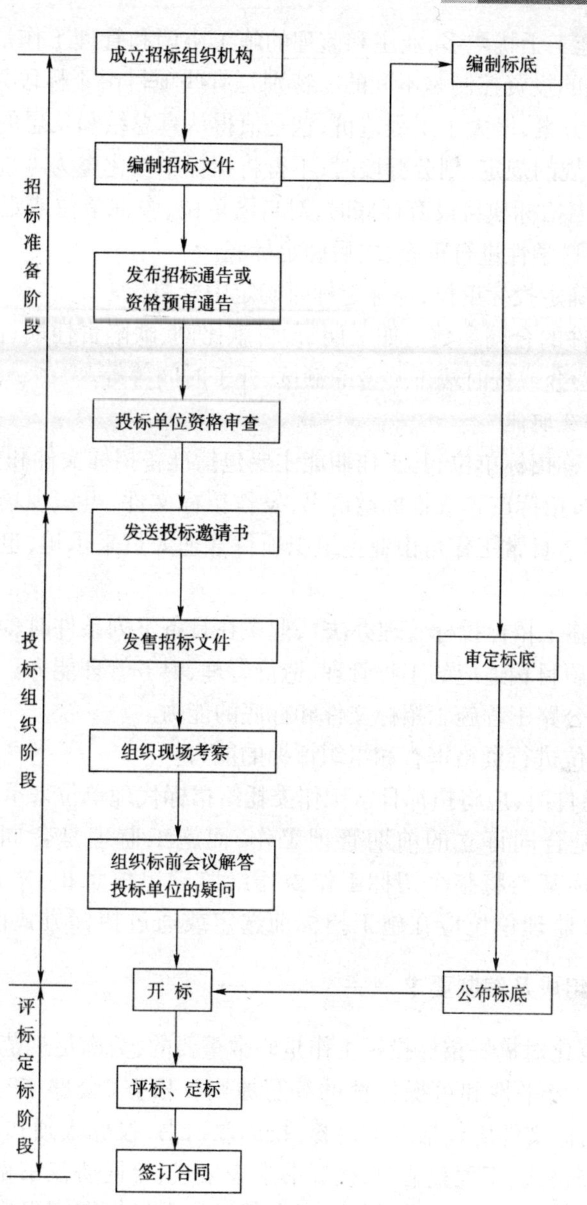

图 3-1　施工招标程序框图

小，结算较简单，但只适用于施工图纸明确、工程规模较小且技术不太复杂的工程；单价合同（又称计量型合同）的特点是合同的公平性更好，便于处理工程变更和施工索赔，合同的适用范围广，有利于降低投标报价，但业主的管理工作量较大且对监理工程师的素质有很高的要求。施工招标中到底采用哪种承包方式，应在招标单位根据项目的具体情况推荐后由招标领导小组选定。

（4）划分标段，确定各标段的承发包范围。标段划分时应考虑工程的技术特点、承包队伍的能力、工程是否可以分包等因素。国际招标中，面对的是一些大型的工程承包单位，因而标段很大；国内招标面对的是一些小型的专业化的施工队伍，因而标段很小。标段划分过小时，会使施工成本增加,施工干扰增多,业主和监理的施工协调和管理工作量也将成倍增加(管理成本加大),这对工程的投资控制是不利的。特别是有些项目由于标段划分不合理,破坏了原设计中的土石方调配方案,增大了工程造价,这是值得认真总结和反思的。

根据我国法律法规的规定,划分标段时,不得将招标工程化整为零规避招标。

(5)审定标底。当招标项目设有标底时,对自己单位、咨询单位或定额站所编制的标底的准确性和编制方法的科学性进行审查,之后确定标底。

(6)资格预审后确定投标单位,评标定标时确定中标单位。

(7)确定招标文件的合同参数。如工期、预付款比例、缺陷责任期、保留金比例、迟付款利息的利率、拖期损失偿金或按时竣工奖金的额度、开工时间等等。

2. 日常工作机构及职能

日常工作机构又称招标单位,其工作职能主要包括准备招标文件和资格预审文件,组织投标单位资格预审,发布招标广告或投标邀请书,发售招标文件,组织现场考察,组织标前会议,组织开标评标等事项。日常工作可由业主组织项目管理人员来承担,也可委托给招标代理单位来承担。

根据《公路工程施工招标投标管理办法》,业主在具备下列条件时,可自行办理招标事宜:

(1)具有与招标项目相适应的工程管理、造价管理、财务管理能力。

(2)有组织编制公路工程施工招标文件和标底的能力。

(3)有对投标单位进行资格审查和组织评标的能力。

当不具备上述条件时,应将招标日常工作委托给招标代理单位来承担。

由于施工招标是合同订立的前期管理工作,而施工监理是合同履行中的管理工作,监理工程师参加招标甚至将整个招标工作委托给监理单位承担,对搞好施工监理工作是很有帮助的。因而,监理单位应在施工招标前选定或通过招标方式确定。

五、招标文件的组成及编制要求

招标文件的规范化对搞好招标投标工作是非常重要的,为满足规范化的要求,编写招标文件时,应遵循合法性、公平性和可操作性的编写原则。根据《公路工程国内招标文件范本》(2003 年版),施工招标文件应包括以下内容:投标邀请书、投标人须知、合同条件、技术规范、投标书和投标担保书格式、工程量清单、投标书附表格式、合同协议书格式、履约担保格式、施工组织设计建议书格式、图纸及勘察资料等。另招标人在招标期间发出的有编号的补遗书和其他正式有效函件,均是招标文件的组成部分。

1. 投标邀请书

投标邀请书是对资格合格的投标人发出的邀请信函。投标邀请书中说明被邀请的投标单位名称,邀请投标的标段及主要工程量,购买招标文件的时间、地点和费用以及招标投标的其他时间安排等。

2. 投标(人)须知

投标(人)须知是一份为让投标单位了解招标项目及招标的基本情况和要求而准备的一份文件。该文件中应说明以下内容:

(1)项目概况。包括本项目各标段的范围及大致的工程量情况及技术特点,项目建设的资金来源及筹措情况(投标单位可根据资金的来源情况来评估项目资金到位情况及风险)等。

(2)投标单位的资格要求。如果在招标之前要对投标单位进行资格预审,投标单位的资格要求在投标人须知这份文件中可简单一些,否则,应较详细地说明投标单位在法人资格、资质等级、施工业绩、财务状况等方面的基本要求。另外,对投标单位联营投标的规定也一起进行说明。

(3)投标中的时间安排及相应的规定。如发售招标文件、现场考察、投标答疑、投标截止日期、开标等时间的安排。在制订各项工作的日程安排时,既要考虑本项目整体进度计划(可以倒排一下各项工作的时间安排);又要考虑为满足各项工作的质量要求而应有的合理时间间隔,在满足项目整体计划进度的要求下,时间应尽量充分一点。当前国际招标中时间安排充裕,效果好;而国内招标中时间排仓促,可能会影响招标投标质量。

(4)投标书的编制要求。包括投标书的组成、编制要求及密封和递送要求等。

(5)开标时间,评标与定标基本原则、标准和方法。此外,该文件也还包括其他一些内容,其格式参见《公路工程国内招标文件范本》(2003 年版)。

3. 合同条件

合同条件包括通用合同条件和专用合同条件。主要规定了合同履行中当事人的基本权利和义务,以及合同履行中的工作程序。监理工程师的职责与权力也应在合同条件中进行说明,目的是让承包人充分了解施工中将面临的监理环境(一般监理的独立性、公正性越好,对承包人越有利)。通用合同条件在国际上的工程项目中是相同的,甚至可以直接采用范本,这样既可节省编制招标文件的时间,又能较好地保证合同的公平性和严密性(也便于投标单位节省阅读招标文件的时间)。专用合同条件下是对通用条件的补充和修改,应根据各项目的情况来组织编写。在编制合同条件时,保持合同的公平性是很重要的。否则,会产生下列问题。

(1)不利于合同的正常履行和合同管理。不公平的合同一开始就未能为业主和承包人的合作创造一种良好的氛围,承包人为了中标,可能暂时签订了“城下之盟”,但当风险发生而使承包人遭受损失时,承包人避免损失的办法可能就是偷工减料,最终遭受损失的仍然是业主。

(2)显失公平的合同不受法律保护。由于合同条款违反了公平性的原则和要求,因此,这样的合同属于可撤销合同,不受法律保护。

4. 技术规范

技术规范是一份十分重要的文件,它详细具体地说明了承包人履行合同时应遵守的质量规定。技术规范详细说明了承包人施工中的质量要求、验收标准、材料的品级和规格,为满足质量要求应遵守的施工技术规范,以及计量与支付的规定等。技术规范不详细具体,甚至发生遗漏的话,会给承包人的投标带来很大困难。施工中也没有质量准绳,容易产生纠纷或施工索赔。因为这些要求与工程造价(或投标报价)是息息相关的。如路基密实度的质量要求 90% 与 95% 的技术难度及工程造价大不一样,所以,缺少这样的规定是不行的。由于不同性质的工程其技术特点和质量要求及标准等均不相同,所以,技术规范应根据不同的工程性质及特点分章、分节、分部、分项来编写。例如,《公路工程国内招标文件范本》(2003 年版)的技术规范中,分成了总则、路基、路面、桥梁与涵洞、隧道、安全设施及预埋管线、绿化及环境保护七章。而桥梁与涵洞一章中又分成通则、基础挖方、沉入桩、钻孔灌注桩、沉井、模板、支架和拱架、钢筋、结构混凝土、预应力混凝土、桥面工程、圆管涵及倒虹吸管、盖板涵与箱涵、拱涵等节,并对每一节工程的特点分质量要求、验收标准、材料规格、施工技术规范及计量支付等分别进行规定和说明。技术规范中施工技术的内容应简化，因为，施工技术是多种多样的，招标中不应排斥承包人通过先进的施工技术降低投标报价的机会。

技术规范中的计量与支付规定也是非常重要的，可以说，没有计量与支付的规定，承包人就无法进行投标报价，施工中也无法进行计量与支付工作。计量与支付的规定不同，承包人的报价也会不同。计量与支付的规定中包括计量项目、计量单位、计量项目中的工作内容、计量方法以及支付规定。例如，路基挖方（土方）的计量支付规定如下。

(1)计量项目：路基挖方。

(2)计量单位："m^3"。

(3)工作内容：土方开挖、运输（距离范围）、路堑边坡的修整，路基成形、弃方处理等。

(4)计量方法：按图3-2的横断面面积乘以中线长度来计算其体积。其中，原始地面高程在工程开工前由双方联测确定，边坡取设计值，路基底部按设计高程确定。

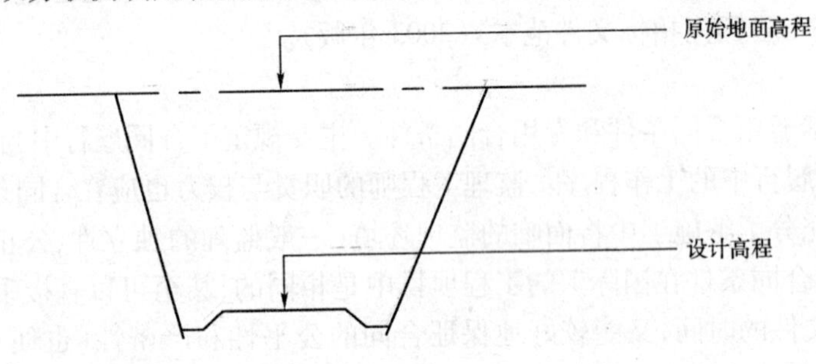

图3-2　路基横断面设计图

(5)支付方法：按每月完成的工程量及工程量清单中的相应单价计量与支付。

《公路工程国内招标文件范本》中的技术规范比较全面地考虑了技术规范文件中应包括的各项内容，实际工作中，可在此基础上根据图纸、国家或交通部颁发的技术规范作进一步的修订完善。

5. 投标书和投标担保书

投标书是为投标单位填写投标总报价而由业主准备的一份空白文件。投标书中主要应反映下列内容：投标单位、投标项目（名称）、投标总报价（签字盖章）、投标有效期。投标单位在详细研究了招标文件并经现场考察工地后，即可以依据所掌握的信息确定投标报价策略，然后通过施工预算的单价分析，填写工程量清单，并确定该项工程的投标总报价，最后将投标总报价填写在投标书上。招标文件中提供投标书格式的目的，一是为了保持各投标单位递送的投标书具有统一的格式，二是提醒各投标单位投标以后需要注意和遵守有关规定。《公路工程国内招标文件范本》(2003年版)中，投标书的格式如下。

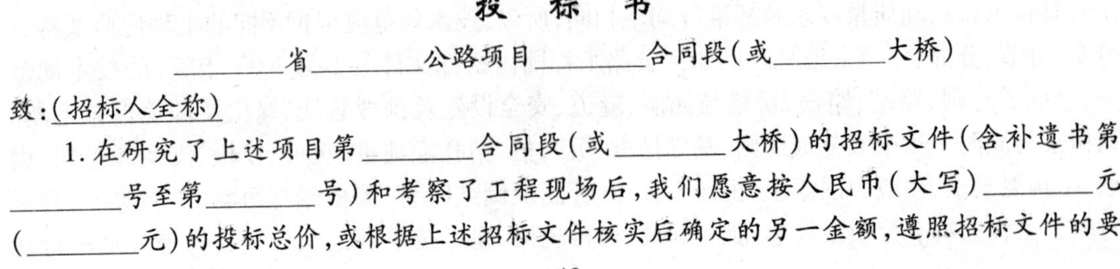

投　标　书

________省________公路项目________合同段（或________大桥）

致：(招标人全称)

1. 在研究了上述项目第________合同段（或________大桥）的招标文件（含补遗书第________号至第________号）和考察了工程现场后，我们愿意按人民币（大写）________元（________元）的投标总价，或根据上述招标文件核实后确定的另一金额，遵照招标文件的要求承担本合同工程的实施、完成及其缺陷修复工作。

2. 第________合同段由K________+________至K________+________，长约________km，技术标准________级，________路面。有________立交________处；大中桥________座，计长________m；隧道________座，计长________m以及其他构造物工程等。

3. 如果你单位接受我们的投标，我们将保证在接到监理工程师的开工通知书后，在本投标书附录内写明的开工期内开工，并在________个月的工期内完成本合同工程，达到合同规定的要求。该工期从投标书附录内写明的开工期的最后一天算起。

4. 如果你单位接受我们的投标，我方将保证按照你单位认可的条件，以本投标书附录内写明的金额提交履约担保。

5. 我们同意在从规定的开标之日起________天的投标文件有效期内严格遵守本投标书的各项承诺。在此期限届满之前，本投标书始终将对我方具有约束力，并随时接受中标。

6. 在合同协议书正式签署生效之前，本投标书连同你单位的中标通知书将构成我们双方之间共同遵守的文件，对双方具有约束力。

7. 我们理解，你单位不一定接受最低标价的投标书或你单位接到的其他任何投标。同时也理解，你的单位不负担我们的任何投标费用。

8. 随同本投标书，我方出具金额为人民币________元的投标担保。如果我们在本投标书有效期内撤回投标文件；或拒绝接受按投标人须知规定的对投标文件中细微偏差进行澄清与补正；或在接到中标通知书后的28天内未能或拒绝签订合同协议书；或未能提交履约担保（含按规定提交的相应比例的银行汇票），你单位有权没收投标担保，另选中标单位。

投标人地址：____________　　投标人：（全称）　（盖章）

邮政编码：____________　　法定代表人

电　　话：____________　　或

传　　真____________　　其授权的代理人（职务）（姓名）（签字）

日期：______年______月______日

投标书附录

序号	事　项	合同条款	数　据
1	投标担保金额	–	不低于投标价的________%，或人民币________万元
2	履约担保金额	10.1	合同价格的10%（如采用最低评标价法评标，中标人还应按投标人须知第28.2款有关规定提交相应比例的银行汇票）
3	发出开工令期限（从签订合同协议书之日算起）	41.1	________天内
4	开工期（接到监理工程师的开工令之日算起）	41.1	________天内
5	工期	43.1	________个月
6	拖期损失偿金	47.1	人民币________元/天
7	拖期损失偿金限额	47.1	合同价格的10%

续上表

序号	事　　项	合同条款	数　　据
8	缺陷责任期	49.1	________年
9	保修期	50.2	________年
10	期中(月进度)支付证书最低限额	60.2	合同价的________%,或人民币________万元
11	保留金的百分比	60.3	月支付额的10%
12	保留金限额	60.3	合同价的5%
13	开工预付款	60.5	合同价格的________%
14	材料、设备预付款	60.7	________等主要材料、设备单据所列费用的________%
15	支付时间	60.15	中期支付证书开出后________天 最后支付证书开出后42天
16	未付款额的利率	60.15	________‰/天

投标书签署人签名:________

注:1. 上表中的所有数据应在招标文件发出前由招标人填写,由投标人签署确认;

2. 数据栏中,对数据的限额说明见招标文件第一卷中的专用条款数据表。

投标人提交的投标担保可以是投标银行保函,也可以提供其他可接受的担保。投标担保金额一般不低于投标报价的1%。投标担保格式如下。

投标银行保函

致:(招标人全称)

鉴于(投标人全称)(以下简称"投标人")拟向(招标人全称)(以下简称"招标人")送交关于(公路项目名称)第________合同段(或________大桥)的投标书,根据招标文件的规定,投标人须按规定的金额由其委托的银行出具一份投标保函(以下简称"保函")作为履行招标文件中规定的义务担保。

我行同意为投标人出具人民币(大写)________元(________元)的保函,作为向招标人的投标担保。本保函的条件是:

(a)如果投标人在投标有效期内撤回投标文件;或

(b)如果投标人不接受按投标人须知规定的对其投标文件中细微偏差进行澄清与补正;

(c)如果投标人在接到中标通知书后28天内:

(1)未能或拒绝签署合同协议书;或

(2)未能按照招标文件规定提供履约担保。

我行将履行担保义务,保证在收到招标人的书面要求,说明其索款是由于出现了上述任何一种原因的具体情况后,即凭招标单位出具的索款凭证,向招标人支付上述款项。

本保函在按投标须知第12条规定的投标文件有效期或经延长的投标文件有效期期满后30天内保持有效,任何索款要求应在上述期限内交到我行。招标人延长投标文件有效期的决定,应通知我行。

银行地址:________　　担保银行(全称)(盖章)

邮　　编:________　　法定代表人

电　　话________　　或

传　　真________　　其授权的代理人(职务)(姓名)(签字)

日期:________年________月________日

6. 工程量清单

工程量清单是一份与技术规范相对应的文件,它是单价合同的产物,它详细说明了技术规范中各工程细目的数量(它和技术规范一样,也是分章、分节、分工程细目)。其内容包括:说明、工程细目、专项暂定金额汇总表、计日工明细表和工程量清单汇总表。工程量清单的作用在于:

(1)提供合同中关于工程量的足够信息,以使投标单位能统一、有效而精确地编写标书。

(2)签订合同后,标有单价的工程量清单是办理中期支付和结算以及处理工程变更计价的依据。

工程量清单的基本格式如表3-2。

表3-2

细目号	细目名称	单位	数量	单价	合价

其中,单价和合价栏的数字由承包人投标时去填写,而其他部分由业主或者招标单位在编制工程量清单时确定。

工程量清单的编写包括项目划分及工程量整理两项工作。其要求详见《工程费用监理》教材。

工程量清单中还有一张工程量清单汇总表,其格式如表3-3。

工程量清单汇总表

合同段:

表3-3

序号	章次	科目名称	金额(元)
1	100	总则	
2	200	路基	
3	300	路面	
4	400	桥梁、涵洞	

续上表

序号	章次	科目名称	金额(元)
5	500	隧道	
6	600	安全设施及预埋管线	
7	700	绿化及环境保护	
8	第100章至700章清单合计		
9	已包含在清单合计中的专项暂定金额小计		
10	清单合计减去专项暂定金额(即8-9)=10		
11	计日工合计		
12	不可预见费(暂定金额)		总额
13	投标价(8+11+12)=13		

通过汇总表对各章的工程报价及计日工汇总,再加上一定比例(10%)的暂定金额,即可得出该项目的总报价,该报价与投标书中所填写的投标总价应是一致的。

7. 投标书附表

投标书附表包括拟为承包本合同工程设立的组织机构图、合同用款估算表、临时占地计划表、调价公式的近似权重系数表、主要施工机械表、主要人员表、分包人表、材料基期价格等。

8. 合同协议书

合同协议书是准备和中标单位签署的协议格式。

9. 履约担保格式

履约担保格式是中标单位提供履约担保的合同格式。

10. 施工组织设计建议书格式

本建议书内容包括施工组织设计的文字说明、分项工程进度率计划、工程管理曲线、施工总平面布置、主要分项工程施工工艺框图、分项工程生产率和施工周期表、施工总体计划表。投标人如果中标,将提交详细的施工组织设计、进度计划,但应与本建议书基本上保持一致。

11. 图纸及勘察资料

图纸及勘察资料是招标文件中另外两份十分重要的文件。图纸的设计深度以满足施工招标投标的要求为准。有施工设计图更好,没有施工设计图纸时,需在初步设计图纸的基础上整理出一份招标用图纸(由于从招标准备至完成招标工作的周期很长,有时需一年甚至更长的时间,所以,招标准备以及招标过程中通常没有施工图纸)。只要是单价合同,即使无施工图纸(只有招标图纸)也是可以组织招标的,但如果是总价合同,则必须要有施工图纸。

勘察资料是一份说明本项目(合同段)范围内的地形、地貌、地质、水文、气象、沿线的交通运输及筑路材料分布情况的文件,由于勘察资料中的数据及信息对承包人的施工成本有重大影响,因此,勘察资料要有较高的准确性。没有勘察资料或勘察资料不准确会给承包人的投标报价带来很大困难和影响,项目管理中也容易带来许多施工索赔。因此,在编制招标文件时,应在原有的勘察、设计资料的基础上整理出一份满足招标工作要求的勘察资料。在《公路工程国内招标文件范本》(2003年版)中,招标人根据对本合同工程勘察所取得的水文、地质、气象和料场分布等资料编制了一册《参考资料》,投标人可在资料表所示地址查阅,也可在交付一定费用之后，取得一份《参考资料》的复印件。《参考资料》并不构成合同文件的一部分，承包人应对他自己就上述资料的解释、推论和应用负责。

六、投标单位资格审查的形式、内容和要求

投标单位资格审查分为资格预审和资格后审两种形式。资格预审有时也称为预投标，即投标单位首先对自己的资格进行一次投标。资格预审在发售招标文件之前进行，投标单位只有在资格预审通过后才能取得投标资格，参加施工投标。而资格后审则是在评标过程中进行，一边进行评标，一边对投标单位的资格进行审查和确认，审查内容与资格预审相同。为减小评标难度，简化评标手续，避免一些不合格的投标单位在投标上的人力、物力和财力上的浪费，投标单位资格审查以资格预审形式为好。

1. 资格审查的内容

无论是资格预审还是资格后审，其审查的内容是基本相同的。具体内容如下：

(1)法人资格和企业资质，具体要求检查营业执照。营业执照中注有企业的法人资格、注册资金及经营范围等许多重要信息。审查投标单位的营业执照实际上是审查投标单位的资格是否符合法定要求，是否具有权利能力与行为能力。在审查过程中，通常要求投标单位提交营业执照正本，审查核实后，留下复印件。

除此外，应检查企业资质等级证书。许多工程在招标时要求投标单位具有一定的资质等级，如高速公路工程在招标时要求投标单位是国家一级或二级企业。企业的资质等级说明了企业的技术力量，财务状况和履约能力。在资质审查中，也是要求投标单位提交企业资质等级证书原件，审查核实后，留下复印件。

(2)市场准入资格。即检查承包单位是否按《公路建设市场管理办法》的要求办理资信登记手续。

(3)主要施工经历。施工经历中要包括以前进行过的与拟招标项目类似的工程施工情况，以及质量好坏，获得过何种奖励等。投标单位除了要提交施工经历的文字说明外，还应提交详细的证明材料。

(4)技术能力。包括承包人现场管理人员情况、主要技术人员情况、机械设备情况、分包情况、工程质量情况、在建项目情况(可通过现场调查予以核实)。

(5)财务状况。即施工企业的合同收入、投标能力、固定资产、流动资产、资产负债率、资金流动比率、资产速动比率特别是拟投入到本项目的流动资金数额及相应的证明以及信贷能力。

2. 潜在投标人的资格预审申请文件

根据《公路工程施工招标投标管理办法》，潜在投标人的资格预审申请文件应载明以下主要内容：

(1)营业执照。

(2)公路工程施工资质证明。

(3)资信、财务能力的证明文件。

(4)资产构成情况及投标人参股的关联企业情况。

(5)拟派出的项目负责人与主要技术人员的简历、业绩证明。

(6)拟用于完成招标项目的主要施工机械设备。

(7)近五年来的类似工程施工业绩情况。

(8)近三年来财务平衡表及财务审计情况。

(9)目前正在承担的施工项目情况和正在参加投标的项目情况。

(10)招标人要求的其他相关文件。

3. 资格要求和标准

根据有关法律、法规,潜在投标人在从事高速公路施工投标时应具备以下资格:

(1)有法人资格。

(2)有相应技术等级(二级以上施工企业)。

(3)有相应的经营许可范围,已办理资信登记。

(4)有相应的业绩、技术人员、设备并满足资格预审文件的强制性标准。

(5)财务状况良好,并有能满足施工的流动资金。

(6)两个以上施工单位组成联合体投标的,联合体各方均应具备承担项目的相应能力及资格条件(否则,按资质较低者确定联合体的资质等级)。

4. 资格预审的程序

资格预审一般可分为4个步骤,见图3-3。

(1)准备资格预审文件,发布资格预审通告,邀请投标单位参加资格预审。

(2)投标单位提交资格预审申请,购买资格预审文件。

(3)投标单位填写和提交与资格预审有关的材料。

(4)招标单位进行资格评审,写出资格评审报告,业主在此基础上确定投标单位名单。

其中,资格预审文件主要分为两部分:一是资格预审须知,它是由业主或者招标单位编写的,包括工程简要说明、合同段的简介及提出的专业上必需的业绩标准(比如路面施工招标时要求具有修筑一定长度的沥青路面的经验),以及资格预审程序、时间、收件地点及其他手续的说明;二是要求申请人填写的情况调查表(格式)。调查表中所反映内容都是资格审查所包括的内容,这些表格有:

(1)申请单位一般情况调查表。

(2)近5年内已完工的工程经历表。

(3)拟委任的本合同工程主要负责人员资历表。

(4)人员配备与机构设置表。

(5)财务状况表。

(6)在建项目主要工程情况表。

(7)分包单位表。

(8)近5年内已完成相似公路工程经历表。

资格预审文件中应说明投标单位的业绩要求及主要人员资历要求和财务状况要求(可以通过表格的形式说明),投标单位如果觉得达不到规定要求,可退出资格预审,以减少资格预审的工作量。资格预审文件的格式可参考《公路工程国内招标文件范本》及《公路工程国际招标文件范本》。

投标单位在递交资格预审材料的同时应提交一份投标申请表。申请表中应说明拟投标的合同段名称、编号；是独家投标还是联合体投标；联合投标的牵头单位和成员单位名称及分工。投标单位应在申请表上签字盖章。《公路工程国内招标文件范本》(2003 年版)中规定，联合体主办人所承担的工程量必须超过总工程量的 50%。如有分包计划，必须遵循主体和关键性工作不能分包的规定，同时应提供分包人的企业法人营业执照、资质等级证书、人员、设备等资料以及拟分包的工程量。分包工程量不能超过总工程量的 30%。

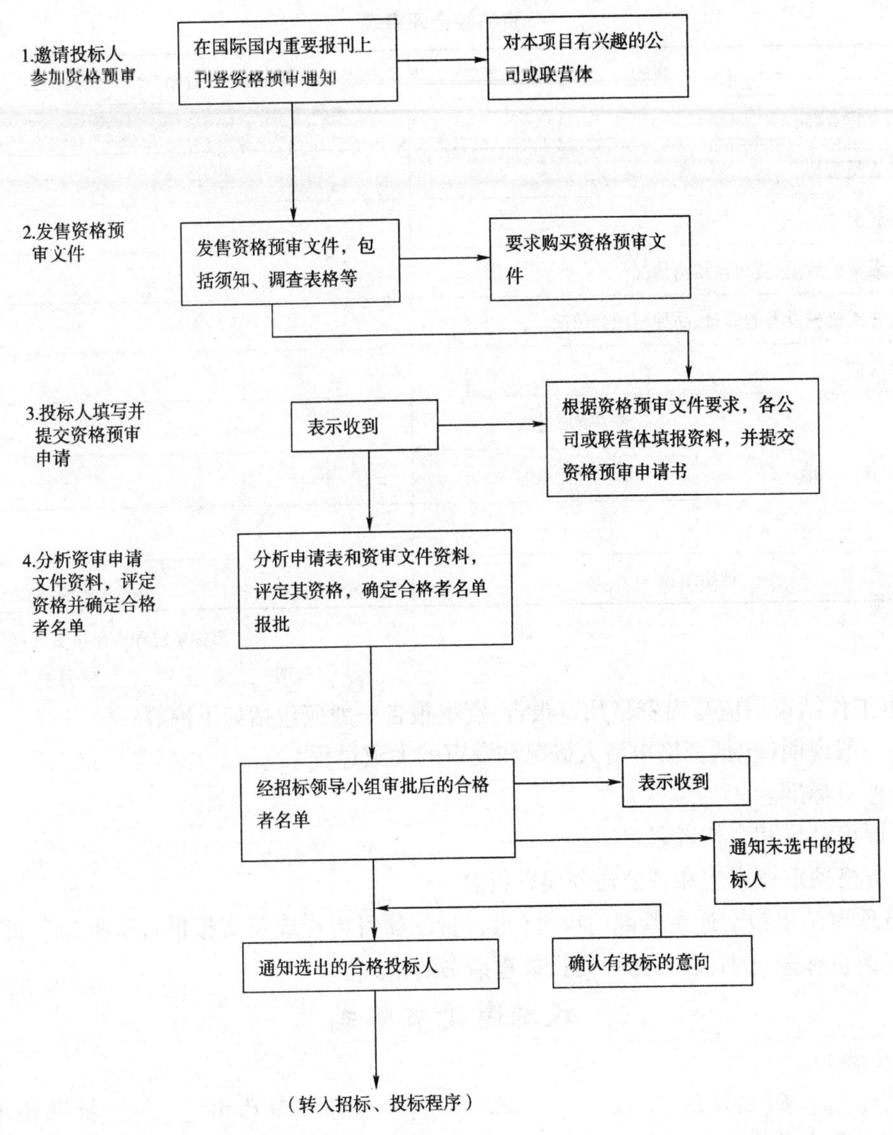

图 3-3 资格预审程序框图

在收到投标单位提交的资格预审材料后，业主和招标单位即可组织专家对投标单位进行资格审查。资格审查一般包括：符合性审查、强制性资格条件评审、资格评分、澄清与核实等工作。资格审查中应本着客观、公正、准确的原则，认真核实评定各投标单位的技术能力、财务状况和社会信誉等。在审查过程中，数据的统计要准确，要有原始资料，对于以往的业绩和在建工程情况，应尽可能派人到现场或以通信、电话方式去了解和核实。由于资审工作同时涉及到财务问题和技术问题,因此,资审专家组除了技术专家外,还应包括会计专家和经济专家。在整个评审过程中,评审人员不得对外透露资格预审情况。资审组在对投标单位的各项情况审查核实后,应做出合格或不合格的结论与说明(一般不采用综合评分方式,而是只分合格与不合格两级)填写在"资格预审综合评审表"内,最后写出总的评定结论,资格预审综合评审表的格式如表3-4。

资格综合评审表

表3-4

内　　容		评审意见(合格/不合格及说明)
1. 公路工程业绩		
2. 主要人员资历		
3. 财务状况		
4. 投入人员的数量、资历及结构情况		
5. 投入施工机械设备的数量、品种与配套情况		
6. 社会信誉		
其　　他	资质等级	
	营业执照	
	……	
评定结论		

招标单位评审组负责人:(签字)

日期:________年________月________日

资审工作结束后应写出资格预审报告,资审报告一般应包括如下内容:

(1)一般说明(包括资格申请人概况和资审的大致过程)。

(2)评审标准。

(3)评审结果和合格者名单。

(4)资格预审评审表和各公司分项资料表。

资格预审结果报交通主管部门审批(世行贷款项目需译成英文报世行审批)后,即可对合格单位发送投标邀请书,以下是一份投标邀请书的格式。

投标邀请书格式

(投标人全称):

1. ________省(自治区、市)________至________公路项目已由________批准修建,并已列入基本建设计划。现决定对该项目的________工程的实施和完成进行公开招标。你单位已通过资格预审,现邀请你单位按招标文件规定的内容,参加第________合同段的投标。

2. 本项目招标分为A、B、C……________个合同段,各合同段独立招标。第________合同段由K________+________至K________+________,长约________km,技术标准________级,________路面。有立交________处;大中桥________座,计长________m;隧道________座,计长________m,以及其他构造物工程等(独立的大桥工程应简述桥型、桥长、桥宽、跨径、基础形式、引桥引道长度等)。

3. 请凭本邀请书于________年________月________日至________年________月________日到(招标人全称)处购买招标文件,招标文件每套收取成本费人民币________元,售后不退。

4. 招标人根据对本合同工程勘察所取得的水文、地质、气象和料场分布等资料编制了一册《参考资料》,投标人在交付人民币________元后,可以在以下地址取得一份复印件,如有需要,还可查阅详细的勘察资料。

查阅地址:

联系人:

电话:

5. 投标人在送交投标文件时,应按投标人须知第13条规定提交人民币________元或不低于投标价1%的投标担保。

6. 招标人将于下列时间和地点组织进行工程现场考察并召开标前会议。

现场考察时间:______年______月______日______时,地点:____________

标前会议时间:______年______月______日______时,地点:____________

7. 投标文件送交的截止时间为________年________月________日________时,投标文件必须在上述时间之前送交至(单位:________________地址:________________),招标人定于投标文件送交截止的同一时间、同一地址举行公开开标。

8. 请在收到本邀请书24小时(以发出时间为准)内,以书面方式回函确认。如果你单位不准备参与投标,亦请尽快通知我们,谢谢合作。

招标单位地址:____________

邮　　编:____________

电　　话:____________

传　　真:____________

联 系 人:____________　　　　招标人:(盖章)

________年________月________日

投标人在通过资格预审后,在送交投标文件时应按新情况更改或补充其在申请资格预审时提供的资料,以证实其仍能继续满足资审合格的最低标准。至少应更新以下资料(如有):

(1)财务状况方面的变化,新近取得银行信贷额度(如有必要)的证明和/或获得其他资金来源的证据,以及现已接受(中标或签约)的新合同工程对财务状况的影响。

(2)资格预审之后新承包的工程名称、规模、进展程度和工程质量。

(3)资格预审后新交工的工程及评定的质量等级。

(4)最近的仲裁或诉讼介入情况。

(5)拟投入本工程所需关键施工设备的当前备有情况。

(6)投标人名称的变化及有关批件。

(7)拟投入本项目主要人员变化情况。

七、投标组织阶段的工作内容及注意事项

投标组织阶段的工作内容包括发售招标文件、组织现场考察、组织标前会议(标前答疑)、

接受投标单位的标书等事项。

发售招标文件前业主通常召开发标会,向全体投标单位再次强调投标中应注意和遵守的主要事项。发售招标文件过程中,招标单位要查验投标单位代表的法人代表委托书(防止冒领文件)。收取招标文件工本费,在投标单位代表签字后方可将招标文件交投标单位清点。

在投标单位领取招标文件并进行了初步研究后,招标单位应组织投标单位进行现场考察,以便投标单位充分了解与投标报价有关的施工现场的地形、地质、水文、气象、交通运输、临时进出场道路及临时设施、施工干扰等方面的情况和风险。并在报价中对这些风险费用做出准确的估计考虑。为了达到现场考察的效果,现场考察的时间安排通常应考虑投标单位研究招标文件所需要的合理时间。现场考察过程中,业主应派比较熟悉现场情况的设计代表详细地介绍各标段的现场情况,现场考察的费用由投标单位自己负责。

组织标前会议的目的是解答投标单位提出的问题。投标单位在研究招标文件、进行现场考察后,会对招标文件中的某些地方提出疑问,这些疑问有些是投标单位不理解招标文件产生的,有些是招标文件的遗漏和错误产生的。投标单位应在标前会议召开以前,以书面的形式将要求答复的问题提交招标单位,根据投标人须知中规定,投标单位的疑问应在标前会议7天前提出。招标单位应将各投标单位的疑问收集汇总,并逐一研究处理。如属于投标单位未理解招标文件而产生的疑问,可将这些问题放在"澄清书"中予以澄清或解释,如属于招标文件的错误或遗漏,则应编制"招标补遗"对招标文件进行补充和修正。《公路工程国内招标文件范本》(2003年版)中规定投标人要求澄清与解答截止日应在投标截止期前18天,招标人修改招标文件(补遗书)截止日应在投标截止期前15天。总之,投标单位的问题应统一书面解答。当招标补遗很多且对招标文件的改动较大时,为使投标单位有合理的时间将"补遗书"的内容在编标时予以考虑,招标单位(或业主)可视情况延长投标截止日期。

为满足投标的需要,招标单位应制备投标箱(也有不设投标箱的做法),投标箱的钥匙由专人保管(可设双锁,分人保管钥匙),箱上加贴启封条。投标单位投标时将标书装入投标箱,招标单位随即将盖有日期的收据交给投标单位,以证明是在规定的投标截止日期前投入的。投标截止期限一到,即封闭投标箱,在此以后的投标概不受理(为无效标书)。投标截止日期在招标文件或投标邀请书中已列明,投标期(从发售招标文件到投标截止日期)的长短视标段大小、工程规模、技术复杂程度及进度要求而定。国际招标中由于标段很大,从满足投标的要求考虑,通常安排90~120天,甚至更长。国内招标中由于标段不大,投标期可适当缩短,但也不宜过于仓促(一般是45~90天左右)。《公路工程国内招标文件范本》(2003年版)中规定高速公路、一级公路、技术复杂的特大桥梁、特长隧道不得少于28天,其他公路工程不得少于20天。

八、标底的编制与管理

标底是工程项目的预期施工价格,是衡量投标报价是否合理的重要依据。科学地编制标底是搞好评标工作的前提。

1. 标底编制的基本原则和要求

(1)标底的编制应遵循价值规律,即标底价格应反映公路建设项目的价值。

(2)标底的编制应反映供求规律,即应反映建筑市场的供求状况对标底价格的影响。

(3)所编制的标底应反映出一种平均先进的劳动生产力水平。

所以,在制订标底时,应根据设计图纸及招标文件中的其他有关资料,参照国家规定的有关技术经济标准、定额及规范来确定标底,一个标段只能编制一个标底。

2. 标底编制的基本方法

标底编制的基本方法是概预算编制法。基本程序如下:

(1)资料收集。

(2)市场调查。

(3)现场考察。

(4)施工方案和施工方法的确定及施工进度计划的制订。

(5)编制施工图预算(或概算),计算建安费及其他费用。

(6)工程细目的单价分析。

(7)综合形成标底。

3. 标底编制应注意的事项

(1)按概算编制标底时,应在概算的基础上适当下浮,因为概算定额比预算定额有3%～5%的富余。

(2)当合同中有价格调整的条款[见《公路工程国内招标范本》(2003年版)中条款70.1条]时,标底中不应考虑物价上涨费。

(3)不考虑预备费,但应适当加计工程保险需发生的费用及其他预算中未包括的费用。

(4)对于那些概预算中明显偏高或偏低而与实际情况不符的现象,应据实予以调整。

(5)对按合同规定承包人实际需发生而在概预算中未计算的费用,应在调查的基础上如实考虑进去。

(6)在预算的基础上,根据建筑市场的供求情况及当前的劳动生产力水平乘以适当的修正系数。

(7)由于概预算的项目划分与工程量清单的项目划分不一致,且各自对应的计量方法不一定相同,因此,在编制工程细目的单价时,应在概预算的项目划分基础上,组合出与工程量清单中的工程细目相应的单价。

除概预算编制法外,还可采用统计平均法编制标底,即在投标报价的基础上采用统计处理的方法来确定标底。这种方法已在许多地方试用,它能有效地解决标底保密的问题,而且符合标底编制的基本原则,具有较好的科学性。

4. 标底的管理

标底的管理内容包括标底审定和标底保密。标底审定的重点是标底制订方法的科学性、合理性。标底的价格应严格控制在初步设计概算甚至施工图预算所确定的各项费用之内。标底的保密是一个难度很大的问题,开标前知道标底的人员(数量上)要严格控制。为减轻标底保密带来的压力,实践中可以采用先投后审的办法,即在投标工作结束后再审定标底(但这也会带来些新的保密问题)。采用统计平均法制订标底则不会存在上述问题。

5. 无标底招标

所谓无标底招标,就是在业主招标过程中不设标底或者即使设标底也不作为评标标准,业主只需提出一个评价的标准和方法即可的一种招标方式。与现行招标方式相比它具有不存在标底泄密，消除了暗箱操作；减小招标人和评标委员会对评标、中标的人为影响；鼓励了公平竞争，促进投标单位降低企业成本；降低工程造价等优点。无标底招标采用了量价分离的科学形式，更符合市场经济的要求，有利于加强招投标过程的竞争机制，也是适应我国入世、与国际惯例接轨的需要。

无标底招标目前还存在一些问题，主要表现在：一是我国法律还没有明确确定无标底招标的法律地位，使得无标底招标的发展受到一定的限制；二是我国目前还没有统一的无标底招标实施办法，使得无标底招标工作没有统一的开展依据。另外，无标底招标要求有成熟、开放的建筑市场；工程招标单位必须具备相当的技术水平和工作经验，有审查投标单位资格的能力，有组织编写招标文件的能力，有合理制订评标办法的能力，有组织开标、评标和定标的能力。盲目采用无标底招标是业主投资控制的重大隐患。

九、开标的工作内容及方法

开标的过程是启封标书、宣读标价、对投标书的有效性进行确认的过程。参加开标的单位有业主（招标领导小组）、招标单位、监理单位、投标单位、公证机构。开标的组织人员有唱标人、记录人、监督人、公证人及后勤人员。投标截止日期一到，即可组织开标工作，通常开标时间与投标截止时间只相差几个小时。

开标的工作包括以下内容。

（1）宣布评标定标原则。

（2）公布标底。

（3）检查标书的密封情况。按照《公路工程国内招标文件范本》（2003 年版）规定，投标文件的正本与副本应分别包装，包装必须使用内外两层封套，并在内外层封套上都要加贴封条，上有“正本”、“副本”标记，未密封的投标文件不予签收，且外层封套上不应有任何投标人的识别标志。这与国际招标中对标书的要求相一致。

（4）检查标书的完备性。根据《公路工程国内招标文件范本》（2003 年版）投标人编写的投标文件包括内容有：投标书及投标书附录、投标担保、授权书、联合体协议书（如有）、标价的工程量清单、投标书附表、施工组织设计、资格预审的更新资料（如果有）或资格后审资料（如系资格后审）、选择方案及其报价（如果有）及其他资料（以上文件要密封）以及其他要交回的招标文件。标书不完备特别是无投标保证书的标书是无效标书。

（5）检查标书的符合性。标书是否与招标文件的规定有重大出入或保留；是否会造成评标困难或给其他投标单位的竞争地位造成不公正的影响；标书中的有关文件是否有投资单位代表的签字盖章；标书中是否有涂改（一般规定标书中不能有涂改痕迹，特殊情况需要涂改时应在涂改处签字盖章）等等。

（6）宣读和确定标价。填写开标记录，有特殊降价申明或其他重要事项的也应一起在开标中宣读、确认或记录。

除上述内容外，公证单位还应确认招标的有效性。国际工程招标中，如遇下列情况，在经公证单位公证后，招标单位会视情况决定全部投标作废：

（1）投标单位串通哄抬标价，致使所有投标单位的报价大大高出标底价。

（2）所有投标单位递交的标书严重违反投标人须知的规定，致使评标无法进行。

(3)投标单位太少(如不到3家),没有竞争性。

一旦发现上述情况之一需要宣布投标作废时,招标单位要征得业主的同意。按照国际惯例,只有对原招标文件中的规定、规范或其他条件重新审定修改或对招标项目予以修订后才能重新招标。全部投标作废的情况并不多,因为投标作废以后,重新组织招标得花费大量的时间和精力,因此,即使发生上述情况,招标单位也会慎重行事,不会轻易做出投标作废的决定。国内工程招标中,根据《建设工程招标投标暂行规定》,“当所有标价都高于标底时,如标底无误,应通过评标剔标剔除不合理的部分,确定合理标价和中标企业”。可见,国内工程招标中,对于所有标价高于标底的情况,也并不是统统宣布投标作废,而只是要求投标单位降低不合理的标价。

十、评标、定标的工作内容与方法

1.评标、定标的方法

评标、定标的基本原则是公平竞争、技术可靠、质量保证、经济合理。根据这一原则,在评标、定标过程中,通常有以下三种方法。

(1)按最低类比价定标。这是世行推荐的定标方法,只要报价是可靠的,有理由的,原则上应选择类比价最低的单位为中标单位。这种定标方法的优点是显著的,他充分引进了竞争机制,有利于促进施工单位改进施工方法(或优化施工方案),加强项目管理,提高劳动生产率,进而降低生产成本最终降低投标报价。其缺陷是建筑市场供不应求时(施工任务少)会出现低价抢标现象。所以,按这种方法定标及签订合同时,严格执行担保制度(如投标担保、履约担保、预付款担保、保留金担保等)是约束投标单位低价抢标(防止中标后不履行合同)的前提,另外评标中对于报价(类比价)最低的单位要进一步落实低报价的理由和可靠性。

(2)按合理类比价定标。即事先对类比价划定一合理范围,在此范围内,选定类比价最低的单位。这是《公路工程国内招标文件范本》中推荐的方法,它规定类比价最高不能超出标底类比价的10%,最低不能低于标底类比价的20%。这种定标方法能在一定程度上防止盲目报价或低价抢标现象,但同时也会限制竞争。特别是标底的科学性、合理性以及标底保密问题会给招标带来重大影响。

(3)在合理类比价基础上综合评标。即在方法(2)所划定的类比价范围内,聘请专家就投标单位的类比价、业绩、施工技术力量、财务状况等方面进行综合评比,从中选择一家综合实力最强的单位为中标单位。这种方法除具有方法(2)的优缺点以外,还具有如下优缺点:其优点是能全面反映投标单位的综合素质,其缺点是增加了人为因素(包括专家的主观因素、个人感情因素、社会影响因素以及专家在一起评标时的交互影响因素)对定标结果的影响。为避免这些因素对定标结果的不公正影响,可在评标前通过通信咨询确定综合评标的模型与方法。这种方法只宜在资格后审的项目招标中采用,对于已经进行了资格预审的项目招标,由于各投标单位的业绩、施工技术力量及财务状况处于同一水平上,因此,其竞争力的大小主要体现在类比价上,无须再对这些指标进行评定。

类比价是对投标单位的报价在定量考虑投标工期、预付款、投标优惠等因素的影响后所计算出来的评标价格。投标过程中,有些投标单位提出的工期比标准工期(招标文件中规定的工期)要短,另外有些投标单位提出的预付款要求可能不一样。所以投标单位的原始报价并

不能完全反映投标单位的竞争实力,而必须计算类比价。世行贷款项目的评标中,类比价的计算内容如下:

(1)算术错误的修正。

(2)在工程量清单中剔除暂定金额或预留费(从前面所介绍的工程量清单中可知,暂定金额或预留费下的项目,不一定由承包人承担,可能由指定分包商承担,也可能不发生。详见 FIDIC 条款 58 条)。

(3)将所有金额换算成一种货币(国际招标中允许投标单位申请外币,评标中应按投标截止日期前第 28 天的汇率折算成同一种货币)。

(4)对于申请了不同比例的预付款的投标,应视预付款为一种提前支付,业主提前支付货币的利息损失应加到各投标单位的标价上。

(5)对于工期有不同要求的投标,如本标段的工期是关键工期(对项目总工期有决定性的影响),则应考虑不同工期的投标所造成的业主受益损失,并加到其标价上。

(6)对于没有在总报价上反映出来的其他可接受的数量的变化、出入或选择性报价进行适当的调整。

(7)将享受国内优惠条件(世行贷款项目招标中规定本国投标单位可享受 7.5% 的优惠)的标书放入 A 组,而将其他标书放入 B 组。对于 B 组标书的标价,在上述(1)、(2)、(3)调整的基础上,加入相当于 7.5%(假定优惠率为 7.5% 的话)标价的费用,作为评标时使用。

类比价计算模型如图 3-4 所示。

类比价计算公式如下:

复利法:
$$F=\sum_{t=0}^{N}F_t(1+i)^{N-1}+\sum_{t=0}^{M}(F_t r) \tag{3-1}$$

单利法:
$$F=\sum_{t=0}^{N}F_t[1+(N-t)i]+\sum_{t=0}^{M}(F_t r) \tag{3-2}$$

式中:F——类比价;

M——投标工期(月);

N——所有投标工期与招标标准工期中工期最长者(月);

F_t——施工单位在 $t(t=1,2,3,\cdots,M)$ 月的用款估算;

t——施工时间(月);

i——月利率或贴现率;

r——业主给投标单位的优惠率,对于享受优惠的投标单位,公式中 $r=0$;而对于不受优惠的单位,公式中取投标优惠率。

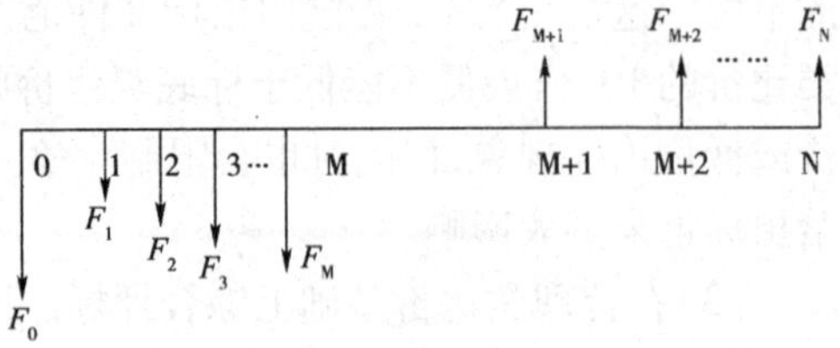

图 3-4 类比价计算模型

F_0-预付款金额(元);$F_{M+1},F_{M+2},\cdots,F_N$ 为预期受益,即工期较短单位因提前竣工每月给业主带来的效益

2. 评标、定标的工作内容

1)初步评审

招标人依法组织的评标委员会首先对投标文件进行初步评审,只有通过初步评审的投标文件才能进入详细评审。

通过初步评审的主要条件:

(1)按照招标文件规定的格式、内容填写,字迹清晰可辨;

(2)投标文件上法定代表人或其授权代理人的签字(含小签)齐全,符合招标文件规定;

(3)法人发生合法变更或重组,与申请资格预审时比较,其资格没有实质性下降;

(4)投标人按照招标文件规定的格式、时效和内容提供了投标担保;

(5)投标人法定代表人的授权代理人,其授权书符合招标文件规定;

(6)投标人以联合体形式投标时,提交了联合体协议书副本,且与通过资格预审时的联合体协议书正本完全一致;

(7)投标人如有分包计划应提交分包协议,分包工程量不应超过投标价的30%;

(8)一份投标文件应只有一个投标报价,在招标文件没有规定的情况下,不得提交选择性报价;

(9)投标人提交的调价函符合招标文件要求(如有);

(10)投标文件载明的招标项目完成期限不得超过招标文件规定的期限;

(11)投标文件不应附有招标人不能接受的条件。

投标文件不符合以上条件之一的,应认为其存有重大偏差,并对该投标文件作废标处理。

2)算术性修正

评标委员会对通过初步评审的各投标文件的报价进行校核,并对有算术上的和累加运算上的差错给予修正。修正错误的原则是:

(1)当以数字表示的金额与文字表示的金额有差异时,以文字表示的金额为准;

(2)当单价与数量相乘不等于合价时,以单价计算为准,如果单价有明显的小数点位置差错,应以标出的合价为准,同时对单价予以修正;

(3)当各细目的合价累计不等于总价时,应以各细目合价累计数为准,修正总价。

修正后的最终投标价与原报价相比偏差在1%以上者,属于重大偏差,按废标处理。

3)详细评审

评标委员会还应对通过初步评审,完成算术性修正之后的投标文件从合同条件、技术能力以及投标人以往施工履约信誉等方面进行详细评审。

详细评审的主要内容包括:

(1)投标人应接受招标文件规定的风险划分原则,不得提出新的风险划分办法;

(2)投标人不得增加业主的责任范围,或减少投标人义务;

(3)投标人不得提出不同的工程验收、计量、支付办法;

(4)投标人对合同纠纷、事故处理办法不得提出异议;

(5)投标人在投标活动中不得含有欺诈行为;

(6)投标人不得对合同条款有重要保留。

对投标人技术能力和以往履约信誉进行详细评审的主要内容:

(1)对投标人提供的财力资源情况的真实性、完整性进行财务能力的评价;

(2)对投标人承诺的拟投入本工程的技术人员素质、设备配置情况的可靠性、有效性进行技术能力的评价;

(3)对投标人编制的施工组织计划、关键工程技术方案的可行性,以及质量标准、进度与质量、安全要求的符合性进行管理水平的评价;

(4)对投标人近五年完成的类似公路工程项目的质量、工期,以及履约表现进行业绩与信誉的评价。

在对投标人技术能力和履约信誉详细评审过程中，发现投标人的投标文件有下列问题之一，则属于重大偏差，按废标处理：

(1)承诺的质量检验标准低于招标文件或国家强制性标准要求；

(2)关键工程技术方案不可行；

(3)施工业绩及履约信誉证明材料虚假。

在评标中，除了上述重大偏差，按废标处理外，投标文件中的下列偏差为细微偏差：

(1)在算术性复核中发现的算术性差错；

(2)在招标人给定的工程量清单中漏报了某个工程细目的单价及合价；

(3)在招标人给定的工程量清单中多报了某个工程细目的单价和合价，或所报单价增加或减少了报价范围；

(4)在招标人给定的工程量清单中修改了某些支付号的工程数量；

(5)除强制性标准规定之外，拟投入本合同段的施工、检测设备、人员不足；

(6)施工组织设计(含关键工程技术方案)不够完善。

招标人将以书面方式要求投标人对投标文件中的细微偏差内容作必要的澄清或者补正。对此，投标人不得拒绝。澄清或者补正应以书面方式进行，并不得超出投标文件的范围或者改变投标文件的实质性内容。投标人的澄清或补正内容将作为投标文件的组成部分。

投标人拒不按照要求对投标文件进行澄清或者补正的，招标人将否决其投标，并没收其投标担保。招标人不接受投标人主动提出的澄清。

4)标价评定及方法

在详细评审后，评标委员会可根据工程项目技术复杂程度的不同，将事先选定并在投标人须知资料表中载明选择下列评审方式中的一种。

(1)综合评估法

对投标文件进行详细评审后按下列因素进行综合评分：

评标价：________分(招标人可根据项目的具体情况确定不同的评审因素及权重，评标价所占权重一般为70%；对于特大桥、长大隧道或技术较复杂、施工难度较高的工程，评标价所占权重可适当降低，但不应低于50%)；

财务能力：________分；

技术能力：________分；

管理水平：________分；

业绩与信誉：________分。

评标价是指投标人通过初步评审和详细评审，经细微偏差澄清和补正后并经投标人确认的投标报价减去招标人给定的暂定金额(含不可预见费总额、或专项暂定金额、或某个给定单价的支付号的合价、或某个给定的总额价等)之后为投标人的评标价。招标人对投标人投标报价的评审应以评标价为基准。

评标价的分值确定：

①招标人设有标底，招标人将对投标人的评标价按下述规定进行评分

a. 复合标底计算：

$$\frac{A+B}{2}=C \tag{3-3}$$

式中：A——招标人的标底扣除暂定金额后的值（标底开标时应公布）；

B——投标人评标价平均值，B 值为投标人的评标价在 A 值的105%（含105%）至 A 值的85%（含85%）范围内的投标人评标价的平均值；

C——复合标底值。若所有投标人评标价均未进入复合标底的计算范围，则 $C=A$。

b. 复合标底降低5%之后为评标基准价 D；

c. 当投标人的评标价等于 D 时得满分，每高于 D 一个百分点扣2分，每低于 D 一个百分点扣1分，中间值按比例内插。

用公式表示如下：

$$F_1 = F - \frac{|D_1 - D|}{D} \times 100 \times E \tag{3-4}$$

式中：F_1——投标人评标价得分；

F——评标价所占的百分比权重分值；

D_1——投标人的评标价；

D——评标基准价（复合标底×95%）；

E——评标价高于或低于 D 值时的扣分，若 $D_1 \geqslant D$，则 $E=2$；若 $D_1 < D$，则 $E=1$。

②招标人未设标底，招标人将对投标人的评标价按下述规定进行评分：

a. 所有投标人评标价的平均值降低5%之后为评标基准价 D；

b. 当投标人的评标价等于 D 时得满分，每高于 D 一个百分点扣2分，每低于 D 一个百分点扣1分，中间值按比例内插。

用公式表示如下：

$$F_1 = F - \frac{|D_1 - D|}{D} \times 100 \times E$$

式中：F_1——投标人评标价得分；

F——评标价所占的百分比权重分值；

D_1——投标人的评标价；

D——评标基准价（投标人评标价的平均值×95%）；

E——评标价高于或低于 D 值时的扣分，若 $D_1 \geqslant D$，则 $E=2$；若 $D_1 < D$，则 $E=1$。

（2）最低评标价法（招标人应设有标底）

对通过初步评审和详细评审的投标人的评标价进行比较，发现投标人的最低评标价低于招标人标底（不包含暂定金额）15%以下（含15%），使得其投标价可能低于其个别成本的，将要求该投标人作出书面说明并提供相关证明材料，以证明该报价可以按照规定的工期和质量要求完成工程。投标人不能提供相关证明材料说明该投标报价的合理性，招标人将认定该投标人以低于成本报价竞标，其投标应作废标处理。

如果投标人能说明其投标报价是合理的，招标人将向评标价最低的中标候选人发出中标通知书，要求中标候选人按以下方式提交履约担保：

①$(A-D_1)/A \leqslant 15\%$，则履约担保为10%合同价的银行保函；

②$15\% < (A-D_1)/A \leq 20\%$，则履约担保为10%合同价的银行保函加5%合同价的银行汇票；

③$20\% < (A-D_1)/A \leq 25\%$，则履约担保为10%合同价的银行保函加10%合同价的银行汇票；

④$25\% < (A-D_1)/A$，则履约担保为10%合同价的银行保函加15%合同价的银行汇票。

其中：D_1为中标候选人的评标价；A为招标人的标底扣除暂定金额后的值。

(3)双信封评标法

对于独立特大型桥梁、长大隧道等技术难度较大的公路工程，招标人可选择双信封评标法进行评标，要求投标人将投标报价和工程量清单单独密封在报价信封中，其他商务和技术文件密封在另外一个信封中，在开标前同时提交给招标人。

双信封法的招标评标程序如下：

①招标人首先打开商务和技术文件信封，但报价信封交监督机关或公证机关密封保存；

②评标委员会对商务和技术文件进行初步评审和详细评审，对通过初步评审和详细评审的投标文件的技术部分进行打分，取前三名；

③招标人将向技术得分为前三名的投标人发出通知，通知中写明第二次开标的时间和地点。其他投标人的报价将不予开封，原封退还给投标人；

④投标人的报价将按有关规定，经算术性修正后，计算投标人的评标价、复合标底和各投标人的评标价得分；

⑤将投标人的评标价得分和技术得分相加得到投标人的最终得分，得分最高者中标。

如所有投标文件均未通过初步评审和详细评审，或投标缺乏竞争性，招标人可重新招标。

5)不平衡的报价的分析及评价

不平衡报价对承包人是有利的，但对业主是不利的。不平衡报价方法大致有两种：

(1)先期开工的项目报价高，后期开工的项目报价低。这种报价方法对业主的不利影响会通过式(3-1)、式(3-2)的类比价计算公式定量反映出来；

(2)工程量可能增加的项目报价高，工程量可能降低的项目报价低。这种方法的不利影响可通过如下的不平衡报价系数来定量反映：

$$K=\sum_{i=1}^{n}\frac{\max(P_i,P'_i)}{\min(P_i,P'_i)}-n\cdot\frac{\max(Z,Z')}{\min(Z,Z')} \tag{3-5}$$

式中：K——不平衡报价系数；

P_i、P_i'——分别为第i个工程细目的投标单价及标底单价；

Z、Z'——分别为投标总价及标底总价；

n——标书中工程细目的个数。

当然，也可逐项比较投标单价与标底单价之间的差距来进行不平衡报价的分析及评价，但这种分析是定性的。

有些不平衡报价可能是投标单位在一些杂费分摊的方式上与标底的处理方式不一致(这种情况可能是因技术规范的计量支付规定不明确所致)形成的，可通过协商在总价不变的情况下，让投标单位对杂费的分摊方式加以修正来解决。

6）标书澄清

为了有助于标书的审查、评价和比较，在进行了标书分析之后，通常要求有竞争力的投标单位（一般是类比价较低的前三家单位）进行标书澄清。标书澄清的内容，主要涉及投标单位的报价。例如，投标单位的报价很低，甚至比标底低出很多，那么投标单位到底出于什么考虑？是投标单位采用了更经济的施工方案或先进的施工方法，还是采取了让利策略或是出于打入该建设市场的考虑而不惜亏本，或是投标单位根本没有理解招标文件呢？又如，投标单位提交的标书中有时个别工程细目未填写单价，那么到底是该细目在投标单位拟定的施工方案中不发生，还是投标单位已将其费用考虑到其他细目的单价中或是投标单位没有理解标书，漏报了该细目呢？所以标书澄清是必要的，通过标书澄清可以进一步落实投标报价的可靠性，防止盲目报价或低价抢标的现象对定标的影响。

标书澄清中，除了进行报价澄清外，还可能包括以下澄清工作：标书中的其他疑点；资源的可靠性（如资金材料供应、施工机械设备、劳动力安排等）；现场组织管理；施工方案和施工方法的可靠性；分包问题等。通过标书澄清，招标单位可以全面了解投标单位的意图及施工安排的合理性和报价的可靠性，投标单位可以充分展示承揽该项目的能力以坚定业主对本单位的信心。标书澄清的要求与答复，应以书面电传或电报的形式进行，也可以采用会议形式（会议结束后应签署会议纪要或备忘录）。

值得注意的是标书澄清不是议标，投标单位更不应提出更改标书或标价的要求（根据法律规定，投标单位投送标书的过程是要约过程，要约一经发出，在投标有效期限内不能变更），投标单位或业主也不能接受这种要求。同样招标单位或业主也不能在标书澄清中硬性要求投标单位压低标价，这样做会损害招标的公正性和合法性，影响合同的公平性，最终影响施工质量和合同的正常履行。

7）撰写评标报告，推荐中标单位

在完成上述评标工作后，即可撰写评标报告，推荐中标单位。评标报告包括文字说明和评标分析表格，评标用的表格内容和格式如下。

（1）投标报价一览表。即对投标单位的报价汇总在一张表格中，便于招标单位或业主进行分析和比较。

（2）单价不平衡分析一览表。即将投标单位填报的工程细目单价与标底单价进行比较和计算后所汇总的表格。

（3）评标分析一览表。即对投标单位的原始报价、修正算术错误后报价、类比价、报价不平衡系数等情况汇总后得出的表格。

招标单位推荐中标单位应按照业主所确立的评标、定标原则和方法来进行。推荐的中标候选单位一般为2～3家。

8）定标

业主在评标报告的基础之上进行最后审查和决策并确定出中标单位的过程称为定标。定标不能违背业主已公布的定标原则。国内外工程招标中，通常接受类比价最低，而且有充分理由说明这种低标是合理的，且技术、工期和财务方面都较理想的投标单位。但也有例外的情况。例如，当最低报价比其他投标单位的标价低出很多，甚至大大低于标底而投标单位又不能在标书澄清中充分说明低标的理由时，则这种投标属于不合理的低标，业主会担心承包人中途毁约而宁可将合同授予其他报价较低且合理的投标单位。必须明确，国际工程招标中，将合同授予哪一家投标单位是业主的权力，业主在签约前有权接受或拒绝任何投标，业主对由此引起的投标单位的影响不承担任何责任，也无须将这样做的理由通知受影响的投标单位。所以业主在决定中标单位的过程中，享有绝对的权力，特别是当几家投标单位的类比价接近，甚至处于同一水平时，业主很可能将合同授予其标价并非最低的，但施工技术、财务状况且信誉很高，过去合作较好的投标单位。当然，业主的定标权力应以不影响公平原则为前提，业主的权力受法律、法规的约束。

在确定了中标单位之后，即可向中标单位颁发"中标通知书"，明确其中标项目（标段）和中标价格等内容。中标通知书的内容如下。

中标通知书

致投标单位：（填入投标单位名称）

承包工程：（填入承包工程名称）

标段编号：________

有关贵方于________年________月________日提交的上述工程的投标书，经我方分析研究，并分别于（填入历次标书澄清会议日期）共（次数）次与贵方对标书内容进行澄清和修正后，现正式通知贵方，基于调整后之合同造价及下列条款下，我方已选定贵方为本项招标工程之中标单位，并接纳贵方的投标文件。

1.合同总价为人民币：（填入大写金额）（用小写金额说明）。

上述总价是由工程量清单内所列之工程数量及固定包干单价计算组成，经双方协商修正后作为本项承包工程之合同总价。

2.贵方须在接到本通知书后________天内按招标文件中提供的银行保函格式办理履约保证手续，提交由银行担保的履约保证书。

3.贵方须在接到本通知后________天内签署本工程承包合同协议书。在合同协议书正式签署之前，本通知书连同投标书、合同通用条件和专用条件、技术规范、工程量清单、图纸及标书澄清中的会议纪要和补充协议等文件将作为本项承包工程的有效合同文件。

谨此函告

业主：（填入业主名）

（公章）

代表：（签名）

日期：

颁发中标通知书的过程，在法律上属于承诺的过程，它是一种法律行为。所以，自中标通知书颁发之日起，双方的合同法律关系即已形成，中标通知书和投标书、合同条款、技术规范、工程量清单及图纸等构成了一份对双方有约束力的合同文件，任何一方都须严格履行合同中的义务，否则即构成违约行为，另一方有权追究其违约责任或进行索赔。当中标通知书的颁发条件不成熟而业主又希望向投标单位表达中标意向时，可向投标单位签发承包合同意向书，但承包合同意向书的签发不是承诺，承包合同意向书对业主无法律约束力。

中标通知书应在投标有效期内颁发，投标有效期的开始日期从开标之日算起。大型国际招标的投标有效期较长，通常为90～180天，如京—津—塘高速公路规定为6个月。在投标有效期内，投标单位不能修改或撤回标书，否则其投标保证金将被没收。招标单位有时还会视情况延长投标有效期，此时投标单位可以拒绝这种要求，这不会影响投标保证金的退回；但投标单位一旦接受这种要求，则在延长期内，必须遵守原标书，否则，业主仍然有权没收其投标保证金（投标有效期延长后可能会因物价上涨问题影响施工成本，但只要合同条款有价格调整的条款，这一因素的影响可以避免。另外，延长投标有效期还有可能使投标单位错过施工的黄金季节，对此投标单位应在做出同意延长有效期的决定时应考虑其风险）。

业主在签发中标通知书的同时（或签发后不久），应将招标文件中规定的合同协议书的格式填好并发给中标单位，中标单位在收到协议书后28天内，应以适当方式签字、盖章，并退还业主，由业主办理签字盖章手续（也可以在签字仪式上会签）。协议书通常正本一式两份，双方各执一份，于签字盖章后正式生效。副本若干份，双方分存。合同协议书应明确承包合同主体（承包合同双方名称）、客体（承包项目名称）、承包合同造价及承包合同的组成文件等事项。最后由双方法人（代表）签字并加盖单位公章。《公路工程国内招标文件范本》（2003年版）中还规定业主和中标人在签订合同协议书的同时需按招标文件规定的格式和要求签订廉政合同及安全生产合同，明确双方在廉政建设和安全生产方面的权利和义务以及应承担的违约责任。合同协议书的格式如下。

合同协议书格式

鉴于业主为修建<u>（公路项目名称）</u>并接受了承包人对该项工程________合同段（或________大桥）的投标书，现由<u>（业主全称）</u>（以下简称"业主"）为一方和<u>（承包人名称）</u>（以下简称"承包人"）为另一方于________年________月________日共同达成并签订本协议如下：

1. 第________合同段由K________+________至K________+________，长约________km，技术标准________级，________路面。有________立交________处；大中桥________座，计长________m；隧道________座，计长________m以及其他构造物工程等。

2. 下列文件应视为构成并作为阅读和理解本协议书的组成部分，即：

（1）本合同协议书及附件（含合同谈判中澄清文件）；

（2）中标通知书；

（3）投标书及其附录（含承包人在评标期间和合同谈判过程中递交和确认并经业主同意的对有关问题的补充资料和澄清文件等，如果有）；

（4）合同专用条款（含书中与此有关的部分，如果有）；

（5）合同通用条款；

（6）技术规范（含招标文件补遗书中与此有关的部分，如果有）；

（7）图纸（含招标文件补遗书中与此有关的部分，如果有）；

（8）标价的工程量清单；

（9）投标书附表（辅助资料表）；

（10）构成本合同组成部分的其他文件。

3. 上述文件将互相补充，如有不明确或不一致之处，以上列次序在先者为准。

4. 根据工程量清单所列的预计数量和单价或总额价计算的本合同总价为人民币(大写)________元(¥________元)。

5. 由于业主按本协议书第6条所述给承包人支付合同价款,承包人在此立约:保证在各方面按合同文件的规定承担本合同工程的实施和完成及其缺陷的修复。

6. 作为对本合同工程的实施和完成及其缺陷修复的报酬,业主在此立约:保证按照合同文件规定的时间和方式向承包人支付合同价款。

7. 承包人应在监理工程师发出开工令之后,在投标书附件中写明的开工期限内开工。本合同工程工期为________个月,工期从上述开工期的最后一天算起。开工令应在签订合同协议书以后,在投标书附录中写明的发开工通知书期限内发出。

8. 本协议书在承包人提供履约担保后,由双方法定代表人或其授权的代理人签署与加盖公章后生效。全部工程完工后经交工验收合格、缺陷责任期满及保修期终止分别签发缺陷责任终止证书及保修期终止证书后失效。

9. 本协议书正本二份、副本________份,合同双方各执正本一份,副本________份,当正本与副本的内容不一致时,以正本为准。

业主:(单位全称)(盖章)	承包人:(单位全称)(盖章)
法定代表人	法定代表人
或	或
其授权的代理人(职务)________	其授权的代理人(职务)________
(姓名)________	(姓名)________
(签字)________	(签字)________

日期:________年________月________日

在签订合同协议书时,还应签订廉政合同和安全生产合同。廉政合同格式及安全生产合同格式参见《公路工程国内招标文件范本》(2003年版)。

根据合同规定,中标单位还应该在收到中标通知书后的28天内办理履约担保手续。履约担保采用银行保函的形式,保证金额为合同总价的5%~10%,如承包人采用了不平衡报价法,则业主还会视情况提高履约保证金的金额。银行保函的格式如下。

履约银行保函

致:(业主全称)

鉴于(承包人全称)(以下简称"承包人")与(业主全称)(以下简称"业主")签订修建(公路项目名称)第________合同段合同协议书,并保证按合同规定承担该合同段工程的实施和完成及其缺陷修复,我行愿意出具保函为承包人担保,担保金额为人民币(大写)________元(¥________元)。

本保函的义务是:我行在接到业主提出的因承包人在履行合同过程中未能履约或违背合同规定的义务和责任而要求索赔的书面通知和付款凭证后的________天内,在上述担保金的限额内向业主支付任何数额的款项,无须业主出具证明或陈述理由。

在向我行提出要求前,我行将不坚持要求业主应首先向承包人索要上述款项。我们还同意,任何对合同条款所做的修改或补充都不能免除我行按本保函所应承担的义务。

本保函在担保金额支付完毕,或业主向承包人颁发交工证书之日起失效。

担保银行:(银行全称)(盖章)
法定代表人
或
其授权的代理人:(职务)
(姓名)
(签字)
______年______月______日

如果中标单位未按时签署合同协议书并按规定办理履约担保手续,则业主将会取消其中标资格,并没收其投标保证金。鉴于这种情况,业主可以将合同授予下一个竞争能力较强的投标单位。

如果中标单位按时签署了合同协议书并按规定办理了履约担保手续,则业主将通知其他未中标单位,并退回所有投标单位的投标保证金。至此招标过程全部结束。

十一、招标程序中的重要期限与指标

招标过程中,每一阶段的工作都有严格的规定。必须在规定的时间内进行各项工作。这些规定分别写明在"投标邀请书"、"投标人须知"等文件中,公路工程国际招标中的大致要求及规定见表3-5,供进行招标工作时参考。

招标中的时间安排　表3-5

内　容	参考时间	投标人须知有关条款
投标期:从邀标或发出招标文件日起至投标截止日止	国际上不少于45天,大型工程不少于90天	第19条
现场考察与标前会议	发出招标文件后14~21天	第16条
就招标文件向业主提出疑问要求澄清	在标前会议前7天	第7条
投标书有效期	开标日算起90~120天,视合同复杂程度而定	第13条
投标担保有效期	投标书有效期满后28天	第14条
落标者投标担保金的清退	投标有效期满后28天内,即中标单位签订合同并提交了履约担保的时间	第14.5款
收到中标通知书到提交履约担保	一般是14~28天	第34.1款
业主把合同协议书发给中标人	发中标通知书后28天内	第33.1款
中标人收到合同协议书后签署并还给业主	14天内	第34.1款

第三节　公路工程施工投标

一、施工投标的准备工作

1. 投标机构的成立

为了有效地准备投标工作，承包单位应成立专业投标机构，平时掌握市场动态，收集招标信息及投标所需的基础资料，投标工作过程中则各司其职，各负其责，分工协作，默契配合、凭自身积累的投标经验，积极而稳妥地开展投标工作。专业投标机构的成立有利于投标经验的积累，投标业务知识的学习和投标工作效率的提高，节省投标成本并最终提高投标单位的中标率。投标工作成员主要由技术人员和造价管理人员组成，技术人员主要负责投标中施工方案、技术措施的制定及编制施工进度计划等技术工作，造价管理人员主要负责投标中的预算编制及确定投标报价。但无论是技术人员还是造价管理人员除了精通自己的业务知识外，应熟练地掌握投标中的相邻专业知识，只有这样，才能避免投标工作过程中互相脱节的现象，真正满足配合默契的要求。除了承担具体工作的技术人员和造价管理人员外，投标工作中应有决策人员，他们是公司经理（或业务副经理）、总工程师（或总经济师）、经营部门负责人等成员。为了保守本企业对外投标报价的秘密，投标工作班子的成员不宜过多，尤其是最后决策的核心人员，以控制在企业经理、总工程师（或总经济师）及经营部门负责人范围之内为宜。

2. 投标项目的选择

当前，公路工程施工市场日益扩大，建设任务多，这给承包单位的施工投标提供了很多机会，科学的选择投标项目，是把握投标机会，争取中标的重要因素。四面出击的投标工作方法是不可取的，他分散了投标工作的人力、物力和精力，不但提高了投标成本，而且会降低中标机率。商场如战场，当前的公路工程承包市场强者云集，竞争日趋激烈，施工投标是场投标单位比实力、比谋略的商战，孙子云："未战而庙算胜者，得算多也；未战而庙算不胜者，得算少也。多算胜，少算不胜，而况于无算乎？"由此可见，投标之前，加强标前分析，恰当选择投标项目是投标制胜的关键。

那么，如何才能恰当选择投标项目呢？要解决这个问题，首先得加强信息的收集工作，收集一切来自企业内外的与投标有关的经济、技术、法律和社会方面的信息，做到知己知彼。对于信息的要求，可以用"快、全、准、用"四个字来表示。"快"为迅速及时；"全"为多多益善，系统积累，如哪里有招标项目，工程概况如何，什么日期开始招标，什么时间开标以及当地材料价格、汇率、工期等。在招标的全过程中，即从准备投标到开标前的几分钟，都要掌握信息，而发标以后，开标之前，均应采取相应措施以利中标；"准"是要求信息的真实性，要善于辨别信息的真伪；"用"就是要善于利用信息，为准确的投标决策服务。为满足信息的要求，在进入一个新的投标竞争区之前，更应该派出信息敏感性强的各种专业人员和具有决策权的有关领导人深入该区，进行较长时间的考察。考察的主要任务就是搜集和掌握信息，力求全面掌握该地区的工程建设情况，对于有投标可能的建设项目，需要作更详细、更准确、更全面的调查。具体应掌握的主要信息内容如下：

（1）当地建筑市场信息及投标项目的工程情况，如项目规模，标段划分情况、主要工程量、项目的监理单位、资金来源、设计单位、招标单位、招标时间、项目是否列入国家计划、是否为世行贷款项目等信息；

(2)当地的法规、政策、规章、乡规民约、生活习俗等信息；

(3)当地的劳动力、机械设备、材料的供应情况及价格信息；

(4)当地的交通运输情况及对招标项目影响的信息；

(5)材料与施工技术发展动态，如招标项目有无新结构、新技术、新材料，需要采购的新设备和新工艺等情况；

(6)招标单位的倾向性(即招标单位倾向于让哪个施工单位来承包工程)和困难(如工期要提前、投资不足、材料供应困难等)，应探明业主的主要困难是什么；

(7)各竞争对手的基本情况，如有多少单位参加投标？每个标段各有几个单位投标，他们的名称、资质、技术水平高低、装备能力、管理水平、队伍作风、是否急于想中标、投标报价动向、与业主之间的人际关系等；

(8)类似工程的施工方案、报价、工期等，如本企业是否承担过类似的工程及其报价、施工方案、施工工期等情况；

(9)本企业内部今年和明年任务是否饱满，是否有力量投入新的投标项目；

(10)本企业想完成本项目投标工程和同类已完工程的技术经济指标，如形象进度、成本降低率、单位工程的人工、材料耗用情况和造价、劳动定额的执行情况等；

(11)企业为本投标项目购置新设备、采用新技术的可能性。

3. 投标资格的取得

投标资格的取得有两种形式，一种形式要求事先参加资格预审，只有通过了资格预审的单位才有资格参加投标。资格预审的内容、程序和要求详见前面第二节。另一种形式并不需要参加资格预审，投标单位的资格只要(自认为)符合招标广告中规定的资格要求，在递交了投标申请后即可取得投标资格，参加下一阶段的投标工作。无论是哪种形式，投标单位都应认真检查自己的资格是否符合要求，否则，下一阶段的投标工作是徒劳无益的，只会白白地浪费时间和精力，即使侥幸取得了中标资格，签订了施工承包合同，这样的合同也是不受法律保护的(主体不合格的合同是无效合同，不受法律保护)。

二、施工投标的基本程序

施工投标的基本程序可用图 3-5 表示。

三、精读、分析招标文件的要点与注意事项

精读、分析招标文件的目的如下：

(1)全面了解承包人在合同中的权利和义务；

(2)深入分析施工承包中所面临的和需要承担的风险；

(3)缜密研究招标文件中的漏洞和疏忽，为制定投标策略寻找依据，创造条件。

施工招标过程中，投标时间是紧张的，有时甚至比较仓促，国内招标的工程更是如此。但决不能因时 间的仓促而削弱招标文件的分析与研究，投标人员可能是参加过多个项目投标的有经验的专家，靠经验办事是他们的优势和传统，但决不能以经验代替对招标文件的分析与研

究。否则,易给自己带来投标失误甚至是无法弥补的损失。

在研究和分析招标文件的过程中,有时会发现一些漏洞和疏忽,这些漏洞和疏忽对自己有利的,可以在制定投标策略时作为参考,对自己不利的,可以按规定向业主提出,由业主在标前会议中解答,对招标文件中的其他疑问,也应逐项记录,有些疑问可以通过现场考察找出答案,有些疑问则需要业主在标前会议中说明和澄清。

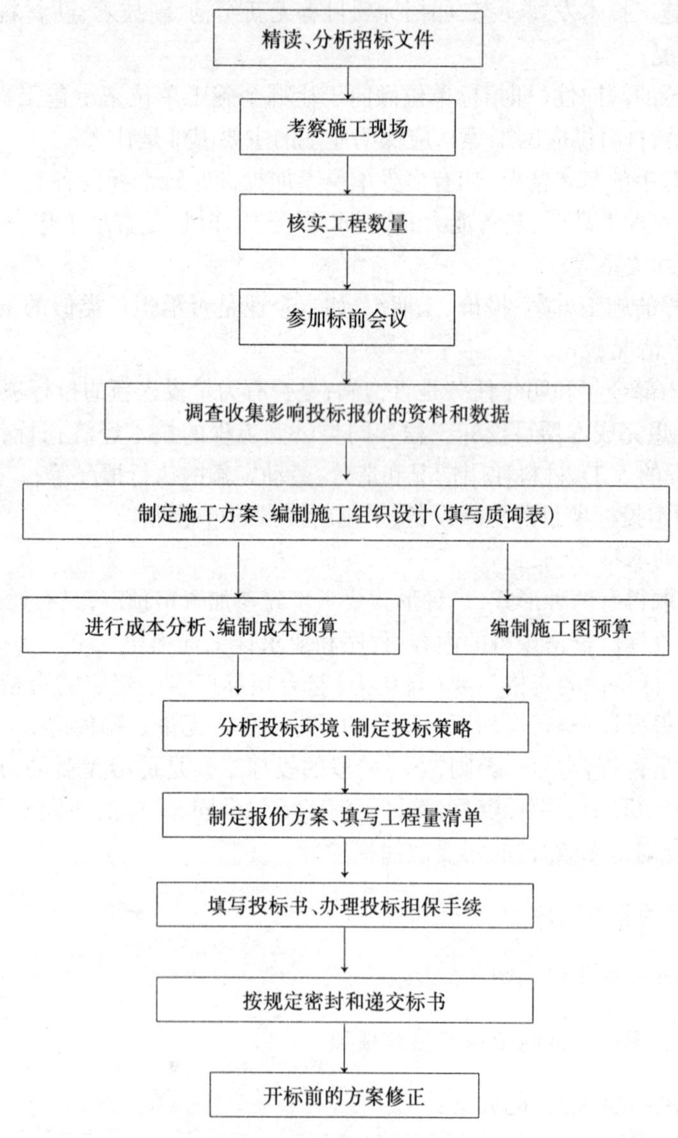

图3-5　投标程序框图

在要求业主澄清招标文件时,应注意如下事项:

(1)招标文件中对投标者有利之处或含糊不清的条款,不要轻易提请澄清(他可以成为投标单位制定报价手法的突破口);

(2)不要轻易让竞争对手从投标单位提出的问题中窥探出投标者的设想、施工方案;

(3)对含糊不清的重要合同条款,如工程范围不清楚、招标文件和图纸相互矛盾,技术规范明显不合理等问题,均可要求业主或招标单位澄清解释;

(4)关于业主或招标单位的澄清或答复,应以书面文件为准,切不可以口头答复为依据来制定投标报价。

在研究招标文件时,还应注意投标中的时间安排及投标中应遵守的有关事项和编写标书的规定和要求,避免造成废标。

四、现场考察的重要性和主要内容

现场考察是承包人投标前全面了解现场施工环境及施工风险的重要途径,是投标单位搞好投标报价的先决条件。通常,在招标过程中,业主会组织正式的现场考察,按照国际国内招标的有关规定,投标单位应参加由业主(招标单位)安排的正式现场考察,不参加正式考察者,可能会被拒绝参与投标。投标单位提出的报价应当是在现场考察的基础上编制出来的,而且应包括施工中可能遇见的各种风险和费用。在投标有效期内及工程施工过程中,承包人无权以现场考察不周,情况不了解为由而提出修改标书或调整标价给予补偿的要求。因此,投标单位在报价以前必须认真地进行现场考察,全面、细致地了解工地及其周围的政治、经济、地理、法律等情况,收集与报价有关的各种风险与数据。当考察时间不够时,投标单位的编标人员在标前会议结束后,一定要再留下几天,再到现场查看一遍,或重点补充考察,并在当地作材料、物资等调查研究,收集编标用的资料。

投标单位在现场考察之前,应先拟定好现场考察的提纲和疑点,设计好现场调查表格,做到有准备、有计划地进行现场考察。现场考察的主要内容如下。

1. 政治方面(指国外承包工程)

(1)项目所在国政局是否稳定,有无发生政变的可能;

(2)项目所在国与邻国的关系如何,有无发生边境冲突的可能;

(3)项目所在国与我国的双边关系如何。

2. 地理、地貌、气象方面

(1)项目所在地及附近地形地貌与设计图纸是否相符;

(2)项目所在地的河流水深、地下水情况、水质等;

(3)项目所在地近20年的气象,如最高最低气温、每月雨量、雨日、冰冻深度、降雪量、冬季时间、风向、风速、台风等情况;

(4)当地特大风、雨、雪、灾害情况;

(5)地震灾害情况;

(6)自然地理:修筑便道位置、高度、宽度标准;运输条件及水、陆运输情况。

3. 法律、法规方面

(1)与承包合同有关的经济合同法、外汇管理法、税收法、劳动法、环境保护法、建筑市场管理法、涉外经济合同法等法律及相应的法规;

(2)国外承包工程除上述有关法律法规外,尚应了解项目所在地的民法,与本项目施工有关的具体规定,如劳动力的雇佣、设备材料的进出口及运输施工机械使用等规定。

4. 工程施工条件

(1)工程所需当地建筑材料的料源及分布地;

(2)场内外交通运输条件,现场周围道路桥梁通过能力,便道、便桥修建位置、长度数量;

(3)施工供电、供水条件,外电架设的可能性(包括数量、支线长度、费用等);

(4)新盖生产生活房屋的场地及可能租赁民房情况、租地单价;

(5)当地劳动力来源、技术水平及工资标准情况;

(6)当地施工机械租赁、修理能力。

5. 经济方面

(1)工程所需各种材料,当地市场供应数量、质量、规格、性能能否满足工程要求及其价格情况;

(2)当地土源地点、数量、单价、运距;

(3)国外承包工程还要了解当地工人工作时间,年法定假日天数,工人假日,冬、雨、夜施工及病假的补贴,工人所交所得税及社会保险金比例;

(4)监理工程师工资标准;

(5)当地各种运输、装卸及汽柴油价格;

(6)当地主副食供应情况和近 3~5 年物价上涨率;

(7)保险费情况。

6. 工程所在地有关健康、安全、环保和治安情况,如医疗设施、救护工作、环保要求、废料处理、保安措施等。

7. 其他方面

现场考察需带有业主(招标单位)发的以 1/2 000 比例为宜的平面图,详细标绘施工便道、便桥现场布置及数量;调查路基范围内拆迁情况;需填筑水塘面积大小、抽水数量、淤泥深度和数量;了解开山的岩石等级、打洞放炮设计施工方法;调查桥梁位置、水深水位、便桥架设、钻孔(打桩)工作平台架设、深水基础、承台、下部构造如何施工、上部构造如何预制、预制场设在哪里及怎样布置、安装等有关具体问题,以便为施工组织设计做好准备。

投标单位完成标前调查和现场考察工作后,可根据调查结果,编制出材料和机械台班单价,为施工组织设计准备了大量第一手资料,为制定合理报价做准备。

五、核实工程量的重要性及注意事项

招标项目的工程量在招标文件的工程量清单中有详细说明,但由于种种原因,工程量清单中的工程数量有时会和图纸中的数量存在不一致的现象。因此,有必要进行复核,核实工程量的主要作用如下。

(1)全面掌握本项目需发生的各分项工程的数量,便于投标中进行准确的报价;

(2)及时发现工程量清单中关于工程量的错误和漏洞,为制定投标策略提供依据(可以使用不平衡报价法,工程量偏高的项目报低价,工程量偏低的地方报高价);

(3)有利于促使投标单位对技术规范中的计量支付规定做进一步的研究,便于精确地编写各工程细目的单价。

核实工程量时应做好如下几项工作:

(1)全面核实设计图纸中各分项工程的工程量；

(2)计算受施工方案(施工方法)影响而需额外发生(设计图纸中未能计算进去的)和消耗的工程量；

(3)根据技术规范中计量与支付的规定折算出新的工程量(在折算过程中有时需要对设计图纸中的工程量进行分解或合并)。

六、施工组织设计的编制要求及注意事项

施工组织设计的编制内容以满足招标文件中质询表的要求为准。在合同中,施工组织设计又叫做工程进度计划(见 FIDIC 条款 14 条),通常应包含如下内容:

(1)施工方案和施工方法;

(2)分项工程施工进度计划(可用规定的横道图、斜条图、网络图等表示);

(3)与施工进度计划相适应的工、料、机配备数量及进场计划;

(4)与施工进度计划相适应的用款计划;

(5)施工总体布置图及当地材料供应地点,开采山场;

(6)冬雨季施工计划及措施;

(7)工地(项目)施工组织机构图;

(8)土方工程调配图;

(9)临时工程及临时设施的(初步)设计图;

(10)质量、安全、环境保护措施和方法;

(11)其他。

高效率和低消耗是编制施工组织设计的总原则,施工组织设计的基本原则包括:连续性原则、均衡性原则、协调性原则和经济性原则,其中,经济性原则是施工组织设计原则的核心和落脚点,因此,在编制施工组织设计时,应注意如下事项:

(1)充分满足技术上的先进性和可靠性,以最大限度地提高劳动生产率,降低施工成本;

(2)充分利用现有的施工机械设备,提高施工机械的使用率以降低机械施工成本;

(3)采用先进的进度管理手段,优化施工进度计划,选择最优施工排序,均衡安排施工,尽量避免施工高峰的赶工现象和施工低谷中的窝工现象,机动安排非关键线路上的剩余资源,从非关键线路上要效益;

(4)适当聘用当地员工或临时工,降低施工队伍调遣费,减少窝工现象。

投标竞争是场比技术、比管理的的竞争,技术和管理的先进性应充分体现在施工组织设计中,先进的施工组织设计可以达到降低成本缩短工期的目的。例如,当年日本大成公司在鲁布革水电工程招标中一举取得中标资格,靠的就是先进的技术和管理手段,高效率和低消耗是他们投标制胜的法宝。

七、编制报价方案的工作内容

一个项目的投标报价由以下三部分组成。

(1)施工成本。包括直接成本(即工、料、机等直接费)、间接成本(包括现场管理费、公司管理费、临时设施费、施工队伍调遣费等)等各项费用。

(2)利润和税金。税金是由国家统一征收的费用,利润是根据本项目的具体情况和公司的利润目标制定的。

(3)风险费用。即在各种风险发生后需由承包人承担的风险损失。

投标报价中,要科学地编制以上三项费用,使总报价即有竞争力,又有利可图,这是件相当复杂的工作。

八、投标策略及其使用

1.基本策略

(1)赢利策略。即在报价中以较大的利润为投标目标的策略。这种投标策略通常在建筑市场任务多,投标单位对该项目拥有技术上的垄断优势、工期短、竞争对手少（非我莫属）时才予采用。

(2)微利保本策略。即在施工成本、利税及风险费三项费用中,降低利润目标,甚至不考虑利润的一种策略。这种投标策略通常在企业工程任务不饱满,建筑市场供不应求(任务少,施工企业多),竞争对手强以及业主按最低标价定标时可采用。

(3)低价亏损策略。即在报价中不仅不考虑企业利润,相反考虑一定的亏损后提出的报价策略。这种报价策略通常只在市场竞争激烈,承包人又急于打入该建筑市场(甚至独占该建筑市场)而采用的投标策略。使用该种投标策略时应注意以下事项:第一,业主肯定是按最低价确定中标单位;第二,这种报价方法属于正当的商业竞争行为(不正当竞争行为是一种违法行为)。

(4)冒险投标策略。即在报价中不考虑风险费用,这是一种冒险行为,如果风险不发生,即意味着承包人的报价成功;如果风险发生,则意味着承包人要承担极大的风险损失。这种报价策略同样只在市场竞争激烈,承包人急于寻找施工任务或着眼于打入该建筑市场甚至独占该建筑市场(以后靠长期经营挽回损失)时才予采用。

2.附加策略

以上是投标报价的4种常见策略,投标报价过程中,可以在以上4种策略的基础上采用以下几种附加策略:

(1)优化设计策略。即发现并修改原有施工图设计中存在的不合理情况或采用新技术优化设计方案。如果这种设计能大幅度降低工程造价(或缩短工期)且设计方案可靠,则这种设计方案一经采纳,承包人即可获得中标资格。

(2)缩短工期策略。即通过先进的施工方案、施工方法、科学的施工组织或者优化设计来缩短合同工期。当投标工期是关键工期时,则业主在评标过程中会将缩短工期后所带来的预期受益定量考虑进去(其方法详见本章第二节),此时对承包人获取中标资格是有利的。

(3)附加优惠策略。即在得知业主资金较紧张或者“三大材”供应有一定困难的情形下,附带地向业主提出相应的优惠条件来取得中标资格的一种投标策略。例如,当承包人在得知业主的建设资金紧张的情况下,可以提出减免预付款甚至垫资施工,利用这种优惠条件,解决业主暂时困难,替业主分忧,为夺标创造条件。

(4)低价索赔策略。即在发现招标文件中存在许多漏洞甚至许多错误或业主不能提供必要的施工条件,开工后必然违约的情形下有意将价格报低,先争取中标,中标后通过索赔来挽回低报价的损失。这种策略只有在合同条款中关于索赔的规定明显对己方有利的情形下方可采用,对于以 FIDIC 条款作为合同条款的项目招标不宜采用这种方法。

九、报价决策与报价编制

在报价分析工作的基础上,根据自己所确定的投标策略,即可进行投标决策,确定投标报价,在总报价确定后,可根据单价分析表中的数据综合考虑其它因素后确定工程量清单中各工程细目的单价。在确定工程细目的单价时,有平衡报价法和不平衡报价法两种方法,平衡报价法将间接费和利润等费用平均分摊到各工程细目的单价中(按某固定的比例),不平衡报价法与此相反。就时间而言,有早期摊入法、递减摊入法、递增摊入法和平均摊入法 4 种方法。

(1)早期摊入法。即将投标期间和开工初期需发生的费用全部摊入早期完工的分项工程中。这些费用有投标期间的各种开支、投标保函手续费、工程保险费、部分临时设施费、由承包人承担的监理设施费、施工队伍调遣费、临时工程及其它开支费用。采用不平衡报价法中,可以将工程量清单中的这些费用支付项目适当提高报价,由于这些费用支付时间较早(通常在开工初期支付),这样报价便于承包人尽早收回成本或减少周转资金。

(2)递减摊入法。即将施工前期发生较多而后逐步减少的一些费用,按随时间发生逐步减少分摊比例的方法摊到各分项工程中。这些费用有履约保函手续费、贷款利息、部分临时设施费、业务费、管理费。

(3)递增摊入法。其方法与递减摊入法相反。这些费用有物价上涨费等费用。当承包人预测物价上涨率在施工后期较高甚至超过银行利率时,可以采用递增摊入法来报价。

(4)平均摊入法。即将费用平均分摊到各分项工程的单价中。这些费用有意外费用、利润、税金等费用。

十、投标决策中的报价手法及注意事项

1.投标决策中的报价手法

(1)不平衡报价法。具体表现形式如下。

①先期开工的项目(如开工费、土方、基础等)的单价报价高,后期开工的项目如高速公路的路面,交通设施、绿化等附属设施的单价报价低。

②估计到以后会增加工程量的项目的单价报价高,工程量会减少的项目的单价报价低。

③图纸不明确或有错误的,估计今后会修改的项目的单价报价高,估计今后会取消的项目的单价报价低。

④没有工程量,只填单价的项目(如土方超运)其单价报价高(这样既不影响投标总价,又有利于多获利润)。

⑤对暂定金额项目,承包人做的可能性大时,其单价报价高,反之,报价低。

⑥对于允许价格调整的工程,当利率低于物价上涨时,则后期施工的工程细目的单价报价高,反之,报价低。

(2)扩大标价法。即除了按正常的已知条件编制价格外,对工程中变化较大或没有把握的工作,采用扩大单价、增加“不可预见费”的方法来减少风险。

(3)多方案报价法。这是利用工程说明书或合同条款不够明确之处,以争取达到修改工

程说明书和合同为目的的一种报价方法。其方法是,按原工程说明书和合同条款报一个价格,并加以注释:"如工程说明书和合同条款可作某些改变时,可降低多少多少费用"。使报价成为最低的,以吸引业主修改说明书和合同条款(使用该方法时注意不要违反招标文件中规定的投标一致性,否则会作为废标处理)。

(4)开口升级报价法。这种方法将报价看成是协商的开始,报价时利用招标文件中规定的不明确的有利条件,将造价很高的一些单项工程的报价抛开作为活口,将标价降低至无法与之竞争的数额。利用这种"最低标价"来吸引业主,从而取得与业主商谈的机会,利用活口进行升级加价,以达到最后赢利的目的。

(5)突然降价法。这是一种迷惑对手(或保密)的竞争手段。在整个报价过程中,仍按一般情况报价,甚至有意无意的将报价泄露,或者表示对工程兴趣不大,等到投标截止期来临之时,来一个突然降价,使竞争对手措手不及,从而解决标价保密问题,提高竞争能力和中标机会。

2.报价决策注意事项

(1)施工企业在投标中应从自身条件、兴趣、能力和近远期经营战略目标出发来进行报价决策。一个企业,首先要从战略眼光出发,投标时既要看到近期利益,更要看到长远目标,承揽当前工程要为今后的工程创造机会和条件。在投标中,企业要注意扬长避短,注重信誉,报价中要量力而行,不顾实际情况,盲目压低标价的行为应予抵制。

(2)报价决策中应重视对业主的条件和心理方面的分析。施工条件是否具备是投标中应予重视的问题,它与承包人的利益密切相关,条件不成熟的项目对业主是一种风险,应在报价决策中作出相应的考虑。其次是对业主的心理分析,业主资金短缺者一般考虑最低标价中标;工程急需开工者和完工者,通常要求工期尽量提前。因此加强对业主的心理分析和情报收集对进行报价决策是很重要的。

(3)做好报价的宏观审核。标价编好后,是否合理,有无可能中标,可以采用工程报价宏观审核指标的方法进行分析判断。例如,可采用单位工程造价、全员劳动生产率、个体分析整体综合控制、各分项工程价值比例、各类费用的正常比例、单位工程用工用料等正常指标进行审核。

第四节　公路工程招投标管理

一、加强公路工程招投标管理的必要性

我国公路工程招标工作经过十多年的实践,在推广和普及招投标工作上取得了较大成绩,许多项目特别是国家投资项目和世行贷款项目,由于严格执行了招标投标制度,因而在质量、工期和投资效益上取得了较显著的效果。国务院、各部委以及地方人大先后制定了一系列加强招标投标管理工作的法规和条例,为招标投标工作的规范化提供了法律保障。如交通部先后颁发了《公路工程施工招标投标管理办法》、《公路建设市场管理办法》,制定了《世界银行贷款项目公路工程国际招标文件范本》及《公路工程国内招标文件范本》,使公路工程招标投标工作有了操作性很强的法律依据和示范文本。但任何事物都有一个产生、发展和完善的过程,

公路工程招标工作如同其他许多工作一样，由于人们长期受计划经济体制及行政干预的影响和个人认识上的差距，公路工程招投标工作在经历了产生与发展的两个阶段以后，出现了徘徊不前的状况，招标投标过程中地区保护主义、私相授受的现象时有发生。除此之外，目前公路工程招标投标中还存在下列问题：

(1)招标文件的合同条款带有浓厚的业主利益色彩，缺乏公平性；

(2)个别工程不管招标准备工作是否完成，招标条件是否具备，就仓促组织投标工作；

(3)招标程序不规范的现象时有发生；

(4)评标定标缺乏客观公正性和透明度；

(5)标底的保密和管理尚存在许多问题。

以上问题严重地影响了招投标工作的健康开展，影响了公路建设项目的投资控制、质量控制和进度控制，使招标投标成了人情风、关系风和违法乱纪现象的保护伞，严重地损害了招标投标制度的形象，在社会上造成了不良影响。因此，加强招标管理工作具有很大的紧迫性，它不仅是完善招标投标制度的需要，也是建设市场加强反腐败工作的需要，是加强建设市场管理工作的重要组成部分。

二、加强公路工程招标投标管理工作的途径

1. 加强法制建设，进一步完善公路工程招标投标法规

在招标投标法规的建立和完善过程中，一方面要注意当时的社会经济条件，使招标投标法规服从法律规定和当时的社会经济基础；另一方面又应重视法规对社会经济基础的反作用，通过法规的建设来促进公路建设市场的培育、发展和完善，使之适应社会主义市场经济体制的要求。同时还应注意到随着市场经济的发展，招标投标法规有进一步修订与完善的必要。此外，在法规建设过程中，要注意加强法规的可操作性，避免伸缩性大的现象，增强法规的刚性。

2. 加强执法监督，坚持从严执法

由于招标投标主体缺乏应有的自律能力，因此执法机关应加强执法监督，保证法律和法规在执行过程中的严肃性。前几年招标投标中的许多问题，主要是执法监督不力造成的。国家和政府已意识到这一问题的存在，于2000年颁发了《国家重大建设项目稽查办法》，于2002年颁发了《国家重大建设项目招标投标监督暂行办法》，各级执法部门正在依法对招标项目进行监督管理，监督招标投标工作的公平性和合法性，保护公开竞争。

3. 加强行政管理，减少行政干预

参照世界银行项目管理的经验，作为公路工程投资主体的交通部和地方政府主管机关，应切实加强公路工程招投标工作的管理，严格按照《公路建设市场管理办法》的要求和规定来审查公路工程招投标主体资格的合法性、适应性，招标文件的公平性和招标程序的可操作性，以及评标定标的客观公正性。在加强行政管理的过程中，应杜绝用行政管理做幌子，进行行政干预的现象，凡是属于企业自主经营和自主管理的各项工作，行政管理机关无权干预。

4. 加强计算机在公路工程招标的应用工作

大力推广公路工程招标投标计算机管理系统（或专家系统），以及通过互联网实行建设项目网上在线招标投标，增加招标投标工作的公开性和透明度，使招标投标工作真正做到客观化、程序化，避免人为因素对评标定标工作的影响，提高招标工作的质量和效率。

三、计算机在公路工程招标投标管理中的应用

计算机在公路工程施工招标投标的应用几乎可以覆盖施工招标的全过程。

(1)制订和输出招标文件。即在本系统中设置各种不同版本的招标文件范本。用户使用时可根据业主对招标工作的要求,选择合适的版本,在此基础上使用本系统设计的编辑功能输入与招标项目有关的基本参数,程序即可编辑出其格式和特点都适应招标项目要求的全套招标文件(包括工程量清单)。

(2)编写标书。即设计出与本系统相适应的投标录入系统,投标单位可以直接利用投标录入系统填写投标数据,编制标书,从而保证投标文件的质量、规范性和一致性,避免标书中的各种差错,节省业主或招标单位复核和审查标书的时间。

(3)制定标底。即通过本系统按照前面介绍的概预算编制法或统计法进行标底的编制,节省手工编制标底的时间和精力,解决标底的保密问题,保证所编制出来的标底格式上与招标文件的统一性。

(4)评标定标。即通过本系统对投标单位的报价进行复核,校正算术错误;对投标单位的类比价进行计算,对不平衡报价给业主带来的风险进行分析;进行专家模拟,对投标单位在报价、施工业绩、施工技术力量和财务状况等方面进行综合评价(避免专家会议评标时各种主观因素对评标定标结果客观、公正性的影响);提出各种评标分析报表,最终按业主确定的评标定标方法推荐出中标单位供业主定标时参考。

〔思考题〕

1. 简述招标投标的基本性质、原则与要求。
2. 规范公路工程招标投标行为的法律法规主要有哪些?
3. 根据标的不同公路工程招标有哪些形式? 在评标定标中有何特点?
4. 简述公路工程招标的意义与作用?
5. 公路工程招标的法定方式有哪些? 各有何特点?
6. 简述公路工程施工招标文件的组成。
7. 简述公路工程施工招标程序。
8. 简述公路工程招标的基本条件。
9. 编写招标文件的合同条款时有哪些注意事项?
10. 简述技术规范应包含的主要内容。
11. 简述编制投标书附件的注意事项。
12. 简述资格预审的内容和程序,简述高速公路对投标单位的资格标准与要求。
13. 简述评标定标的基本程序及工作内容。
14. 简述投标担保的主要作用。
15. 评标过程中业主或投标单位常提出调整标价的要求,这种行为是否允许,试根据经济合同法律知识及招标投标的基本原则与要求予以说明。
16. 试论述加强公路工程招投标管理的必要性及怎样加强公路工程招投标管理。

第四章　公路工程合同

第一节　概　述

一、公路工程合同的特点

公路工程项目合同有其自身的特点,一方面要与天文、地理等自然气候条件相关联,另一方面又要由人来实施和管理。一般的公路工程项目都要经过可行性研究、勘测、设计、监理等过程。工程中既有新建项目,也有旧路改建、旧桥加固、工程抢险等,这样也就产生多种合同类型。这些合同既具有工程承包合同的一般性,也具有其自身的特殊性。因此,工程合同既应服从国家有关一般建设工程的条例规定,又应符合有关部门关于具体工程的特殊要求。

工程承包合同具有以下基本特点:

(1)业主和承包人必须具有权利能力和行为能力。工程承包合同是业主与勘察、设计、施工、监理部门之间,为完成特定的工程基本建设项目的建设任务而签订的明确双方权利和义务的协议。各方都应具有合法的法人资格。

(2)具有很强的计划指导性。基本建设是国民经济的重要组成部分,基本建设计划又是国民经济的一个重要内容。指导性基本建设计划是国民经济和社会发展计划的一个部分,是国家有关权力机关批准的,具有法律效力。

(3)具有严格的法定程序。只有按国家规定的基本建设程序签订的合同才属有效合同。基本建设工作涉及面广,内外协作配合环节多,必须有计划、有步骤、有秩序地进行,必须严格执行国家有关基本建设程序的规定。对于大中型公路基本建设项目更是如此。

为了加强公路建设市场管理,规范公路建设市场秩序,保证公路工程质量,促进公路建设市场健康发展。根据《中华人民共和国公路法》、《中华人民共和国招标投标方法》、《建筑工程质量管理条例》,交通部 2004 年 12 月 21 日颁发了《公路建设市场管理办法》(2005 年 3 月 1 日起实施),明确规定了公路建设管理的原则、方法和程序。《公路建设市场管理办法》的目录如下:

第一章　总则

第二章　管理职责

第三章　市场准入管理

第四章　市场主体行为管理

第五章　动态管理

第六章　法律责任

第七章　附则

《公路建设市场管理办法》规定的程序,既是公路基本建设的法定程序,又是签订公路工程承包合同的法定条件,任何单位和个人必须严格遵照执行,违反上述程序签订的合同,属于无效合同。

(4)合同主体之间具有严密的协作性。工程承包合同涉及面比较广泛,往往需要由勘察、设计、施工、监理及地质水文等部门互相配合,密切协作,共同完成工程建设任务。无论哪些个部门和环节出现问题,都有可能影响整个工程的完成,各单位只有认真履行各自的义务,才能保证整个工程的完成。

除以上特征外,工程承包合同还应接受国家专业银行的监督。建设银行通过贷款及结算对公路工程承包合同的工程投资、工程造价、工程进度、费率标准以及合同的执行情况等进行监督。

二、工程承包合同的类型

工程合同可按不同的方法来划分类型,常见的分类方法如下:

1. 按工程合同的标的划分

可分为勘察设计合同、施工承包合同、监理咨询合同以及其他与工程相关的如借款合同、机械设备租赁合同、供用电合同、买卖合同及劳务合同等。

2. 按选择承包者的方法划分

1)任意合同

任意合同是不通过竞争的方式签订的合同。在建设工程中有时出现以下情况:

(1)合同的性质或目的不允许竞争。如合同的标的物需要特殊的技术或特殊的材料、构件,或合同的标的物建成后仅限交给特定人员使用;

(2)情况紧急来不及竞争。如发生或预测将要发生灾害等紧急事态,而来不及履行竞争手续,如水毁工程的抢修等。

(3)合同额定价格小或无人投标等。在以上情况下,业主往往通过和某个特定的对象协商来签订合同,这样的合同即属于任意合同。

2)竞争合同

竞争合同是通过竞争的方式选择合同对方当事人而签订的合同。竞争合同可分为一般竞争方式和指定竞争方式两种类型。

3. 按工程规模内容划分

1)BOT项目承包合同

BOT项目承包合同是指:建设(Build)—经营(Operate)—转让(Transfer)全过程项目承包的合同形式,是国际上近几年新兴的工程项目建设模式。其含义为:政府通过授权,把本属于政府支配、拥有或控制的工程项目委托给资本拥有者进行投资建设并经营获益,在特许经营期届满时移交给政府继续经营。这种合同模式,近几年在我国公路建议中也在逐步使用。

2)总承包合同

总承包合同是承包单位与业主之间直接签订的关于某一工程项目全部工作的协议。总承包合同又分为设计施工总承包合同与施工总承包合同。设计施工总承包合同,它是由设计和施工方组成设计施工联合体,对工程就设计和施工进行联合投标,业主从中选择一家设计方案优秀、有实力且工程造价低的联合体作为中标方,然后签订总承包合同。由于工程造价主要是由设计方案决定,因此这种方式对业主降低工程造价、节省工程投资有显著优点,且工程实施中联合体可以将设计和施工统一安排,使设计施工交叉进行,从而提高工作效率,加快工程进度,缩短工期。

3)分包合同

分包合同是承包单位与建设单位签订总承包合同后,又与分包单位就工程的某一部分工程或某一单位工程分包给分包单位完成而签订的合同。

4.按施工承包合同计价的方式划分

1)总价合同

(1)固定总价合同。指按双方商定的总价承包工程签订的合同。它的特点是以图纸和技术规范为依据,明确承包内容和计算包价,签约时费用一次包死。在合同执行过程中,除非业主要求变更原定的承包内容,承包方一般不得要求变更承包价。这种方式对业主比较简便,因此一般为业主所欢迎。对承包方来说,如果设计图纸和技术规范相当详细,签订合同时考虑得也比较周全,不会有太大的风险,也是一种比较简便的承包方式;但如果图纸和技术规范不够详细,未知因素比较多,或者遇到材料突然涨价以及恶劣的气候等意外情况,则承包方必须承担一定的风险。为此,往往加大不可预见费用,因而不利于降低造价,最终对建设单位不利。这种承包方式通常适用于规模小、工期短、技术不太复杂的工程。

(2)变动(调值)总价合同。合同总承包价款随工程进展中的变更、违约索赔、材料涨价等因素变化,可变动合同总价。变动或调值依据为公式法或文件证据法。适用于公开招标、工期较长的大规模工程。

2)单价合同

由业主开列有工程细目的工程量清单,然后交投标方投标报价,从中选择一家总报价低且各方面条件较优越的投标方作为中标方,双方签订合同后,工程付款将根据所完成的工程数量按工程量清单中的单价结算。这种方式能避免工程变更给承包合同双方带来的风险,有利于降低风险报价,因此,在公路施工承包合同中应用非常广泛。

3)成本补偿合同

这种承包合同方式的基本特点是按工程实际发生的成本(包括人工费、材料费、施工机械使用费、其他直接费和施工管理费以及各项独立费,但不包括承包企业的总管理费和应缴所得税),加上商定的总管理费和利润,来确定工程总承包价。它主要适用于开工前对工程内容尚不十分清楚的情况,例如边设计边施工的紧急工程;或遭受地震、战火等灾害破坏后的修复工程;保密工程或科学研究的工程等;新型的工程项目等。公路工程承包合同一般不允许采用这种合同类型。

三、公路工程合同的法律规定

公路工程合同应共同遵守国家的有关法律,如《中华人民共和国合同法》、《中华人民共和国建筑法》、《中华人民共和国招标投标法》、《建设工程质量管理条例》、《中华人民共和国公路法》、《中华人民共和国行政许可法》、《中华人民共和国环境保护法》、《建设工程安全生产管理例》、《公路建设市场管理办法》等。

1. 勘察设计合同

签订公路工程勘察设计合同还应遵守的法律依据是国务院2000年9月25日颁布发《建设工程勘察设计管理条例》、《建设工程勘察设计合同》。签订设计合同时，要有批准的可行性研究报告，主体双方应具有法人资格，勘察设计方应持有与工程规模相适应的勘察设计证书。

2. 施工承包合同

签订公路工程施工承包合同还应遵守交通部颁布发的《公路建设市场管理办法》(2005年3月1日起实施)，其合同格式应参照交通部颁布发的《公路工程国际招文件范本》或《公路工程国内招示文件范本》(2003年版)。签订公路施工承包合同，应有批准的初步设计和总概算，主体双方具有法人资格，承包方有相应的资质等级，征地、拆迁问题已经解决，资金已经落实。

3. 监理咨询合同

签订监理咨询合同的还应符合交通部《公路工程施工监理办法》的规定，监理单位应具有法人资格，持有监理资格证书，具有相应的资质等级。监理合同的详细内容可参照国际咨询工程师联合会颁发的《业主与咨询工程师标准服务协议书》和交通部颁发的《公路工程施工监理合同范本》。

第二节　勘察设计合同

一、工程勘察设计合同的概念及特点

工程勘察设计合同是业主与勘察设计法人之间为完成一定的勘察设计任务签订的明确相互权利和义务关系的协议。工程勘察设计合同除具有经济合同的一般特征外，还具有以下几方面的特点。

1. 合同的订立必须符合工程项目的基本建设程序，实行项目报建制度

勘察设计合同的签订，应在项目的可行性研究报告及项目计划任务书获得批准后进行。可行性研究是建设前期工作的重要内容之一，它为建设项目的决策和计划任务书的编制提供重要依据。计划任务书是工程建设的大纲，是确定建设项目和建设方案(包括依据、规模、布局、主要技术经济要求等)的基本文件，也是进行现场勘测和编制文件的主要依据。项目报建是对从事工程建设的业主方的资格、能力及项目准备情况的确定。

2. 勘察设计方应具备合法的资格与资信等级

工程勘察设计方必须具备法人资格。工程勘察、设计方必须经过资格认证，获得工程勘察证书或工程设计证书，才能承担工程勘察任务或工程设计任务。勘察设计方应具备下列条件：

(1)有按法定主管部门批准成立勘察、设计机构的文件。

(2)有专门从事工程勘察、设计工作的固定职工组成的实体。

(3)有固定的工作场所和一定的仪器装备。

(4)具备独立承担工程勘察、设计任务的能力。

3. 工程勘察设计的阶段与任务

基本建设项目一般采用初步设计和施工图设计两阶段设计。技术比较简单和方案明确的小型项目,在修建任务紧急的情况下,可采用一阶段施工图设计;技术上复杂又缺乏经验的建设项目和项目中个别路段、特殊大桥、立体交叉工程、长大隧道等,可采用初步设计、技术设计及施工图设计三阶段设计。

(1)初步设计阶段的主要任务为:选定工程设计方案;初步确定工程位置;说明工程地质、水文、材料等;确定排水系统与防护工程的概略位置、结构形成和基本尺寸并估算其工程数量;编制相应的工程概算文件。

(2)技术设计阶段的主要任务包括:实际测定工程位置;确定工程方案;确定工程防排水系统及防护工程位置、结构形式和尺寸;计算工程排水工程数量及基础土石方数量;确定各工程的结构类型和尺寸;计算征用土地、拆迁建筑物及设备的数量;编制修正概算等。

(3)施工图设计包括:确定工程平、纵、横断面位置;具体深化工程设计;确定各项工程的位置、类型和各部尺寸;绘制施工布置图和详细设计样图;计算工程数量;编制施工图预算等。一般在初步设计及概算文件获得批准后,才能编制施工图和施工图预算。

二、工程勘察设计合同应具有的主要条款

工程勘察设计合同应具备以下主要条款:

(1)建设工程名称、规模、投资额、建设地点。

(2)业主提供资料的内容、技术要求及期限;承包方勘察的范围、进度和质量;设计的阶段、进度、质量和设计文件份数。

(3)勘察设计取费的依据、取费标准及支付办法。

(4)违约责任。

(5)合同纠纷和解决。

三、建设工程勘察、设计合同中双方当事人的责任与违约责任

(一)建设工程勘察合同(以 GF-2000-0203 为例)

1. 勘察人的责任

(1)勘察人应按国家技术规范、标准、规程和发包人的任务委托书及技术要求进行工程勘察。按本合同规定的时间提交质量合格的勘察成果资料,并对其负责。

(2)由于勘察人提供的勘察成果资料质量不合格,勘察人应负责无偿给予补充完善使其达到质量合格。若勘察人无力补充完善,需另委托其他单位时,勘察人应承担全部勘察费用;因勘察质量造成重大经济损失或工程事故时,勘察人除应负法律责任和免收直接受损失部分的勘察费外,应根据损失程序向发包人支付赔偿金。

(3)在工程勘察前,提出勘察纲要或勘察组织设计,派人与发包人的人员一起验收发包人提供的资料。

(4)勘察过程中,根据工程的岩土工程条件(或工作现场地形地貌、地质和水文地质条件)及技术规范要求,向发包人提出增减工作量或修改勘察工作的意见。并办理正式变更手续。

(5)在现场工作的勘察人的人员,应遵守发包人的安全保卫及其他有关的规章制度,承担

其有关资料保密义务。

2. 发包人的责任

(1)发包人委托任务时,必须以书面形式向勘察人明确勘察任务及技术要求,并按合同约定提供文件资料。

(2)在勘察工作范围内,没有资料、图纸的地区(段),发包人应负责查清地下埋藏物,若因未提供上述资料、图纸,或提供的资料图纸不可靠,地下埋藏物不清,致使勘察人在勘察工作过程中发生人身伤害或造成经济损失时,由发包人承担民事责任。

(3)发包人应及时为勘察人提供并解决勘察现场的工作条件和出现的问题(如:落实土地征用、青苗树木赔偿、拆除地上地下障碍物、处理施工扰民及影响施工进行的有关问题、平整施工现场、修好通行道路、接通电源水源、挖好排水沟渠以及水上作业用船等),并承担其费用。

(4)若勘察现场需要看守,特别是在有毒、有害等危险现场作业时,发包人应派人负责安全保卫工作,按国家有关规定,对从事危险作业的现场人员进行保健防护,并承担费用。

(5)工程勘察前,若发包人负责提供材料的,应根据勘察人提出的工程用料计划,按时提供各种材料及其产品合格证明,并承担费用和运到现场,派人与勘察人的人员一起验收。

(6)勘察过程中的任何变更,经办理正式变更手续后,发包人应按实际发生的工作量支付勘察费。

(7)为勘察人的工作人员提供必要的生产、生活条件,并承担费用。如不能提供时,应一次性付给勘察人临时设施费。临时设施费的金额应在合同中予以确定。

(8)发包人若要求在合同规定时间内提前完工(或提交勘察成果资料)时,发包人应按每提前一天向勘察人支付加班费,加班费计算方式应予确定。

(9)发包人应保护勘察人的投标书、勘察方案报告书、文件、资料图纸、数据、特殊工艺(方法)、专利技术和合理化建议。

(10)合同有关条款规定和补充协议中发包人应负的其他责任。

3. 违约责任

双方可以约定一定数额的违约金,也可以约定因违约产生的损失赔偿额的计算方法。

(1)由于发包人提供的资料、文件错误、不准确,造成工期延误或返工时,除工期顺延外,发包人应向承包人支付停工费或返工费,造成质量、安全事故时,由发包人承担法律责任和经济责任。

(2)在合同履行期间,发包人要求终止或解除合同,承包人未开始工作的,不退还发包人已付的定金;已进行工作的,完成的工作量在50%以内时,发包人应支付承包人工程费的50%的费用;完成的工作量超过50%时,发包人应支付承包人工程费的100%的费用。

(3)发包人不按时支付工程费(进度款),承包人在约定支付时间10天后,向发包人发出书面催款的通知,发包人收到通知后仍不按要求付款,承包人有权停工,工期顺延,发包人还应承担滞纳金。

(4)由于承包人原因延误工期或未按规定时间交付报告、成果、文件,每延误一天应承担以工程费1%计算的违约金。

(5)交付的报告、成果、文件达不到合同约定条件的部分,发包人可要求承包人返工,承包人按发包人要求的时间返工,直到符合约定条件。因承包人原因达不到约定条件,由承包人承担返工费，返工后仍不能达到约定条件，承包人承担违约责任并根据因此造成的损失程度向发包人支付赔偿金，赔偿金额最高不超过返工项目的收费。

（二）建设工程设计合同（以 GF-2000-0209 为例）

1. 设计人的责任

（1）设计人应按国家技术规范、标准、规程及发包人提出的设计要求，进行工程设计，按合同规定的进度要求提交质量合格的设计资料，并对其负责。同时注明建设工程合理使用年限。

（2）设计人按合同规定的内容、进度及份数向发包人交付资料及文件。

（3）设计人交付设计资料及文件后，按规定参加有关的设计审查，并根据审查结果负责对不超出原定范围的内容做必要的调整补充后，设计人按合同规定时限交付设计资料及文件。本年内项目开始施工，负责向发包人及施工单位进行设计交底、处理有关设计问题和参加竣工验收。在一年内项目尚未开始施工，设计人仍负责上述工作，但应按所需工作量向发包人适当收取咨询服务费，收费额由双方商定。

（4）设计人应保护发包人的知识产权，不得向第三人泄露、转让发包人提交的产品图纸等技术经济资料。如发生以上情况并给发包人造成经济损失的，发包人有权向设计人索赔。

2. 发包人的责任

（1）发包人在规定的时间内按合同规定的内容，向设计人提交资料及文件，并对其完整性、正确性及时限负责，发包人不得要求设计人违反国家有关标准进行设计。

（2）发包人提交上述资料及文件超过规定期限 15 天以内，设计人按合同规定交付设计文件时间顺延；超过规定期限 15 天以上时，设计人员有权重新确定提交设计文件的时间。

（3）发包人变更委托设计项目、规模、条件或因提交的资料错误，或所提交资料作较大修改，以致造成设计人设计需返工时，双方除需另行协商签订补充协议（或另订合同），重新明确有关条款外，发包人应按设计人所耗工作量向设计人增付设计费。

在未签合同前发包人已同意设计人为发包人所做的各项设计工作，应按收费标准相应支付设计费。

（4）发包人要求设计人比合同规定时间提前交付设计资料及文件时，如果设计人能够做到，发包人应根据设计人提前投入的工作量，向设计人支付赶工费。

（5）发包人应为派赴现场处理有关设计问题的工作人员，提供必要的工作、生活及交通等方便条件。

（6）发包人应保护设计人的投标书、设计方案、文件、资料图纸、数据、计算软件和专利技术。未经设计人同意，发包人交付的设计资料及文件不得擅自修改、复制或向第三人转让或用于本合同外的项目，如发生以上情况，发包人应负法律责任，设计人有权向发包人提出索赔。

3. 违约责任

（1）在合同履行期间，发包人要求终止或解除合同，设计人未开始设计工作的，不退还发包人已付的定金；已开始设计工作的，发包人应根据设计已进行的实际工作量，不足 50% 时，按该阶段设计费的 50% 支付；超过 50% 时，按该阶段设计费的全部支付。

（2）发包人应按合同规定的金额和时间向设计人支付设计费，每逾期支付一天，应承担支付金额 2‰的逾期违约金，逾期超过 30 天以上时，设计人有权暂停履行下阶段工作，并书面通知发包人。发包人的上级或设计审批部门对设计文件不审批或本合同项目停缓建，发包人均按合同有关规定支付设计费。

(3)设计人对设计资料及文件出现的遗漏或错误负责修改或补充。由于设计人员错误造成工程质量事故损失,设计人除负责采取补救措施外,应免收直接受损失部分的设计费。损失严重的根据损失的程度和设计人责任大小向发包人支付赔偿金,赔偿金由双方商定。

(4)由于设计人自身原因,延误了按合同规定的设计资料及设计文件的交付时间,每延误一天,应减收该项目应收设计费的2‰。

(5)合同生效后,设计人要求终止或解除合同,设计人应双倍返还定金。

(三)处罚规定

《公路建设市场管理办法》规定,勘察设计单位将承包的工程转包或者违法分包,责令改正没收违法所得,并处合同约定的勘察费、设计费25%以上50%以下的罚款;情节严重的,吊销资质证书。

四、勘察、设计合同争议的解决

合同发生争议时,发包人、承包人应及时协商解决,也可由当地建设行政主管部门调解,协商或调解不成时,发包人、承包人可以根据合同中的仲裁条款或诉讼条款提请约定的仲裁委员会仲裁,或向人民法院起诉。

第三节 施工承包合同

一、施工承包合同的概念及特点

施工承包合同是工程项目的业主方与施工承包方(承包人)之间,为完成该工程项目的建造任务签订的明确双方权利和义务的协议。所以,施工承包合同是工程建设项目施工监理的依据。施工承包合同主要有以下几方面的特点:

1.施工承包合同订立的依据

施工承包合同的订立,应具备以下条件:

(1)工程项目的设计文件和概算得到有关主管部门批准且项目已列入年度基本建设计划;

(2)建设资金计划基本明确,资金已落实,征地拆迁工作能满足施工需要;

(3)工程建设实施计划概要已经完成。

只有满足这些条件,签订的施工合同才能得到国家法律的保护。

2.业主方和承包人双方的资格要求

1)业主必须具备的条件

(1)具备法人资格;

(2)具备与拟建工程规模相适应的组织管理、技术管理、经济管理人员和相应的机构;

(3)具备编制招标文件、编制标底、组织开标、评标等能力。

不具备以上(2)和(3)条件的,应委托具有相应资格的咨询公司代理。

2)承包人必须具备的条件

承包人应持有工商行政管理部门核发的营业执照及应持有经行业主管部门考核发给的施工资格证书。国务院各部门直属施工企业的资格证书,由主管部门按照本部门的资格等级标准核定等级,颁发资格等级证书。省、自治区、直辖市各厅、局所属施工企业的资格等级,由其主管厅、局按照国务院有关部门制定的等级标准核定等级,发给资格等级证书。所有国营施工企业,凭主管部门核发的资格等级证书,向所在地工商行政管理机关申请,办理登记,取得法人资格,领取营业执照。

二、施工承包合同的主要内容

为了贯彻《建筑法》、《合同法》、《招标投标法》等有关工程建设的法律法规,进一步规范建设工程施工合同,减少合同纠纷,建设部和交通部分别颁布了《建设工程施工合同示范文本》、《公路工程国内招标文件范本》。前者适用了公用建筑、民用建筑、工业厂房、交通设施及沿线、管道的施工和设备安装;后者适用于公路工程施工。施工承包合同的主要内容一般均包括在施工合同范本中。

(一)《建筑工程施工合同示范文本》的内容构成

1999 年 12 月 24 日,建设部和国家工商行政管理局颁布的施工合同示范文本由协议书、通用条款、专用条款三部分组成,并附有三个附件:“承包方承揽工程项目一览表”、“发包方供应材料设备一览表”、“房屋建筑工程质量保修书”。

1. 协议书

“协议书”是《施工合同文本》中总纲性的文件,经双方当事人签字盖章后合同即成立。“协议书”的内容包括工程概况、工程承包范围、合同工期、质量标准、合同价款、组成合同的文件及双方的承诺等。

2. 通用条款

“通用条款”是根据《合同法》、《建筑法》等法律法规对建设工程项目承包双方的权利义务做出的规定,对于建设工程施工合同中具有的共性内容进行提炼和归纳形成的一份完整的合同文本。除当事人双方协商一致对其中的某些条款进行修改、补充、取消外,双方必须履行。《通用条款》共 11 部分,分别如下:

(1)词语定义及合同文件;

(2)双方一般权利和义务;

(3)施工组织设计和工期;

(4)质量与检验;

(5)安全施工;

(6)合同价款与支付;

(7)材料设备供应;

(8)工程变更;

(9)竣工验收与结算;

(10)违约、索赔和争议;

(11)其他。

3. 专用条款

由于建设工程项目各不相同,“通用条款”不能完全适用于各个具体项目,因此,通过“专用条款”可以进行必要的限定、释义和补充。“专用条款”的条款编号与“通用条款”一致,具体内容由当事人双方根据建设工程项目的情况予以填写。

(二)《公路工程国内投标文件范本》(2003 年版)的内容构成

由交通部 2003 年 3 月 27 日颁布发的《公路工程国内招标文件范本》以下简称《范本》共包括 3 卷,由 10 篇 1 附篇组成,其内容如下

第一卷

第 1 篇　投标邀请书格式

第 2 篇　投标人须知

第 3 篇　合同通用条款

第 4 篇　合同专用条款

第二卷

第 5 篇　技术规范

第三卷

第 6 篇　投标书与投标担保格式

第 7 篇　工程量清单

第 8 篇　投标书附表格式

第 9 篇　合同协议书格式

第 10 篇　履约担保格式

附篇　施工组织设计建议书格式

三、施工合同双方当事人的权利和义务

1. 业主方的义务

(1)负责办理正式工程和临时设施范围内的土地征用、租用,申请施工许可证执照及各种公用设施使用许可证。

(2)以书面形式提供道路、桥梁、涵洞、隧道等建筑物的水准点、坐标控制点等测量标志,进行现场交验并对其可靠性负责。

(3)开工前,接通施工现场水源、电源和运输道路,拆迁现场内拟拆迁结构物(也可委托承包人负责,但费用由业主承担)。

(4)组织设计方向承包人进行技术交底,并按合同规定的时间和份数及时通过监理方提交施工图等施工所需的技术资料。

(5)派驻工地代表,及时与承包人协商并解决工程中发生的问题;实行社会监理的工程,业主委托的总监理工程师按协议条款的约定对施工进行监督管理,但无权解除合同中乙方的义务。

(6)负责组织合同规定的工程的交工验收和竣工验收。

(7)及时向经办银行提交各期付款与结算所需的文件,按时办理贷款和结算。

(8)负责按双方商定的业主应负责的其他事宜。

2. 承包人的义务

(1)积极做好施工前的各项准备工作。施工前准备工作包括组织机构准备，核对设计文件，进行补充调查和施工测量，编制实施性施工组织设计，安排好施工所需的劳力、材料、机械、工具、工期和生活供应等工作。施工中涉及其他部门有关的问题，应事先联系，签订协议。大中型建设项目开工前，必须由施工单位提出开工报告，报交通部或省、直辖市、自治区基建主管部门(按投资隶属关系)核准备案。开工报告应说明征地拆迁、施工机械、劳力安排、材料进场、临时设施、施工方案和施工文件的准备情况等。

(2)及时向业主或监理工程师汇报工程质量与进度情况。承包人应按合同规定的日期向业主和监理工程师递交有关采购材料的使用性能检验报告，施工中各种混合料、混凝土和施工质量的自检报告，各种隐蔽工程的验收申请，各种施工统计表，工程事故情况报告，阶段验收和竣工验收报告等材料。

(3)积极协助业主代表和监理工程师工作

承包人应按合同条款的规定，向业主代表或监理工程师提供现场办公及生活用房及设施，发生费用由业主承担；承包人还负责提供合同规定的业主代表或监理工程师进行各种质量检验所需的材料、试件、工人、场地、设备等，以便于对方质量检验人员进行检验。

(4)负责工程所需的照明、信号、看管工作。承包人应负责工程所需的照明、施工标志、信号、圈栏、安全警卫等，以保证安全施工。

(5)应遵守有关规定并保护有关管线等构造物，还应遵守当地政府关于噪声、污染等环境保护及夜间施工控制方面的规定，遵守当地政府关于工地附近道路使用的规定，注意保护施工中遇到的地下管线及其他邻近建筑物、构造物，避免使建设单位遭到因上述情况发生而产生的索赔。

(6)工程完工后应及时提交有关竣工验收全套的技术资料，办理工程竣工结算，参加交工验收及缺陷责任期验收，最后通过竣工验收。

(7)在合同规定的缺陷责任期内，对属于承包人责任的质量问题，负责无偿保修。公路工程项目的缺陷责任期一般为 2 年，期满时，经验收合格，承包人即可得到全部工程款。

四、工程施工承包合同的违约责任

根据《合同法》、《建筑安装工程承包合同条例》以及《公路工程国内招标文件范本》，公路工程施工承包合同的违约责任，应按如下规定处理。

1. 业主的违约责任

(1)业主未按照约定的时间和要求提供原材料、设备、场地、资金、技术资料的，承包人可以顺延工程工期，并有权要求赔偿停工、窝工等损失。

(2)因业主原因工程中途停建、缓建或由于设计变更以及设计错误造成的返工，业主应采取措施弥补或减少损失，同时，赔偿承包人由此而造成的停工、窝工、返工、倒运、人员和机具设备调迁、材料和构件积压等实际损失和费用。

(3)工程未经验收，业主提前使用或擅自使用，由此而发生的质量或其他问题，由业主负责。

(4)超过合同规定日期验收，按合同的违约责任条款的规定，应偿付逾期违约金。

(5)不按合同规定支付工程款,按银行有关逾期付款办法或"工程价款结算办法"的有关规定处理。

2.承包人的违约责任

(1)因施工方的原因致使建设工程质量不符合约定的,承包人应负责在合理期限内无偿修理或返工、改建,修理或经过返工造成逾期交付的,应偿付逾期违约金。

(2)工程交付时间不符合规定,按合同中违约责任条款的规定,承包人应偿付逾期违约金。

(3)承包人将工程转包或者违法分包的,责令改正,没收违法所得,并处合同价款5%以上10%以下的罚款;可以责令停止整顿,降低资质等级;情节严重的,吊销资质证书。

第四节　施工监理合同

一、施工监理合同的概念及特点

在国际土木工程建设中,工程监理和咨询是一种非常普及的方法。施工过程的监督管理只是工程咨询的一个阶段性工作。施工监理合同是由业主与工程监理公司之间签订的明确双方权利和义务的协议。

随着我国土木建筑行业的改革开放及市场经济法律体系的完善,参照国际惯例在交通、能源、水利、工业与民用建筑等行业普遍实现了工程监理制度,我国的建设工程管理上升到一个新的高度。近二十几年的工程实践表明,推行工程监理制度对改变我国建设工程管理的落后面貌,提高基本建设投资的效益,保证建设工程的质量和工期,控制工程投资,都是一种行之有效的方法。

1.施工监理法规逐步完善

交通部1985年颁布了《公路工程质量监理暂行办法》,从此开始在公路建设中推行监理制度。以后随着我国公路建设项目引进外资和利用世界银行贷款,工程监理制度在我国公路建设中很快得到普及。1989年4月24日交通部工程管理司颁布了《公路工程施工监理暂行办法》,使我国公路施工监理上升到新的高度。2006年交通部又颁布发了《公路工程施工监理规范》(JTG G10—2006)和《公路工程施工监理办法》,使施工监理方面的法规逐步完善起来,并且制订了《公路工程施工监理招标投标办法》,以规范公路工程监理市场。目前,我国公路建设项目普遍实行了工程监理制度,一些企业还出国承包工程施工或监理任务,使我国公路工程施工和监理也开始走向国际市场。当然,我国的公路施工与监理也逐步向国外企业开放。

2.施工监理合同的双方应具备的资格

施工监理合同中的业主方应具备建设工程的法人资格;监理方必须具有法人资格和营业执照,并且必须具备交通基本建设工程监理单位监理资质证书或临时资格证书。监理方不得与被监理方及材料、设备供应方有隶属关系或发生经营性业务关系,不得营私舞弊,损害业主或承包人的利益。监理工程师应持有国务院或省(自治区、直辖市)级交通行政主管部门颁布发的监理工程师证书上岗。对工程监理单位转让工程监理业务的,责令改正,没收违法所得,处合同约定金25%以上50%以下的罚款;可以责令停止整顿,降低资质等级;情节严重的,吊销资质证书。

二、《公路工程施工监理合同范本》的内容及相关规定

中华人民共和国交通部 1997 年颁布的《公路工程施工监理合同范本》的主要目录如下：

Ⅰ公路工程施工监理合同协议书

Ⅱ公路工程施工监理合同通用条件

1. 定义解释
2. 监理单位的义务
3. 业主单位的义务
4. 责任和保障
5. 监理合同的生效、终止、变更、暂停与中止
6. 监理服务的费用与支付
7. 其他
8. 争端的解决

Ⅲ公路工程施工监理合同专用条件

A. 参阅通用条件

B. 修正、补充或删除通用条件的条款

Ⅵ附件

附件 A　监理服务的形式、范围与内容

附件 B　业主提供的监理工作条件

附件 C　监理服务费用与支付

上述监理合同范本对有关监理合同双方的权利与义务、违约责任及争端解决均有详细条款规定，监理合同双方均应按国家法律规定及合同条款规定执行。

三、监理合同双方当事人的权利和义务

1. 监理方的义务

(1)监理单位必须按照监理合同规定的形式、范围与内容履行与项目有关的监理服务，其具体内容在监理合同附件 A 中规定，包括正常的和附加的服务。正常的服务是指监理合同附件 A 中规定的监理服务；附加的服务是指双方通过签订补充协议或根据监理合同的规定，在监理合同附件 A 规定的正常服务之外增加的监理服务。

(2)监理单位应本着严格监理、热情服务、秉公办事、一丝不苟的原则，按照监理合同的要求，根据适合的专业技术规定和国际惯例公认的行业工作准则，谨慎而勤奋地履行监理服务。监理单位在履行监理服务过程中行使的权力或所需的授权，应在监理合同附件 A 中详细规定并加以说明。

(3)如果监理单位在履行监理服务过程中行使的权力或所需的授权，来自于业主和第三方签订的工程合同文件，该合同文件必须成为本监理合同的组成部分，两者之间如出现矛盾，则应编制补充说明文件一并列入监理合同。此时监理单位应：

①根据监理合同文件和工程合同文件履行监理服务；

②根据职责范围,在业主和第三方之间独立公正地行使上述合同文件赋予的权力;

③根据上述合同文件的授权,可对相应的工程和合同事宜进行变更,但未经业主的书面批准,不得变更工程合同文件中规定的工程标准和第三方的责任与义务。

(4)监理单位派驻到项目所在地履行监理服务的监理人员,必须能够适应监理合同规定的监理服务工作,其主要监理人员的资质应在项目建议书中详细描述并得到业主的认可。

(5)为了履行监理服务,监理单位应在项目建议书中指定一名授权代表与业主的授权代表建立工作联系。

(6)监理单位因工作安排或其他原因,需要更换派驻到项目所在地履行监理服务的主要监理人员时.应事先得到业主的同意。

(7)业主有权以书面形式要求监理单位更换不能按照监理合同的规定监理服务的派驻人员。

(8)即使是业主要求或同意更换的监理人员,其代替人员的资质仍应得到业主的认可。

(9)监理单位派驻到项目所在地履行监理服务的项目负责人及主要监理人员,必须常驻现场。

(10)所有由业主提供给监理单位使用的设施、设备和物品,均属于业主财产,监理单位在使用时应予以爱护。当监理服务完成或中止时,监理单位应将上述设施、设备尚未使用的物品的清单提交业主。如果在专用条件中规定由监理单位负责移交上述设施、设备和物品,此项工作可作为监理单位附加的服务,或并入监理单位的服务费用报价中。

(11)在监理合同有效期间或监理合同专用条件规定的期限内,未经业主的书面同意,监理单位不得泄露业主与本项目、本工程、本监理合同有关的保密资料。

2.业主的义务

(1)业主应按照监理合同的规定,向监理单位提供履行服务所必需的工作条件,其具体内容在监理合同附件B中明确。

(2)业主应按照监理合同附件B的规定,向监理单位免费提供与监理单位履行监理服务有关的资料。

(3)业主应在监理合同附件B规定的时间内就监理单位书面提交并要求答复的重大问题做出书面决定。

(4)业主应指定一名授权代表与监理单位的授权代表建立工作联系。更换该代表或变更其授权时,必须提前7日通知监理单位。

(5)业主必须将履行监理服务的监理单位及业主授予监理单位的权力,及时用书面形式通知第三方。

(6)业主应按照监理合同附件B的规定,向监理单位免费提供与监理服务有关的设施、设备、物品及其相应服务。如果要求监理单位自备全部或部分上述设施、设备和重要物品,必须在监理合同附件B中规定,此项工作应作为监理单位附加的服务,或并放监理单位的监理服务费用报价中。

(7)业主应按照监理合同附件B的要求,向监理单位免费派遣与监理单位履行监理服务有关的辅助工作人员。上述人员应服从监理单位的工作安排和管理,并对自身的行为负责。如果要求监理单位自聘全部或部分上述人员,此项工作应作为监理单位附加的服务或并入监理单位的监理服务费用报价中。

四、责任和保障

(1)监理单位的赔偿责任。监理单位违反监理合同的规定并造成业主经济损失的,应向业主赔偿,赔偿办法在专用条件中规定。监理单位对第三方责任造成的任何经济损失,不承担责任。如果监理单位与业主或第三方对有关经济损失共负责任时,应按责任比例计算赔偿。监理单位的上述责任赔偿,均应按照本合同条件的规定办理。

(2)业主的赔偿责任。业主违反监理合同的规定并造成监理单位经济损失的,应向监理单位赔偿,赔偿办法在专用条件中规定。

(3)赔偿责任的期限。业主或监理单位任何一方向另一方要求的赔偿,都应在赔偿事件发生后的28日之内以书面形式提出索赔。如果该事件具有持续性,则应在事件首次发生后7日之内提出索赔意向,并每隔7日提供一次该事件仍在持续发展的证明材料,直至该事件结束后28日之内提出正式的索赔文件。否则,无论是业主还是监理单位均有权对上述索赔不予受理。

(4)赔偿的限额。鉴于双方在专用条件中约定了任何一方向另一方依据合同条件支付赔偿的最高限额,双方在此一致同意放弃超过该限额的剩余赔偿要求。但合同条件其他条款规定的补偿和由于任何一方故意违约而引起的索赔,不受该限额的限制。

(5)保障。在监理单位不违反有关法律、法规的前的提下,业主应保障监理单位免受因履行本监理合同而引起的外界索赔或干扰。双方可在专用条件中约定,由监理单位按照业主认可的形式向业生递交履约担保书或履约保证金。如果监理单位无正当理由全部或部分不履行本监理合同时,业主有权根据具体情况没收全部或部分履约担保金。

(6)保险。监理单位应在监理服务期内,自费办理派驻到项目所在地人员人身和自备财产的有关保险,保险时间应随服务时间的延长而顺延,并在出险后自行办理索赔。如果监理单位不办理上述保险,则应对有关风险及后果自负其责。业主可在专用条件中规定,要求监理单位尽一切合理的努力,按业主可接受的条件对监理单位的责任、第三方的责任以及业主为监理服务提供的财产等进行保险。此项工作应作为监理单位附加的服务。

五、争端的解决

双方在履行本监理合同过程中发生争端时,应本着友好协商的原则解决问题,或通过上级主管部门进行调解。若经过协商或调解仍不能达成一致时,任何一方均可根据专用条件的规定,申请仲裁或向法院起诉。

第五节　公路工程的其他相关合同

公路工程建设除了前几节强调的勘察设计合同、施工承包合同、施工监理合同外,还有与公路工程项目密切相关的借贷款合同、建筑材料和机械设备等物资买卖合同、运输合同、仓储保管合同、担保合同、保险合同、加工承揽合同、技术服务合同、供用电合同、机械设备租赁合同等。这些合同的签订与履行是否正常,合同管理是否严格,都会影响到公路工程项目三大目标的合理实施。下面就借贷款合同、购销合同、担保与保险合同等予以简要阐述。

一、借贷款合同

借贷款合同,是指有关银行与建设单位或施工等企业之间,依据国家批准的建设计划和设计文件,签订的明确相互权利与义务的协议。

1. 贷款的基本原则

(1)按计划发放贷款。指所发放的各项固定资产投资贷款应纳入国家投资计划和信贷计划,符合国民经济发展规划和国家投资政策。

(2)择优发放的原则。

(3)按期归还贷款的原则。

(4)必须具有法律保证和担保的原则。

贷款单位与银行签订的借款合同具有法律效力,任何一方违反合同,都将受到经济制裁。借款合同实行抵押或第三方保证的担保制度。

2. 贷款资金的来源

(1)国家财政预算和地方财政预算基建贷款基金。

(2)委托贷款基金。指中央、地方财政部门、主管部门和企业单位自有资金委托银行发放贷款的各种委托基金。

(3)财政存款。是指中央财政存款和地方财政存款。

(4)企业存款。

(5)信托资金存款。

(6)自有资金存款。

3. 各类主要借贷款合同管理

贷款用途不同,可划分的贷款种类也不同。按贷款资金使用性质可划分为:基本建设贷款、更新改造贷款、建筑企业流动资金贷款、临时周转贷款、委托贷款、信托贷款。

借贷款合同应履行的手续包括:借款的申请;贷款合同的签订;贷款的担保;贷款的支付与监督;贷款的回收;利息的计算与收取;逾期贷款的处理;到期贷款的延期等。

4. 借贷款合同示例

××××银行基本建设借款合同

合同编号　　字第　　号

建设项目________________

借款单位________________

主管部门________________

签订日期________________

订立合同单位:借款方

贷款方　　××××银行

根据________________,经借款方申请,贷款方审查同意发放贷款。为明确各方责任,恪守信用,特签订本合同,共同遵守。

第一条 借款方向贷款方贷款人民币(大写)________万元,用于________预计分年用款为：

20　　年　　万元；20　　年　　万元；

20　　年　　万元；20　　年　　万元；

20　　年　　万元；20　　年　　万元。

第二条 借款方在本合同规定的贷款总额内，根据批准的年度计划和建设进度编制年、季度用款计划，送贷款方审查，凭以供应资金。贷款方保证在核定的年度贷款计划内，按基本建设贷款的有关规定及时供应资金。如因贷款方责任，资金供应不及时，应承担由此造成的经济损失。

第三条 借款方在贷款方开立账户，根据工程情况将贷款按月（季）分次转到存款户支用，全部贷款由贷款方监督使用。借款方如不按规定使用贷款，贷款方有权停止发放和收回贷款。

第四条 贷款期：自________年________月起，至________年________月止，共为________年________个月。其中，建设期从自________年________月至________年________月，还款期从自________年________月至________年________月。分年还款计划如下：

年　　万元；　　年　　万元；

年　　万元；　　年　　万元；

年　　万元；　　年　　万元。

第五条 贷款利息，按年息________%计收；借款方不能按分年计划归还的，从次年开始未归还的贷款作为逾期贷款加息20%；挪用的贷款，罚息50%。贷款利息按实际支用数计息并计算复利。如因国家政策性的利率变动，本合同贷款利率根据政策相应作调整。

第六条 还本付息的资金来源，经各方商定，同意用贷款项目的下列资金偿还：1. 企业自有资金；2. 基本建设收入；3. 交纳所得税以前的新增加利润和经税务机关批准减免的税金；4. 新增固定资产折旧基金；5. 实行投资包干分成部分。

借款方对偿还贷款本息以（抵押或第三方保证的）方式提供担保，担保金额________万元。抵押（或保证）协议作为本合同附件。

第七条 全部贷款到期，贷款方发出逾期通知三个月后，仍未归还，贷款方可以直接从贷款方或担保方的各项投资和存款中扣收。

第八条 如因国家调整计划、产品价格、产品税率，以及修正概算等原因，需要变更合同条款时，由双方签订变更合同的文件，作为本合同的组成部分。

第九条 本合同经各方签字盖章后生效，至贷款本息全部还清后失效。借款合同签订后借款方如果超过三个月以上不使用借款，合同即自动失效。合同正本二份：借贷款双方各一份；合同副本五份：借款方主管部门、担保单位、贷款方总行、分行、贷款行会计部门各一份

借款方　　　　贷款方

负责人　　　　负责人

地　址　　　　地　址

担保单位　　　　地（市）行审查意见

负责人

地　址

财税部门意见　　　　省分行审查意见

二、买卖合同

工程项目在实施时,需要采购和供应建筑材料和机电成套设备,这就必须签订买卖合同。

1. 建筑材料买卖合同

建筑材料包括钢材、木材、水泥等基本材料,其签订的法律依据是《合同法》及国务院颁发的《工矿产品购销合同条例》等法律规定。

1)主要合同条款

(1)合同的标的。买卖物资的名称(注明牌号、商标)、品种、型号、规格、等级、花色、技术标准或质量要求等都是合同标的具体化形式。

(2)合同中建材物资的数量。数量是合同中衡量标的尺度,签订合同必须有准确的数量规定。如果没有数量规定,双方的权利和义务就很难具体确定,一旦发生合同纠纷也难于分清责任。计量方法要按国家或主管部门的规定执行;国家和主管部门没有规定的,按供需双方商定的方法执行。

(3)建材物资的包装标准和包装物的供应与回收。产品的包装标准是指产品包装的类型、规格、容量以及印刷标记等。包装标准根据《工矿产品购销合同条例》第7条的规定:产品包装按国家标准或专业标准规定执行,没有国家标准或专业标准的,可按承运、托运双方商定并在合同中定明的标准进行包装。

(4)物资运输方式。运输方式是指产品通过运力实现产品在空间转移过程中所采取的方法。运输方式可分为铁路运输、公路运输、水路运输、航空运输、管道运输及民间运输等。一般由需方在签订合同时提出采取哪一种运输方式。供方代办发运,运费由需方承担。

(5)物资的价格。必须遵守国家有关物价管理的规定。

(6)结算方式。物资价款的结算方式是指供需双方对产品的贷款、实际支付的运杂费和其他费用进行货币清算和了结的一种形式,分为现金结算和转账结算两种,应在合同写明结算方式。

(7)违约责任。违反买卖合同的责任,是指合同当事人自己的过错致使购销合同不能履行或不能完全履行时,依照法律和合同规定必须承担的法律责任。

(8)特殊条款。如果供需双方有一些特殊的要求或条件,可通过双方协商,经双方认可后也可作为合同的一项条款、在合同中明确列出。

2)建筑材料买卖合同的履行

合同一经订立,当事人双方要按照合同中的各项规定,去承担各自应尽的义务,全面完成合同所约定的事项和要求。在上述合同履行过程中要注意以下几个方面。

(1)建筑材料供应合同的计量方法。建筑材料数量的计算方法,有理论换算计量、验斤计量和计件论数三种。按理论换算计量的应作检尺计量换算,一般采用钢卷尺、皮尺等进行计量,然后根据理论质量换算表计算;按验斤计量供货的,可采用轨道衡、磅秤、台秤等衡器;按计件论数的,应作件数计算或求积方法。

建筑材料等物资在运输过程中,容易造成自然损耗,如挥发、飞散、干燥、风化、潮解、破碎、漏损,及装卸操作或检验环节因换装、拆包检查造成的损耗都会造成物资数量的减少,这些都是途中自然减量。另外还有一些情况不可作为自然减量,如非人力所能抗拒的灾害的非常损失、由于工作失职而产生的损失等。在途自然减量的规定，由有关部门制定，并应在合同中加以明确。

(2)建筑材料的验收与处理。需方对产品数量、质量的验收；验收时供需双方的责任的确定；验收后提出异议的期限和交(提)货期限。

2. 成套设备的买卖合同

成套设备购销合同签订的依据也是国家制定的法律及行业性法规。

1) 我国成套机械设备买卖的方式

(1)按市场经济规律运作。实行招标投标，由发包单位对需要的成套设备进行招标，各厂家或公司参加投标，按中标结果签订设备买卖合同。

(2)委托承包。由设备成套公司根据发包单位按设计委托的成套清单进行承包供应，并收取一定的成套业务费。

(3)按设备费包干。根据发包单位提出的设备清单及双方核定的设备预算总价，由设备成套公司承包供应。

2) 成套设备买卖合同条款及注意事项

成套设备买卖合同的条款与建筑材料买卖合同的条款相类似，但是还应注意以下几点事项。

(1)成套设备价格。成套设备合同价格应根据承包方式来确定。按设备费包干以及招标投标承包方式确定合同价格较为简捷，而按委托承包方式则确定合同价格较为复杂。在签订合同时确定价格有困难的产品，可由供需双方协商暂定价格，并在合同中注明"按供需双方最后商定的价格(或物价主管部门批准的价格)结算，多退少补"的字样。

(2)成套设备数量。除写明成套设备名称、套数(按项目系统分)外，还要明确规定随主机的辅机、附件、配套的产品、易损耗备品、配件和安装修理工具等，必要时要随合同附上一份详细清单。

(3)技术标准和技术性能指标。除应注明成套设备系统的主要技术性能(生产能力，设计技术指标等)外还要随合同附上一份各部分设备的主要技术标准和技术性能文件。

(4)交货单位。设备成套公司应是成套设备的总交货方，合同中应明确责任，需方(项目建设单位)只向设备成套公司(供方)催提设备。

(5)现场服务。设备成套公司应选派技术和管理人员进行现场服务，并要对现场服务的内容明确规定，合同中还要对现场服务人员生活待遇及费用出处做出明确规定。

(6)保修与验收。合同中应明确保修的时间、范围；验收的方法、地点等。

3)合同双方的职责

(1)合同买方的责任。工程业主或承包人应向设备成套公司提供设备的详细技术资料和施工要求；要配合设备供应方做好设备的接运工作，安置并协助驻现场服务组开展工作；要按照合同要求督促施工安装及试车工作；要牵头并组织各有关方面提出验收报告等。

(2)合同卖方的责任。供应方应承担设备未按合同规定的质量、数量、时间提供方面的责任，并负责派遣驻工程现场的技术服务组人员进行成套设备的安装与调试服务工作。做好大型、关键、专用设备的开箱验收及安装试车后的技术指导与服务，发现问题及时处理，并参加工程的竣工验收等工作。

三、公路工程担保与保险合同

与公路工程项目合同相对应的从合同是公路工程担保和保险合同。它们都是为了保证公路工程项目主合同的如期履行而签订的,一旦主合同履行中出现问题,从合同即发生法律效力。

公路工程保险合同主要是由业主和施工单位共同或分别与保险公司签订的合同。具体内容可参阅本书第七章。

四、其他与公路工程相关的合同

其他与公路工程项目相关的合同还有供电合同、科研与技术服务合同、工程分包合同、劳动合同、机械设备租赁合同等。这些合同都与公路工程项目的建设密切相关。由于篇幅的原因,本处不再一一列举,可参考其他合同类书籍。

对公路工程项目的合同管理,不仅国家相关部门要实施监督管理,业主和承包人等也注意合同管理,要求承包工程项目的经理等管理人员充分理解和熟悉合同条款,以便随时在工程现场发生问题时引用合同条款做相应处理。另外,对于合同实施中的变更与解除、违约索赔及处理都应予以高度重视。有关内容将在后面公路工程施工合同条款中讲述。

〔思考题〕

1. 公路工程合同的特点是什么?
2. 施工承包合同按计价方式划分,有几类? 各有什么特点?
3. 勘察设计合同双方各应负哪些违约责任?
4. 施工承包合同双方各应负哪些违约责任?
5. 施工监理合同双方应学习国家和交通颁布发行的哪些法律、法规?
6.《公路工程国内招标文件范本》(2003年版)的内容包括哪几卷? 分几篇?
7. 与公路工程项目相关的其他合同有哪些?

第五章　公路工程施工合同条款的基本内容

第一节　概　述

一、公路工程施工合同条款的产生与制订

改革开放20多年以来,我国的国民经济发生了翻天覆地的变化,国家的各项建设事业取得了辉煌的成就。我国正在向社会主义市场经济体制过渡,加入世界贸易组织(WTO),这预示着我国和国际惯例接轨,必须废止过去一些不符合国际惯例的法规,并且要不断地完善我国的法律体系。在土木工程建设领域,我国学习国际咨询工程师联合会(FIDIC)编写的有关合同条款,并用到管理工程施工中,取得了显著的效果。由于公路工程的特殊性,在施工过程中必须按严格的施工合同条款来管理,为此,交通部组织专家编写并颁发了《公路工程国内招标文件范本》(以下简称《范本》)。在全国范围内强制性使用《范本》对指导和规范全国公路工程招标投标工作、提高工程质量、控制工程工期和造价起了重要的作用。

《范本》的内容包括公路工程施工合同条款,所以说《范本》的产生也就包含了施工合同条款的产生。随着FIDIC合同条件在我国的推广使用和我国法律规章制度的不断完善,交通部对《范本》及其包含的合同条款也进行了多次修订。新《范本》(2003年版)中的合同条款与FIDIC的《土木工程施工合同条件》(1988年版第四版)的内涵十分相似。所以本书第五章至第十一章主要学习研究新《范本》(2003年版)中的施工合同条款。作为公路工程施工监理人员必须对《范本》的合同条款的内容有足够的认识。

二、施工合同条款的内容组成

《范本》中的合同条款适用于国内所有公开招投标的公路工程施工承包合同管理。施工合同条款由两部分组成,即由合同通用条款和合同专用条款组成。本书所述国内公路工程施工合同条款即指《范本》中的合同条款。

1.合同通用条款

合同通用条款属于《范本》(2003年版)的第一卷第3篇,共包括26个主题、73条、195款。合同通用条款包括了公路工程施工合同中的双方当事人的权利、义务和责任,明确规定了执行工程时的法律、经济、技术各方面的内容与管理方法,以使公路工程项目施工进展顺利。一般情况下,国内公路工程招标文件中或合同文件中应直接采用《范本》合同通用条款。

2. 合同专用条件

合同专用条款是在合同通用条款中明确指出要在合同专用条款或数据表中予以具体规定的数据、信息或工程所在地具体情况有关的规定(如异常气候条件),是必备的配套条款,不能缺少,否则,合同通用条款就不完善。合同专用条款数据表是合同条款的组成部分。项目业主单位认为需要进一步具体化的条款,或根据本地区特点或惯例需要增列或删除的条款,也在本专用条款中列出。

合同专用条款的编号应与合同通用条款一致,在阅读合同条款时,应仔细慎重地读懂合同专用条款的具体规定。从法律意义上讲,合同专用条款的法律地位优先于合同通用条款。

三、合同通用条款的分类

为了深入理解和掌握《范本》(2003 年版)合同通用条款的内容和实质精神,我们对该合同条款依据条款的属性和作用进行深入分析和研究,可将其进行分类

1. 按条款编写顺序分类

按条款的主题和条款号顺序分为 26 节、73 条 195 款。这 26 节的内容简介如下:

(1)定义和解释,包括 1 条 3 款内容;

(2)监理工程师和监理工程师代表,包括 1 条 6 款内容;

(3)转让和分包,包括 2 条 2 款内容;

(4)合同文件,包括 3 条 10 款内容;

(5)一般义务,包括 26 条 50 款内容;

(6)劳务,包括 2 条 7 款内容;

(7)材料、工程设备和工艺,包括 4 条 14 款内容;

(8)暂时停工,包括 1 条 3 款内容;

(9)开工和延误,包括 8 条 17 款内容;

(10)缺陷责任,包括 2 条 6 款内容;

(11)变动、增加和取消,包括 2 条 6 款内容;

(12)索赔程序,包括 1 条 5 款内容;

(13)承包人的装备、临时工程和材料,包括 1 条 4 款的内容;

(14)计量,包括 3 条 5 款内容;

(15)暂定金额,包括 1 条 3 款内容;

(16)特殊分包人或供货人,包括 1 条 5 款内容;

(17)证书和支付,包括 3 条 17 款内容;

(18)承包人违约,包括 1 条 4 款内容;

(19)补救措施,包括 1 条 1 款;

(20)特殊风险,包括 1 条 7 款内容;

(21)合同履行的解除,包括 1 条 1 款内容;

(22)合同纠纷的解决,包括 1 条 5 款内容;

(23)通知,包括 1 条 3 款内容;

(24)业主的违约,包括 1 条 5 款内容;

(25)费用和法规的变更,包括1条3款内容;

(26)其他,包括3条3款内容。

2. 按对条款的理解与执行分类

按有利于工程监理人员以及业主和承包人对《范本》合同条款的理解和实行,结合公路工程项目合同管理实际情况,将《范本》(2003年版)中合同条款分类如下:

(1)合同条款规定的合同文件的管理;

(2)合同条款中监理工程师的职责;

(3)合同条款中承包人的义务;

(4)合同条款规定的合同担保;

(5)合同条款规定的质量管理;

(6)合同条款规定的进度管理;

(7)合同条款中的计量与支付管理。

下面将按此分类方法将公路工程施工合同条款予以阐述和分析。

第二节 施工合同条款中合同文件的管理

《范本》合同条款中对合同文件的管理作了具体的规定,主要体现在第5、6、7三条。下面分别予以阐述。

一、合同文件的法律及优先次序

依据《范本》合同通用条款第5.1款规定,本合同必须服从国家现行法律和法规,合同的解释应以国家现行法律和法规为准。第5.2款中具体规定了构成合同的文件的优先次序为:

(1)合同协议书及附件;

(2)中标通知书;

(3)投标书和投标书附录;

(4)合同专用条款及数据表;

(5)合同通用条件;

(6)技术规范;

(7)图纸;

(8)标价的工程量清单;

(9)投标书附表;

(10)在本合同专用条款中可能规定的构成合同组成部分的其他文件。

对合同条款的理解和解释的立场与方法不同,会引起合同的双方和多方发生争执与矛盾,也直接关系到合同双方当事的权利和义务。因此,对合同的解释,应有一定的规则和依据。依据合同条款第5条,解释合同时,应该首先以现行国家或地区的法律为依据;再就是当合同发生含糊或矛盾时,监理工程师应对此做出解释或调整,并向承包人发出有关指示。

1. 施工合同的解释原则

对合同文件的内容和含义进行解释时,必须依据《范本》合同条款,参照国际惯例,按照国际上对土木工程承包合同文件解释的基本原则，监理工程师要公正、公平地解决合同中的矛盾，以理服人。下面具体论述常用的解释合同的一些原则。

1）主导语言的原则

对国际工程，当合同文本由两种及两种以上语言编写时，合同中必须明确以何种语言为主导语言。当不同语言产生对合同条款的理解出现分歧时，应以主导语言的理解为准。

2）适用法律的原则

国内工程承包合同以现行法律和法规为适用法律。国际工程承包合同的法律适用，主要采用以下两种办法来解决。

（1）以“意思自治”为原则，由当事人双方或多方自行协商选择适用法律，可以适用业主方国家的法律、第三方国家的法律或国际公约，也可适用承包人所在国的法律。一旦选择好适用的法律，并写入合同之中，双方或多方当事人都必须按此法律执行合同。

（2）若合同中没有明文规定适用法律，当事人也没有选择，则以合同签订地或履行地的法律为适用法律，或者以与合同有最密切联系国家的法律为适用法律。

3）要约和承诺的原则

要约为订立合同一方向另一方提出的合同草案或合同条件；承诺则为完全同意和接受要约方的订约条件。因此，要约和承诺双方一旦达成协议，合同随即成立，构成了依据法律而存在的合同关系。对于公路工程承包合同来说，也是承包人和业主双方的要约与承诺的合同关系。业主在招标文件中规定了工程数量、质量标准和施工工期，承包人在投标书中以其报价、施工技术方案、保质保量及按期完成工程为要约条件，业主经评标定标确定中标单位（承诺），双方一旦谈妥，签订了工程承包协议书，即构成了要约与承诺的合同法律关系。一旦一方违约，则要依法进行赔偿等。

4）整体解释的原则

解释合同时，应依据合同文件的全部规定从整体上进行合同含义的注释，而不能独立地、片面地断章取义，割断各条款之间的关系，违背整个合同精神去解释某一条款。按照国际惯例和合同上下文含义一致的精神，当合同中发生矛盾或含糊时，应遵守下面的一般规定去解释。

（1）合同专用条款优先于合同通用条款。因为合同专用条款更密切地结合工程项目实际，更有实际意义和作用。

（2）具体规定优先于笼统规定。

（3）书写条文优先于打字条文，打字条文优先于印刷条文。在合同文件中，特别是协议书和会议纪要等内容，要求手写签字，以便合同含义更加明确，也更加慎重。

（4）单价优先于总价，价格的文字表达优先于阿拉伯数字表达。例如某工程公司对一个桥梁工程提交了投标书，其总报价为 180 万元。其中一分项工作的报价以阿拉伯数字表示为 968 000 元，但以文字表示为：“九百六十八元”，将元前面的“千”漏掉了。业主根据标价的文字表达优于阿拉伯数字表达的原则解释合同文件，以文字为准计算出报价为“八十三万二千九百六十八元，”业主决定向其授标。后承包人拒绝接受该项工程，业主便没收了承包人的投标保证金。

（5）技术规范优先于图纸。若技术规范上规定工程的细节和具体要求，即使施工图上遗漏了，还要按技术规范要求补做该细部工程。

5)反义居先的原则

反义居先的含义是,当合同文件中有矛盾和含糊不清之处,引起对合同条款的规定和理解有两种不同的解释时,应该以与合同起草一方相反的意图优先解释合同条款,而不是以合同起草方的意图为准。在公路工程承包合同中,承包人与业主之间发生对某一合同条款的理解不同或相反的事情经常发生,监理工程师有权解释合同文件。依照"反义居先的原则",合同文件一般由业主方编制起草,故监理工程师应以承包人的合理理解优先为准,对合同文件的矛盾、含糊之处做出解释,以处理工程质量和工期及费用等问题。

6)定量优先的原则

当合同条款中对关于数量的论述理解不同或矛盾时,则据定量优先的原则,以具体数量规定的论述为准。

7)诚实信用原则

《合同法》规定订立合同时应遵循诚实信用的原则,诚实信用的原则也是解释合同的基本原则之一。其含义是指当事人各方在签订和执行合同时,应该诚实,讲究信用,以善意与合作的方式履行合同规定的义务,这是监理工程师对合同理解和解释的基本前提。而实际工作中,只有合同各方当事人都是诚心善意去理解和执行合同条款,才能使工程承包合同的目标顺利地实现。

上述原则是解释合同的准则。

2.合同文件中的明文条款规定

合同文件形成中,所有以文字叙述和数字明确写出的各项条款及具体规定,都属于合同文件中的明文条款。它包括了合同通用条件、合同专用条件、投标书、协议书、技术规范和图纸、试验检测报告、计量支付报表和会议纪要、信函电传电报等一系列书面的合同文件。在公路工程合同执行过程中,明文条款对合同各方的责权利都有明确的书面规定,因而对合同的实施带来方便,很少会发生合同纠纷。一般合同纠纷常因合同规定不明确,或遗漏规定,或疏忽大意而引起。为了避免和减少合同纠纷事件的发生,在编写和执行合同文件的过程中应该注意以下几方面的问题。

(1)合同文件制定应通盘考虑,认真细致地研究,尽量避免合同文件之间的矛盾与含糊不清。主要应注意合同通用条件与合同专用条件之间的差异,施工技术规范与施工图纸之间的重复、遗漏或相互矛盾,勘察设计资料与实际工程实施中水文和地质条件之间的异同等。

(2)投标报价的承包人应严肃认真地对待招标文件,仔细阅读和研究招标文件,对于招标文件中的疑问或模糊不清处要及时提出质询,由此查明招标文件与合同中的风险大小,从而确定投标的战略战术,做出较合理有利的报价,以利于中标竞争。

(3)在得到中标通知书和正式签订施工协议书之前,业主和承包人双方对于施工合同文件中的细节进行深入理解,对于合同中显失公平之外,风险分担不公平之处,或者合同中前后矛盾之处,要利用合同谈判的机会,予以质疑并澄清问题。在双方共同协商一致的原则下,可以修改和补充原合同文件中某一部分,并以书面文字予以记录,作为合同文件的组成部分,与原合同文件具有同等的法律效力。

(4)在合同实施和工程项目的执行过程中,承包人若发现合同文件的矛盾或含糊不清,应及时向监理工程师和业主提出，以便及时予以明确和调整，或由监理工程师下达变更令来执行，以免影响工程的进展。若监理工程师未及时予以解决，由此引起的工程延期和费用增加，承包人有权得到相应的补偿。

3.合同文件中的合理推论工作的规定

根据《范本》合同条款第8条的规定，承包人应按照合同的各项规定，以应有的精心和努力对工程进行设计、施工和竣工并修复任何缺陷。承包人不仅要完成合同文件中明文规定的工作，还要完成根据合同合理推论出来的工作，也就是业主或监理工程师根据合同的内部含义而提出的新增工作。

有关据合同文件合理推论的工作，亦叫做合同文件中的隐含条款。它不像明文条款那样将合同双方的责权利等具体细节在文字上明确表达出来，但是为了执行合同和工程项目，合同的双方或多方又必须考虑隐含的合同条款精神，以便完成合同规定的工作。隐含的合同条款是一个广泛的合同概念，它可以从合同的明文条款中合理推论，也可以从法律上或当事人双方的合同关系中引申出来。只要这些推论或引申出来的合同含义符合法律规定，合同双方则应遵照执行。隐含的合同条款有其严格的法律上的合同意义与作用，它必须要满足一些基本条件才依法成立。

(1)对原合同的推论引申必须是公平合理的。不论是由业主提出、监理工程师提出、或承包人提出推论引申，都要符合法律及合同规定，出于公心，为了更好地实施工程项目。

(2)对原合同的推论引申必须是显而易见、清晰明确的。比如在公路工程项目实施过程中，由于工程实施需要，监理工程师提出了新的施工技术或细部施工项目的要求，超出了工程量清单的范围。依据《范本》合同条款第51条，业主或监理工程师可以下达变更令，承包人则应按此指示执行变更工程，但承包人有权在费用和工期方面提出合理的索赔要求。

(3)对原合同的推论引申必须是与原合同的明文条款精神保持一致，并使原合同更加有效地实施。对原合同的推论引申不能超出原合同划定的工程范围，只能在此基础上有所变化，并对合同执行过程中的问题，及时协商处理。如对风险发生的责任、单价与总价的调整、工期的延长与否等问题应及时解决，使工程项目的目标顺利达到。

二、图纸和文件的保管和提供

依据《范本》合同条款第6条的规定：监理工程师应在发出中标通知书之后42天之内，向承包人免费提供由业主或其委托的设计单位设计的施工图、技术规定和其他技术资料2份，并向承包人进行技术交底。工程现场要保留一套图纸，可随时供监理工程师和由监理工程师书面授权的其他人员检查和使用。

由监理工程师向承包人颁发所需图纸和指示，是为了承包人能顺利施工，一般在开工前，承包人向业主和监理方提供详细的进度计划安排图表。监理方可按进度需要提供图纸和资料以满足施工进展。由监理工程师将施工图纸和资料传递给承包人，有利于监理工程师对工程进展进行统一的监督和管理。所有要提供的图纸和资料一般都可以由承包人自费再复制的形式使用，但未经监理工程师同意，承包人不得将之提供给与本工程无关的第三方。

三、图纸迟交引起工程中断

1. 监理工程师迟交图纸

依据《范本》合同条款第 6.2 款和 6.3 款规定：若监理工程师未在一合理时间内发出进一步的图纸和指示，就很可能造成工程计划和施工的延误或中断，这时承包人应提交书面通知书告知监理工程师，说明所需的图纸或指示，需要的时间和原因，以及如果延误会使工程误期或中断等。承包人发出此通知书是很重要的。

若在承包人发出上述通知后，因监理工程师未曾或不能在一合理时间内发出图纸和指示，而使承包人施工误期或导致费用的增加时，则监理工程师应在与承包人协商并报业主批准后确定：给予承包人延长工期的权利以及费用补偿。

2. 承包人未交图纸

依据《范本》合同条款第 6.4 款，若监理工程师未曾或不能发出图纸（或指示）的全部或部分原因，是由于承包人未能按合同的规定提交有关施工详图图纸、现场实测数据或其他技术资料，则监理工程师在决定延长工期及费用补偿时应考虑承包人的这一失误。

四、补充图纸和指示

1. 监理工程师发布补充图纸和指示

依据《范本》合同条款第 7.1 款规定，为使工程合理而正确地施工和竣工，以及为修复其中的任何缺陷，监理工程师应有权随时向承包人发放此类补充图纸和指示。承包人应贯彻执行，并受其约束。

2. 承包人提供的施工图纸

在工程项目承包时，有许多合同或工程需要中标的承包人设计一部分永久工程并提供施工详图。《范本》合同条款第 7.2 款规定：凡合同中明文规定应由承包人设计部分永久工程时，承包人应免费将下列文件提交监理工程师批准。

（1）为使监理工程师对该项设计的适用性和完备性感到满意所必需的图纸、规范、计算结果以及其他资料。

（2）使用和维修手册连同竣工后永久工程图纸。这些资料须足够地详细，以使业主能够对采用该设计的永久工程进行使用、维护、拆卸、重新装配和调整。尚未提交并获得监理工程师批准之前，不能认为该工程已经竣工并可按第 48 条进行接收。但监理工程师的批准，不应解除合同中规定的承包人的任何责任。

合同条款规定了按合同承包人设计的图纸应交由监理工程师审批的程序。应当注意：监理工程师的批准表明所提建议及图纸文件资料基本符合合同要求。监理工程师对此类文件的批准并不能解除承包人对自己的工作负责。

另外，还应注意，依据合同条款第 7.2 款规定：直到维修手册和合同中规定的其他文件都提交给监理工程师并得到其批准后，工程才能被认为竣工。承包人若推迟提交维修手册会导致监理工程师推迟颁发工程交工证书。

（3）监理工程师在收到承包人上述（1）、（2）规定的资料 14 天内应予以批准或提出修改要求，承包人应按监理工程师提出的要求做出修改，重新向监理工程师提交，监理工程师应在 7

天内批准或提出进一步的修改意见。但监理工程师的批准,不应解除合同中规定承包人的任何责任。

第三节 施工合同条款中监理工程师的职责和权限

在前面第四章已介绍了业主和监理方之间签订有监理合同,有关监理工程师的职责和权限已由监理合同予以明确。但除了监理合同授权之外,监理工程师更多更具体的责任及权力来自于《范本》合同条款的规定。本节将对此予以介绍和论述。

一、监理工程师及监理工程师代表

《范本》合同条款中赋予了监理工程师和监理工程师代表很大的权力,对监理工程师及其群众的职业道德、工作方法等也作了具体规定。下面主要介绍合同通用条款第2条。

1.监理工程师的职责和权限

依据《范本》合同条款第2.1款规定:

(1)监理工程师必须履行合同规定的职责。

(2)各级监理工程师可行使监理合同中规定和施工合同规定的相应的职权。但是,要求总监理工程师在行使以下规定的职权之前,应先取得业主的专门批准:

①同意分包本工程的某非主体部分;

②确定承包人由于无法预见的外界障碍或自然条件而增加的费用额;

③发布开工令、暂时停工令或复工令;

④决定工程延期(具体授权批准的天数可在专用条款中规定并以此为准);

⑤审查批准技术规范(规格)或设计的变更;

⑥工程变更较大,发出变更指令;

⑦确定承包人的索赔额;

⑧决定有关暂定金额的使用;

⑨确定特殊分包人;

⑩确定工程变更后的单价或总额价。

(3)当监理工程师认为工程现场出现了危及生命、工程或相邻财产的紧急事件时,在不解除合同规定的承包人的任何义务和职责的情况下,监理工程师可以指示承包人实施为解除或减少这种危险可能是必须进行的所有这类工作或此类事情。尽管没有时间获得业主的批准,承包人也应立即遵守监理工程师的任何此类指示。监理工程师则应据《范本》合同条款第52条将增加的费用加入合同价格上,报业主批准后通知承包人。

(4)除在合同中明确规定外,监理工程师无权解除合同规定的承包人的任何义务。

本款的规定明确指出,监理工程师的一切工作职责和权力都来自于合同。要求遇到重大事项时,监理工程师在做出决定之前,应和业主以及承包人进行适当协商。

2.总监理工程师代表的任命及职责

《范本》合同条款第2.2款规定:总监理工程师代表(总监代表)由总监理工程师(总监)任命,并对总监理工程师负责,应该履行和行使由总监据第2.3款可能授予他的职责和职权。

《范本》合同条款第2.3款规定了总监权力的委托：总监可以一次又一次地将合同赋予他自己的职责和权力委托给总监代表，并可随时撤回这种委托。任何此类委托或撤回均应采取书面文件，并且在未送达业主和承包人之前，不应发生效力。由总监代表按此委托向承包人发出的任何函电等，都与由总监理工程师发出的具有同等效力。但：

(1)因为总监理工程师代表没有对任何工程、材料或设备加以反对，并不应影响总监理工程师否定该工程、材料或设备，并发出纠正指令的权力；

(2)如果承包人对总监理工程师代表的函电有疑问，可将该疑问提交给总监理工程师，而总监理工程师应对上述函电的内容进行确认、否定或变更。

以上规定了总监理工程师代表由总监理工程师任命，总监理工程师要对其代表的行为负责。所有任命的人员必须书面告知业主和承包人。总监理工程师应决定将什么样的权力委托给总监理工程师代表，以便能使现场工作不间断地顺利进行。

3.任命驻地监理人员

总监理工程师或总监代表可以任命高级驻地监理程师或合同段驻地监理工程师及专业监理工程师，为其配备一定数量的测量与试验人员、旁站监理人员及行政管理人员。总监或总监代表应将上述人员的姓名、职责、分工和权限范围及时通知业主和承包人。各级驻地与各专业监理工程师可在其授权范围内，按合同规定履行质量管理、进度监理与费用控制职责，可以为此发出指示，这些指示均应视为是总监或总监代表发出的。

4.监理工程师应发布书面指令

《范本》合同条款第2.5款规定：各级监理工程师发出的指令应是书面的。由于某种原因，监理工程师可以发出口头指令，承包人必须执行此口头指令，但事后监理工程师应以书面形式确认上述口头指令。如果承包人在监理工程师发出口头指令的3天内，未收到监理工程师的上述书面确定，承包人应立即以书面形式要求监理工程师确认上述口头指令。如监理工程师在收到承包人的书面要求后的3天之内没有以书面形式驳回上述确认，则该口头指令应认为已被监理工程师书面确认。

要求监理工程师发布书面指令，符合《合同法》中强调的书面合同管理。若监理工程师认为工程现场情况紧急而发布口头指令，事后应尽快确认。这主要是关系承包人在索赔工期或费用时要保存足够的同期记录，用以作为索赔的证据。

5.监理工程师秉公办事

对于监理工程师群体的职业道德，合同条款中做了规定，要求其工作重合同，守信誉，行为要公正，秉公办事。《范本》合同条款第2.6款规定，监理工程师在按本合同要求做出决定、同意或批准、或确定价值或处理涉及业主和承包人的权利和义务事项时，应该根据合同条款规定，考虑各方情况，实事求是和公正地做出判断并经受检查。如发现有不当之处，应进行修正。另外，《范本》合同条款第72.1款还规定了监理工程师群体的廉政建设责任。

二、监理工程师职责权限条款的具体情况

《范本》合同通同条款中有48条都涉及或赋予了监理工程师的职责和权限，一般可将其分为两类。

1. 总监理工程师应保留行使职责和权限的条款

总监理工程师,可考虑保留自己执行的有如下8条:

(1)总监理工程师签发开工通知书,详细见第41条。

(2)决定竣工期限的延长,详见第44条。

(3)总监理工程师签发工程或单项工程交工验收证书和竣工验收鉴定证书,详见第48条。

(4)总监理工程师颁发缺陷责任终止证书,详见第49条。

(5)判定并证实承包人是否严重违约,向业主建议处理办法,详见第63条。

(6)处理特殊风险,详见第65条。

(7)总监理工程师为解决业主和承包人的合同纠纷做出决定,详见第67条。

(8)证实业主违约并及时解决矛盾,详见第69条。

总监理工程师要对整个监理的工程项目负责,教育和管理好全体监理工作人员,尽心尽力搞好监理工作。要及时纠正总监理工程师代表或助理人员所做的错误决定,为工程顺利开展做好工作。

2. 总监理工程师可委托的职责权限条款

为了发挥整个监理群体的积极性和作用,总监理工程师可根据工程项目的具体情况,将一部分职责和权力委托给总监理工程师代表和助理(即驻地监理人员)。具体委托的权力范围大小可根据被任命的每个人能力不同而有所不同。为了不使工程现场中断工作,监理工程师一般可考虑就如下合同条款进行权力委托:第5、7、12、14、16、17、18、19、20、27、30、31、33、34、35、36、37、38、39、40、42、45、49、50、53、54、56、59、60(第60.6款和60.8款除外)、64、70条。

总监理工程师代表和助理人员要对总监理工程师负责,切实履行好自己的职责;接受总监理工程师的指示,监督和检查工程的进行;做好工地的试验和检验工作;检查各种材料是否合格,施工工艺是否符合技术规范的要求;核实工程计量;做好监理日志等各种工程记录;为监理工程师完成其职责、决定重大事项提供有关事实证明,必要时提供解决的方法。总监理工程师代表应与总监理工程师保持紧密的联系,执行好总监理工程师所授予的职权,履行自己的职责,经常向总监理工程师报告工作。

三、合同通用条款中监理工程师及全体监理人员的行为准则

监理工程师与全体参加监理工作的人员应确切牢记业主、承包人和监理工程师三方之间,不是领导与被领导的关系,而是相互间以合同为准则,互相约束的合同职责分工关系。与承包人之间虽是监督与被监督的合同关系,但仍应建立起良好的互相信任、合作共事的工作关系。下面是我国世行贷款的高速公路项目施工监理工作中使用FIDIC合同条款和国内公路工程项目按《范本》合同条款执行公认应做到的行为准则,请参照并学习理解。

(1)工程监理中,只要施工能正常地、顺利地进行,承包人可以用他自己的施工方法。监理人员应注意在任何情况下都不要指令承包人用监理人员自己的方法去完成工程。如果监理人员能够证实承包人的那种方法是有危险的,有可能造成工程的损害时,则可以提出要求或者以书面形式要求承包人自己对可能造成工程损害的施工方法进行纠正,或者对已造成的工程损害进行补救。

(2)监理人员应与承包人保持良好的关系,在处理问题时切不可忽视承包人的存在,并应在其职权范围内尽可能地关心及热情帮助承包人减少损失或损害,这对成功完成工程是有利的。

(3)监理人员在合同执行期间应不受任何行政命令的干扰,更不能有任何偏见,听取业主和承包人代表的合理意见,严格执行合同才是监理人员的最基本准则。无论处理哪些工作,最重要的是监理工程师在合同执行中要熟悉合同,了解和掌握监理工作的重点,及时处理发生的问题。否则,监理工作会总是处于忙乱的困境之中。

(4)合同执行时,如果承包人希望分包工程的非主体部分,监理工程师应对推荐的分包人认真审查,否则会因分包人工作失误给整个合同的顺利执行带来困难,这一点应引起注意。

(5)监理人员不应容许承包人产生在质量上达不到标准要求的工程,但又不可剥夺承包人在确保工程质量的前提下,通过技术手段获得利益的机会。进行施工时,监理人员不可过多地留意琐碎细节事项,也不可太坚持己见,应靠自身正确公正的判断能力进行施工监理,切不可低估承包人自身的技术水平和完成工程施工的能力。

(6)要求承包人就小的缺陷进行补救比较易于接受,但如果要求对工程的主要部分作出改正,往往会导致长时期的纠纷甚至索赔争议。因此,经验丰富的监理人员及其助理在察觉缺陷工程与低劣工艺的危险信号方面应有敏锐的洞察力。监理人员与承包人因对工程质量的判断发生分歧时,应以合同文件和检测、试验资料为依据,用科学的数据以理服人,切忌感情用事,或凭个人的看法和经验随意做出决定。

(7)无论什么原因,当发现工程质量已受到危害时,监理工程师应迅速地先通知承包人,然后采用劝告、提示的方法引导承包人进行纠正。当确有证据证明质量已经低于规范要求而承包人又未听劝告继续施工时,必须果断地指令暂停施工进行检查。暂停施工可以书面或者口头(事后应补充书面)形式通知承包人的现场主管。

(8)质量的优劣既要以试验和测量数据为依据,还应按规范要求对测量和试验数据进行综合评价才能做出结论。绝不能因个别数据不符合标准就做出质量不符合要求的决定,这很难使承包人接受,也不可能达到质量控制的最佳效果。

(9)监理工程师在计划监控中仅告诉承包人进度不能令人满意是不够的,还必须有充分的根据去论证,令承包人信服地了解进度已经缓慢,必须采取措施加快进度。

(10)在工程计量时,工程监理人员应严格按合同条款与计量法则进行。

(11)监理工程师或其助理必须定期(最好每周一次)检查和记录承包人的人员变动和工地情况,以及材料和施工机械运转情况,并系统地做好记录,以便在承包人要求额外支付和延长工期时能提供一个有价值的完整记录。

(12)监理人员在管理合同时需要有多方面的经验。否则,施工中提供了不成熟的图纸,或发布不符合合同的指令,均可能导致要求额外支付而引起的合同纠纷。

(13)监理工程师在给承包人指令时一定要慎重。非合同内的事项在未与承包人协商前不要发出指令,因为承包人没有义务接受合同规定以外的其他指令。

(14)监理工程师不能超越业主的授权范围而行使职权,只能在与业主签订的《监理合同》中所规定的范围内行使职权,进行监理工作。

综上所述,监理方是业主委托并按合同规定行使合同管理职权的独立一方。监理方在遇到合同纠纷以及业主与承包人双方利益冲突时,必须做一个监督合同执行的公证人。所以在合同管理工作中,全体监理人员必须以公正和科学的态度,不受任何一方干扰,更不能接受承包人的任何贿赂,也不允许和其他材料供应者合作或合伙。这样才能成为秉公执法、一丝不苟、严格监理、热情服务的合格的监理工程师或监理人员。

第四节 施工合同条款中承包人的义务

任何一项工程项目要取得成功,都必须依靠承包人按合同规定,尽心尽力地组织和实施工程和作业,所以在一个工程项目的建造过程中,承包人的义务和责任最重要。承包人的义务在合同条款中也做了明确规定。《范本》合同条款中有关的条款号为:第7、8、9、10、11、12、13、14、15、16、17、18、19、20、21、22、23、24、25、26、27、28、29、30、31、32、33、34、35条,共计29条,说明了以下四个方面的问题。

一、承包人的一般义务与责任

1. 承包人的设计责任

依据工程承包合同中的规定,参照国际惯例和国内现状,承包人在实施工程时或多或少都有一些设计的任务和责任。有些工程项目经由业主和监理工程师转来的设计文件和图纸只相当于常见的初步设计,很多具体施工图均未做出,监理工程师就会责成承包人做设计工作以利于工程实施中的按图施工。即使在我国大部分工程项目设计已做到施工图设计,但在工程实施中的一些工程变更及非常详细的细部构造图,也还需要承包人进行设计。《范本》合同条款中第7.2款已做了详细规定。

在工程项目承包实施中,承包人要搞的设计工作内容大致有以下几种:

(1)因为现场水文地质条件变化而引起的对图纸的修改或补充,例如由于桥梁基础地质下面岩层的变化,变更修改沉井基础为桩基础等。

(2)驻地监理工程师或业主派到现场的代表,提出变更或修改设计,责成承包人重新绘出补充修改图,并报送监理工程师审批。

(3)如有招标图纸不详细,为了易于按图施工,承包人不得不补充绘出的详细施工图纸。

(4)某些局部结构的节点大样补充图。

(5)基础或构件的模板放样图。

(6)某些安装部件或预制预应力混凝土构件的加工制造图。

(7)某些专业设施设备要求图。例如供排水、电气、电讯、中央控制系统,以及一些专用工程设备等,需要根据材料设备的订货要求,设计并绘出系统图或安装大样图,有的还要补充一些设备基础安装图。这类图纸可由承包人设计,并提交监理工程师和业主批准。

(8)由于承包工程选用的施工方法变化而引起的图纸变更和修改。例如将一座连续刚构桥的上部结构由原拟定的分段悬臂浇筑法施工,改变为分段预制拼装施工,可以加快工程施工进度。虽然桥梁结构的几何尺寸和永久配置预应力束没有改变,但施工荷载已发生变化,则需变更设计,要事先征得监理工程师和业主的同意,然后将设计图纸、计算书等交监理工程师审批,业主备案等。

(9)承包人的临时工程和设备设计图,计算书等,也应征得监理工程师同意和批准。

(10)承包人自身需要的生产和生活设施总体布置图及实施方案,必要的单项结构物施工图等。

对于承包人负责设计的图纸,应强调的是都必须交监理工程师审批,业主备案。一些重大的工程结构和施工方法的变更设计,必须先征求业主和监理工程师的同意,特别是涉及到工程造价大的增加。有些重大设计变更必须请设计者参加或同意。但不论承包人设计的永久工程由监理工程师批准与否,都不能免除承包人应负的责任。

2.合同规定的承包人一般责任

(1)《范本》合同条款第8条和第9条具体规定了承包人在实施工程中的一般义务与责任。依据合同条款第8条,根据工程承包合同的各项规定,承包人应该以应有的精心和勤奋进行设计(在合同规定的范围内)、施工及修复工程的任何缺陷。承包人应为工程提供所需的全部监督管理、劳力、材料、设备、工程装备和其他物品,不论是临时性和永久的,只要在合同内已有规定或可以从合同中合理推论而知,应全部提供。承包人还应对全部现场作业和施工方法的适应性、稳妥性和安全性负责。但是,承包人对于不是由他所制订的规定或永久性工程的设计,或任何临时工程的设计或规定、规范,不应承担责任。如果合同明确规定部分永久工程应由承包人设计,则尽管有监理工程师的批准,承包人仍应对该部分永久工程完全负责。

(2)承包人应在收到中标通书后28天内,办理履约担保。详见《范本》合同条款第10条规定。

(3)承包人在投标工作中,一定要进行现场考察,并对投标书的完备性及价格和费率的正确性负完全责任。详见《范本》合同条款第11条和第12条。

(4)根据合同施工及听从监理工程师的指示是承包人的责任。《范本》合同条款第13.1款规定如下:除非法律上或实际上不可能,承包人应严格按照合同进行工程施工和完成工程并修复任何工程缺陷。在涉及或关系到该项工程的任何事项上,无论这些事项在合同中定明与否,承包人都要严格遵守与执行监理工程师的指示。承包人应当从监理工程师处取得指示,或根据第2条的规定,从总监代表处取得指示。本条款应与第8条联系起来去理解。

(5)承包人在应在签订合同协议书28天之内,向监理工程师递交符合监理工程师要求的工程进度计划,以及施工方案说明。详见第14条规定。

工程进度计划应按照关键线路网络图和主要工作横道图两种形式分别编绘,并应包括每月预计完成的工作量和形象进度。

(6)承包人应委派项目经理和项目技术负责人,授权一代表,在工程施工期间履行对工程监督的责任。该委派人员应经监理工程师同意,并代表承包人接受监理工程师或监理工程师代表的指示,专职进行工程监督工作。详见合同条款第15条规定。

(7)承包人应在施工现场雇用合格的职员和工人。此类人员玩忽职守或不宜留在现场,监理工程师有权反对并要求承包人立即撤走其不合格的劳务人员。详见第16条规定。

(8)承包人应对工程的准确放样和测量负责。若是由于监理工程师书面提供的工程放样的基本资料不准确造成错误放样时,修改放样的费用应从业主处得到补偿,详见《范本》合同条款第17条。另外监理工程师指示承包人做合同之外的钻孔和勘探作业时,可视为变更指示,详见《范本》合同条款第18条。

(9)承包人对工程现场安全、保卫与环境保护的负责。详见《范本》合同条款第19.1款规定。

二、承包人应承担的风险及保险义务

《范本》合同条款第20条规定了承包人和业主对工程可能受到损害时各自应负的责任。承包人从工程开工之日起,到颁发整个工程的交工证书的日期止,应该对工程、材料和待安装的工程设备等的照管负安全责任。也就是说承包人应承担施工和照管工程的风险与责任。如果发生属于业主的风险引起的工程损害,在监理工程师提出要求时,承包人有义务去修复工程,但此项工作的费用应由业主负担。

针对工程施工过程中存在着自然界和人类社会的诸多风险,承包人应按照招标文件的规定,履行办理保险的义务。主要包括工程一切险、第三方责任保险、承包人装备的保险、工人人身安全保险等。详见《范本》第21~25条的规定。

三、承包人的其他义务

承包人除应承担以上所述的设计、施工、完成工程及修复缺陷和照管工程等一般责任和义务外,还应承担以下的责任和义务。

(1)承包人在施工及缺陷责任期,应遵守国家或所在省(自治区、直辖市)颁布的法律、法令、条例及当地的有关规定;遵守有关部门(如铁路、交通、航道、水利、电力、通讯、公用事业、环保等)的规章、细则等;不因本合同工程的实施或缺陷的修复而使有关单位的财产或职权受到影响。业主不承担由于承包人违反任何上述规定的各种罚款和责任。详见第26条规定。

(2)在工程现场发掘出的所有的文物、古迹以及具前地质研究或考古价值的其他遗迹、化石、钱币或物品,均属于国家财产。承包人一旦发现这类物品,应采取一切必要的措施保护现场,防止其工人或其他任何人员移动或损坏任何该类物品,并且立即将此发现通知监理工程师,抄报业主,并执行监理工程师关于处理此事的指令。如果由于这样的指令使承包人工期拖延或增加了费用,则监理工程师在与承包人和业主协商后应确定延长工期或增加额外费用。详见合同条款第27条。

(3)承包人施工中使用的设计、施工规范、施工方法等包含有专利权,应自负其责。另外,若承包人施工中应支付工程所需要的石料、砂、砾石、土等各种矿区使用费、租金及其他费用。详见《范本》合同条款第28条。

(4)承包人在合同许可的范围内进行工程施工时应避免对公共交通和相邻财产的干扰等。详见《范本》合同条款第29条,并结合第22条理解。

(5)承包人在运输材料、工程设备、承包人的装备或修建临时工程时,应避免损坏旧有道路和桥梁及水运设施。详见《范本》合同条款第30条规定。

(6)如果工程是一个综合性的项目,可能会有业主雇用的几个承包人及其员工在同一个工程现场实施项目。因此,每一个承包人都应该为其他承包人提供机会与方便。详见《范本》合同条款第31条。

(7)承包人在施工期间,应合理地保持现场的整洁,及时清理废料和垃圾等障碍物。工程竣工交接时,应清理工程现场使其保持清洁整齐。详见合同条款第32和33条。

四、承包人雇用劳务人的职责

《范本》合同条款第 34 条规定:除合同另有规定外,承包人应自行安排从当地或其他地方雇用的所有职员和劳务人员,以及他们的报酬、住房、膳食和交通。

一般还应在合同专用条件中写明,劳务人员现场的住房和生活环境的提供,以及诸如安全、健康等一系列问题的处理方法及措施。

另外,根据监理工程师的要求,承包人应按监理工程师规定的格式和时间间隔,向监理工程师及时报告在现场雇佣的劳务人员和承包人设备的情况。如果现场发生重大安全质量事故,承包人必须在 2 小时之内将事故速报监理工程师和业主;如果现场发生一般安全和质量事故,承包人必须在 3 天内将事故详细情况书面报告监理工程师和业主;如果现场发生重大交通事故,承包人应尽快报告监理工程师。此外,承包人应采取措施,负责保护好事故现场。详见《范本》合同条款第 35 条规定。

第五节　施工合同条款中的合同担保

公路工程项目建设中,为了保证合同的如期和正常履行,在工程招标文件中一般都规定了保证合同完成的条款,如《范本》合同条款第 10 条等有具体规定。履约担保采用银行保函和银行汇票的形式,还可以把支付给承包人的一部分款项转为保留金,对进入工地现场的材料、设备等可行使留置的权。所有这些履约担保的形式中,由银行进行经济担保最普遍。本节结合《范本》合同条款讲述履约担保的性质、内容及风险和担保应注意的问题。

一、合同中履约担保的形式与种类

(一)履约担保的形式

在工程施工承包合同中,当事人一方为避免因对方违约而遭受损失,要求对方提供可靠的经济担保,这是国内外公认的正常保障措施。担保形式很多,常见的有以下几种。

1. 业主要求承包人提供的履约担保形式

(1)第三方的保证书。所谓“第三方”是指独立于承包人和业主签约双方的另一法人,他应当是公认有权威地位或有经济实力,并能被签约双方共同接受的。所出具保证书即为保证合同。

(2)银行保函,即银行担保。出具保函的银行应是签约双方认可的、且经国有商业银行或相应的管理部门批准有资格出具该类保函的银行。

(3)保险公司的担保书。其条件与上面第(2)条相同,但其承保金额应在有关部门对该保险公司规定的限额之内。

(4)不可撤销的银行备用信用证或直接缴纳保证金。

(5)财产的物权担保,即抵押施工机械设备或进场材料等。

2. 承包人要求业主提供的履约担保形式

(1)付款保函。显示业主有足够资金偿付承包人。

(2)留置权转让。承包人对其完成的工程项目行使留置权,直到业主付清一切工程费用。

如果是政府工程，除非承包人提供信用贷款给该工程项目，一般政府是不提供付款担保的。

以上各种履约担保形式中，银行保函是最普遍、最常见和最容易被各方所接受的履约担保形式，它不是一般的履约担保文件，而是一种货币履约担保书，即银行用书面承诺为其被担保方违约所造成的损失负责。银行担保中的规定金额即其承诺赔偿的最高限额。

简而言之，银行保函就是一种以银行的承诺文件形式出现的抵押金。承包人向业主递交的银行保函，实质上相当于交给业主一笔在特定条件下可向银行换为货币的备用抵押金。

(二)担保的内容

1.银行的担保

如上所述银行履约担保是一种在特定条件下可支付的银行承诺文件，也是对承包人遵守合同义务用经济形式表现的担保，它的内容必须是完整、严谨、公正和明确的。一般应包括以下一些内容。

(1)担保人，即指银行。应写明银行的全名(如是某一分行，则应写清楚分行的全名)，法定地址等。

(2)被担保人，指委托人即承包人。应写明承包人的全名和法定地址，并与合同文件中的名称完全一致，还应写明保函是应承包人的请求而开具的，以示为该承包人承担责任。

(3)受益人，指工程业主(用于履约保函、预付款保函、缺陷责任期保函等)。在承包人发生违约行为后，有权凭银行保函向银行索偿其担保金额，作为对业主所受损害的赔偿。

(4)担保原因。反映被担保人与受益人有何种合同契约关系，例如某年某月某日双方签订了何种合同及合同号码，被担保人有履约责任。

(5)担保金额。因银行保函系货币履约保证书性质，应写明担保赔偿的货币名称和最高限额。公路工程施工合同履约银行担保金额通常为合同价的10%。

(6)有效期限。包括担保的起始日期和失效日期，不能抽象地规定为"工程竣工日"、"直至履约责任完毕"等，应有年月日的具体时间。一般履约担保的有效期要一直到工程交工验收并发出交工证书后为止。如果工程确实出现竣工期限延长，承包人(被担保人)应当与业主协商，并书面通知银行，将履约保函的有效期适当延长。

(7)担保责任。这是保函中至关紧要的问题，应当写明担保人是在被担保人违约条件下才有保函规定限额内的偿付责任。公路工程项目的合同文件中附有业主要求的保函格式。承包人只能按其格式开出保函。

(8)索偿兑现条件。即受益人凭何种证明文件向银行索偿即可兑现，这也是至关紧要的一个问题。有一种"无条件索偿即付"的保函，这是在索偿兑现前即已完全剥夺了担保人申辩权利的保函；也有一种是受益人应提供被担保人违约证据才可索偿兑现的"有条件索赔"保函。

(9)保函的失效与注销。写明保函在有效期满即自动失效，并应退还银行注销。

(10)保函的开具方式。由当地的被业主接受的银行开出书面形式保函。书面保函应由银行法人代表签署和法人单位盖章。

2.履约保证金(即担保公司的担保)

履约担保是承包人(委托人)和担保或保险公司(担保人)为业主(债权人)的利益联合地

或各自提供履约合同的保证。如果承包人违约，担保公司要么支付担保金，要么继续完成工程来履行承包人应负的合同义务。担保人可以替换承包人或者从财务上资助失约的承包人完成工程。若担保人继续完成工程，则有权支取合同总价与违约的承包人已经合理地取得的支付之间的差额。担保人的义务限于保证金的数额以内，据合同规定可以在合同价的30%～100%不等。这种形式的担保在我国应用很少。

3. 预付款担保

由银行提供的预付款担保即预付款保函，主要用于担保承包人应按合同规定偿还业主已支付的全部预付金额。如果业主不能从应付工程款中扣还全部预付款（例如承包人中途毁约，中止工程等等），那么，业主作为保函的受益人有权凭保函向银行索偿该保函的担保金额。

预付款保函的担保金额一般与业主所付款是等值的，一般为合同价的10%。由于预付款将逐月从工程进度款中扣还，因此，预付款保函的担保额也应随扣还后余额而减少。承包人在通过银行开出此种保函时，应当在保函上写明这一点。同时，在施工期间，应按月或按季度从业主处取得同意此保函减值的函件，送交银行确认。也可以由承包人凭业主付款单中写明的扣还预付款数额，写出保函减值的通知书，并取得业主和银行的共同确认。

承包人全部还清预付款后，业主应退还预付款保函，承包人将其退回担保银行注销。

4. 缺陷责任期的担保

缺陷责任期的银行保函主要用于担保承包人对完工后工程的缺陷进行修复。在缺陷责任期内，如果业主或监理工程师发现工程缺陷，应当通知承包人进行缺陷修复，若证明是承包人责任而承包人拒绝或无力修复时，业主可以凭保函向银行提取缺陷责任期银行保函中担保的金额，请其他承包人修复。

缺陷责任期保函的担保金额根据合同文件的规定办理。其保函有效期与缺陷责任期限相同，《范本》合同专用条款规定的缺陷责任期一般为2年。

承包人在规定的缺陷责任期内圆满地完成了缺陷修复任务，或者根本没有发生任何需要修复的工程缺陷，监理工程师应签发缺陷责任终止证书，并将缺陷责任期的银行保函退回。

目前我国公路工程项目中，一般都没有采用缺陷责任期银行保函，而是采用保留金的形式。

5. 保留金

从保证工程承包合同如期履约来说，保留金是对履约担保的补充。目的是从给承包人的月进度工程付款中，按某一百分比留下一笔款项，一旦在承包人违约时，或没有在规定的时间内履行合同义务时，就可很容易地用来补偿完成这种合同义务的开支，这既可用在工程竣工前，亦可用在缺陷责任期。前已叙述，公路工程承包合同的保留金通常为施工早期月付款的10%，总数额最多不超过合同价的5%。有些合同规定承包人在完成工程后可退还保留金的一半，另一半在缺陷责任期终止后退还。

保留金的保证价值在于它容易取得和不涉及第三方做担保，产生的资金冻结对承包人是不利的。如果发生争议，保留金的退还在解决问题时常常延误。

国际工程的招标文件中，有的也规定保留金可由合适的银行担保或政府债券来代替。必须注意这种担保应由批准或指定的银行开具，且是无条件的，在合同需要时即可换成现金。担保的期限比合同中的缺陷责任期长一些。

6. 留置权的使用

除了上述所讲的履约担保、保留金之外，为防止承包人在带资产至工地履行合同时失约，合同中还应做出具体规定，以使合同的正常履行有更可靠的保证。如《范本》合同条款第54条规定：所有承包人提供的施工机械、临时工程和材料，一经运至现场，就应被视为专门供本工程施工所用，没有监理工程师的书面同意，不得将上述任何物品或其任何部分运出现场。

在《范本》合同条款第63.2款中又进一步规定了承包人违约时，业主可以在向承包人发出通知的14天后，进驻现场并接管工程，并在不解除承包人按合同规定的任何义务与责任，也不影响合同赋予业主或监理工程师的各种权利或职权的情况下，终止对承包人的雇佣。业主可以自己完成该工程，或雇用其他承包人去完成该工程。业主或其他承包人在为完成该工程时，可以使用他们认为合适数量的原承包人的施工机械设备、临时工程和材料。

《范本》合同条款的这些规定实质是业主在遇到承包人违约时，可以行使留置权这种合同担保形式。

二、监理工程师处理担保的职权

监理工程师在签发工程开工通知书之前，应根据合同规定，检查合同中写明的履约担保是否已办妥，重点是核查承包人履约担保或其他担保所办理的凭证，然后再签发开工通知书。

1. 审查履约担保的程序及有关规定

依据《范本》合同条款第10条规定，如果合同要求承包人取得为其正常地履行合同所需的担保，承包人应在收到中标通知书后28天之内办理向业主提供的这种担保。担保的总金额在投标书附件内写明。

承包人向业主提供这种担保时，应将此事通知监理工程师。采用的担保形式和担保公司或银行须经业主和监理工程师批准。例如用银行保函担保，所选的银行的资信能力和等级要符合招标文件要求。执行履约担保所需的费用应由承包人承担。

2. 履约保函或担保证书的有效期

根据《范本》合同条款第10.2款规定，履约担保的有效期为承包人按合同要求实施和完成工程交工证书发生后才终止。据《范本》第48.1款规定，签发交工证书后，即不应对本担保再提任何索要。担保金应在交工证书发出后14天内归还给承包人。

3. 对履约担保的索偿

公路工程合同中的履约担保，常采用有条件或无条件的担保形式。在《范本》合同条款中，规定采用有条件的索偿兑现方式。业主在对履约担保提出索偿要求之前，在任何情况下都应通知监理工程师和承包人，说明有关索偿的承包人的违约的事实和性质。

第六节　施工合同条款中的质量管理

公路工程实施全过程中，对工程质量的控制与管理应全方位展开，这是监理工作的核心。《范本》合同通用条款部分共有22条条款，涉及到监理工程师和监理人员对工程质量的检查和验收。

《范本》合同条款共阐述了以下四个方面的问题。

一、严格控制技术标准，确保工程质量

历来的工程实践之经验证明，严格控制技术标准对确保工程质量非常重要，技术标准和规范是控制质量的主要依据。有关技术标准的条款，覆盖了下述八个问题：

(1)规定了有关图纸和文件的保管和供给及有关责任处理。详见《范本》合同条款第6条。

(2)监理工程师有权不断地向承包人发放为使工程合理而正确地施工所需的补充图纸和说明。由承包人设计的永久工程，经监理工程师批准后，并不能免除承包人对合同所承担的任何责任。详见《范本》合同条款第7条。

(3)规定承包人按照合同规定以应有的精心和努力对工程进行设计、施工、完成工程和修复缺陷，并解决任何质量问题。承包人应对整个现场作业和施工方法的完备性、稳妥性和安全性负有全责。详见《范本》合同条款第8条。

(4)规定承包人在提交投标书之前，应考察现场，并对业主所介绍的现场相关资料与情况进行解释，作为投标书的基础。详见《范本》合同条款第11条。

(5)规定了承包人的投标书和有标价的工程量清单中开列单价和总数价格，应包括了合同中规定的承包人的全部义务；当施工期间，承包人遇到不属于现场气候条件和外界障碍的自然条件，并不可能合理预见，承包人有权向监理工程师和业主申请延长合同工期并得到费用补偿。详见《范本》合同条款第12条。

(6)规定承包人应严格根据合同进行工程施工和竣工以及修复缺陷。详见《范本》合同条款第13条。

(7)规定承包人应负责进行精确工程放样。只要监理工程师书面给定的原始基准点、基准线和标高正确，若由于承包人的放样失误，虽经监理工程师检查认可，但绝不意味着可免除承包人的责任。详见《范本》合同条款第17条。

(8)如果业主或监理工程师认为有必要对工程或其任何部分的形式、质量或数量进行任何变更，监理工程师就有权指示承包人进行变更，而承包人也应执行变更指示。详见《范本》合同条款第51条。

二、材料、设备和操作工艺的检验

在工程项目的施工阶段，要想控制工程质量，首先要把好材料与设备的第一关，要特别重视原材料、设备的质量检查与验收，杜绝不合格的材料与设备用于工程上。为此《范本》合同条款明确规定下列问题。

(1)所有的材料、工程设备和操作工艺均应符合以下要求：

①合同中规定的要求和监理工程师指示要求的相应类别和等级。

②要随时按照监理工程师的要求，在制造、加工或准备地点、或在现场、或在合同可能规定的某些其他地方、或在上述所有地点或其中任何地点进行检查与验收。详见《范本》合同条款第36条。

(2)监理工程师及其任何授权人员应能有合理的时间进入工程现场和所有正在为生产、制造或加工配制材料或设备的所有车间和地方。承包人应为此提供一切方便和协助，以取得

进入的权利。监理工程师有权在生产、制造和加工制配过程中，对按合同要求提供的材料和设备进行检验和检查。详见《范本》合同条款第 37.1 ~37.3 款。

(3)若根据商定的时间和地点，供检查和检验材料或设备未准备好，或者监理工程师认为按本条款所作的检查和检验结果是该材料或设备有缺陷，或不符合合同要求，则监理工程师可以拒收这些材料或工程设备。详见《范本》合同条款第 37.4 款。

(4)监理工程师有权随时就下述事项发出指令：

①在指示可能规定的时间内，一次或分次将监理工程师认为不符合合同规定的材料或设备从现场运走；

②用合格适用的材料或设备取代原来的材料或设备；

③尽管先前已进行了检验或中间付款，但监理工程师认为仍不符合合同规定的任何工程，均要拆除或重新施工。详见《范本》合同条款第 39 条。

三、施工质量检查与隐蔽工程部分的验收

工程的施工质量检查是控制质量的最直接的第一线的工作。通过检查，可以起到监督作用，减少事故苗头；可以当场发现问题，纠正错误，避免事故扩大；可以及时提出补救要求，消除隐患。所以为了控制质量，监理方应有独立的质量控制系统、独立的试验室和检测仪器设备，并加强旁站监督，对工程的关键工序、部位都有专人专职仔细、严密、深入工地进行质量跟踪检查，为此合同条款特明确规定了下列问题。

(1)只要监理工程师认为是为正确履行合同规定的承包人义务所必须时，承包人就应在工程的施工中提供全部必要的自身质量监督。承包人或经监理工程师批准的一位合格的授权代表(对代表的批准可随时撤回)要用全部时间对工程进行自身质量监督。详见《范本》合同条款第 15 条。

(2)如果监理工程师认为其行为不端，在履行其职责中不能胜任或玩忽职守，监理工程师有权反对或要求承包人从该项工程中立即解雇承包人提供的任何人。未经理工程师同意不允许再次雇用其人。详见《范本》合同条款第 16 条。

(3)未经监理工程师批准，工程的任何部分都不能封盖或覆盖，承包人应保证监理工程师有充分的机会对即将上盖的或掩盖起来的任何一部分工程进行检查、检验，以及对任何部分工程将置于其上的基础进行严格检查。监理工程师有权检查和拒收，并对已覆盖的隐蔽工程再揭露和开孔。详见《范本》合同条款第 37 和 38 条。

(4)监理工程师有权发出指示，让承包人将不合格的工程、材料或设备拆除和运走等。详见《范本》合同条款第 39 条。

(5)承包人应根据监理工程师的要求，随时向监理工程师提交其雇佣的劳务人员及机械装备的详细报告书。详见《范本》合同条款第 25 条。

(6)监理工程师有权指示暂停工程。若为承包人违约，暂时停工造成的损失由承包人自负。而由于业主或其他原因造成的停工应另行处理。详见《范本》合同条款第 40 条。

(7)有关交工验收和竣工验收证书的颁发，必须要确保工程质量检验合格后才能进行。详见《范本》合同条款第 48 条。

四、缺陷责任期和保修期的缺陷修复

为确保工程质量，在工程交工验收完毕，监理工程师签发了交工证书后，承包人还应继续履行缺陷责任期对工程缺陷的修复工作（正常的磨损、养护除外），以使工程能投入正常的试运营。为此合同条款特明确规定了下列问题。

（1）承包人应在缺陷责任期内或在缺陷责任期终止后14天内，按照监理工程师或其代表在缺陷责任期满之前进行检查后的指示，对工程中尚存在缺陷以及保修期对施工质量原因造成的损坏进行修复，对病害或其他变形等毛病进行修补、修复或重建，以使工程符合合同要求。属于承包人的设计、材料、施工工艺等出现的缺陷，费用由承包人支付。若承包人不执行监理工程师的指示修复缺陷，监理工程师有权雇用其他人员完成修复缺陷工作，并付给报酬，其费用从应支付给承包人的保留金中扣除。详见《范本》合同条款第49条。

（2）在缺陷责任期满之前，对《范本》合同条款规定中的工程中出现的任何缺陷、病害或其他不合格之处，监理工程师有权通知承包人进行调查。若调查出缺陷是承包人的责任造成，调查及修复费用均由承包人自费承担；若调查出的缺陷、变形等不属于承包人合同项目的责任，则调查和修复费用由监理工程师和业主与承包人协商后，可加到合同价格上去。详见《范本》合同条款第50条。

（3）在大型公路工程承包合同中，常常实行工程的区段或部分接收，发给单独的交接证书，因而有一个单独的缺陷责任期。所以合同条款专门规定了整个工程只发一个缺陷责任终止证书。按合同条款规定，此证书应在最后一个缺陷责任期届满时才颁发。只有颁发缺陷责任终止证书才能看作是对工程的批准。详见《范本》第61和62条。

（4）当监理工程师检查了承包人根据合同已履行了施工、完成以及缺陷修复的义务并认可后，应在缺陷责任期终止后28天内签发缺陷责任终止证书。在全部工程的缺陷责任终止证书颁发给承包人后，承包人与合同有关的工程的实际义务已经完成，只留下财务或管理方面的问题有待处理。当然，尽管已签发了缺陷责任终止证书，各方仍应对在缺陷责任证书颁发时尚未履行的义务承担责任。详见《范本》合同条款第62条。

（5）在保修期内承包人应对由于施工质量原因引起的损坏进行自费修复。若承包人不履行保修义务和责任，则承包人应承担由于违约造成的法律后果。

第七节　施工合同条款中的进度管理

工程进度的管理，是工程如期或提前完工的必要条件。《范本》合同条款中，有关工期进度管理的条款共有20条，说明了以下五个方面的问题：

一、工程进度计划的提交与修订

在工程招投标阶段，投标者连同投标书一起提交一份初步施工进度计划，并附有下述附件：一份承包人设备清单；一份劳务、职员以及合同期内货币需求的预测。这些资料对于评标工作很重要。然而在正式签订合同协议书时，上述资料通常未编入合同中。一旦合同协议书已签订，一个准确的、最新修订过的进度计划有助于工程各方配合协调工作，有助于施工合同

的圆满完成,因此,《范本》合同条款第14条做了明确规定。

1.承包人应提交的进度计划

《范本》合同条款第14.1款规定:承包人应在签订合同协议书后28天之内,应当以监理工程师规定的格式和详细程度,向监理工程师提交两份工程进度计划,以取得监理工程师的同意。无论何时,如监理工程师需要时,承包人还应以书面形式提交一份对其进行工程施工所拟采用的施工方法和安排的总说明,以备监理工程师查阅。

一般地讲,进度计划提交得越早,业主、承包人、监理工程师之间信息交流则越顺畅。但监理工程师和业主必须考虑合同签订之后,承包人要做许多施工动员准备工作,若时间太短促会使计划制定草率,影响后面的工作。因此在合同条款中规定提交进度计划的时间要合适。

进度计划对监理工程师要做的以下工作也很有必要:监督实际工程进度,使监理工程师能够根据《范本》合同条款第6条规定安排提供图纸、发布指示等;根据合同条款第59条规定,确定提出分包合同的时间;协调承包人与在工程现场其他承包人之间的关系等。

进度计划由承包人负责编制,提交监理工程师是为了听取建设性的意见。如果监理工程师认为承包人提交的进度计划不明确或者不充分,应将意见通知承包人。实际上,他们通常一起讨论监理工程师的意见,监理工程师不应同意一个过于乐观的进度计划。监理工程师有权要求承包人提供有关施工方法和具体资料,在进行重大临时工程和施工作业中一般都这样做。监理工程师应就有关安全问题以及上述施工方法和安排对永久工程的影响等方面仔细审查这些资料,直到认为预定的进度计划能够实现,监理工程师才能满意。而监理工程师也应该把他关心的问题告知承包人,以引起注意。

因此,监理工程师作为监理方可监督工程进度,但无权改变或干预承包人安全地、恰当地、准时地完成工程施工的义务。

2.进度计划的修订

《范本》合同条款第14.2款规定,无论何时,若在监理工程师看来工程的实际进度不符合第14.1款中已经同意的进度计划时,承包人应根据监理工程师的要求提出一份修订过的进度计划,表明为保证工程按期竣工而对原计划所作的修改。

在施工合同实施中,监理工程师看到承包人的进度与计划相差很大,则可提出让承包人提交一份修订的进度计划,以说明在竣工期限内如何完成工程,承包人无权为修订进度计划而得到任何额外付款,原因是承包人自己造成的。

另外一种情况是,原来制定的进度计划,据工期的长短不同,将开始施工阶段制订的详细些,而对后来阶段做出大致计划,并每隔一段时间,如一个季度,对进度计划进行修订。这种修订的进度计划也可能有助于后续评估承包人的索赔报告。

《范本》合同条款第14.5款规定,向监理工程师提交并经其同意的上述进度计划或提供的上述一般说明或现金流量估算表,并不免除合同规定的承包人应负的任何责任和义务。

二、暂时停工

公路工程项目承包合同管理中,监理工程师有暂停工程进展的权力。但遇到停工时,要分清承包人是否应对暂时停工负责。

1. 监理工程师指示暂时停工

《范本》合同条款第40.1款规定，根据监理工程师的指示，承包人应按监理工程师认为必要的时间和方式暂停工程或其任何部分的进展，在暂停工程期间或其一部分时，应进行监理工程师认为有必要的保护和安全保障。若暂时停工不属于下列情况，则应运用第40.2款：

(1)由于承包人失误或违约导致的，或由承包人负责的必要的停工。

(2)由于现场天气条件导致的必要的停工。

(3)承包人为调整本工程的施工部署，或为了本工程或其任何部分的安全而采取必要的技术措施所需的停工。

(4)在合同中另有规定者。

但是，因监理工程师或业主的任何行动或过失或由第20.4款中规定的任何风险所引起的暂时停工除外。

2. 监理工程师的决定

暂时停工后，若适于《范本》合同条款第40.2款规定情况下，监理工程师应与业主和承包人三方协商后，做出如下决定：

(1)根据《范本》合同条款第44条规定，给予承包人延长工期的权利；

(2)因这种暂时停工给承包人的费用补偿，监理工程师应书面通知承包人，并抄送业主。

3. 暂时停工持续56天以上

《范本》合同条款第40.3款规定，若工程或其任何部分的停工已持续56天，又不属于承包人原因造成的停工，则承包人可发出书面通知给监理工程师，要求监理工程师自接到该通知后的14天内准许已中断的工程或其一部分继续施工。如果此要求得不到批准，承包人可按《范本》合同条款第51条规定，将暂停的工作视为可取消的工程；或者若全部工作都被暂停，可将此停工视为业主违约，从而终止对本合同项目的承包，与此有关之问题按第69.2和69.3款处理。

三、开工和延误

1. 工程开工

一般的投标书附录中对合同工程或单项工程写明了工期，都规定了签订合同协议书后的一段时间内，监理工程师要向承包人发出书面开工通知书，并送至承包人处得到签收回执，据《范本》合同条款第41.1款规定，承包人收到此开工通知书后，应在合理的时间内尽快开工，此日期即为开工日期，竣工时间是从开工之日算起。见《范本》合同条款第43条。

2. 竣工期限的延长

竣工期限的延长，可能会影响到拖期损失偿金和提前竣工奖金。另外，虽然给予延长工期并不一定意味着业主负担额外费用，但延期的后果可能使承包人有权得到额外支付，如《范本》合同条款第6.4款和第42.3款。

《范本》合同条款第44条具体规定了延长工期的决定，将在第九章中详细阐述。给予承包人延长工期的权力，主要是因非承包人负责的误期事件所引起。监理工程师在处理延期事件时应和业主及承包人协商决定。涉及到延期的《范本》合同条款有：

(1)图纸迟交，详见第6条；

(2)不利的地下障碍与外部条件,详见第12条;

(3)业主的风险及特殊风险,详见第20和65条;

(4)施工中挖到化石等贵重物品,详见第27条;

(5)合同之外的检查与试验,详见第36条;

(6)暂时停工,详见第40条;

(7)业主迟交用地权或道路通行权,详见第42条;

(8)变更后额外的工作,详见第51条;

(9)业主违约或迟付工程款,详见第69条。

3. 工作时间及施工进度控制

一般地,承包人应计划在正常的工作时间内进行现场施工。但当某些工程不得不连续进行时,如桥基础的围堰、钻孔桩等工程施工时,承包人应事先征得监理工程师的同意后,才能在正常工作时间以外的时间进行,如昼夜连续施工或节假日不休息等。《范本》合同条款第45.1款做出了具体规定。

监理工程师对施工进度的控制与管理,是要经常将实际进度与计划进度做比较。若发现承包人不能保持足够的施工进度以按时完成工程,而且无权获得延长工期后,则应发出书面通知让承包人加快工程进度,以符合竣工期限的要求。承包人不仅无权要求支付附加费用,而且若因采取措施加速施工而导致业主多付出任何额外增加的一切费用,则业主还可从承包人处扣回应支付或将支付的款项,监理工程师应就此通知承包人和业主。详见《范本》合同条款第46.1款规定。

4. 拖期损失偿金及提前竣工奖金

拖期损失偿金是指承包人自身原因延误工程进度而不能按竣工时间向业主移交工程,导致业主遭受经济损失而向业主递交一笔合同违约赔偿金。赔偿金额由业主在招标文件中规定,一般最高赔偿限额为合同价的10%,再具体规定延误一天赔偿合同价的百分比值等。另外,若在合同工程完工之前,已对合同工程或某些单项工程已签发交工证书,则拖期损失偿金可按比例减少,但不影响总值限额。详见《范本》合同条款第47.1和47.2款。

是否设置提前竣工奖金,业主可根据工程项目的具体情况而定。具体奖金总额可在合同专用条款中作详细规定。

四、交工验收及竣工验收

1. 交工验收

当本合同工程已经实质上完工,并合格地通过了按合同规定的各项交工检测、检验,且已按交通部《公路工程竣(交)工验收办法》规定编制好竣工图表和施工资料后,承包人可就此向监理工程师提出交工验收申请,同时抄送业主(如果尚有少量因受季节影响或其他原因暂不能施工或完成,但并不影响工程使用的一些附属工程或剩余工作时,需附有在缺陷责任期内尽快完成这些未完工作的书面保证)。监理工程师在收到该申请后,应在14天内审核并报业主,业主在收到该申请后的21天内应组织交工验收。交工验收由业主主持,由质监、设计、管养等有关部门和监理工程师参加组成交工验收小组,按交通部《公路工程竣(交)工验收办法》进行,并写出交工验收报告报上级主管部门。

如果经交工验收认为工程质量合格,业主应在此项验收工作完毕后14天内向承包人签发交工证书,证书中写明按合同规定本合同工程的交工日期(即验收小组决定的签发交工证书的日期),同时办理合同工程的移交管养工作。交工证书签发并移交管养后,承包人即不再负责对本工程的照管和维护,本工程即进入缺陷责任期。

对交工验收可能出现的例外情况,作如下处理:

(1)如果业主未能在上述规定的时间内组织交工验收,则业主应从规定期限最后一天的次日起承担延期验收的工程照管和养护费用;或发给交工证书的工程不能立即移交管养时,承包人仍应继续负责工程照管和养护。监理工程师在与承包人和业主协商后,应确定与此相关的工程照管与养护费用补偿额并加到合同价格上,通知承包人,抄送业主。

(2)如经交工检验认为工程质量虽合格,但某些工程影响使用尚需整修和完善,且不同于缺陷责任期内的缺陷修复,则应缓发交工证书,限期修好。待整修和完善工作完成,经监理工程师复查认可达到质量要求并报请交工验收小组核批后,再发给交工证书。

(3)如经交工验收认为工程质量达不到合格标准,则监理工程师应根据交工验收小组的意见,在验收工作完毕后7天内向承包人发出指令,要求承包人对不合格工程认真返工重做或进行补救处理。承包人在完成上述不合格工程的返工与补救工作后,应重新提出交工验收申请,经交工验收小组复验认为达到合格标准后才发给交工证书。

组织办理交工验收和签发交工证书的费用由业主承担。但上述第(3)项,达不到合格标准的交工验收费用由承包人承担。

上述规定的程序与处理办法也适用于合同规定有单独完工期的单项工程。

2. 竣工验收

承包人应按照交通部的《公路工程竣(交)工验收办法》的规定和其附件一的内容和要求编制竣工图表和施工文件。各分部(项)工程的竣工图须在有关工程完工后在业主规定的时间内提交监理工程师审查,全部工程完工后,在全部工程的交工证书签发之前,承包人须向业主提交6整套监理工程师认为完整、合格的竣工文件。在缺陷责任期内应补充竣工资料,应在签发缺陷责任书之前提交。

当建设项目工程全部完工并合格地通过交工验收后,业主应泄总各合同段工程的交工验收报告,向上级主管部门提出竣工验收的申请。竣工验收由上级主管部门主持,由建设、质监、设计、管养、业主以及各合同段的监理工程师等有关部门代表组成竣工验收委员会,按交通部《公路工程竣(交)工验收办法》的规定进行,对建设项目的管理、设计、施工、监理等方面做出综合评价,写出竣工监定书。

五、缺陷责任期与保修期

缺陷责任期是指合同工程交工证书签发之日起以后一段时间内(一般为2年),承包人有责任重建及修复缺陷或其他不合格之处,这些缺陷的形成是由于承包人的施工工艺、材料或设备等缺陷造成的。

《范本》合同条款第49条规定:缺陷责任期终止前应完成所有剩余工作并修复好缺陷;承包人原因造成的缺陷修复应自费处理;若非承包人原因造成的缺陷,其调查费和修复缺陷费用应加到合同价格上去。详见《范本》合同条款第49.3~49.5款以及第50.1款。

缺陷责任终止证书,应由监理工程师核签报经业主同意。缺陷责任终止证书写明承包人已实施和完成工程及修复本工程内任何缺陷的义务已经完成并达到业主和监理工程师认为合格的程度。缺陷责任终止证书由业主在缺陷责任期终止后21天内发给;或者在规定有适用于合同工程各区段或各单项工程缺陷责任期情况下,则为最迟的那个缺陷责任期的终止之日发给;或者根据《范本》合同条款第49条和50条规定,任何指令进行修复的工程都已完成,并达到业主和监理工程师认为合格的程度之后尽快签发。详见《范本》合同条款第61条。

这里还须注意,缺陷责任终止证书的签发不应作为《范本》合同条款第60.3款规定向承包人支付第二部分保留金的先决条件。

在缺陷责任期结束后,由业主颁发了缺陷责任期终止证书后,工程进入保修期。承包人和业主仍应负责履行合同规定的责任和义务。保修期一般为5年,桥梁工程的保修期可以适当延长。在工程保修期终止28天内,由监理工程师签发保修期终止证书。

第八节　施工合同条款中的计量与支付管理

《范本》合同条款中关于计量与支付的条款是业主赋予监理工程师的最大权力,也是对承包人应提交合格的工程质量予以严格制约的手段。这方面共有32条合同条款,具体的合同条款号为:第12、14、20、26、27、28、29、30、31、34、36、39、40、42、47、49、52、53、54、55、56、57、58、59、60、63、64、65、66、70、71、72条。这32条条款共阐述了五个方面的问题,下面分别简述之。

一、工程计量

工程计量是指监理工程师根据合同规定,对承包人已完工程量和进场材料等进行核查和量测,并相应检查工程记录和图纸等。

一般招标文件的工程量清单中开列的工程量是该工程的预计工程量,它们不能作为承包人在履行合同义务过程中应予以完成的工程实际和准确的工程量。因此,每月承包人究竟完成多少实际工程量,需要监理工程师和承包人一起去细致、认真、准确地计量,使承包人根据监理工程师的计量签认后,才可得到合同规定的付款。《范本》合同条款具体规定了下列内容。

(1)工程量清单中开列的工程量仅是该工程项目的预计工程量,它们不能作为承包人在履行合同规定的义务过程中应予以完成的工程实际和准确的工程量。详见《范本》合同条款第55条。

(2)除另有规定外,监理工程师应根据合同规定通过计量来核实工程量和确定按合同已完工程的价值。《范本》合同条款规定了相应的计量方法和承包人应给予的配合。详见《范本》合同条款第56条。

(3)工程的计量应以净值为准,除非合同另有规定。承包人提交的包括在投标书内的每个总额支付项的分细目都应取得监理工程师批准。工程计量的方法,一般在工程量清单前言中有明确说明。详见《范本》合同条款第57条。

二、支付条款

经监理工程师或代表签认由业主支付给承包人的工程款，直接关系到合同总价及工程投资的控制，合同条款为此制定了有关条款，并和工程质量及法规等有关的第10、15、44、47、48、49、50、51、58、62、65条联系起来明确规定了下列问题。

(1)现金流动估算表。是指承包人在签订合同协议书后28天内，应向监理工程师提供2份按照合同规定承包人有权得到的全部支付的详细的季度合同用款计划，以供其参考。如果监理工程师提出要求，承包人还应按季度提供修订后的合同用款计划。详见《范本》合同条款第14.4款。

(2)由于发生工程变更影响合同价格的增减支付问题，详见《范本》合同条款第52.4款。

(3)计日工一般是指包括在工程量清单中的一项暂定金额内，用于工程量清单中没有合适细目的零星附加工作。计日工的单价和总额价表一般作为工程量清单中"计日工明细表"的一部分包括在合同内，可按承包人在其投标书中所确定的计日工细目的单价和总额价，向承包人付款。监理工程师若认为必要或可取，可以按计日工指示承包人完成任何需变更的工程。

(4)监理工程师指示用暂定金额支付用于未完成工程或供应货物、材料、设备、提供服务等支付的款项。详见《范本》合同条款第58条。

暂定金额是指包括在合同之内，并在工程量清单中以此名称标明的为了实施本工程任何一部分的施工，或提供货物、材料、设备或服务，或供不可预料事件之费用的一项金额。除合同另有规定外，这项金额应由监理工程师报业主批准后指令全部或部分地使用，或者根本不予动用。承包人有权得到的暂定金额仅是监理工程师决定的与上述暂定金额有关的工作、供应或不可预见费用方面的金额。工程量清单的暂定金额一般有三种方式：计日工、专项暂定金额与一定百分比率的不可预见因素引起的预备金。投标报价中包括此三项暂定金额是表明承包人对此有合同义务。不可预见费，含工程地质与自然条件的意外费和价格意外费，视具体情况应不超过10%；专项暂定金额控制在总价的2%左右。

(5)承包人在每月末应提交月结账单，报监理工程师审批。监理工程师审核后，扣除相应合同规定的工程预付款和保留金等应扣除的款项，签发每月已完成工程量、进场材料、设备等计量支付证书。待缺陷责任期终止后，监理工程师还要核签最终支付证书等。详见《范本》合同条款第60条。

(6)发生紧急补救与抢修工作时，应支付费用的问题。详见《范本》合同条款第64条。

(7)合同价可随劳务费和材料费等市场涨落而变动时的付款以及由于国家或省(自治区、直辖市)后继法律、法规的变更，使承包人的工程费用发生增减时，均应计入合同价格之中。详见《范本》合同条款第70条。

三、索赔及处理

索赔是指合同当事人一方根据合同的一些规定，对于并非由他自身原因所造成的损失或增加的附加工作，正式要求对方给予额外的时间或费用补偿。一般在工程项目承包中，承包人向业主索赔的情况多一些；也有业主向承包人索赔的情况。

从业主和监理工程师的角度来说，允许索赔可督促承包人严格完成履行合同并补偿意外损失，正当索赔可以减轻或避免计划外不应有的开支，并约束自己重视完全履行合同，堵塞各种漏洞。《范本》合同条款第53条具体规定了索赔的程序和费用支付等问题。有关索赔及处理涉及到第6、12、17、30、36、38、47、63、69等许多条款，这里不一一列举。根据合同条件中规定，承包人有权利用正当的索赔手段要求得到合理的时间或费用补偿；业主也可利用有关合同条款扣回或收回承包人违约后的款项。

有关索赔的详细论述详见后面第九章和第十章。

四、纳税、缴费及廉政

除合同另有规定外，按照国家现行税法和有关部门现行规定，承包人或其分包人需缴纳的一切税费，均应由承包人承担并支付。详见《范本》合同条款第71.1款规定。在合同执行过程中，承包人如果用行贿、送礼或其他不正当手段企图影响或已经造成工程损害，或业主的经济损失等，承包人应负一切责任，并予赔偿。情节严重者，业主有权终止合同。详见《范本》合同条款第72.1款规定。

五、业主的利益与转让

工程实施中，为确保业主应得的利益，避免对工程不应有的一切罚款，对控制工程造价也有一定的作用。《范本》合同条款为此制定了第19、26、27、28、30、34、36、38、39、63条，并且和第22、44、52、59条联系起来，明确了以下问题。

(1)承包人在实施本工程以及修复工程缺陷时，应做到安全、可靠，并注意环境保护，以免伤害他人及公共利益。承包人还应遵守国家和省(自治区、直辖市)的法令、规章，以避免各种违章罚款，保护业主利益不受损害。详见《范本》合同条款第19条和26条。

(2)工程现场发掘的化石、钱币、文物等均应视为国家财产，承包人应予以保护。详见《范本》合同条款第27条。

(3)承包人应保障业主避免有关专利权、商标权等侵权的索赔、诉讼等费用开支。详见《范本》合同条款第28条。

(4)承包人应避免连接或通往现场的已有道路、桥梁及水运设施的损坏。详见《范本》合同条款第30条。

(5)除合同另有规定外，承包人应自行安排一切当地或其他来源的职员和劳务的雇用，以及负责支付上述人员的劳务费用、住房、膳食与交通费用等。详见《范本》合同条款第34条。

(6)监理工程师检查出的任何不合格材料检验费、搬运费、质量不合格的工程返工费等，均由承包人自负。详见《范本》合同条款第36、38和39条。

(7)在承包人违约和业主进驻工地并终止合同履行时，承包人应将合同中已写签订的提供任何货物、材料、服务、设备及施工中的利益，转让给业主。详见《范本》合同条款第63条。

［思考题］

1. 什么是合同文件？其优先次序为何？
2. 按照国际惯例，监理工程师解释合同的原则是什么？

3.《范本》合同通用条款规定了总监理工程师的职责权限有多少条？哪些可以委托？哪些由总监理工程师保留执行？

4.《范本》合同条款规定了承包人有哪些义务？监理工程师能否解除承包人的这些义务？

5. 与公路工程相关的担保有哪些种类？有什么作用？常用的形式？

6.《范本》合同条款中，质量保证体系是什么？质量监理可行使哪些权力条款去约束承包人？

7.《范本》合同条款中，对进度管理规定了哪些条款？有什么作用？

8. 交工验收的条件是什么？交工证书由谁签发？

9. 竣工验收的条件是什么？竣工验收委员会的组成成员有哪些？竣工鉴定书由谁签发？

10. 缺陷责任终止证书签发的条件是什么？其法律特征是什么？

11. 合同条款中，计量与支付有哪些条款？说明了哪些问题？

12. 暂定金额是指什么？包括哪些内容？使用暂定金额有什么规定？

第六章　工程转让与分包

按照国际惯例，获得整个工程或区段工程合同的承包人，可以将该工程按专业性质或工程范围再分包给若干家分包人承担实施任务。《范本》(2003 年版)“合同通用条款”中明确指出分包人是指承包人报经监理工程师审查并取得业主批准已分包了本合同工程一部分的当事人(单位)，或合同中指明作为分包本合同工程一部分的当事人(单位)，以及取得该当事人(单位)资格的合法继承人(单位)。业主也可以将一些专业性强的部分工程或单项工程直接授予特殊的分包人。分包人一般直接与承包人签订分包合同。

监理工程师如何照顾业主的利益，加强组织、监督与管理承包人和分包人，处理好一般分包合同与特殊分包合同，避免和禁止出现不必要的层层分包，使工程达到质量、安全、环保、进度、投资五大控制目标，是很重要的。下面主要介绍工程转让与分包的法律特征和规定以及监理工程师对分包的审批管理的必要性。同时，也介绍了承包人和分包人各自该如何保护自己的权益，如何签订分包合同等。

第一节　转让与分包的法律特征和规定

《范本》(2003 年版)“合同通用条款”所述，转让包括合同的转让和分包人义务的转让两部分。合同转让强调无业主同意，承包人不得将本合同工程转包给其他单位或个人，或者将本合同工程肢解之后以分包的名义分别转包给其他单位或个人。原因是业主在资格预审、投标和评标之后才选中该承包人的，因而授予该承包人的合同意味着业主对承包人的信任。显然业主不会预想到他所选中的承包人会将合同转让给第三方，这也不符合整个招标挑选程序的目的，因此才这样规定。又考虑到承包人在资金和保险(尤其是出口信贷保险)方面的合理需要，规定了除外情况。

工程分包在经业主和监理工程师同意后，承包人并不能解除合同中分包工程部分的责任与义务，仍要协调、督促、照管整个工程。由此可见，转让与分包其法律特征存在着区别。由于合同的转让承包人则与该合同无直接关系，可能使工程进展受到阻碍或损失。承包人取得批准分包并不解除合同规定的承包人的任何责任或义务，他应对分包人加强监督和管理，并对分包人的工程质量及其职工的行为、违约和疏忽完全负责。分包人就分包项目向业主承担连带责任。业主对承包人与分包人之间的法律与经济纠纷不承担任何责任和义务。对于承包人提出的劳务分包，分包人应具有相应的劳务分包资质，报经监理工程师审查并报业主核备。劳务人员应加入到承包人施工班组，并持项目经理签发的劳务人员证上岗。

若承包人将工程分包给不具备相应资质条件的单位；或合同中未有约定，又未经业主批准，承包人将承包的部分建设工程交由其他单位完成；或承包人将建设工程主体结构或关键性工作的施工分包给其他单位；或分包人将其分包的建设工程再次分包的，按《范本》合同条款第63.1款规定，分包工程不准压低单价，分包管理费视工程情况限制在分包合同价的1%以内。分包协议书，包括工程量清单应报监理工程师核备。

工程分包合同有两种方式，即一般分包合同和特殊分包合同，以一般分包合同出现较多。下面结合《范本》(2003年版)“合同通用条款”的合同条件分别予以介绍和研究。

一、一般分包合同与一般分包人

一般分包合同是指在执行工程承包合同过程中，承包人由于某些原因，将自己所承担的一部分工程，在经监理工程师批准后，转包给另外的承包人施工，承包人和分包人双方签订工程分包合同。

经监理工程师批准，从承包人那里分包一部分工程，并与承包人签订明确规定相互责任、权利和义务的分包合同的人或实体，被称之为一般分包人。

《范本》(2003年版)“合同通用条款”第3.1条明确指出：承包人不得将本合同工程转包给其他单位或个人，或者将本合同工程肢解之后以分包的名义分别转包给其他单位或个人，除合同另有规定外。没有监理工程师事先书面同意，承包人也不得将工程的任何部门分包出去。承包人即使取得监理工程师的同意，也不应解除合同规定的任何责任和义务。对于任何分包人、分包人的代理人、雇员或工人的行为、违约或疏忽，承包人应完全负责，并应视为承包人自己及其代理人员雇员或工人的行为、违约和过失。

《范本》(2003年版)“合同通用条款”第4.1条，要与第3.1条放在一起来理解，统筹考虑。第3.1条强调承包人不得无故转让合同或合同的任何部分，这主要是表明业主希望工程承包合同由他选中的承包人来执行。但随着人们对工程承包的管理和认识，发现由于专业工程公司或劳务公司的分包人更有专长，他们经验丰富能力较强，也许在某些方面比承包人能更好地胜任某一工程部分施工或劳务，或提供某些货物。因此，《范本》(2003年版)“合同通用条款”第4.1条又专一规定了分包，在业主和监理工程师同意的前提下(据合同条件一般不得无故不同意)，承包人可以把部分工程、劳务项目或供货分包给某些分包人。承包人仍然对整个工程合同向业主负责并对他分包出动出去的工程和劳务项目负责，承包人有责任解释如此分包的原因。

在工程监理过程中，在征得承包人的同意后，监理工程师也可就一些技术问题直接和分包人打交道。这样，监理工程师有必要及时和承包人互通情况，尤其是涉及到付款和施工计划进度问题时，以便承包人了解分包人的情况，在合适时候进行督促和采取协调行动。

关于分包人义务的转让，显而易见，在承包人向业主负责的缺陷责任期届满之后，还会有一些分包人对承包人担保的义务没有期满，承包人则必须把该责任权利转让给业主。承包人必须保证让分包人同意这种转让。

一般看来，投标的承包人应在其投标书中就说明准备将哪些部分工程或劳务项目分包出去。若有可能，还要说明他准备选用的分包人的名称。另外一种情况，就是业主表示将一部分工程、劳务或材料等供货，分包给他特殊的分包人，这方面的内容将在下面详述。

按照《公路建设市场管理办法》第三十九条的要求，施工单位可以直接招用农民工或者将劳务作业发包给具有劳务分包资质的劳务分包人。施工单位招用农民工的，应当依法签订劳动合同，并将劳动合同报项目监理工程师和项目法人备案。

施工单位和劳务分包人应当按照合同按时支付劳务工资，落实各项劳动保护措施，确保农民工安全。劳务分包人应当接受施工单位的管理，按照技术规范要求进行劳务作业。劳务分包人不得将其分包的劳务作业再次分包。

综上所述，我们可以归纳出一般分包合同的特点为：

(1)分包合同由承包人制定，即由承包人挑选分包人；

(2)分包合同必须事先征得业主的同意和监理工程师的书面批准；

(3)对合同总的执行没有影响。强调承包人不能将全部工程分包出去，自己一定要执行主体工程合同；

(4)承包人并不因搞了部分工程分包，从而减少其对分包工程在承包合同中应承担的责任和义务。

一般分包合同的组织机构图为图 6-1。

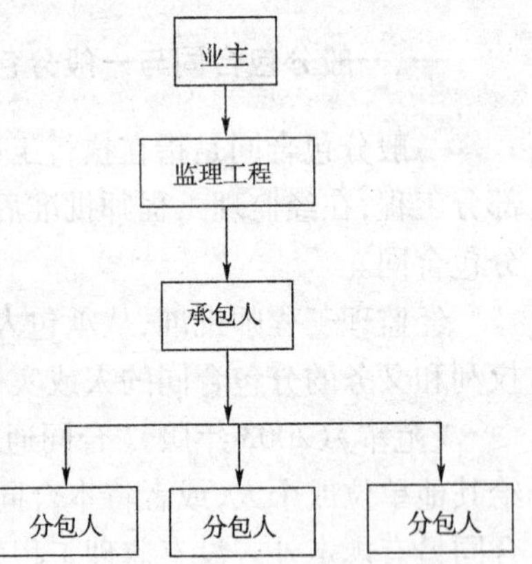

图 6-1　一般分包合同的组织机构图

二、特殊分包合同与特殊分包人

为了履行合同中某专业化的或需特殊专业资质要求的工程施工或提供关键的、专项的材料、设备的供货，以及由于承包人违约业主需雇用其他承包人完成部分工程，业主应通过公开招标或邀请招标方式选定施工单位或供货单位作为业主的特殊分包人或供货人，并要求承包人与进行专项施工或供货分包的特殊分包人或供货人签订分包合同。

有关特殊分包的合同中，特殊分包人(或供货人)应独立地承担其合同责任和义务，不使承包人对业主承担的合同责任和义务受到损害，也不使承包人承担因特殊的分包人(或供货人)未能履行责任、义务而引起的索赔、赔偿、诉讼费用及其他开支。

承包人对于特殊分包人(或供货人)及其职工的过失而造成的损失不承担任何责任；此外，特殊分包人(或供货人)对承包人的临时工程不能随意使用。如果特殊分包合同中含有与上述规定有悖的条款，承包人有权拒绝与此特殊分包人(或供货人)签订合同。

依据《范本》(2003 年版)"合同通用条款"中对特殊的分包人的定义可以知道，特殊的分包人一旦被任命，分包人和承包人的关系就应在承包人和分包人签订的分包合同中做出规定。做这样安排一个重要原因是业主希望承包人统一负责分包合同的管理和协调，并只向承包人支付这些服务费用。例如：业主是对整个工程按专业性质的顺序进行招标，特别是专业性较强的项目，如高速公路的收费系统，电力设施的安装等已另行招标，但业还是希望搞土建项目的承包人进行总承包，以便统一协调整个工程的施工管理，因之要求承包人接受其他专业项目的承包人作为特殊分包人。还有的是因业主为处理与当地政府及其他方面关系，希望其熟知的分包人承担某一部分工程，而要求承包人予以接受为分包人。不论何种原因，假如招标文件和承包合同中有这样的规定，承包人又提不出反对意见时，就必须接受这样的条件。

1. 特殊分包合同的特点

(1)特殊的分包合同直接涉及到业主和监理工程师。因此,在一些分包合同招标之前,业主或监理工程师特殊的一些分包公司,最好能得到业主和承包人的共同批准。承包人也许会要求删去他有理由反对的公司而建议增加他信任的并且过去有过良好合作关系的公司,这当然也需经过业主和监理工程师的批准。

(2)在标书中,应明确写出特殊分包的项目或特殊分包人的名单。因特殊分包合同和招标文件最后都要成为分包合同的组织成部分,因此在颁发特殊分包招标文件之前,应征求承包人的意见。监理工程师还应注意使招标分包合同的文件和条款尽可能与承包合同文件的内容实质相一致。

(3)特殊分包合同所用的暂定金额应包括在合同的工程量清单之内。

(4)特殊分包人应当向承包人承担如同承包人向业主所承担的同样的义务和责任,以保证承包人对特殊分包人满意并合作共事。

2. 特殊分包合同应注意的事项

(1)如果承包人有充分的理由和证据反对某一特殊分包人,并拒绝签订特殊分包合同,监理工程师和业主应尊重承包人的意见,不能强制承包人去签订分包合同。反之,若承包人提不出正当反对意见,就应与分包人签订特殊分包合同,并合作干好工程。

(2)特殊分包人应向承包人负责,承担合同文件中承包人应向业主承担的一切相应责任和义务,并向总承包人交纳部分管理费。同时,特殊分包人不得滥用承包人为本工程提供的施工设施和临时工程,并保障承包人免受分包工程的损害并得到必要的补偿。若特殊分包人拒绝这些限制条件,承包人就可以不雇佣特殊分包人。

(3)设计要求应明确规定,特殊的分包人应承担并负责分包合同中的项目或工程的详细施工图设计,监理工程师应颁发给分包合同投标者关于该设计的规范要求。在用规范和设计细节方面,若征得承包人同意,特殊分包人也可以直接与监理工程师联系,并把联系情况及时通报给承包人,最好在工地协调会议上,安排该分包人与承包人一起参加并研讨决定。

(4)对特殊分包人的工程或服务付款,应当通过承包人支付。如果承包人没有向特殊分包人支付款项,业主可在监理工程师对其工程和服务质量确认后,直接向特殊分包人付款项,并相应扣除承包人的这笔款项。

3. 有特殊分包合同的组织机构图(图6-2)

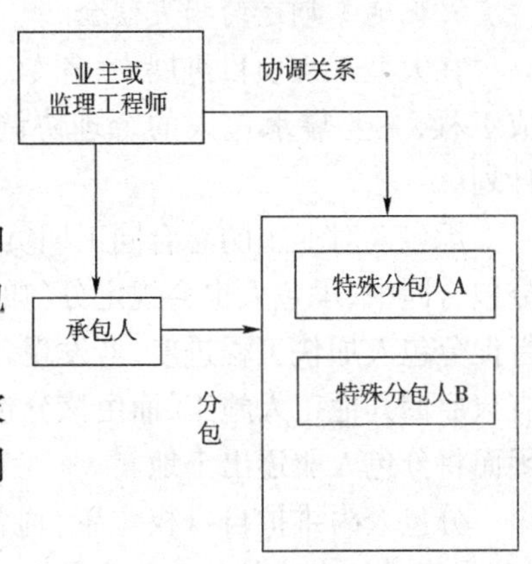

图6-2　特殊分包人的组织结构图

三、签订分包合同的主要内容

因分包人的确定也是通过议标,故分包合同的条件和价格均可协商讨论,经双方反复协商,最后由承包人和分包人签订正式的分包合同。

分包合同格式多种多样,并无统一的文本。有些国家的咨询工程师协会或承包人协会可能编制了一些参考合同文本。一般工程分包合同包括以下几个主要方面内容。

1. 工程范围和内容

分包合同应十分明确地划分工程范围,工作内容要精确说明。否则,分包人可以利用范围和内容的含混不清而与其他分包人或承包人争执和相互推诿,承包人也可以利用其强加给分包人额外的工程内容。

另外,分包合同还应写明工程量表,尤其对牵涉到两家以上的分包人分别承包的,要特别予以说明;若分包人的一些材料由承包人供给,应当明确双方各自承担材料的供应范围;其他方面工程内容也应写明,且不可用"相应的工程项目"等含糊不清的词句。

2. 工程变更

工程变更方面,与分包人有关的为两种情况:

(1)业主提出的变更要求,经过监理工程师下达的工程变更令通知承包人,承包人又转给分包人做相应变更,这样根据总承包合同条款即可得到相应的变更工程量付款。

(2)由承包人提出的变更要求,由监理工程师认可后下达工程变更令。这种情况一般是对承包人有利,例如承包人因供应的材料和设备的变化要求引起工程数量变更,或许因与其他分包人协调配合而引起的变化。这种情况,承包人是不能从业主那里获得额外付款,只能由承包人自己来支付有关工程变更的分包人的额外索赔。作为总承包人往往要求分包人接受诸如"只有在承包人获得业主的工程付款后才支付分包人的工程付款"。分包人则希望分包合同中写明"若非分包人原因引起监理工程师不签字认可时,承包人还应及时付款给分包人"。

3. 支付条件

分包合同中的支付条件一般应当与总包合同基本一致,包括:预付款的支付比例和扣还的方式;进度付款的支付方法和时间;保留金的扣除比例和归还时间以及支付货币的种类和汇率等。

4. 保留金和缺陷责任期

承包人一般愿意按合同的比例每月扣除分包人已完工程部分的保留金,但在保留金的退还和缺陷责任期的起止日期上会发生争执。承包人希望在业主退还保留金后,即让分包人等到全部工程竣工并办理竣工移交证书后才支付其保留金。但有些分包人的分包工程,可能比全部工程竣工时间早很多,如道路或房建工程的土方工程,也许比工程全部竣工早一、两年,这种情况下,土方工程的分包人不可能同意保留金要拖延一两年后才收回。比较合理的方法,是承包人应据不同的分包情况,区别对待。

5. 拖延工期违约损失偿金

在大型工程项目进展中,各专业的分包人施工进度都互相制约,能否按计划在合同期内完成工程,主要靠承包人的合理协调和组织管理,监理工程师也时刻在控制和关心协调进度计划。

承包人对业主的总合同工期负责,拖期则应给业主支付合同规定的拖期违约金。所以在分包合同中,承包人也会规定分包的拖期违约损失偿金。另外还通常规定:承包人有权通知和督促分包人加快工程进度;若发现分包人开工不足或管理不善无法弥补其拖延的工时,承包人有权雇佣其他工人施工,而由该分包人支付其所发生的费用,甚至还可没收该分包人的履约保函而将分包人驱逐出工地。

分包人为维护自身权位置,通常在接受拖期违约损失偿金合同条款时,要求补上一句:"若由于承包人或其他分包人的责任或延误,或本分包合同以外原因引起的延误工期,承包人不得向本分包人索取任何拖期违约损失偿金"。

6. 双方的责任、义务和权利

承包人虽然受总承包合同的制约,责任重大,但同时也享有相应的补偿和索赔的权力。因此,分包人应注意承包人是否将总包合同中相应的权利和义务一起转给分包人。承包人则应注意虽然分包合同已转移责任义务和风险给分包人,但业主和监理工程师并不因此而解除承包人的任何责任和义务。

7. 其他方面

分包合同的其他问题,诸如合同的变更、中止、解除、法律、语言以及仲裁等问题的条款,可以参照总承包合同订立。

第二节　工程分包的审批与管理

监理工程师要控制好工程质量、安全、环保、进度、投资五大目标,审查和批准分包人是关键的一环。作为承包人,也须十分慎重稳妥地选择合适的分包人实施分包工程,并且要主动报与监理工程师,征得监理工程师的同意和业主的批准,以利于工作。若分包人选择不当,工程可能被分包人拖进困境,一家分包人拖延工期或因质量低劣而返工,可能引起连锁反应,影响与之有关的其他分包人的工程进度。例如预埋水、电管道工程的返工,也会引起道路工程相应返修。特别棘手的是,若因分包人违约或破产而中途解除合同,承包人被迫再找另一家分包人来接替实施工程未完的部分,是很难处理的。因此,不论是从监理工程师还是总承包人的角度来看,在工程开工之前必须要选择好分包人,切忌“中途换马”;工程进展过程中,要加强对分包人的协调、监督和管理。下面将主要从监理工程师对分包人的审批、监督管理方面阐述。

一、监理工程师对分包商资质的审批程序

(一)一般工程分包合同的审批

《公路建设市场管理办法》第三十八条中的规定,施工单位可以将非关键性工程或者适合专业化队伍施工的分部工程分包给具有相应资质的单位,并对分包工程负连带责任。允许分包的工程范围应当在招标文件中规定,分包的工程不得超过总工程量的30%。分包工程不得再次分包,严禁转包。

任何单位和个人不得违反规定特殊分包、特殊采购或者分割工程。

项目法人和监理单位应当加强对施工单位工程分包的管理,工程分包计划和所有分包协议须报监理工程师审查,并报项目法人同意。并书面批准后才可以分包工程。

1. 一般工程分包申报程序

(1)首先由承包人选择分包人,制定工程分包合同,报监理工程师。

(2)承包人将选定的分包人的机构设备、技术力量、财务状况以及所承担过的工程情况等详细资料报监理工程师审查。

(3)监理工程师应对分包人的上述情况进行仔细审核,必要时到分包人的其他施工工地进行现场考察,然后给承包人批准或不批准的书面答复。

(4)经监理工程师书面批准后,承包人方可同分包人正式签订工程分包合同,并将工程分包合同的副本报送监理工程师一份,分包人方可进入工地施工。

2. 一般工程分包申报程序(图 6-3)。

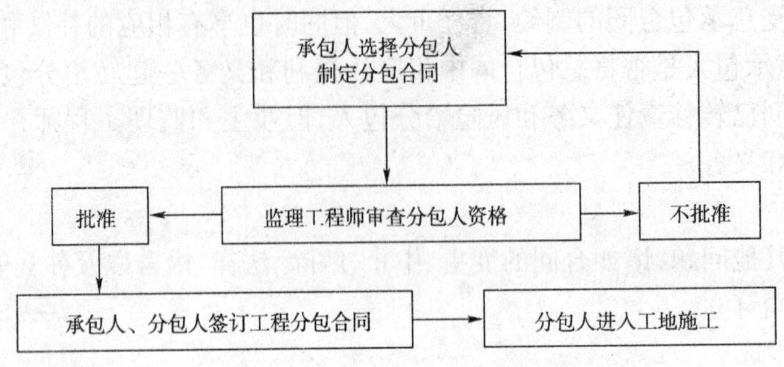

图 6-3 一般工程分包申报程序框图

(二)特殊分包合同

1. 特殊分包合同的审批过程

特殊分包合同的标书通常由监理工程师或业主拟定,并负责招标和接受中标事宜,接着由中标者与承包人签订分包合同。

特殊分包合同一般应在业主同承包人签订承包合同后进行。最好在特殊分包合同招标之前,受邀请投标的公司能得到业主和承包人的共同批准。

2. 特殊分包合同的审批程序(图 6-4)

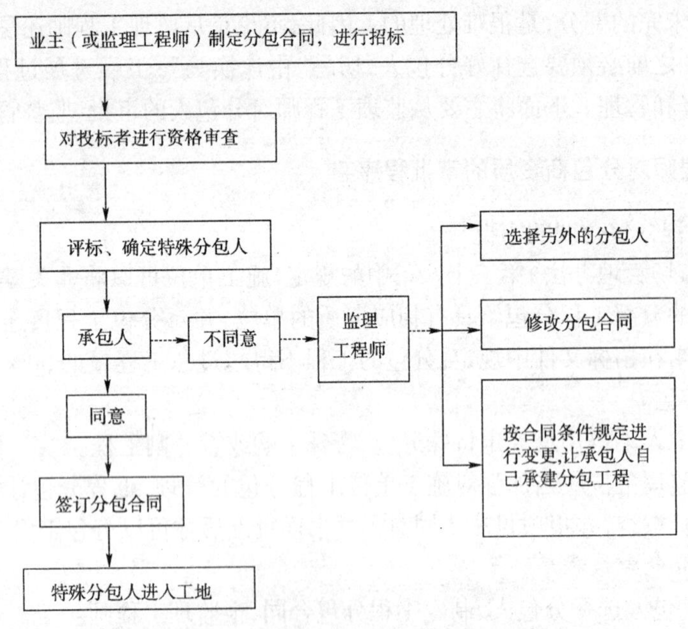

图 6-4 特殊分包合同的审批程序框图

(三)分包人的资格审查

对分包人资格审查分两个环节:初期审查和中期审查。初期审查对每一个分包人都要进行,中期审查主要是对一些跨越时间较长的分包合同的分包人进行审查。

1. 对分包人的初期审查

主要分两个大的步骤:资格审查和工地现场考察。

(1)资格审查

主要审查以下几个方面:

①分包人企业概况:法人单位名称、法人代表、组织机构、有无合同争议、诉讼等。

②企业业绩:以前分包工程的优良率,业主或总承包人满意的证明或证书,类似工程经验的实绩等。

③主要管理人员和技术负责人简历,足够的专业技术力量和熟练工人等。

④生产设备的型号、先进程度、数量、特别要注意其现有机具设备的使用状况以及能否保证用于本分包工程。

⑤财务资本状况,主要审查分包人近几年的财务报表,研究其资金来源或筹资能力可否同其拟分包的工程相适应。

⑥拟分包工程所需材料来源及供应情况。

除以上内容外,有的项目还应审查施工方案和施工组织计划等。

(2)对分包人的其他施工现场考察

主要考察内容分以下几个方面:

①企业原有业绩的记载,即访问以前做过的分包工程的业主及承包人。

②生产设备情况,即考察其他工地现场正在使用的机械设备状况是否与所报资料相符合。

③如对材料或工程设备供货商,还应了解材料及工程设备的供应能力。

除上述资料审查和工地现场考察应了解的情况外,还应特别强调:分包人必须严格执行本项目的合同条款和技术规范,并应要求明确写在分包合同中。同时应了解分包人单位具体参加本工程的管理人员及队伍的组成情况。在分包合同中应明确规定,必须是分包人的正式施工队伍参加施工,严禁再行分包出去,否则将被驱逐出工地或取消分包资格。

2.对工程分包的中期审查

中期审查的主要对象是分包合同时间跨越较长的分包人,主要了解这些分包人的工程分包合同的履行现状,如:

(1)财务状况,有无将本工程款挪用于其他工程项目上去等;

(2)承包其他工程的履约情况,有无大量拖延工期、在其他项目上资金短缺、严重违约等;

(3)主要负责人和主要管理人员与技术人员熟练工人在工地的具体情况等。

二、加强对工程分包管理的方法与意义

一个工程项目实施中,在对合同的管理工作上,出现问题较多和难管理的就是一般分包合同。对分包合同和分包人的审批阶段前已阐述,而在工程项目实施阶段,我国某一国际公开招标的高速公路项目中,对工程分包的管理工作中,总结出管理分包时,主要应注意以下几点。

(1)履行开工手续。对承包人的每项工程,在开工前必须填报《开工申请单》,如果是分包工程,必须附上监理工程师的书面批准分包的证明。

(2)每次工地会议,承包人必须上报分包人情况的资料,必要时,可邀请主要分包人参加工地会议。

(3)核实分包人具体参加工程的管理人员和施工队伍是否是资格审查时所报的情况。

(4)如发现分包人的施工设备、技术力量以及工程质量均难以达到工程要求,应立即采取

果断措施,要求承包人对分包人进行违约处罚,或者要求总承包人辞退严重违约的分包人。

如上所述,工程分包中只要加强对分包人资历的审批与管理,让专业和技术力量雄厚的公司进行分包,那么在工程项目建设中就有其地位和作用,有其对建设项目起促进作用的有利一面。用唯物辩证法的观点来看,任何事物都有其两面性或多面性,工程分包也不例外。若业主和监理工程师对分包管理不严,或承包人不上报特殊分包人的情况并审查批准,可能会使分包人放任自流,将从承包人处分包来的工程再行分包,或者分包人并不是某一专业上的强项分包,力所不能及,盲目揽活分包,造成工程质量严重不合格。

目前,我国公路工程建设市场中,普遍存在工程分包现象,虽然有相关的工程分包合同条款和管理法规,但是业主和监理工程师对工程分包的审批管理不规范、力度不够,甚至仅为形式而已,这对控制工程的五大目标带来极大的隐患。公路和桥梁工程项目中,有一些路桥承包公司将路基工程和桥梁工程转包给没有资质的农民施工队伍,只管收取高额分包管理费,不加以技术指导和协调管理,造成刚修好的二级公路即塌陷严重不能行车,正要合龙的大桥桥垮人亡的案例;高速公路施工中也出现一些分包单位严重拖延工程进度,工程质量低劣,当监理工程师发现工程质量严重不合格时,需铲除或炸掉重修,造成经济上的巨大损失。

总结工程分包施工及管理上正反两方面的经验教训,不管是业主自营工程项目还是有第三方独立监理的工程项目,加强对工程分包的监督、审批与管理,监理人员监理到分包工程中,是十分必要的,是保证工程控制五大目标实现的一个重要保证环节。

〔思考题〕

1. 什么叫工程分包？一般分包与特殊分包各有什么特点？
2. 转让与分包有什么区别？
3. 监理工程师如何审批和管理分包商？
4. 分包合同有哪些主要内容？
5. 我国对工程转包与分包有什么法律规定？

第七章　工程风险与保险

公路工程建设既要与人打交道，又要与大自然斗争与协调，是一项风险较大的事业。对于工程项目承包，因涉及到国际上政治、经济、进出口贸易、国际关系等一系列风云变幻的影响，对于工程项目的风险进行分析、分类、分担及风险转移、减少风险等风险管理尤其显得重要。如何减少和避开风险，将风险转化为利润，实行保险等应该是业主和承包人所关心并研究的一个重大课题。

第一节　风险与责任的分担

在进行公路工程项目施工招投标及施工时，业主和承包人都要注意研究和分析工程项目风险的来源，以及其偶然性与必然性，对具体的工程项目明示和潜在的风险进行调查、分析研究和评价，特别是潜在的工程风险，更要注意去发现和分析，然后从合同条款中明确风险责任的分担。

一、风险分类与分析

依据《范本》(2003 年版)合同通用条款第 65 条规定的特殊风险，包括了第 20 条中的战争、入侵；核反应、辐射或放射性污染；空中飞行物体坠落或非业主亦非承包人责任造成的爆炸、火灾；暴乱、骚乱。但纯属承包人或其分包人派遣与雇用的人员由于本合同工程施工原因引起者除外。另外的风险还来自于自然界，是承包人所不可预测、防范或抗拒的，包括强风、雷电、海啸、火山爆发、洪水泛滥、地震等自然灾害，还有经济动荡、通货膨胀等因素引起的风险。

针对这些风险，工程各方应认真分析研究，判断并评价其潜在的危害程度，以做出合理决策。依据国际工程承包管理的科学分支——风险管理与决策，一般常将风险划分等级进行评价分析。

1. 极端严重的风险

此类风险一旦发生，足以对业主和施工承包公司造成致命的危害，使业主和承包人破产或倒闭。如上述的《范本》合同条款中第 65 条的特殊风险就属于此类，特别是战争、入侵等。对于致命危害的风险，业主和承包人应该慎之又慎，仔细研究分析，最后再决策是放弃该项目竞标避开风险，还是冒着风险去获取更高的利润。

当一个冒风险性的机会到来时，决策者要从中选择成功的可能性是一项非常棘手的工作。风险事件的成功概率一般较小，据科学统计数据，只有五分之一的成功概率。因此，对于每个风险事件和决策,必须在最初阶段充分预测和估计其发生的可能,用战略目标法——风险估值的决策分析方法,将其细致分类,找出有关影响风险事件结局的因素,加权打分,定量评价,以便做出科学的决策。对于致命危害型的风险,如能合理选择项目所在地并坚持必要的合同条件,也可以转化为非致命危害的风险。例如,中东工程承包市场,在过去两伊战争和伊科战争期间,战争的风险和危害很大,因此,由于决策的目标和方法不同,一些国际工程承包人退出了该市场,而另一些国际承包人则继续在该地区开拓市场并有条件地承包工程项目。

2. 严重危害的风险

此类风险若发生,可能给业主和承包人带来严重的经济损失。但是,若能事先预测,认真对待,再加上合同条款的公平与保证,可以避开或减少此类风险。如一些经济风险:通货膨胀、人工费、材料费猛涨等。若依据《范本》合同条款第70条,由于物价的上涨造成人工费和材料费等的增加,可以利用调价公式进行调整。由于后继法律及法规的变化一些费用也可以变动。《范本》合同条款第70条都作了相应规定。

3. 常见的一般危害的风险

这类风险危害较轻且常见,如合同条件、技术规范、管理决策失误等,有经验的工程业主和承包人只要采取适当的措施,就可以预测此类风险并避开和转移风险。

对于风险的分析和研究,不可轻视,但也不可望而生畏。我们要善于利用辩证的方法看问题,促使风险转化,促使严重风险转化为一般风险,防范和避开风险。特别是对于合同条款以及法律和技术方面规定的风险应认真对待,一旦出现问题和风险,要善于利用法律与合同条款,避免或减少经济损失。

二、风险责任的分担

依据土木工程施工界著名律师马克斯·亚伯若罕逊(Max. Abrahamson)的观点,工程合同的各方当事人之一方在下列情况下应该承担该风险:①该风险在其控制范围之内;②当事人一方可以转嫁该风险;③有处理该风险最经济有效的措施;④当事人一方将享有管理该风险所得的大部分经济利益;⑤可以促使其更好地实施工程计划,发挥有关人员的积极性和创造性,进行管理和技术的革新及发明创造;⑥若风险一旦发生了,损失将首先落在其身上,而且不可能或没有理由转嫁给另一方当事人。因此,也就是说,最合理和节约工程成本的合同,应该是根据工程具体情况,将每一风险都分摊给最有条件管理和设法将风险减少到最低程度的一方。

借鉴国际土木工程项目管理在多年实践的经验基础上,《范本》(2003年版)合同条款中,对工程实施过程中的风险进行了分类并予以责任划分。

1. 业主承担的风险责任

《范本》合同条款第20.4款和65条中已明确规定了业主的风险和特殊风险,若该类风险发生并引起工程损害,风险过后监理工程师提出要求时,承包人有义务进行工程修复,所花费的费用由业主承担。包括以下几种:

(1)特殊风险:包括战争、入侵、核反应、核辐射或放射性污染,空中飞行物坠落或非业主和承包人责任造成的爆炸、火灾或暴乱、骚乱。

(2)工程还未办理正常交工手续,业主提前使用造成工程的损害或损坏。

(3)对于工程变动风险、合同缺陷风险、不可预见的恶劣自然条件或地下障碍风险、国家政策及法律变更带来的风险等，一般应由业主承担。

(4)对于经济方面的风险，如前述通货膨胀等，依据《范本》合同条款第70条，应根据实际工程中发生的费用，由业主承担。

2. 承包人应承担的风险责任

(1)对于承包人提供的材料、工程的缺陷、施工技术和方法不完备、临时工程倒塌等造成的工程损害，应由承包人自费负责修复。承包人对整个工程的照管的责任承担，应从工程开工，一直到交工证书签发后移交给业主照管为止。

(2)对于单价的报价风险、材料及设备的采购风险、施工工艺和技术风险、工程进度与质量风险、因管理不善造成内部工人暴乱、骚乱等风险，则应由承包人承担。对于工程设计不当造成的工程损害，若属于非承包人设计部分，已对工程造成损害，则应由业主或设计方承担其经济及其他责任。

(3)对于自然界的不可抗力和人身安全等意外事故，业主和承包人双方可共同或分别进行保险，若遇到风险后可向保险公司索赔以转移和减轻风险所造成的损失。

以上这些风险责任的分担与工程的顺利实施、工程三大控制目标的实现以及索赔等都有着直接的关系，因此，必须妥善处理，预防和减少风险的发生。

第二节　工程保险的概念与种类

一、工程保险的种类和内容

公路工程施工阶段的保险，是指通过专门机构——保险公司以收取保险费的方式建立保险基金，一旦发生自然灾害或意外事故，造成参加保险者的财产损失或人身伤亡时，即用保险金给以补偿的一种制度。它的好处是，参加者付出一定的小量保险费，换得遭受大量损失时得到补偿的保障，从而增强抵御风险的能力。

(一)工程实施中保险的种类和内容

保险的种类很多，究竟工程上应投保哪几种保险，这要按标书中合同条款的规定以及该项目所处的外部条件、工程性质和业主与承包人对风险的评价和分析来决定。其中，合同条款的规定是决定的主要因素。凡是合同条款要求保险的项目一般都是强制性的，而另一些保险项目属于特殊风险的保险，例如战争引起的损失险等，承包人可以根据自己的分析和估计来决定是否投保。

中国人民保险公司开展的业务中，目前对国内公路建设工程项目已经全面开展工程保险业务，一般也适用于对外承包工程、国内的外资贷款工程和自筹资金的工程项目。随着社会主义市场经济在国内的发展，保险业务将越来越多地全面向公路工程市场开放，下面介绍公路工程承包中常见的保险种类。

1. 工程一切险

所谓“工程一切险”，是一种综合性的保险，据《范本》合同条款第21条规定，是对该项投保工程从工程开工到竣工颁发竣工证书止进行保险。工程一切险是为永久工程、临时工程和设备及已运至施工工地用于永久工程的材料和设备所投的保险。有时还包括缺陷责任期由于施工原因造成的已完工程损失保险。值得注意的是,所谓"工程一切险"并未全面概括所有风险损失,这是有许多限制条件的。特别是对导致损失的原因有很多限制,它要在投保时同保险公司具体商定。如中国人民保险公司,将工程一切险分为建筑工程一切险和安装工程一切险。其保险费国外承包工程列入投标报价之中;国内公路工程项目投保,保险费率按业主与承保人事先议定的保险合同费率办理,保险费由承包人报价时列入工程量清单内。在中国人民保险公司投保时,保险金额费率一般为:建筑工程一切险为保险总金额的1.8‰~5‰,安装工程一切险的保险费率为总额的2‰~5‰。

通常,保险公司承担赔偿责任的有以下一些原因造成的损失和费用,对这些损失和费用,保险公司将根据保单明细表的规定负责赔偿责任:

(1)自然灾害(包括水灾、冰灾、海啸、风暴、雪暴、雪崩、地崩、冻灾、地震、雷击等);

(2)意外的事故,如火灾和飞行物体坠落或飞机坠毁;

(3)盗窃;

(4)职工缺乏经验、疏忽、过失或其他恶意行为;

(5)原材料和工艺缺陷引起事故及其他等;

(6)爆炸及其他不可预料的突然事故等。

但是,一般不包括以下风险损失原因:

(1)战争、入侵;

(2)核反应、辐射或放射性污染引起的损失、费用或责任;

(3)自然磨损、氧化和锈蚀等;

(4)设计错误引起的损失、费用或责任;

(5)非外力引起的机械电器装置的损坏或建设用机械设备的失灵;

(6)中止合同、违约罚金等;

(7)丧失合同和拖延工期;

(8)货物运输及工地外的交通事故等;

(9)被保险人及其代表的故意行为和重大过失所引起的损失、费用或责任;

(10)全部停工或部分停工引起的损失;

(11)保单中规定由被保险人自行负责的免赔额。

工程一切险的保险额是按合同总价,即工程完成时的价值计算。实际上,工程价值从零开始,到竣工时才达到保险额总值。保险费率是按保险额计取某一千分数(例如保险额的1.5‰~5‰),并不考虑工程价值在施工初期和末期的价值变化,而赔偿金额只考虑实际损失数字。承包人可以要求保险公司在确定保险金费率时充分考虑这一特点和因素。

保险费率同项目的性质(例如一般民用建筑、公路桥梁、工业建筑、化工装置、危险物品仓库等)和项目所在地的地理条件、自然条件以及工期的长短、免赔额的高低等因素有关,业主可以就本项目的具体情况与保险公司协商一个合理的费率。

保险的期限要根据合同条件要求确定,它至少应包括全部施工期。

2. 第三方责任险

第三方责任险是对因实施本合同工程而造成的财产(本工程除外)的损失或损害,或人员(业主和承包人雇员除外)的死亡或伤残所负责进行的保险。

在《范本》合同条款第21条中明确规定承包人应当以承包人和业主的联合名义进行“第三方责任保险”，而且还规定了这种保险金额的最低限额。即此保险金额至少应为投标书附件中所规定的数额，承包人可以按《范本》合同条款的规定，与“工程一切险”合并在一起向保险公司投保。第三方责任险的赔偿限额由业主在合同专用条款中规定，费率大约为2.5‰～3.5‰。

业主要求承包人进行这种保险的目的是很明显的，因为工程是在业主的工程土地范围内进行，如果任何事故造成工地和附近地段第三方人身伤亡和财产损失时，第三方可能要求业主赔偿或提出诉讼。业主为免除自己的责任而要求承包人投保这种责任险，在发生这种涉及第三方损失的责任时，保险公司将对承包人由此遭到的赔款和发生诉讼等费用进行赔偿。但是应当注意，属于承包人或业主在工地的财产损失，或其本公司和其他承包人在现场从事与工程有关事务的职工的伤亡不属于第三方责任险的赔偿范围，而属于工程一切险和人身意外险的范围。领有公共交通和运输用执照的车辆事故造成的第三方的损失，也不属于这项第三方责任险赔偿范围，它们属于汽车保险范围。

工程一切险和第三方责任险的费用包括在承包人投标书的工程量清单之中。

3.人身意外险

承包人应在整个施工期（包括缺陷责任期）对其施工人员（包括所雇职员和工人）进行人身意外事故保险，这是《范本》合同条款第22条的规定。业主一般都要求承包人保证，不因这类事故而使业主遭到索赔诉讼和其他损失。即业主对承包人的雇员所受伤亡不负责任，除非该损伤是由业主的行动或失误所造成的。对于每一职员造成的意外事故保险金额，要按国家或工程所在地的劳动和社会安全相关法规来确定，不能低于这些法律规定的最低限额。

在进行人身意外保险时，还可以同时附加事故致伤的医疗保险。这主要是指抢救和治疗工伤，平常的疾病不属于这一附加医疗保险的赔偿范围。人身意外险的一切费用由承包人承担，并已包括在工程量清单的单价及总额价中，业主不单独支付。

有些国家对于承包人雇用的外籍职员和工人，允许在外国的保险公司投保，但对工程所在国籍雇员和工人，规定必须在当地保险公司投保。这一点应当在签订合同时予以明确。

中国人民保险公司办有团体人身意外伤害保险，一般以一年为期，也可投保短期险。保险额最低为1000元，最高为10 000元，具体数额可由投保人选定。一般保险费为每人每年保险金额2%～7%不等，视工种和工作环境而定。我国在国外承包工程时，有两种办保险的方法。

(1)中方派出人员由中国人民保险公司承保，工人每人保险金额为人民币2万元，保险费率为1%；技术人员的保险金额较高，例如总监理工程师可达10万元。

(2)在工程所在国雇佣当地人员，可按当地法律规定或习惯办理人身意外保险。

4.承包装备的保险

承包人应为已经运抵现场的承包人装备办理财产保险，其投保金额应足以现场重置。办理承包人装备的保险的一切费用均由承包人承担，并已包括在工程量清单的单价及总额价中，业主不单独支付。

5.货物运输险

承包人购买的机具和各种材料，在海运、空运和陆运过程中应当另投保运输险。通常卖方不承担运输风险责任，但如果买主要求，他也可以代买主投保运输险，并将保险费计入其货物报价中。货物运输险分为海上、陆上(火车、汽车)、航空三种货物运输险,保险条款大致相同。保险金额为货物到工地价格的110%,保险费率视不同的运输方式、货物特性、运距、险别等不同因素而定。

各种运输险一般有平安险和一切险等。所谓运输一切险是指包括平安险和其他外来原因所致的损失保险,而平安险一般指在运输过程中各种自然灾害造成货物损失或损坏、运输工具遭受各种事故(如海轮的搁浅、触礁、沉没、碰撞、失火、爆炸等,空运的坠毁、失踪、碰撞、翻车、失火、爆炸等)造成的损害或灭失,以及失落、丢失等造成的损失,但是,保险公司对于装运前(运输保险责任开始之前)货物已存在的品质不良和数量短缺以及货物的自然损耗、特性改变等损失不承担责任。

6. 其他保险

在特殊情况下,涉外工程还可向保险公司投保战争险、投资险或其他政治险。例如,1980年某公司在承包伊拉克的某项工程时,投保了战争险。后来两伊战争爆发,这项工程正处于前线地区而被迫中止施工,这家工程公司为遣散工人购买了飞机票,保险公司就赔偿了该承包人的损失。

(二)工程保险的性质与作用

1. 工程的保险是强制性的,合同条款中有明文规定

《范本》(2003年版)的合同条款对公路工程承包合同强制要求进行各种保险,例如工程一切险、第三方责任险、工人人身意外险和承包人装备的保险。这种强制性的要求,固然是为了保障业主本身的利益,同时对承包人也有利的,因为所有的招标都承认承包人可以将保险费计入到投标报价和合同价格之中。

对保险的强制性表现在合同文件中。例如《范本》合同条款中对保险问题作了十分明确和严格的要求,《范本》合同条款第21条到第25条都与保险及责任有关。

2. 进行各种保险可使业主和承包人转移和减轻风险

我们知道,由于公路工程周期很长,遇到的各种复杂情况往往是难以完全预测和防范的。特别是一些大型工程,有些灾害和重大事故会给业主和承包人带来灾难性的、无法补救的经济损失。但通过保险,他们可以从保险公司得到赔偿或部分经济补偿。这就至少可使承包人在从事工程承包这一"风险事业"时获得一定的经济保障。我国的工程公司在国内外工程承包中,从保险中受益的实例很多。例如我国某公司在吐鲁番至乌鲁木齐的高速公路项目,1997年因为洪水突然暴发而造成工地淹没,幸好人员紧急撤离未造成伤亡,但一些大型机具设备和工程材料受淹损坏严重。由于进行了工程保险,获得了保险公司的赔偿。

3. 保险后仍须预防灾害和事故,尽量避免和减少风险危害

承包人和业主虽联名或分别对工程进行了各种保险,并且交纳了相当数量的保险费,但是,灾害和事故造成的恶果,不是保险公司支付了赔偿费就能全部弥补的。业主和承包人仍然要采取各种有力措施防止事故和灾害的发生,并阻止事故的扩大。

正是由于任何业主、承包人和保险公司都不希望灾害和事故发生,保险公司才敢于和愿意承接为数不大的保险费,为价值大于保险费数百倍的工程承保。保险公司承保的项目越多,得到的保险费也越多,其总的赔偿费用同总的保险费收入的比值也应越小。

(三)对工程保险的检查处理

《范本》合同条款关于保险的规定,近几年几乎为所有公路工程承包合同所接受。依据合同条款,业主和监理工程师应在开工之前,检查和审核承包人是否已办保险、所办保险单是否有效。

1. 审查保险的依据

监理工程师审查保险的依据有两条:

(1)审查承包人是否按《范本》合同条款第21、22条承办了保险,所投保的保险公司资信状况如何,保险实力是否雄厚;

(2)审查承包人所办保险的最低金额是否等于或大于投标书中所列的款项,若小于投标书所列金额为无效或不足。

2. 审查保险的程序及处理措施

依据《范本》合同条款第25条,审查保险的程序为:

(1)承包人应在工程开工之前向业主提供证明,说明合同规定的保险已经生效,并在开工日之后56天之内向业主提供保险单。承包人向业主提供证明和保险单,同时向监理工程师提交副本。

(2)这种保险单必须与发出中标通知书之前同意的保险条目保持一致,承包人应与保险公司一起使业主和监理工程师认可的保险项目上承担的一切保险生效,

如果承包人未按合同规定投保,或未能在规定的期限内向业主提交保险单,则承包人应承担除合同文件规定应由业主负责以外的一切损害赔偿以及与此有关的一切索赔、诉讼和赔偿及其他开支。

3. 共同遵守保险单的条件和规定

监理工程师有责任和权力要求业主和承包人共同遵守根据合同生效的保险单条件,若有一方未能遵守条件,据合同条款第25.4款所述,一方应保护另一方不受由于未能遵守保险单的条件而造成的全部损失和索赔。

二、工程保险的研究和运用

(一)择优选取保险公司,研究其资金与信誉

当一家工程公司中标获得一项承包金额较大的合同时,许多保险公司会主动上门来寻找生意。面对众多的保险公司相互竞争,该作何选择?如何才能择优?这时应当考虑以下一些问题。

(1)考虑保险公司的注册资本及赔偿风险的资金能力。国家为了保障被保险人的利益,对保险公司的承保范围和能力是有限制的。应当根据本工程的规模大小选择与其承保能力相适应的保险公司。特别是大型项目,一旦发生事故损失而向保险公司索赔,其金额往往是很大的。如果这家公司的注册资本和付讫资本很小,可能无力支付索赔,有的甚至宣布破产以逃避自己的责任。因此必须审查保险公司的资金支付能力。

(2)调查保险公司的信誉。如果这家保险公司在一年或一季度承保的金额过大,或者发生过一两次严重的赔偿违约事件,有可能中止其保险业务。

(3)应当优先考虑将国外承包的工程和国内的公路工程的各类保险向我国的保险公司投保。

(二)认真细致办理保险,分析研究保险合同条件

1. 如何填报保险公司的调查报表

在办理保险手续时,保险公司为确定风险大小,要求承包人填报工程情况。这是一件严肃认真的事情,绝不能为了争取降低保险金费率而隐瞒情况。例如调查表中有一栏为"工程中有是否使用爆炸方法"、"工地是否贮存易燃化学物品"等等,应当如实填报。否则,一旦发生这类事故,保险公司将全部或部分推卸其赔偿责任。

2. 分析研究保险条款

一般保险公司出具的保险单都附有保险条款,其中规定担保险范围、除外的责任、保险期、保险金额、免赔额、赔偿限额、保险费、被保险人义务、索赔、赔款、争议和仲裁等,这些条款相当于是保险公司与被保险者之间的保险合同,双方都要签字认可才正式生效。

在条款方面的任何争议必须在签约之前讨论清楚,并逐条修改或补充,取得共同一致的意见。以下条款应特别注意。

(1)应当审定保险范围和保险金额是否与工程承包合同一致。任何不一致的保险单可能被业主拒绝而要求重新投保。特别是永久性工程和工程设备应与合同价格一致。至于临时工程和施工机械设备的价格,承包人可自行确定。

(2)对于除外的责任应当逐条讨论。如果承包人要求增大保险公司的责任而取消某些"除外的责任",这是可以协商的,但保险费可能要相应增大,承包人可以根据自己的意愿与保险公司商量。

(3)保险期应当略大于施工期。如果业主要求缺陷责任期也应当保险,则应在保险条款中列明缺陷责任期内的保险范围和责任。

(4)免赔额和赔偿限额要慎重确定。如果免赔额定得高一些,保险费率可能会降低一些,但实际发生事故赔偿时,承包人获得的赔偿额将会相应减少,对于业主的财产损失来说,他将按合同赔偿差额。另外,还要注意到免赔额过高时,保险单可能遭到业主的拒绝,因为,有很多合同条件规定保险是以承包人和业主共同受益的名义投保的。

(5)保险金的费率一般都是可以协商的。它同工程的性质、危险程度、工程实施方案、工程地理环境、工期和免赔额高低等有关,同时,还可以利用众多的保险公司的竞争压低保险金费率。

(6)保险金的支付方式应当澄清,应争取分期支付,以节省工程初期的开支,降低周转资金的需要量。

除了保险金外,可能还有一些其他费用发生,例如保险登记费、印花税等,这是属于当地政府的管理部门和税务局征收的。如果是联合保险,为主的保险公司可能要收取一定的安排费和服务费用。这些往往是一次性支付,所有发生的费用均应事先向保险公司了解清楚并商定收取方式。

3. 重视保险内容的变化和改办手续

任何保险内容的变化应当及时通知保险公司。如果认为必要,应办保险变更手续签署补充文件,或由保险公司对变更内容予以书面确认。当工程性质、规模或计划发生变化时,承包人应及时通知承保人;发出通知前,如需对各项保险做任何变动时,承包人应事先与监理工程师协商并取得业主的批准。

（三）预防事故和索赔

1. 重视被保险人的义务

承包人应当教育自己的全体职工和工人重视被保险人的义务，特别是预防事故和防止事故损失的扩大。

对于保险金额较大的工程，保险公司可能经常或定期与不定期到现场进行安全检查，并且提出防止灾害事故的措施。承包人可以就这些措施同保险公司代表进行认真讨论，对于合理的而且花费费用属于正常支出的则应付诸实施。

无论发生任何事故，应当立即通知保险公司，并努力保护事故现场，采取一切必需的措施将损失减少到最低限度，只要采取的措施是合理和有效的，其措施费用一般可得到保险公司的补偿。相反，如果既不通知保险公司，又不保护现场，其索赔一般将被保险公司拒绝。

2. 及时报损和接受调查

只要被保险人及时向保险公司报告，保险公司一般将派人到事故现场进行调查。严重事故发生时，保险公司还将组织协同进行抢救活动。

调查报告主要内容除陈述事故经过、分析事故原因和调查被保险人的防范和抢救措施外，重点在于调查损失。损失的计算首先由被保险人提出，每项损失都要求提供必要的有效的证明单据。

对于工程一切险，保险公司的赔偿一般以恢复投保项目受损前的状态为限，其受损的残值应被扣除。承包人的利润损失和其他各项管理费的损失是不予赔偿的；同时还应扣除免赔额（通常每次赔偿按保险单中所列的免赔额与保险金额的比例扣除）。赔款可以用现款支付，也可以重置受损项目或予以修复代替。

对于其他各种保险的报损、调查和赔偿，应当根据各种保险单和保险协议条款处理，大致与上述工程一切险相似。但如果保险公司未能亲自调查的，则须提供有关的旁证调查资料。例如汽车保险的损失赔偿，可能需要交通民警部门的责任证明资料；人身意外险的赔偿需要有当地公共安全部门的证明资料；附加事故医疗保险，保险的赔偿应有医院证明资料及开支费用单据。所有的赔款都不能超过原保险金额。这里特别需要指出，第三方责任保险的事故损失，虽然是由投保人的责任造成，但投保人及其代表不能轻易向受损失方作任何承诺、出价、约定、付款或赔偿，而应当由保险公司去处理。否则，保险公司不承担投保人承诺的责任。

第三节　工程项目的风险管理

公路工程项目的风险，受国家和地方经济政策、法律和法规的调整变化影响最大，同时也受工程项目自身特点的风险影响，为了减轻风险、转移风险和避开风险，化消极因素为积极因素，无论是工程业主还是承包人，都应该加强风险预测和风险管理。

一、风险管理概述

（一）风险管理步骤

1. 风险识别

风险识别是风险管理中的首要步骤，指通过一定的方式，系统而全面地识别出影响建设工程目标实现的风险事件，必要时，还需对风险事件的后果作出定性的估计。

2. 风险评价

这个过程在系统地识别工程风险与合理地作出风险对策决策之间起着重要的桥梁作用。风险评价的结果主要在于确定各种风险事件发生的概率及其对建设工程目标影响的严重程度。

3. 风险对策决策

一般来说，风险管理中所运用的对策有以下四种：风险回避、损失控制、风险自留和风险转移。这些风险对策的适用对象各不相同，需要根据风险评价的结果，对不同的风险事件选择最适宜的风险对策，从而形成最佳的风险对策组合。

4. 实施决策

对风险对策所作出的决策，还需要进一步落实到具体的计划和措施。例如，制订预防计划、灾难计划、应急计划等；又如，在决定购买工程保险时，要选择保险公司，确定恰当的保险范围、免赔偿、保险费等。这些都是实施风险对策决策的重要内容。

5. 检查

在工程实施过程中，要对各项风险对策的执行情况不断进行检查，并评价各项风险对策的执行效果；在实施条件发生变化时，要确定是否需要提出不同的风险处理方案。除此之外，还需要检查是否有被遗漏的工程风险或者发现新的工程风险，也就是进行新一轮的风险识别，开始新一轮的风险管理过程。

（二）风险对策

风险对策又称为风险防范手段或风险管理技术。主要有：

1. 风险回避

采用风险回避这一对策时，有时需要作出一些牺牲，但较之承担风险，这些牺牲比风险真正发生时可能造成的损失要小得多。

在采用风险回避对策时需要注意以下问题：

（1）工程实施过程中，绝对没有风险的情况几乎不存在。就技术风险而言，即使是相当成熟的技术也存在一定的风险。

（2）回避风险的同时也失去了从风险中获利的可能性。由投机风险的特征可知，它具有损失和获益的两重性。工程风险定义的范围越广或分解得越粗，回避风险就越不可能。

2. 损失控制

（1）损失控制的概念

预防损失措施的主要作用在于降低或消除（通常只能做到减少）损失发生的概率，而减少损失措施的作用在于降低损失的严重性或遏制损失的进一步发展，使损失最小化。一般来说，损失控制方案都应当是预防损失措施和减少损失措施的有机结合。

（2）损失控制计划系统

①在采用损失控制这一风险对策时，所制订的损失控制措施应当形成的损失控制计划系统。预防计划的目的在于针对性地预防损失的发生，其主要作用是降低损失发生的概率，在许多情况下也能在一定程序度上降低损失的严重性。

②灾难计划

灾难计划是一组事先编制好的、目的明确的工作程序和具体措施，为现场人员提供明确的行动指南，使其在各种严重的、恶性的紧急事件发生后，不至于惊慌失措，也不需要临时讨论研究应对措施，可以做到从容不迫，及时、妥善地处理从而减少人员伤亡以及财产和经济损失。

灾难计划是针对严重风险事件制订的，主要包括：

a. 安全撤离现场人员；

b. 援救及处理伤亡人员；

c. 控制事故的进一步发展，最大限度地减少资产和环境损害；

d. 保证受影响区域的安全尽快恢复正常。

③应急计划

应急计划是在风险损失基本确定后的处理计划，其宗旨是使因严重风险事件而中断的工程实施过程尽快全面恢复，并减少进一步的损失，使其影响程序减至最小。应急计划不仅要制定所要采取的相应措施，而且要规定不同工作部门履行相应的职责。

3. 风险自留

(1)非计划性风险自留

①由于风险管理人员没有意识到建设工程某些风险的存在，或者不曾有意识地采取有效措施，以致风险发生后只好由自己承担，这样的风险自留就是非计划性的和被动的。

②风险识别失误。由于所采用的风险识别方法过于简单和一般化，没有针对建设工程风险的特点，或者缺乏建设工程风险的经验数据或统计资料，或者没有针对特定建设工程进行风险分析等等，都可能导致风险识别失误，从而使风险管理人员未能意识到建设工程某些风险的存在，而这些风险一旦发生应成为自留风险。

③风险评价的方法不当可能导致风险评价结构错误。

④风险评价均正确的情况下，可能由于迟迟没有作出相应的风险对策决策，而某些风险已经发生，使得根据风险评价结果本不会作出风险自留选择的那些风险成为自留风险。

(2)计划性风险自留应预先制订损失支付计划，常见的损失支付方式有以下几种：

①从现金净收入中支出。采用这种方式时，在财务上并不对自留风险作特别的安排，在损失发生后从现金净收入中支出，或将损失费用计入当期成本。

②建立非基金储备。

③自我保险。这种方式是专门用于自留风险所造成的损失。该基金的设立不是一次性的，而是每期支出，相当于定期支付保险费，因而称为自我保险。这种方式若用于建设工程风险自留，需作适当的变通。

④母公司保险。这种方式适用于存在总公司与子公司关系的集团公司，往往难以投保或自保较为有利的情况下运用。从总公司的角度来看，与一般的投保无异，收支较为稳定，税赋可能得益，采用适当的方式进行资金运作，使这笔基金以母公司的名义向保险公司投保。

(3)风险自留的适用条件

计划性风险自留至少要符合以下条件才应予以考虑：

①别无选择。有些风险既不能回避，又不可能预防，且没有转移的可能性，这是一种无奈的选择。

②期望损失不严重。风险管理人员对期望损失的估计低于保险公司的估计。据自已多年

的经验和有关资料,风险管理人员确保自己的估计正确。

③损失可准确预测,因此,仅考虑风险的客观性。这一点实际上是要求建设工程有较多的单项工程和单位工程,满足概率分布的基本条件。

④企业有短期内承受最大潜在损失的能力。由于风险的不确定性,可能在短期内发生最大的潜在损失,这时,即使设立了了基金或向母公司保险,已有的专项基金仍不足以弥补损失,需要企业从现金收入中支付。如果企业没有这种能力,可能因此而摧毁企业。对于建设工程的业主来说,与此相应的是要具有短期内筹措大笔资金的能力。

⑤内部服务优良。如果保险公司所能提供的多数服务完全可以由风险管理人员在内部完成,且由于他们直接参与工程的建设和管理活动,从而使服务更方便,质量在某些方面也更高,在这种情况下,风险自留是合理的选择。

4. 风险转移

风险转移是建设工程风险管理中非常重要而且广泛应用的一项对策,分为非保险转移和保险转移两种形式。

根据风险管理的基本理论,建设工程的风险应由有关各方分担的原则:任何一种风险都应由最适宜承担该风险或最有能力进行损失控制的一方承担。符合这一原则的风险转移是合理的,可以取得双赢和多赢的结果。

(1)非保险转移

非保险转移又称为合同转移,因为这种风险转移一般是通过签订合同的方式将工程风险转移给非保险人的对方当事人。建设工程风险最常见的非保险转移有以下三种情况:

①业主将合同责任和风险转移给对方当事人。在这种情况下,被转移者多数是承包人。

②承包人进行合同转让或工程分包。承包人中标承接某工程后,可能由于资源安排出现困难而将合同转让给其他承包人,以避免由于自己无力按合同规定时间建成工程而遭受违约罚款;或将该工程中专业技术要求很强而自己缺乏相应技术的工程内容分包给专业分包人,从而更好地保证工程质量。

③第三方担保。合同当事人的一方要求另一方为其履约行为提供第三方担保。担保方所承担的风险仅限于合同责任,即由于委托方不履行或不适当履行合同以及违约所产生的责任。第三方担保的主要表现是业主要求承包人提供履约保证和预付款保证(在投标阶段还有投标保证)。从国际承包市场的发展来看,20 世纪末出现了业主向承包人提供付款保证的新趋向,但尚未得到广泛应用。我国施工合同《范本》也有发包人和承包人互相提供履约担保的规定。

(2)保险转移

保险转移通常直接称为保险,对于建设工程风险来说,则为工程保险。通过购买保险,建设工程业主或承包人作为投保人将本应由自己承担的工程风险(包括第三方责任)转移给保险公司,从而使自己免受风险损失。保险这种风险转移形式之所以能得到越来越广泛的运用,原因在于其符合风险分担的基本原则,即保险人较投保人更适宜承担有关的风险。对于投保人来说,某些风险的不确定性很大(即风险很大),但是对于保险人来说,这种风险的发生则趋近于客观概率,不确定性降低,即风险降低。

在进行工程保险的情况下,建设工程在发生重大损失后可以从保险公司及时得到赔偿,使建设工程实施能不中断地、稳定地进行,从而最终保证建设工程的进度和质量,也不致因重大损失而增加投资。通过保险还可以使决策者和风险管理人员对建设工程风险的担忧减少,从而可以集中精力研究和处理建设工程实施中存在的其他问题,提高目标控制的效果。而且,保险公司可向业主和承包人提供较为全面的风险管理服务,从而提供整个建设工程风险管理的水平。

需要说明的是,工程保险并不能转移建设工程的所有风险,一方面是因为存在不可保风险,另一方面则是因为有些风险不宜保险。因此,对于建设工程风险,应将工程保险与风险回避、损失控制和风险自留结合起来运用。对于不可保风险,必须采取损失控制措施。即使对于可保风险,也应当采取一定的损失控制措施,这有利于改变风险性质,达到降低风险量的目的,从而改变工程保险条件,节省保险费。

二、业主的风险管理

业主的工程项目风险管理主要包括:对工程项目的前期评估与可行性研究,认真编制招标文件与合同文件,加强对承包人的资质审查与评标择优工作,聘用优秀的监理工程师对施工过程进行监督与管理工作,注意施工过程与承包人的协调与配合工作,以及工程竣工后投入运营的养护管理和工程项目的总结后评估等。下面详细讨论这些风险问题的具体管理工作。

1.项目前期工作

工程项目的前期评估与可行性研究时,应充分注意和分析各种风险发生的几率与可能性。比如技术方面着重评估和分析价格与费用的估算,以及估算时所依据的工程技术指标和其他数据,考虑是否为项目执行中可能发生的意外情况及价格增长做好了充分准备。在组织机构方面是否符合市场经济规律和科学管理工程项目的要求,若发现组织机构、管理效率及政策上不能满足对工程项目的有机管理,则要设法改进或成立新的组织机构,以减少管理混乱或不善造成的风险。在经济方面,通过详细的工程项目的效益与成本分析,计算出项目的效益比成本大的可能性。另外为了反映实际的成本效益,必须用“影子价格”来估计将来的成本和利润趋势,计算出项目的预计投资报酬率,以此来测算并评价项目。为了减少误差和风险,使成本和利润受到的不确定影响少一些,还必须进行经济敏感分析,或风险一概率分析,财务方面,还要认真分析评估该工程项目的资金来源、资金的贷款还款期等。还有其他影响项目建设因素的分析,如人工、原材料、电力、设备与运输能力等等。总之,要在项目前期的工作中,尽可能分析和研究各种不确定因素的风险,以使项目经济、可靠地开展。

2.设计方面的工作

任何一项工程设计都不可能完美无缺,公路工程由于环境和地形地貌的变化,设计的方案可以是多样化的。因此从决策的角度,业主必须遵循以下原则:开展必要的设计审查,施工设计图纸要与专家审查和施工企业现场复核相结合,设计地质勘探与施工补充地质勘探相结合,以便检验设计的合理性和经济性,从中提出变更设计和完善设计的问题;发现图纸错漏之处,应在施工前将其改正;变更工程设计要坚持以优化为主,多方案比较选择,节省工程造价,减少施工难度,加快施工进度;完善配套设计要坚持实事求是,有利于后期公路建成营运管理,有利于沿途经济的发展,有利于方便人民的生产与生活。在高速公路建设中,投入资金较多,技术设计影响因素复杂,特别是受现场条件掌握深度的限制,往往存在一些设计欠合理或设计上的缺陷,并且这种设计欠合理的部分多发生于复杂困难路段的路基土石方和边坡防护工程,以及软弱地基处理、互通立交桥涵、隧道等构造物工程。通常存在的主要问题表现在:复杂地形;软弱地基处理;桥涵、隧道等结构设计;路面排水设计;新增工程补充设计。

3. 招标文件和合同文件的编制

认真编制招标文件和合同文件,尽可能用明确的文件和合同条款来规范招标工作及合同管理工作。招标文件是对投标的承包人的约束和指导性文件,因此必须严肃认真细致地编写,使编写的招标文件符合科学、合理、充分、严密的质量标准。要注意文件的前后一致性与协调性,在经济、技术、法律、商务等方面对招标文件都要有严格的要求。与工程项目实施相关的工程特点与性质、工程的技术规范与试验检测方法、合同条件的变动、七通一平及与有关部门的协调、自然条件的影响等一系列因素都必须在着手编制招标文件时予以落实并充分了解,以免招标文件和合同条件考虑不周而埋下隐患,给工程项目的实施带来困难和风险。

4. 资格预审工作

强化资格预审工作,注意评标择优录取承包人,在公路工程项目中,一般都要对投标的承包人进行资格预审,主要通过对承包人的资质财务能力、施工经验、人员素质及组成等几个方面进行书面文件及报表的审查,有些大型项目还要派人到承包人的其他项目工地去考察,或请承包人面谈,进行说明。在评标过程中,应该出以公心,严格把关评选,选择那些施工质量好、信誉高、工期较短、总标价合理的投标者。不可只片面追求报价最低而忽略了工程质量问题去选标,以免给随后的工程实施造成质量低劣以及扯皮索赔的风险。

5. 监理单位选择

监理单位选择的基本考虑因素:

(1)监理公司的实力;

(2)实践经验和信誉;

(3)有切实可行的监理大纲(或监理规划);

(4)监理人员的工作作风。

由于施工监理服务属于高智能型的、管理型服务,其管理能力、管理水平决定监理的工作质量及其给业主带来的效益(主要是按期获得优质工程所带来的效益)。因此,技术评标(主要包括监理单位以往业绩和信誉,拟派出主要监理人员,监理措施)是选择监理单位的主要依据;而财务评标只是次要的,因为监理的财务报价仅仅是监理工作的报酬,不能与业主得到的综合效益相提并论。公路工程建设监理是一种技术咨询性的服务,监理受业主委托,依据国家批准的工程项目建设文件、国家有关法律法规和监理及施工合同,对工程建设实施监督管理。监理在工作过程中,作为"公正的第三方"独立开展工作,对工程的质量、安全、环保、费用、投资、合同等进行管理,既需要技术水平、专业知识,又要有经济知识、合同知识,涉及面很广。因此,建设监理招标不同于拍卖,也不同于工程施工承包,在监理招标过程中,对监理单位的资质、业绩、信誉、人员的资历和技术水平等因素进行综合审查就更加重要,而不能只强调价格因素,也不应当一味地强调"低价中标",否则,监理单位低于成本提供服务,势必造成其进场后违反合同的后果。所以,国际惯例中监理评标标准通常是以监理公司及其工作人员的资历和经验、技术建议书的水平和质量、客户对监理公司的信任程度为主要考虑因素,以监理费用为次要考虑因素,从多因素和多角度去综合评价考察投标者。

优秀的监理工程师班子是对工程项目实施进行科学和严格的独立监督管理工作的关键。

依照国际惯例,业主可聘用国际上知名和有权威的咨询公司的监理工程师对工程项目施工过程的质量、安全、环保、进度以及造价进行严格细致的监督工作,并使监理工程师有职有权、公正、独立地处理施工承包合同及工程中的具体风险及不可预见事件,以利工程顺利进展。我国公路工程项目实施施工监理招标投标的方法选择监理单位,也是为了达到上述目标。

6. 现场管理

现场管理是业主现场管理的最主要内容,它包含贯穿于工程建设全过程的工程技术、施工能力、监理工作、施工工艺、施工质量、施工进度、工程造价和工程验收、竣工资料以及安全生产、廉政建设等各个方面的管理。具体内容体现在以下九个主要方面:

(1)技术管理关键在设计方面,施工过程一定要有跟踪的设计服务,安排设计代表,及时快捷地修改和补充原设计中的不足。在工程施工前和施工中间,业主要对施工设计图纸尽可能进行多次审查,搞好与设计单位的技术合作,设计的错漏修正、优化与完善设计工作应在施工前完成,避免施工中造成返工浪费。

(2)施工能力是指中标施工单位投入本项目建设的人员、设备、财务、技术支持方面的基本状况,只有加强对施工单位施工能力的管理,才能有效地保证现场施工力量,实现工程建设按设计和按计划进展。

(3)监理工作是受业主委托进行工程建设管理的主要部分,业主必须加强对监理队伍素质的管理,发挥好监理队伍的积极性和主动性。良好的监理队伍将为业主的现场工程管理提供事半功倍的作用。

(4)施工工艺是保证工程实现的关键,通过工艺的控制,业主可以引进和应用新技术、新工艺、新材料和新的管理经验,并禁止原始落后施工工艺的使用。通过引进先进施工工艺,往往既能提高工程质量,还能加快工程进度。

(5)工程造价是业主与施工单位共同关注的焦点,常常会因此而产生分歧。一方面业主要尽量减少资金投入,控制造价;另一方面施工单位要多挣利润,实现效益最大化。为此业主必须严格按合同文件及招标文件的规定,搞好工程造价控制。

(6)狠抓工程质量管理,业主是工程质量的主要责任人。首先必须加大工程监理力度,力争使监理工作起到事前防范,事中控制,事后完善的作用。当监理力量不足时要及时补充,监理人员不称职时要及时撤换,强化监理手段,提高工程质量。其次,业主在管理力量允许的情况下,应组织巡回检测队伍跟踪检查完工工程质量,起到进一步把关监督的作用。

(7)施工进度控制,坚持合理的计划性。根据项目总工期的要求,结合各工序的施工基本时间要求和资金供给计划,科学安排总体计划、年度计划、月(季)计划等,切忌赶进度,搞大会战。

(8)制定并实施工地会议制度,并加强资料管理,为业主现场工程管理工作提供大量的反馈信息,以便实施项目的动态管理。工程竣工验收是业主进行项目建设管理的最后一个环节,是对整个项目过程管理的全面总结。既要总结经验,又要找出不足,以便在下一个项目中运用,推动公路工程建设管理水平不断进步。

(9)安全生产、廉政建设管理是保障工程建设顺利进行的一项十分重要的工作。公路桥梁建设是造福于民的百年大计,要求质量第一,但安全生产同等重要。业主在狠抓工程进度与质量的同时,必须深入工程的各个环节,检查落实安全生产的管理机构、人员和办法是否达标,确保安全无事故发生。廉政建设是规范业主行为,保证勤政、廉政,提高工作效率的重要手段。业主应以有效的工作制度和完善的监督约束机制,提高从业人员自身素质等方式促进工程建设的健康发展。

上述几方面的管理内容有所不同,但必须有机地统一起来,相辅相成,统筹考虑。例如,不少项目,前期涉及地区性的征地拆迁费用标准不统一,致使工程开工后,迟迟不能规模化施工;有的项目施工进程中,由于对地方群众宣传、解释、协调工作未做好而造成工程被迫停工;有的是忽视安全保障,出现安全事故,使工程蒙受多方面的损失等等。因此,业主的管理应是全方位的、全过程的,不能简单地割裂开来,只注重某一方面。

高度重视开工前及工程实施过程中的协调管理工作,及时和承包人、监理工程师一起召开三方面工作会议。对有关征地拆迁、工程变更、计量与付款以及承包人的重大施工技术问题等,随时研究讨论解决方法,以免使有关风险由小变大,尽量将工程中的风险事件减少到最低限度。业主和承包人之间应建立互相信任、互相理解、合作共事、搞好工程的良好关系,只有团结合作,才能共同抵御和分担风险。

7. 保险工作

督促和检查承包人的工程保险工作,依据《范本》合同条款第21条和第23条规定业主和承包人应联合办理工程一切险和第三方责任的保险,以使双方联合转移和减轻风险。若承包人未办足合同文件规定的保险额,业主可自己去补办,而扣除相应支付给承包人的款项。

8. 风险管理实例

某大桥工程项目所在地区,因连降暴雨成灾,发生严重的山洪暴发,使正在施工的桥梁工程遭受如下损失:

(1)一大部分施工临时栈桥和脚手架被冲毁,估计损失为300万元;

(2)一座临时仓库被狂风吹倒,使库存水泥等材料被暴雨淋坏和冲走,估计损失为80万元;

(3)洪水原因冲走和损坏一部分施工机械设备,其损失为50万元;

(4)临时房屋工程设施倒塌,造成人员伤亡损失为15万元;

(5)工程被迫停工20天,造成人员和机械设备闲置损失达60万元。

依据《范本》合同条款第20条和第21、22条,该工程分别办理了工程一切险、承包人机械装备保险及人身安全保险。业主应承担的风险责任应为上述(1)和(2)两项与工程相关的风险;承包人应承担(3)、(4)和(5)的有关风险。这些风险均可依据保险公司的规定,得到相应的经济赔偿。如业主应承担损失费用为380万元,若已办理3‰的保险,该项工程造价为8 000万元,投保金额为分期办理,本期只办理了6 000万元,则保险公司应赔偿的金额为$380 \times \frac{6\ 000}{8\ 000} = 285$万元。业主花费的保险费为:$6\ 000 \times 3\textperthousand = 18$万元。由此计算可知,业主只花费了18万元的保险费而避免了285万元的经济损失。承包人共损失了125万元的资产,与业主同理,也可以通过所办的保险向承保的保险公司索偿。

三、承包人的风险管理

承包人的风险管理与承包人的经济利益密不可分。因此,为了避开和减少风险,应该注意做好以下几方面工作。

1. 了解工程所在国家(地区)的情况(涉外工程)

对工程项目所在国的政治及经济信息的考察分析,以及法律和习俗的了解,是承包人投标与承包工程项目的前提条件。

(1)工程所在国的政治稳定性是评估在该国实施工程的风险所需考虑的首要因素。必须认真考虑与分析该国的政治局势、与邻国的关系及潜在的战争危险、国内的各种政治势力、民族和宗教纠纷、有无内乱或恐怖分子的活动等。分析评价这些政治和社会因素会给工程项目带来多大的风险和危害。

(2)工程所在国的经济稳定性是评估施工风险所应考虑的关键因素。应该慎重考察与分析工程项目所在国的经济形势,特别是政府工程,应研究的内容包括国家预算、财力收支、基本建设规模及投资支付能力,经济政策和金融货币政策等,如会不会发生对资本的国有化而导致财产损失？是否会实行货币和汇兑限制？是否会发生贸易禁运等？因为这些因素靠常规的法律与合同手段是无法得到解决的,承包人可能会因此遭受严重损失。

(3)工程所在国的法律和习俗是评估施工风险的重要因素。承包人必须充分了解要遵守的适用法律和法规,以及工程项目所在国的习俗与宗教等。

2. 了解工程现场情况

加强工程现场调查,充分研究潜在的工程风险。应调查的主要项目如下:

(1)工程当地的材料及燃料供应情况如何？附近地区能为工程提供什么服务？当地的劳务素质情况如何？

(2)工地内外的交通运输条件如何？能否承受工程所要运输的最大荷载？有无收费规定？

(3)当地潜在的分包人情况如何？当地有无租用的机械设备？

(4)工程工地情况的调查了解。如地形地貌、水文地质、气候条件、供水供电情况、采料(如砂、石料)现场情况、修建临时设施、库房及食宿条件等。

(5)工地外部的相关情况与公共关系。如:环境保护、安全保卫、邮电通讯、许可证办理、法律咨询、保险服务、纠纷的协调与仲裁等。

(6)如有可能,在现场考察与询价过程中,还应配合拍取一些现场照片,以供风险分析时参考。

3. 依据招标文件及合同计价方式,增加风险性报价

对于以固定总价合同计划的工程项目,可根据各种费用涨价的趋势与指数,适当增加涨价系数,以减轻风险。例如人工费、材料与货物设备费等。在工期较长的情况下,应适当提高其报价。对于不可预见的自然界与工程风险,可适当考虑不可预见系数。但应注意各种风险不是重叠发生的,应注意总的风险性报价平衡。

4. 争取公平合理的合同条款,以减少相应风险

承包人对于合同条件应逐条认真分析研究,有些问题可以在投标时提出,有些可在议标和商签合同阶段进行充分讨论,应力争按公平对等的原则划分双方的风险分担,以及各自的权利和义务。对于计量与支付条款,更应认真商谈,明确其计量方法、付款时间、付款方式等。

5. 进行合理的工程分包以转移风险

作为总做承包人的工程公司，一般都通过工程分包来转嫁风险。分包人通常要接受总承包人的合同中的有关风险的合同条件，诸如履约担保、预付款保函、材料款保函、工程保险以及保留金等，使分包人承担一定的工程风险，并通过分包合同加以确定。

6. 合理成立联营体以共担风险

公路工程施工承包项目，由于周期长、投资多、利润率低导致其具有高风险性。为了分担一定的风险，往往由几家工程公司联合，共同组成投标和工程承包的联营体。作为一个承包法人团体去进行工程承包，既可以优势互补分担风险，又可以通过联营体间的优秀技术和管理降低风险发生概率。在联营体内部，应树立"共担风险第一，同享利益第二"的联营观念，按投入多少及所冒风险的大小，进行经济利益的分配与均衡。

7. 向保险公司投保以转移风险

这是工程承包常用的转移风险方法。有关工程的保险和第三方责任险，可依据《范本》合同条款及招标文件规定。将保险费计入工程成本之中，承包人可再根据自己的具体情况，支付一定的保险费用，对施工机械设备、人身安全及货物运输等进行保险。当风险确实发生时，由此可获得相应的经济赔偿，以减轻自己的风险损失和危害。

8. 加强预防和控制风险事件以减轻风险

承包人应随时注意工程所在地区的经济和形势变化，观察业主的资信情况，以便提早预防和及时采用措施控制风险。比如及时中止材料和设备供应以防止和对付战争、入侵风险；暂停或减缓进度以对付业主的拖欠工程款等。另外还要注意加强工程成本控制和索赔的运用，以减少相应的经济损失。

〔思考题〕

1. 业主与承包人各应承担哪些风险？
2. 据《范本》合同条款规定，承包人应办理哪些保险？
3. 业主风险与特殊风险有何异同点？
4. 办理保险后应注意什么问题？
5. 试举一风险与保险案例并对其进行分析。

第八章 工程变更

公路工程项目实施过程中,工程的变更是合同变更的表现形式。《合同法》规定,合同变更一般是由一方当事人或第三方提出合同变更的建议,经合同双方或多方协商一致后生效。作为监理工程师,在处理工程变更问题时,应及时与业主和承包人协商,正确处理工程的变更工作。本章重点阐述工程变更的内容、工程变更的程序与管理等。

第一节 工程变更的内容

一、工程变更概述

工程变更也就是合同变更,是指对合同中的工作内容作出修改,或者追加或取消某一项工作。由于公路工程地质水文条件的复杂性,发生合同变更是较常见的,几乎每一个公路工程项目都会发生工程变更。

公路工程合同文件中技术规范或设计图纸及施工方法等发生变更,总是发生在工程施工过程中,有时是事先不可预见,无法事先约定,需要监理工程师依据工程现场情况而决定,若处理不当,即使是正常的工程变更也会影响工程进展,必须予以高度重视。

工程变更,不仅变更工作本身会产生额外工程成本,延长工期,而且还经常会影响其他相关工作,会对工程产生多米诺骨牌效应。有时变更处理不当,会造成人、财、物的浪费,造成停工、窝工,埋下索赔隐患,甚至会使业主对其工程投资失去控制。

二、工程变更的内容

按照国际公路工程合同管理的惯例,国内外工程承包合同中一般都有一条专门的变更条款,对有关工程变更的问题作出具体规定。依据《范本》合同条款第 51 条规定,根据业主或监理工程师的判断,如果他认为有必要对工程或其中任何部分的形式、质量或数量作出任何变更,为此目的或出于任何其他理由,监理工程师应有权指示承包人进行,而承包人也应进行下述任何工作。

(1)合同中所列出的工程项目中任何工程量的增加或减少。如监理工程师可以指示将原定的 35mm 厚沥青路面改为 40mm 厚。

(2)取消合同中任何单项工程,被取消的工程是由业主或其他承包人实施者除外。例如:监理工程师可以指示取消钢管扶手的建造工作。

(3)改变合同中任何工作的性质、质量及种类。如监理工程师可以根据业主要求,将原定的水泥混凝土路面改为沥青混凝土路面。

(4)改变工程任何部分的标高、线形、位置和尺寸。如公路工程中要修建的路基工程,监理工程师可以指示将在原设计图纸上原定的边坡坡度根据实际的地质土壤情况改建成比较平缓的边坡坡度。

(5)为完成本工程所必需的任何种类的附加工作,如监理工程师可以指示把原定由业主安装的路面标志纳入本工程项目。

(6)改变本工程任何分项工程规定的施工顺序或时间安排等,有关规定的施工顺序和时间安排,也一定在规范里有所规定。若某一工段因业主的征地拆迁延误,使承包方无法开工,因而业主对此事是负有责任的。监理工程师应和业主及承包人协商,变更一下工程施工顺序,让承包人的施工队伍不要停工,以免对工程进展造成不利影响。

但是,监理工程师必须注意,不可以改变承包人既定施工方法,除非监理工程师可以提出更有效的施工方法予以替代。没有监理工程师的指令,承包人不能进行任何工程变更。但如果属于原工程量清单上工程量的增减,则不需变更指令。

三、公路工程设计变更的分类及相关规定

1.公路工程设计变更的分类

公路工程设计变更是工程变更的内容之一。公路工程设计变更是指自公路工程初步设计批准之日起至通过竣工验收正式交付使用之日止,对已批准的初步设计文件、技术设计文件或施工图设计文件所进行的修改、完善等活动。各级交通主管部门应当加强对公路工程设计变更活动的监督管理。公路工程设计变更应当符合国家有关公路工程强制性标准和技术规范的要求,符合公路工程质量和使用功能的要求,符合环境保护的要求。公路工程设计变更分为重大设计变更、较大设计变更和一般设计变更三类。

有下列情形之一的属于重大设计变更:

(1)连续长度10km以上的路线方案调整的。

(2)特大桥的数量或结构形式发生变化的。

(3)特长隧道的数量或通风方案发生变化的。

(4)互通式立交的数量发生变化的。

(5)收费方式及站点位置、规模发生变化的。

(6)超过初步设计批准概算的。

有下列情形之一的属于较大设计变更:

(1)连续长度2km以上的路线方案调整的。

(2)连接线的标准和规模发生变化的。

(3)特殊不良地质路段处置方案发生变化的。

(4)路面结构类型、宽度和厚度发生变化的。

(5)大中桥的数量或结构形式发生变化的。

(6)隧道的数量或方案发生变化的。

(7)互通式立交的位置或方案发生变化的。

(8)分离式立交的数量发生变化的。

(9)监控、通讯系统总体方案发生变化的。

(10)管理、养护和服务设施的数量和规模发生变化的。

(11)其他单项工程费用变化超过500万元的。

(12)超过施工图设计批准预算的。

一般设计变更是指除重大设计变更和较大设计变更以外的其他设计变更。

2. 公路工程设计变更的相关规定

公路工程重大、较大设计变更实行审批制。公路工程重大、较大设计变更,属于对设计文件内容作重大修改,应当按照交通部颁发的《公路工程设计变更管理办法》(2005年7月1日起施行)规定的程序进行审批。未经审查批准的设计变更不得实施。

任何单位或者个人不得违反《公路工程设计变更管理办法》的规定擅自变更已经批准的公路工程初步设计、技术设计和施工图设计文件。不得肢解设计变更规避审批。经批准的设计变更一般不得再次变更。

重大及较大设计变更文件经项业主审查确认后报省级交通主管部门审查。其中,重大设计变更文件由省级交通主管部门审查后报交通部批准;较大设计变更文件由省级交通主管部门批准,并报交通部备案。项目业主负责对一般设计变更进行审查,并应当加强对公路工程设计变更实施的管理。

对较大设计变更和重大设计变更建议,项目法人经审查论证确认后,向省级交通主管部门提出公路工程设计变更的申请,并提交设计变更申请书、对设计变更申请的调查核实情况与合理性论证情况及其他相关材料;对一般设计变更建议,由项目业主根据审查核实情况或者论证结果决定是否开展设计变更的勘察设计工作。

设计变更的勘察设计应当由公路工程的原勘察设计单位承担。经原勘察设计单位书面同意,项目业主也可以选择其他具有相应资质的勘察设计单位承担。设计变更勘察设计单位应当及时完成勘察设计,形成设计变更文件,并对设计变更文件承担相应责任。设计变更文件完成后,项目业主应当组织对设计变更文件进行审查。

对需要进行紧急抢险的公路工程设计变更,项目业主可先进行紧急抢险处理,同时按照规定的程序办理设计变更审批手续,并附相关的影像资料说明紧急抢险的情形。

按照《公路工程设计变更管理办法》规定经过审查批准的公路工程设计变更,其费用变化纳入决算。未经批准的设计变更,其费用变化不得进入决算。

施工单位不按照批准的设计变更文件施工的,交通主管部门责令改正;造成建设工程质量不符合规定的质量标准的,负责返工、修理,并赔偿因此造成的损失;情节严重的,责令停业整顿、降低资质等级或者吊销资质证书。

四、工程变更的估价

1. 变更后的估价

对于变更后的估价与付款问题,《范本》合同条款第52条规定如下。

(1)对于所有按监理工程师指示的工程变更,若属于原合同中的工程量清单上增加或减少的工作项目的费用及单价,一般应据合同中工程量清单所列的单价或价格而定或参考工程量清单所列的单价或价格而定。

(2)如果合同的工程量清单中没有包括适用此项变更工作的单价或价格时,则应在合同的范围内使用合同中的费率和价格作为估价的基础,若做不到这一点,要由监理工程师与承包人协议一个合理的单价或总价额并报业主批准。如协商不成,不能达成协议,则应由监理工程师应根据情况在报业主批准后,定出他认为是合理单价或总额价抄送业主。如果此单价或总额价一时不能认定,监理工程师可以确定暂时的单价或总额价,作为暂付账款列入按《范本》合同条款第60条规定签发的支付证书中。承包人一般可以同监理工程师协商,合理地要求到自己争取的单价和价格,或可以提出索赔。

(3)监理工程师需作决定的单项造价及费率,是相对于整个工程或分项工程中工程性质和数量有较大的变更,用工程量清单中的价格已是不合理的或是不合适时。例如:在概算工程量清单内已有100个同样的分部细目,而监理工程师又命令多做10个同样的分部细目,这毫无疑问可以用工程量清单内的价格;若倒过来讲,原工程量清单中只有10个同样的细目,这时,多做100个同样的分部细目显然是对承包人有利,可以用同样的施工机具、模板、支架等手段来施工时,引用原来的单价显然不合理,需要把单价调低一些。

2. 变更后合理价格的确定

由监理工程师同意和决定的变更工程的价格包括利润。新的单价或价格决定有两种办法:

(1)实际价格的详细核算;

(2)可以比较同类细目单价分析表内的已有价格。例如工程量清单中已有桥梁明挖基础深度1.5m、2m和2.5m的价格,而要决定挖深3m深时的价格,可以按前面的价格以线性比例来决定。

这里需要注意的是原来合同中工程量清单内的价格很明显太高或太低的不合理情况。例如承包人在投标时,使用了不平衡报价法,某项工程预计施工时要有变更,报价较高。这就需要监理工程师与业主和承包人协商定出一合理价格,或由监理工程师制定一合理的价格。

作为业主和监理工程师还应注意:对于原合同内有标价的工程量清单的费率或价格不应随便地考虑变动。但是,如果合同的工程量清单中某一个支付细目所列的金额或合价超过签约时合同价格的2%,同时在该支付细目变更后的工程实际量超出或少于工程量清单中所列量的25%,则该支付细目的单价或总价应予以调整。详见《范本》合同条款第52.2款。例如,我国利用世行贷款修建的西安—三原高等级公路工程项目中,实行的是单价合同。合同规定,只有工程量超过或减少25%时才调单价(因是单价合同);后来在三原—铜川世行贷款公路工程项目中,合同文件又规定了必须同时具备两个条件才变更合同单价,即工程量变动25%及以上,且该工程单项的金额或合价超过签约时合同价格2%。这样的合同条件减少了监理工程师把精力花在调单价的事情上,并且也较好地限制了设计变更的权利。

有关基于实际发生的工程量对原估计的工程数量作出的单价调整问题,一般地讲,工程量减少→单价提高;工程量增加→单价降低。例如斯里兰卡政府规定:工程量增加到150%及以上时,单价由100%降为83%;在125%~150%之间增加,单价降为95%。若工程量比原合同中的少到75%,单价可以由原来100%升高到115%,原合同中规定的工程量价格不变,只调整超过或减少部分的工程量的单价。

五、工程变更超过15%

监理工程师在签发交工证书时,如果出现了由于:

(1)在执行了《范本》合同条款第52.1款和52.2款规定的估价的全部变更后的工程;

(2)对工程量清单中所列的估算工程量经过计量后所作的各种调整,不包括暂定金额和物价因素价格调整。使合同价格的增加或减少值合计起来超过“有效合同价格”的15%。“有效合同价格”是指不包括暂定金额的合同价格。

在上述情况发生时,经监理工程师与业主和承包人适当地协商之后确定一笔管理费调整额,从合同价格中加上或减去一笔调整的款额。如双方未能协商达成一致意见,此款额应由监理工程师在考虑合同中承包人的现场管理费用和总管理费后予以确定。监理工程师应将根据本款作出的决定通知承包人,并抄送业主。上述调整的金额仅限于那些增加或减少超过有效合同价格的15%的那部分款额(如为增加,管理费向下调,如为减少,则向上调)。

六、计日工

根据《范本》合同条款第52.4款的规定,监理工程师如认为必要或可取时,可以指令按计日工完成任何变更的工程。

计日工通常应按合同中包括的计日工明细表中所定的细目,和承包人在其投标书中对此所报的单价或总价,向承包人支付。

1.计日工使用的规定

(1)承包人用于计日工的劳务、材料、施工机械等,必须每天填写使用清单或报表(一式两份),上报监理工程师审查。劳务方面应包括所有工人的姓名、工种和工时的确切数字;施工机械和材料应包括种类和数量。

(2)用于计日工的劳务,除监理工程师另有安排外,一般应按正常工时进行,不允许加班;用于计日工的材料应由承包人供应,除非监理工程师有书面指示由业主供应。承包人用于计日工的材料,未经监理工程师同意不得任意改变;用于计日工的施工机械设备由承包人提供,因故障闲置的施工机械不支付费用。

(3)一般对计日工的工作,承包人不得任意分包,除非得到监理工程师的事先同意。

2.计日工的费用支付

承包人应每日向监理工程师提交一式两份的用于计日工的费用清单或报表,监理工程师审查后有权修改,在确认后退还给承包人作为支付的依据。

(1)计日工的劳务费用。用于计日工的劳务费用应按合同中计日工的有关规定按正常工时使用,未经监理工程师批准,不支付加班费用。计日工的劳务费用按合同规定,在直接费用上另加一个百分比的附加费。附加费应包括:管理费、利润、质检费、税费、保险费、工具的使用与维修费及其他有关的费用,费用的计算应按投标人在合同中计日工的细目所开列的单价,若遇价格调整应按《范本》合同条款第70条规定的办法执行。

在计算计日工工资时,工时应从工人到达施工现场,并开始从事指定的工作算起,到返回出发地点为止,扣去用餐时间和休息时间。只有直接从事指定的工作,且胜任该工作的工人才能计工,随同工人一起做工的班长应计算在内,但不包括领班(工厂)和其他质检管理人员。

(2)用于计日工材料费用的支付。用于计日工材料费用的支付是材料运至现场仓库或储料场的材料费用票面的净值加上合同工程量清单规定的一个百分比的附加费,附加费包括:管理费、利润、税费、保险费及其他有关费用。从仓库或储料场到施工现场的搬运费,按所用劳务或施工机械有关条目支付。

(3)承包人用于计日工的施工机械费用的支付,应该是合同工程量清单中所列的基本租价。此基本租价包括:全部折旧费、利息、燃料,油料、保养维修、配件及其消耗品以及有关使用这些机械需要的任何附加物件的管理费、利润、税费、保险及其他有关费用。驾驶、操作工与助手等的费用,包括在计日工劳务费中另行支付。

第二节 工程变更的程序与管理

《范本》合同条款中规定了监理工程师可以根据工程施工合同的变更条款发布书面变更指令,承包人应当执行变更令,这是其他经济合同所没有的。而一般经济合同要求合同变更要得到合同双方的共同认可。因此,本节重点论述有关工程变更的程序与管理。

一、工程变更提出之前的程序

(一)工程变更

前面已叙述了工程变更常常发生在工程承包合同执行过程中,提出工程变更的范围扩大且内容也较多。按提出工程变更的各方当事人来看,可分为以下几个方面。

1. 承包人提出工程变更

如果是由承包人提出工程变更,应交与监理工程师审查。承包人在提出工程变更时,一种情况是工程遇到不能预见的地质条件或地下障碍。如原设计的斜拉桥基础为钻孔灌注桩,承包人根据开工后钻探的地质条件和施工经验,认为改成沉井基础较好,上报监理工程师;另一种情况是承包人为了节约工程成本或加快工程施工进度,提出工程变更。

[实例8-1] 陕西的三原至铜川高速公路项目,原设计图纸上要求圆管涵直径为1m,管壁厚为10cm,但承包人为加快工程进度,到外面工厂采购来的成品管涵直径为1m,管壁厚为9cm,上报监理工程师后,经验算审核,满足原设计荷载要求及构造要求,故同意承包人使用,并下达工程变更令。

2. 工程相邻地段的第三方提出变更

如果是工程相邻的任何第三方提出工程变更的要求,监理工程师要先报请业主,由业主出面与第三方相协调,以利工程进展。

[实例8-2] 三原至铜川高速公路在耀县附近原设计图上为一个下穿式的板式通道,后当地政府及西北耐火厂要求变更设计,改通道为上跨天桥,该工厂同意支付修建天桥引道的工程费用。经业主和监理工程师准许,由陕西省公路设计院设计,改为U型桥台空心板梁天桥。但由于当时原设计的通道已开始施工挖基坑土方,按合同规定应支付给承包人已完工程费用。对新修天桥工程费用重新协商价格进行支付。

3. 业主方提出变更

如果是业主提出工程变更,监理工程师应与承包人协商,看是否合理可行,主要看业主方提出的工程变更内容是否超出合同限定的范围。若属于新增工程,则不能算为工程变更,只能另外签合同处理,除非承包方同意作为变更。

［**实例8-3**］ 我国某工程公司承包了外国的一项住房工程,共三百多户,合同规定工程量变更增减不超过承包人工程总量的25%。在投标时,业主和承包人都清楚这只是第一期工程,按区域规划来说,就在同一区域内还有第二期甚至第三期工程。承包人十分希望获得第一期工程,创造有利条件,连续获得后续的工程,以节省临时工程,利用已有机械设备和砂石料场。因此,第一期的投标价和合同价都低一些,工程实施进度和质量控制都很好。第一期合同工期为两年,在工程进展到第18个月时,业主提出工程变更要求,交与监理工程师处理,即要求将第二期工程中的一部分住房作为第一期的工程变更。增加的工程量交给该工程公司施工。从原合同条款分析,只要增加的工程数量不超过原合同的25%,该承包人似乎无法拒绝。但是,承包人当然不同意将新增加工程当作工程变更来处理。在监理工程师与承包人协商该项工程变更时,工程承包公司经分析讨论,直接发给业主一份措辞强硬、论理有据的拒绝信,并抄送监理工程师一份。该信函中指出:在工程执行过程中,业主和监理工程师提出过许多变更令和额外工作,承包人都较好地执行了。但是,这次是新增加数十个住房单元,则不能作为工程变更增加工程量来处理。其原因是,这些工程不属于原合同的工程范围,假如能够协商一个新的合适的调整价格,公司则愿意接受这一项新的任务,或者提请业主仍将它们放在第二期工程中通过招标处理。业主和监理工程师在接到承包人致函后,认为承包人讲的有道理,则没有硬性指令为工程变更,便将其仍放在第二期工程中招标后再实施该部分工程。

4. 监理工程师提出工程变更

监理工程师往往根据工地现场的工程进展的具体情况,认为确有必要时,可提出工程变更,主要有下列内容。

公路工程承包合同施工中,常有通道、涵洞及排水系统在设计阶段考虑不周,或施工时环境发生变化,监理工程师本着节约工程成本和加快工程进度与保证工程质量的原则,提出工程变更。如三原至铜川高速公路项目,经现场监理人员调查,考虑排洪,增加K81+450处圆管涵洞;取消原设计K82+340通道,增加K82+185.5通道;并增加综合排水系统等。另外,还有改变桥梁或通道与引道的交角,顺接线路,变更支线或引道工程等。上述变更,因属业主授权的范围,经监理工程师批准即下达变更指令。

桥梁工程施工中,主要问题是地基基础提出变更的较多。

［**实例8-4**］ 某公路桥梁项目,由于原设计对桥梁地基的土质调查不清,原设计为石拱桥,开工后虽然承包人做了地基处理,但仍存在不均匀的地基基础沉降可能造成拱圈开裂,危及工程安全可靠性能。经监理工程师与承包人一起现场调查分析后,监理工程师下工程变更令,改拱桥为板梁桥,并对桥台基础做了加固处理,对费用重新估价计算。

有关工程变更的提出方面和内容都是很多的,这要根据具体工程项目的实际情况来决定,只要提出的工程变更在原合同规定的范围内,一般是切实可行的。若超出原合同,新增了很多工程内容和项目,则属于不合理的工程变更请求,监理工程师应和业主协商后酌情处理。

(二)工程变更申请

有关对监理工程师提出工程变更的权力的任何具体限制,都应在《范本》合同条款中和施工监理合同范本中具体地加以规定。具体规定的程序步骤可为:

(1)监理工程师准备一份授权申请,提出对规范和合同工程量所要进行的变更,以及费用估算和变更的依据和理由。

(2)在业主批准了授权的申请后,监理工程师要同承包人协商,确定变更的价格。如果价格等于或少于业主批准的总额,则监理工程师有权向承包人发布必要的变更指示;如果价格超过批准的总额,监理工程师应请求业主进一步给予授权。有些工程设计变更图纸需设计方完成或认可,经业主审核批准后,由监理工程师直接向承包人发布必要的变更指示。

(3)尽管已有上述程序,但还会出现下列情况,即为了避免耽误工作,监理工程师在和承包人就变更价格达成一致意见之前,有必要发布变更指示。此时,应分两个阶段发布变更指示,第一阶段是没有规定价格和费率时,指示承包人继续工作;在通过进一步的协商之后,发布变更指示,确定适用的费率和价格。

此程序中所述任何步骤均不应看作影响《范本》合同条款第52.1和52.2款规定的监理工程师决定任何费率或价格的权力(在监理工程师和承包人之间对费率和价格不能达成一致意见时)。

(4)在紧急情况下,不应限制监理工程师向承包人发布他认为必要的此类变更指示。如果在上述紧急情况下采取行动,他应就情况尽快通知业主。例如,当监理工程师在工程现场认为出现了危及生命、工程或相邻第三方财产安全的紧急事件时,在不解除合同规定的承包人的任何义务和职责的情况下,监理工程师可以指示承包人实施他认为解除或减少这种危险而必须进行的所有这类工作或做所有此类事情。尽管没有业主的批准,承包人也应立即遵照监理工程师的任何此类变更指示。监理工程师应根据《范本》合同条款第52条,给合同价格确定一个与该指示相适应的增加额,报业主批准,并相应地通知承包人,同时抄送业主。

二、工程变更的实施程序

从我国现在推行的施工监理制度来讲,驻地监理工程师每天直接与承包人及其他参加工程建设的人员打交道。因此,应把好对工程变更管理与审批的第一个关口。驻地监理工程师和监理人员应负责有关变更的工程数量的计量与核实,以及提供有关现场的数据资料和证明,并审查提出工程变更方的理由是否充分,起草工程变更令,然后上报总监理工程师或其代表。总监理工程师或其代表应负责对工程变更令的最终审查,若基本同意工程变更,可上报业主批准备案。若业主批准了该项工程变更,总监理工程师或其代表可签发工程变更令;若业主不批准变更,监理方应视工地工程进展情况,实事求是地向业主讲明变更的利弊,必须变更时,还是应先征得业主同意批准为好。若遇紧急情况,监理方可先处理工程变更事宜,然后尽快地通知业主。下面结合《范本》合同条款具体介绍一下有关工程变更的程序与方法。

(1)工程变更指示有效

①当监理工程师书面通知承包人工程变更,承包人才执行变更的工程。即必须要有监理工程师签发的书面变更通知令。

②当监理工程师发出口头指令要求工程变更时,例如增加桥梁桩基的配筋及数量时,这种口头指示在事后一定要补为一份书面的工程变更指示。如果监理工程师口头指示后3天内忘了补书面指示,承包人(须在这3天内)应以书面形式证实此项指示,交与监理工程师签字,监理工程师若在3天之内没有提出反对意见,应签字认可。

(2)所有工程变更必须用书面或一定规格写明。对于要取消的任何一项分部工程,工程变更应在该部分工程还未施工之前进行,以免造成人力、物力、财力的浪费,并使业主减少支付工程款项。

(3)可以例外不用书面指示的变更。即只涉及工程量清单中简单增加或减小的工程数量变更可以不用书面指示形式。

[实例 8-5] 在某项工程中,工程量清单中已列明:第 302 分部项目一基础回填土方原定为 $600m^3$,在实际工程进行中,这一工程数量明显增加至 $950m^3$。这是原工程量清单中低估了工程数量所致,可以在每月结算时按实际数量计之。

三、工程变更审批的原则

工程变更的管理与审批的一般原则应为:首先考虑工程变更对工程进展是否有利;第二要考虑工程变更可以节约工程成本;第三应考虑工程变更是兼顾业主、承包人或工程项目之外其他第三方的利益,不能因工程变更而损害任何一方的正当权益;第四必须保证变更工程符合本工程的技术标准;最后一种情况为工程受阻,如遇到特殊风险、人为阻碍、合同一方当事人违约等不得不变更工程。总之,监理工程师应注意处理好工程变更问题,并对合理的确定工程变更后的估价与费率非常熟悉,以免引起索赔或合同纠纷。

四、工程变更的管理

监理工程师对工程变更的指示及管理一定要慎重行事,妥善处理。下面再具体予以讨论。

(一)监理工程师发布工程变更指示的方法

依据《范本》合同条款第 51 条规定:只有监理工程师发布变更指令,并且一般都应该是书面变更指示形式。但下列情况例外。

(1)监理工程师认为发布口头变更指示已足够。

(2)承包人及时发出了要求监理工程师对口头变更指示给予书面确认的请求,监理工程师没有在规定时间内予以答复。从承包人方面来说,应该在规定时间内尽快致函监理工程师要求对口头指示予以书面确认。在接到承包人的来函后,如果监理工程师未在规定时间内书面否认,即便在没有给予答复的情况下也可以推定监理工程师已承认该变更指示。对此,承包人也应该致函监理工程师声明他的沉默已构成合同法律中确认对该指示的确认。

(3)属于原工程量清单中各工作项目的实际工程量增减,这种情况不需要监理工程师发布任何指示,只要按实际完成的工程量计量与支付即可。

(二)工程变更的时间

公路工程施工合同中一般对何时可进行工程变更没有明确的限制性规定。从理论上讲,在合同整个有效期间,即从合同成立至缺陷责任终止证书颁发之日,都可以进行工程变更。但从实际合同管理工作来看,工程变更大多发生在施工合同签订以后,工程基本竣工之前。除非有特殊情况,在总监理工程师对整个工程发了工程交工证书以后,一般不能再进行工程变更。

如果监理工程师根据合同规定发布了进行工程变更的书面指令,则不论承包人对此是否有异议,也不论监理方或业主答应给予付款的金额是否令承包人满意,承包人都必须无条件地执行此种指令。即使承包人有意见,也只能是一边进行变更工作,一边根据合同规定寻求索赔或仲裁解决。在纠纷处理期间,承包人有义务继续进行正常的工程施工和有争议的变更工程施工,否则可能会构成承包人违约。

工程变更只能是在原合同规定的工程范围内的变动,业主和监理工程师应注意不能使工程变更引起工程项目性质方面有很大的变动,否则应重新订立合同。主要原因是工程性质若发生重大的变更,承包人在投标时并未准备这些工程的施工机械设备,需另购置或运进机具设备,使承包人有理由要求另签合同,而不能作为原合同的变更,除非合同双方都同意将其作为原合同的变更对待。承包人认为某项变更指示已超出本合同的范围,或监理工程师的变更指示的发布没有得到有效的授权时,可以拒绝进行变更工作;但承包人在做出这种判断时必须小心谨慎,因为如果提交仲裁,仲裁人可能会对合同规定的监理工程师及业主的权力作出非常广泛的解释。

(三)监理工程师发布变更指示时应注意的问题

合同变更,不仅会使变更工作本身产生额外成本和工期延长,而且会产生连锁反应,影响与之相关的其他工作。作为承包人,若认为合同变更改变了原工程项目的性质,增加了工作难度,则要提出索赔要求提高变更工作的单价,若导致发生了与变更相关的其他额外成本,也可以索赔得到补偿。如果变更后造成了工程量减少,承包人实际完成工程所需时间也会相应缩短。这样,工期一般不能缩短,除非合同有规定或业主、承包人和监理工程师三方协商同意。另外,承包人还应注意,如果业主取消了大量的工程内容,而没有同时增加其他替代工作,据公平合理的原则,承包人可以对相应的可得管理费用和利润损失索赔。

承包人在施工中遇到问题或要改变施工方法时,监理工程师可能会主动地或应承包人的请求而提出建议,客观地说,监理工程师对这种建议不负任何责任,仅仅是建议而已,是否采纳以及由此产生的后果均由承包人自己承担。而在实际工作过程中,承包人有时会试图将监理工程师的一些建议作为工程变更令,以便得到与此有关的经济补偿。

[实例8-6] 某公路工程项目的中心填土分项工程施工,合同中的技术规范规定,中心填土的土的含水量范围最佳含水量为8%~12%之间。但工程现场承包人开挖的填土的含水量高达18%,超出规定值很多。若要满足技术规范的要求,必须对填土进行晾晒处理,以降低含水量。但是工地现场每隔两小时左右就下一次雨,处理填土有困难,承包人也不愿这样做。因此,承包人向监理工程师提出要求,希望用未经处理的填土直接填压。经过多次工地会议讨论,监理工程师考虑到适当的施工措施也能达到设计质量要求,则表示同意承包人意见。因为填土的含水量较高,原来施工采用的碾压机械已不适用,需要重新配置机械设备。随后,承包人又要求监理工程师签发将技术规范中的填土含水量改为18%的变更令。监理工程师拒签,原因是监理工程师仅仅是为了帮助承包人,并不反对用18%含水量的土直接作填土,并没有指示承包人要这样做。最后,经不住承包人反复多次的请求,监理工程师最终给签发了变更令。然而,变更令刚一发布,承包人就以变更令和《范本》合同条款第51和52条提出索赔。该索赔经协商未能解决,最后提交仲裁。这里是承包人钻了空子,监理工程师犯了不该下变更令的错误,导致了不必要的索赔事件发生。

(四)合同中的推定变更及处理

推定变更是指监理工程师虽没有按合同发布变更令,但实际上要求承包人干的工作已经与原合同不同或有额外的工作。推定变更可以通过监理工程师或驻地监理的行为来推定,一般要证明:原合同规定的施工要求是什么,实际上承包人自己的工作已超出了合同要求,并且是按监理工程师或其代表的要求。这样,便可证明为推定变更。推定变更同指令变更一样,承包人有权据《范本》合同条款第 51 和 52 条的规定获得额外费用补偿。常发生的推定变更情况如下。

1. 业主要求的修改与变动

在施工过程中,如果业主对技术规范进行修改与变动,又没按合同规定程序办理变更通知,可看作推定变更。或者是工程项目所在省(自治区、直辖市)或国家新近颁布了技术规范或施工管理规定,对原合同要求标准提高,也可归属于"业主要求的修改",推定为变更。据此,承包人可提出索赔要求。

2. 监理工程师的不适当拒绝

这表现为两个方面:一方面是监理工程师认为承包人用于工程上的材料、设备或施工方法等不符合技术规范的要求,从而拒绝材料、设备或方法,可事后又证明监理工程师的认识是错误的。这种不适当的拒绝则构成了推定变更,若因此而使承包人花费了额外款项,则有权索赔并得到补偿。另一方面是承包人在施工的过程中,若监理工程师在发现承包人的施工缺陷后,没有在规定的合理时间内拒绝该工作,也可以认为监理工程师已默许并改变了原来的工程质量要求,这也构成推定变更。若后来监理工程师又拒绝接受认可该工作,就又属于不适当拒绝。因此而造成承包人不得不进行的缺陷修复或返工,可认为是因推定变更而引起,承包人可要求额外费用补偿。

[实例 8-7] 某承包人施工的桥梁工程,一分项工程为预制和吊装预应力混凝土空心板。合同规定,在预制浇注混凝土前,监理工程师应检查预应力筋和普通钢筋的布置情况,吊装后也应予以检查认证。经过承包人和监理人员的检查,均未发现错误。结果在两个月后,监理人员发现有两个小部分梁板有肉眼可见裂缝,仔细查找原因,才发现是吊装时把空心板的顶底面恰好吊反了,使下翼缘受拉区无受力的预应力筋。因此,必须进行补救。其补救费用为 37 580 元,承包人进行了补救工作,并同时提出索赔要求。监理工程师和业主拒绝了这一索赔,承包人提请仲裁。仲裁人员认为:虽然监理人员未检查出施工错误,但也未被授权担当承包人的施工班长。并且《范本》合同条款已明文规定,承包人应对自己失误造成的工程缺陷负责,即使有监理人员的检查和批准也不能免除或减轻承包人的任何责任。因此,承包人必须自费修补和改正缺陷,达到技术规范要求。

3. 干扰和影响了正常的施工程序

如果业主或监理工程师的行为实质上影响到承包人的正常施工程序,就构成了推定变更。由此产生的干扰会给承包人造成生产效率的降低,增加工程成本,即会使承包人不能按计划进行施工,导致停工、人员和机械设备闲置,以及其他额外费用的问题。因此,承包人有权提出索赔并得到相应的经济补偿。

4. 图纸与技术规范中的缺陷

由业主方提供的技术规范和图纸,应由业主负责任。若承包人按技术规范和图纸进行施工,如果出现了缺陷,则属于业主的失误和责任。从理论上讲,为了保护承包人的正当利益,起草技术规范和图纸方的业主,一般被认为提供了暗示担保:如果承包人遵守该技术规范,工程就能够达到合同的预定目标要求,即便是建成的工程不能令人满意,承包人也没有责任。如果是因技术规范和图纸有缺陷,则承包人有权向业主索赔由此而增加的额外成本费用。

5. 按技术规范和图纸工作的不可能

合同所要求的工作根本无法实现,即实际工作上的不可能;或者是合同所要求的工作不能在合理的时间、成本或努力之内完成,即商业上的不可行。承包人要以工作实施的不可能为理由得到补偿比较困难,况且在下列几种情况下承包人应自己承担风险:签订合同时已能预料到工作实施不可能;仅涉及到施工规范;图纸及技术规范等是由承包人自己提供的;合同中有明文条款规定承包人应承担这种风险。承包人若要对工作实施的不可能得到索赔补偿,则必须设法去证明:从法律和工程意义上看,技术规范所要求的工作是不可行的,并且是在签合同时承包人所完全不知道或无法合理预料到的,这种风险该由业主来承担。

〔思考题〕

1. 工程变更的内容是什么?
2. 工程变更分为哪几类? 各类变更的审批程序是什么?
3. 变更后估价包括几个方面?
4. 监理工程师审批变更的原则是什么?
5. 监理工程师在工程变更的管理方面应注意什么问题?
6.《范本》合同条款对计日工的使用有什么规定?

第九章 工程延期

公路工程建设项目当完成了立项及筹资工作以后，即进行工程建设的实施阶段，它包括勘察设计、施工等工作。这些工作的技术性很强，有可能预估工作的期限。为了使工程项目能尽快投入运营，以便早日发挥投资的效益，因此在每一项合同中必须确定完成该合同所包含的工作量的期限，以督促承包方积极进行工作。

限定工程的建设周期的重要性有以下几点。

首先使建设项目的功能能够按照国家或主管部门的需要及时发挥作用。经济发达国家的工程建设，虽然不存在国家制订的指令性计划，但是政府也运用行政手段对建设项目进行协调，指导投资的方向，使建设的各个方面比较均衡的发展。某一项工程建设不能在预定的时间完工，一般都会影响到其他方面的发展或影响到某项重要活动。例如重要的公路建设以及为国际体育重大比赛而进行的土建工程，其建设周期的重要性是不言而喻的。

再就对建设工程的各方而言，都有直接与建设周期联系的经济效益。业主要承担项目的建设费用，特别是要承担沉重的资金利息，周期越长，负担越重。建设项目早日建成，早日投产，早日实现资金回收，促进国民经济的发展。一般其收益比基建费用大得多，是投资者的主要目标。建设周期对承包人的经济效益的影响也是存在的。一个项目拖延越久，管理费用支出越大，影响到资金的周转，施工力量受到牵制，不能承接新的业务。此外，由于承担的工作不能按期完成，如果是由于承包人的责任。则要向业主支付拖期违约损失赔偿金，不仅有经济损失，还要蒙受到声誉的损失。

若某个环节不能按合同规定如期完成工作，会影响到其他所有环节，影响到其他的合同不能顺利进行，不仅使经济受损失，还要滋生出许多合同纠纷。

《范本》合同条款与 FIDIC 合同条件关于工程延期的规定十分相似，其最大的区别是有关时限的规定不同，详见第 12 章。所以本章在引用案例时，以使用 FIDIC 合同条件或《范本》合同条款的工程为例。

第一节 工程延期的种类与内容

公路工程中所有各类合同都应该在合同中明确规定完成工程或工作的期限或天数。

由于公路工程的施工周期较长，影响工期因素较多，引起争议的机会也多，所以主要对施工的工期加以论述，附带对有关设计等其他合同中相关必要内容予以论述。

在合同中根据情况可以有下列有关工期的条款。

(1)总工期的规定,从开工之日起,多少天内竣工,需在合同中订明合同总工期或交工、竣工时间。

(2)开工日期及未能按时开工按违约处理。

(3)延长工期的条件以及处理方式。

(4)拖延工期的责任和处理办法。

(5)中间暂停工程的责任划分及处理办法。

(6)交工条件和交工证书的颁发。

(7)缺陷责任期的时间及责任。

以上7项内容,在《范本》合同条款中都有具体的规定,处理准则具有可操作性。

一、工期延误的种类和内容

延误是指工程进度方面的延误,是由各种原因而造成的工程施工不能按原定时间要求进行。由于公路工程施工自身的复杂性,发生工程施工延误是比较常见的。延误实际上包括时间损失和经济损失两个方面的问题。一项延误是否可以由业主给予延长工期及经济补偿,这取决于引起该延误的原因是否可以预见、承包人或业主是否有过错以及合同中的文字规定。通常可以把延误分为可原谅延误与不可原谅延误;可补偿延误与不可补偿延误;共同延误与非共同延误;关键延误与非关键延误等。下面分别予以论述。

(一)可原谅延误与不可原谅延误

1. 可原谅延误

可原谅延误指允许延长工期的延误。非承包人过错所引起的工程施工延误,虽然不一定能得经济补偿,但应是可以原谅的。承包人有权获准延长合同工期。对什么是可原谅延误,各合同的规定不尽相同。在遇到具体情况时,必须按合同规定办理。合同中对可原谅会有判断标准。如规定"承包人无法控制的原因造成的"或"承包人无法控制的、非承包人过错或疏忽的、不可预见的原因所造成的"延误是可原谅延误。《范本》合同条款第44.1款规定:如果由于以下任一种情况而影响施工进度,且要影响的工程是处在工程施工进度网络计划的关键线路上,承包人有理由延长整个工程或单项工程的完工期限,监理工程师在与业主和承包人协商之后,应确定这种延长的期限并就此通知承包人,同时抄送业主。

(1)任何额外工作或附加工作的数量或性质;

(2)本合同条款中所规定的任何延误原因;

(3)特别恶劣的气候条件(将在合同专用条款中作出具体规定);

(4)任何由业主造成的延误、妨碍或阻挠;

(5)除去承包人不履行合同或违约或由其造成的延误以外,其他可能发生的特殊情况。

可原谅延误的种类主要有:

(1)不可抗力引起的延误,不可抗力是当事人所无法控制的;

(2)不利自然条件或客观障碍引起的延误,如《范本》合同条款第12条规定;

(3)特别恶劣的气候条件引起延误,由于下雨,雨量为过去20年平均值的2倍,某承包人延误了60天,监理工程师认为25天可原谅,另外35天为不可原谅的正常气候;

(4)特殊风险引起延误,如《范本》合同条款第65条规定;

(5)业主或业主代表原因引起延误。

[**实例9-1**] 某公路工程,业主与银行所签订的贷款合同中规定:银行在收到借款人(业主)与承包人正式共同签署的书面合同以后,才允许借款人从贷款部中提取款项。由于合同成立(投标)之后,整理和编印供双方正式签署该合同之前已经开工,所以就产生了一段时间差。在该期间业主没有资金来源,无法按合同规定向承包人支付款项,由此造成的承包人施工延误是可原谅延误。

(6)其他可原谅延误。

2. 不可原谅延误

不可原谅延误是指因可预见的条件或在承包人控制之内的情况,或由承包人自己的问题与过错而引起的延误。

如果没有业主或其代理人的不合适行为,没有上面所讨论的其他可原谅情况,承包人必须无条件地按合同规定的时间实施和完成施工任务,而没有资格获准延长工期。不可原谅延误构成承包人的违约。

不可原谅延误有许多种类,比如,由于承包人缺乏足够的财务能力、与承包人有直接关系的第三方造成的问题、分包人行为、承包人对现场条件的错误判断、不适当的施工组织管理、没有适当的施工设备和劳力等引起的延误,都是不可原谅延误。

[**实例9-2**] 某公路工程,为了避免加班工作及(或)今后可能支付延误赔偿金的风险。承包人要求将路基的完工时间延长40天。承包人的理由如下:

(1)特别严重的降雨;

(2)现场劳务问题;

(3)意外事故(不可抗力)损坏机械设备;

(4)监理工程师最近发布的一个变更令,即在原工地现场之外的另一地方附加了一项工作量较大的额外工作;

(5)不可预见的恶劣土质条件,使得路基施工的开挖及回填工作量大大增加。

监理工程师认为上述(1)、(4)及(5)所引起的延误是可原谅延误,所以批准延长工期28天。对现场劳务问题,监理工程师认为是属于承包人自己的责任,由此引起的延误是不可原谅延误。对意外事故,由于事故发生后承包人没有立即通知监理工程师,使得监理工程师未能检查事故发生的实际情况,所以对与此有关的索赔不予考虑。

(二)可补偿延误与不可补偿延误

可原谅延误又能进一步划分为可补偿延误与不可补偿延误。

1. 可补偿延误

可补偿延误是承包人有权同时要求延长工期和经济补偿的延误。一般因业主或其代理人的错误或疏忽而引起的施工延误都是可补偿的。对这种延误,如果业主一方适当加以注意,本来是可以避免的。判断延误是否可补偿的决定性因素是:是不是业主或其代理人应对造成该延误的情况负责,如果是,则是可补偿的,否则是不可补偿的。比如,监理工程师未能在规定时间内提供图纸或指示;出现不可预见的不利自然条件或客观障碍;监理工程师指示暂停工程;业主未能及时提供场地;业主拖延付款;合同变更等。由上述情况引起的延误都是可补偿延误。

2. 不可补偿延误

不可补偿延误是指可给予延长工期，但不能对相应经济损失给予补偿的可原谅延误。这种延误一般不是因双方当事人有错误或疏忽，而是由双方都无法控制的原因造成的。比如不可抗力、特别恶劣的气候条件、特殊风险、其他第三方原因造成的延误等。

(三)共同延误与非共同延误

1. 共同延误

共同延误是指两项或两项以上的单独延误同时发生。主要有两种情况：在同一项工作上同时发生两项或两项以上延误，在不同的工作上同时发生两项或两项以上延误。是从对整个工程的综合影响方面讲的"共同延误"。

第一种情况比较简单。只要每项延误的时间相同，它们对整个工程所产生的影响就是相同的。共同延误主要有以下几种基本组合：

(1)可补偿延误与不可原谅延误同时存在。在这种情况下，承包人不能要求工期延长及经济补偿，因为即便是没有可补偿延误，不可原谅延误也已经造成工程延误。

(2)不可补偿延误与不可原谅延误同时存在。在这种情况下，承包人无权要求延长工期，因为即便是没有不可补偿延误，不可原谅延误也已经导致施工延误。

(3)不可补偿延误与可补偿延误同时存在。在这种情况下，承包人可以获得工期延长，但不能得到经济补偿，因为即便是没有可补偿延误，不可补偿延误也已经造成工程施工延误。

(4)两项可补偿延误同时存在。在这种情况下，承包人只能得到一项工期延长或经济补偿。

[实例9-3] 某公路工程的某合同段发生了以下原因引起的停工：2001年6月25日至30日工地正常降雨；6月30日至7月3日承包人的施工设备出了故障；监理工程师向承包人提供后续图纸比规定的时间晚了10天(7月1日至10日)；7月5日至18日之间工地下了特大雨。这里同时存在不可原谅延误、可原谅延误、可补偿延误和不可补偿延误。综合分析的结果是，只有7月4日1天是可补偿延误，另外14天(7月5日至18日)是不可补偿延误，而其余9天(6月25日至7月3日)则是不可原谅延误。

第二种情况比较复杂。由于各项工作在工程总进度表中所处的地位和重要性不同，同等时间的相应延误对工程进度所产生的影响也就不同。例如，某项工作延误了5天可能不会影响整个工程按期完工，而另一项工作同样延误了5天就可能会使整个工程延期5天甚至更长。所以对这种共同延误的分析就不像第一种情况那样简单。比如，业主延误(可补偿延误)和承包人延误(不可原谅延误)同时存在，承包人能否获得工期延长及经济补偿？对此应通过具体分析才能回答。首先我们要分析业主延误和承包人延误分别对工程总进度造成了什么影响，然后将两种影响进行比较，对相互重叠部分按第一种情况的原则处理。最后，看看剩余部分是业主延误还是承包人延误造成的。如果是业主延误造成的，则应该对这一部分给予延长工期和经济补偿；如果是承包人延误造成的，就不能给予任何工期延长和经济补偿。对其他几种组合的共同延误也应具体问题具体分析。

关于业主延误与承包人延误同时存在的共同延误，对其经济损失问题有两种观点：一种认为双方都不能获得补偿；另一种则认为应该用一定的方法按双方过错的大小及所造成影响的大小按比例分担。如果该延误无法分解开，以前的老规则不允许承包人获得经济补偿，但现在一般都按一定的比例在双方当事人之间分担责任，允许相应的经济补偿。随着高级网络计划技术的应用，共同延误的可分解性已经大大提高。

［实例 9-4］ 某公路工程建设项目，承包人声称由于监理工程师停工指令、停工等待资料以及许多不及时的变更指示(包括现场指示、信件、草图、口头指令、修改后的图纸、会议决定及某些工程施工所必需的资料的不及时发布等)的影响，工程工期延误了 400 多天。但业主对此持相反的意见，认为延误是由于承包人自己施工速度慢、工艺差、材料供应不及时以及在进行计划安排时未考虑宗教节日等而引起的。双方不能达成协议，提交仲裁。仲裁人认为延误主要是由于监理工程师的停工指令和不及时的变更指令引起的，但承包人自己也有部分责任。最后仲裁人裁定业主承担 70% 的责任，承包人承担 30% 的责任，所以业主应对承包人的相应额外费用给予 70% 的补偿。

共同延误，最终的结果既可能是承包人可以获得工期延长和经济补偿，也可能是承包人要向业主支付拖期损失偿金。那么，究竟谁负有举证责任呢？如果承包人想从业主那里得到工期延长及经济补偿，则承包人必须划分和证明双方分别应负的责任；如果业主想从承包人那里得到拖期损失偿金，则业主也必须划分和证明双方的责任。

2. 非共同延误

是单一的只发生一项延误，而没有其他延误同时发生的延误。

(四)关键延误与非关键延误

关键延误是指在施工网络计划关键线路上发生的延误。非关键延误是指非关键线路上发生的延误。关键延误肯定会导致整个工程的延误，如果是可原谅的，则承包人可以获得工期延长。非关键延误，由于非关键线路上的活动都有一定的机动时间可以利用，具有一定的灵活性，所以在该机动时间范围内的非关键延误不会导致整个工程的延误，承包人不能获得工期延长。当然，一旦机动时间用完，则原来的非关键延误也就变成了关键延误。

非关键线路上的机动时间，不仅可以为承包人提供时间上的灵活性，也可以提供材料设备使用上的灵活性。比如，如果某关键任务急需材料，就可以从其他非关键任务上调用，而不致引起整个工程的延误。但是一旦机动时间用完，承包人相应的灵活性也就失去了。如果机动时间都是承包人自己用完的，他当然无话可说；但如果机动时间损失部分或全部是因业主引起的，则是否允许承包人延长工期就成为一个问题。关于谁拥有机动时间，主要有三种观点：一种认为承包人拥有机动时间，业主引起的任何机动时间的使用都要导致承包人有权要求延长工期；另一种认为业主拥有机动时间，只有业主引起的、影响整个工程完工的延误(扣除承包人使用的机动时间后)才能延长工期；第三种是，谁先使用机动时间就归谁，一旦失去对双方都失去。一般认为第三种观点比较合理。

虽然只有引起整个工程完工延误的可原谅延误，承包人才可以获得工期延长，但承包人可获得额外成本补偿的延误却不必是引起整个工程延误的延误。

［实例 9-5］ 某公路工程收费站的施工由于业主原因拖延了两年，虽然它没有引起整个工程的延误，但由于通货膨胀，材料设备及劳务的价格都有提高，从而导致承包人该项工程施工成本的增加。承包人本可以在这些价格上涨之前完成该收费站施工。所以，虽然未造成整个工程的延误，但承包人仍可以得到额外成本补偿。

至于是否发生了延误，是以合同规定的工程进度计划和完工日期为基础进行比较的。但还可能有一种特殊情况，即承包人施工计划中的完工日期要早于合同所要求的完工日期。如果承包人能证明其计划完工日期与实际完工日期之间的延误提出索赔，即便是实际完工日期未超出合同规定的完工日期。这种情况的理论依据是：虽然业主（或监理工程师）无义务帮助承包人提早完工，但他不能“不承担任何责任地”妨碍承包人提早完工。

二、施工加速（即“赶工”）的种类和内容

施工加速是指承包人不得不在单位时间内投入比原计划更多的人力、物力与财力进行施工，以加快施工进度。当承包人被指令（无论是直接地或推定地）以某种方式加快施工速度时，就发生了“施工加速”问题。如果监理工程师要求比原计划提前完成工程，或者发生了关键线路上的可原谅延误但监理工程师未批准延长工期，承包人必须按原定完工日期完工，这都导致工程施工加速。施工加速通常会引起成本的增加，比如，加班工资、效率降低损失（由于拥挤、干扰或加班引起的疲劳）、雇额外劳动力、采用额外材料设备、改变施工方法、提供额外监督等产生的额外成本，因一种工作加速而对其他工作产生的影响等。当然，由于施工加速，也可能会产生某些节约，在计算损失时应该将其用来抵减损失。无论在哪种情况下，如果产生了额外成本（非承包人过错引起的），则监理工程师应予证明，业主应给予补偿。必须注意，只有非承包人过错引起的施工加速才是可补偿的。如果承包人发现自己的施工比原计划落后了而自己加速施工以赶上进度，则业主无义务给予补偿，承包人还应赔偿业主一笔附加监理费，因承包人原因加快工程进度，使业主多支付了监理费，其依据是《范本》合同条款第46条。

甚至即便是承包人最终仍然没有能在原合同日期之前完工，他也可以要求“施工加速”的额外成本补偿。因为，在一般情况下，如果监理工程师没有明确指示“施工加速”必须达到使工程在原合同日期之前完工的目的，则仅仅是要求承包人尽最大努力加速施工。另外，如果“施工加速”导致了必须在某种不利气候条件下施工（正常情况下，这种气候条件下应该是停工的），承包人也可以要求在不利气候条件下施工的额外成本补偿。注意，这里的“不利气候条件”不一定非是“特别恶劣的”不可。

有时，即便是监理工程师没有明示或暗示承包人加速施工，承包人也可以要求加速施工的额外成本补偿。比如，业主延误使得工程必须进入雨季施工，工程可能要再延期3个月。承包人进行加班工作，赶在雨季开始之前完工，则承包人虽然不能以“施工加速”，但可以以“尽量减少损失”的理由取得额外成本补偿。

1. 直接指令加速

如果监理工程师指令比原合同日期提前完成工程，或者发生可原谅延误，但监理工程师仍指令按原合同完工日期完工，承包人就必须加快施工速度。这种根据监理工程师的明示指令进行的加速就是直接指令加速，监理工程师的这种指令可以被看作是《范本》合同条款第51条所规定的变更令。例如我国许多高速公路项目，业主要求监理工程师发布指示提前完工通车，监理工程师和承包人协商一起倒计时去制定进度计划，就是明令施工加速。这种情况下，业主应给予一定的赶工费。

一般由直接指令加速引起的索赔，在确定其合法性方面不会发生争议。

2. 推定加速

在有些情况下，虽然监理工程师没有发布专门的加速指令，但客观条件或监理工程师的行

为已经使承包人合理意识到工程施工必须加速,这种加速就是推定加速。推定加速与指令加速在合同实施中的意义是一样的,只是在确定是否存在推定指令时,双方比较容易产生分歧,不像直接指令加速那样明确。

《范本》合同条款的第46条规定:如果由于某种原因承包人无权要求延长工期,由此造成的施工加速,承包人无权获得补偿。虽然该条款没有对相反的情况,即承包人有权要求延长工期的情况作出规定,但是从大多数国家的法律来看,并将《范本》合同条款的有关条款联合起来考虑,可以得出这样的结论:即便是没有直接加速指令,这种情况也构成了推定加速,承包人有权获得额外补偿。

为了证明推定加速已经发生,承包人必须从以下6个方面来证明自己被迫比原计划更快地进行了施工。

(1)工程施工遇到了关键线路上的可原谅延误,按合同规定应该获准延长工期。承包人需要证明该延误是他不能控制的,不是因自己或其分包人的过错或疏忽造成的。承包人并不一定非要证明该延误是业主引起的不可,只要能证明它是不可预见的,非承包人原因造成的,根据合同规定应允许延长工期就可以了。

(2)承包人已经特别提出了要求延长工期的索赔申请。如果没有这种申请,监理工程师一般没有义务对造成延误的任何情况作出反应。

(3)监理工程师拒绝或未能及时批准延长工期。监理工程师有义务在合理时间内对承包人的申请给予答复,以便承包人相应调整施工;否则,承包人可能被迫加速施工。"合理时间"是一个不明确的概念,不太好掌握。但总的原则是,监理工程师不能直到承包人被迫加速施工以后才批准延长工期,并声称承包人是自愿加速施工的。更常见的情况是,监理工程师可能会明确地或通过行为表明拒绝批准延长工期。

(4)监理工程师已以某种方式表明工程必须按合同时间完成。监理工程师的行为是否可解释为要求工程按原计划完成的推定指令?其判断的标准是,一个讲理的承包人在类似情况下是否会合理地把监理工程师的某种行为解释为推定加速指令。诸如发布未允许延长工期的指令、不考虑计划安排要求立即交货、拒绝接受标明不能在原定时间内完工的最新关键线路计划等,都可以看成是推定加速指令。另外,某种对承包人有巨大压力的监理工程师行为也可能构成推定加速指令,比如违约威胁。

(5)承包人已经及时通知监理工程师,自己认为监理工程师的行为已构成了要求加速施工的推定指令。通常,根据合同规定,这种通知是承包人维护自己的索赔权利所必需的。它可使监理工程师(或业主)及时意识到可能将要承担额外补偿的义务,使他有机会采取措施减少成本或采取其他替代方案,同时他也可以证明承包人不是自愿加速的,从而保护承包人自己的利益。

(6)这种推定加速实际上造成了施工成本的增加。承包人要证明的最后一点是,作为推定施工加速的结果,实际上发生了额外成本。如果上述所有五个方面都有说服力,但没有发生额外成本,当然也就不可能得到任何补偿,所以必须特别注意查明和证明因施工加速所发生的额外成本。在假定没有施工加速的情况下,如果所有或部分额外成本也会发生,则承包人的补偿要求就会被拒绝或折扣。

[实例9-6]　某工程公司承建一项路基工程,承包人计划将路基挖方路段的土移到填方

路段,但由于开工的头3个月当地下了大雨,土质非常潮湿,实际上无法采用这种施工方法,承包人几次书面要求业主和监理工程师给予延长工期。如果延长工期,就可以等到土质干燥后再使用原计划的移挖补填的方法。但监理工程师和业主坚持,在承包人提交来自国家气象局的证明文件证明该气候确实是非常恶劣之前,不批准延期。为了按期完成工程,承包人不得不在恶劣天气期间进行施工。由于不能采用移挖补填的方法,承包人将路基开挖的湿土运走,再运来干土填筑填方路段。承包人因此而向业主提出了额外成本索赔。在承包人第一次提出延期要求的18个月以后,业主和监理工程师同意因大雨和湿土而延长工期,但拒绝承包人的上述额外成本补偿索赔,因为合同并没有保证移挖补填法一定是可行的。承包人坚持认为自己已按业主和监理工程师的要求进行了加速施工,所以提交仲裁。仲裁人考察了下列5个方面,同意承包人的意见。

(1)承包人遇到了可原谅延误,因业主最终批准了延期;

(2)承包人已及时提出了延期申请,后又提交了详细书面材料;

(3)业主未能在合理时间内批准延期,既然现场的每个人都知道土质潮湿,不能用于回填,就不必要求来自气象部门认可的文件;

(4)业主和监理工程师的行为表明了他要求承包人按期完成工程;通过未及时批准延期等行为,业主和监理工程师已有力地表达了希望按期完工的愿望,这实质是已经有效指令承包人按期完工,也就是指令承包人加速施工;

(5)承包人已证明实际上确实已加速施工,并发生了额外成本。移挖补填法是本工程最合理的施工方法,要比运出湿土,运进干燥填料的方法便宜许多。

第二节　工程延期的申请与审批

一、承包人如何申请延期

根据《范本》合同条款第44.2款的规定,承包人在首次出现合同条款第44.1款规定的需延期情况后的14天之内,除非承包人向监理工程师提出申请延期,并向业主递交申请延期副本,否则监理工程师不予考虑。但作为监理工程师站在公正立场上来看,特别是我国国内一些承包人不熟悉合同条款,在某些情况下,即使承包人没有提出延期申请,监理工程师也有权给予延期(如延误是业主造成,而这种延误肯定会影响整个工程完工期)。一般来讲,以提醒承包人申报延期的方法为好。

承包人在非自己原因引起工期延误时,应在该事件发生之后,立即写一份申请延长合同工期的通知,定性地先报与监理工程师,并报业主备案;随后详细列出自己认为有权要求延期的具体情况、证据、记录和网络计划图等,以供监理工程师审批。承包人申请与监理工程师审批工程延期的程序如图9-1所示。

二、监理工程师审批延期的程序与依据

监理工程师在收到承包人的延期申请和详细补充资料及证据后,应在合理时间内进行审查、核实与详细计算,不应无故拖延时间,以免出现承包人声称被迫加速施工,而要求支付赶工

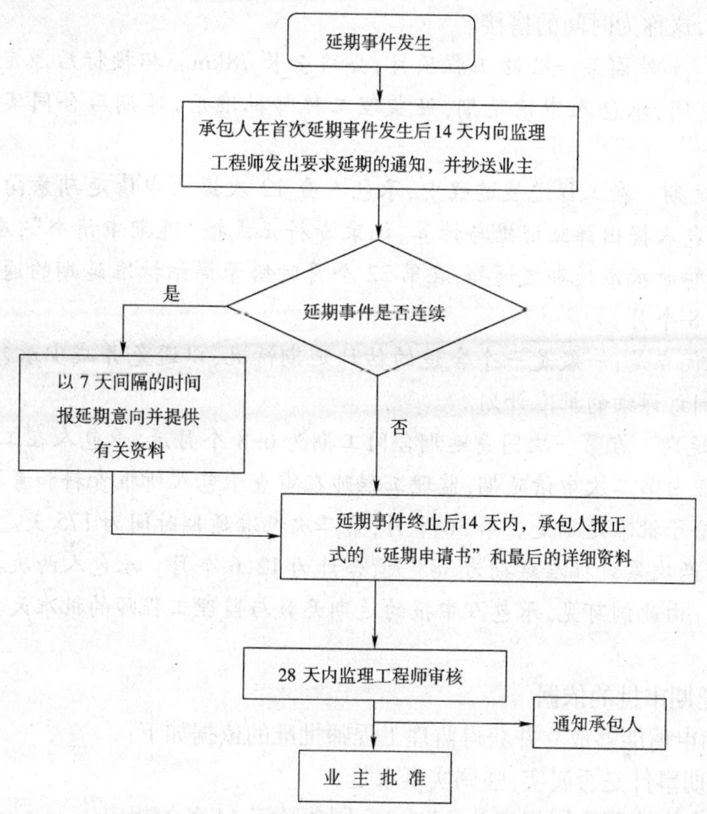

图9-1 工程延期的申请与审批程序

费用。

在延期审批过程中,驻地监理工程师的原始记录,如“监理日志”、“天气记录”等,是很关键的证明材料。当延误发生时,驻地监理工程师对承包人延误的事实、时间、人力、机械设备的闲置以及能否重新调整计划等,均应有详细的记录。否则,将会给承包人延期申请的审批带来困难。

(一)监理工程师审批延期的程序

1. 暂时批准

在《范本》合同条款中,对监理工程师作出延期决定的时间有明确规定。但在实际工作中,监理工程师必须在合理的时间内作出决定,否则承包人可以由于延期迟迟未获准而被迫加快工程进度为由,提出费用索赔。为了避免这种情况发生,又使监理工程师有比较充裕的时间评审延期,对于某些较为复杂或持续时间较长的延期申请,监理工程师可以根据初步评审,给予一个临时的延期时间,然后再进行详细的研究评审,书面批准有效延期时间。合同条款规定,暂时批准的延期时间不能长于最后的书面批准的延期时间。

2. 最终批准

严格地讲,在承包人未提出最后一个延期申请时,监理工程师批准的延期时间都是暂定的延期时间,最终延期时间应是承包人的最后一个延期申请批准后的累计时间,但并不是每一项延期时间都累加。如果后面批准的延期内包含有前一个批准延期的内容,则前一项延期的时间不能予以累计,这称为时间的搭接。

[实例9-7] 如外国某一公路工程项目,公路全长78km。招投标后原定合同工期为30个月,工程实施期间,承包人申请延期,经监理工程师批准后,延期后合同实际工期为42.6个月。

(1)第一次延期。在工程进展过程中,承包人分12次提出申请延期意向书,到工程进展到27个月时,承包人提出详细证据与计算、记录资料正式报"延期申请书",在第29个月时,监理工程师给予暂时批准延期之通知,在第32个月时给予详细批准延期的通知,共审查批准延期208天即6.8个月。

暂时批准的优点是:一般是一个合适的估计延期情况,以避免并减少承包人提出索赔费用,同时又可再制订详细的批准计划。

(2)第二次延期。在第一次同意延期合同工期为6.8个月后,承包人在工程进展到35个月时,又以8个理由第二次申请延期,监理工程师在审查承包人所报资料和考察工地实际情况后,第二次正式给予批准延期是在第36个月,第二次批准延期时间为175天。

监理工程师两次累计批准延期为383天,合计为12.6个月。承包人两次共提出申请延期天数为1402天。由此例可见,承包人申报的延期天数与监理工程师的批准天数是会有很大差别的。

(二)工程延期审批的依据

承包人延期申请能够成立并获得监理工程师批准的依据如下:

(1)工程延期事件是否属实,强调实事求是;

(2)是否符合本工程合同规定及《范本》合同条款第44条的规定;

(3)延期事件是否发生在工期网络计划图的关键线路上,即延期是否有效合理;

(4)延期天数的计算是否正确,证据资料是否充足。

上述4条中,只有同时满足前三条,延期申请才能成立。至于时间的计算,监理工程师可能根据自己的记录,作出公正合理的计算。

上述前三条中,最关键的一条就是第三条,即延期事件是否发生在工期网络计划图的关键线路上。因为在承包人所报的延期申请中,有些虽然满足前两个条件,但并不一定是有效和合理的,只有有效和合理的延期申请才能被批准。也就是说,所发生的延误工程部分项目必须是会影响到整个工程项目工期的工程。如果发生延误的工程部分项目并不影响整个工程完工期,那么,批准延期就没有必要了。

项目是否在关键线路上的确定,一般常用方法是:监理工程师根据最新批准的进度计划,分道路(路基、路面)和结构两大部分,哪一部分工期长,哪一部分就在关键线路上。对于只有独立结构物的工程合同,也可根据进度计划来确定关键线路上的分部工程项目。另外,利用网络图来确定关键线路,是最直观的方法。

例如前述例子所讲,承包人申请延期1402天,其中有697天在非关键线路上,监理工程师就不予批准延期。

(三)延期审批应注意的问题

(1)关键线路并不是固定的,随着工程进展,关键线路也在变化,而且是动态变化。随着工程进展的实际情况,有时在计划调整后,原来的非关键线路有可能变为关键线路,驻地监理工程师要随时记录并注意。

(2)关键线路的确定,必须是依据最新批准的工程进度计划。

三、加强工程进度控制,尽量避免和减少工程延期

关于工程延期问题,应尽量避免和减少,使工程能按期或提早完工,发挥其工程效益。对于道路工程项目,一般地讲,因拆迁延误、工程暂时停工或工程变更过多等容易引起延期。监理工程师应及时提醒和告知业主,做好参谋和顾问。要尽量减少和避免延期,还需业主的协调和大力支持。

根据国内高速公路工程项目实践过程中的经验和教训,要防止工程延期的发生,就必须做到以下几点:

(1)不管是监理工程师还是业主和承包人,都必须熟悉和掌握《范本》合同条款和技术规范,严格遵守和执行合同;

(2)作为业主应多协调,少干预,必须尽量避免由于行政命令的干扰引起的工程延误;

(3)应尽量避免由于图纸延迟发出、征地拆迁延误、工程暂停和不按程序办理工程变更等引起的延期;

(4)监理工程师必须掌握第一手原始资料,认真作好"监理日志"等原始记录,以了解工地现场的实际情况;

(5)监理工程师必须对承包人的进度计划安排给予充分重视。

四、延期在工程项目中的应用

(一)延期计算方法

依据《范本》合同条款中第 44 条,监理工程师处理和批准延期的程序、依据等前面已叙述。知道了原则后,究竟如何应用于工程项目中,去审查、核实、计算工期延长的天数是很重要的。国内外工程承包实践中,对延期天数的计算有下面几种方法。

(1)工期分析法。即依据合同工期的网络进度计划图,考察承包人按监理工程师的指示,完成各种原因增加的工程量所需用的工时,以及工序改变的影响,算出进度损失以确定延期的天数。

(2)实测法。实测承包人按监理工程师的书面工程变更指令完成变更工程所用的实际工时。

(3)类推法。按照合同文件中规定的同类工作进度计算工期延长。

(4)工时分析法。某一工种的分项工程项目延误事件发生后,按实际施工的程序统计出所用的工时总量,然后按延误期间承担该分项工程工种的全部人员投入来计算要延长的工期。

(5)造价比较法。若施工中出现了很多大小不等的工期索赔事件,较难准确地单独计算且又麻烦时,可经双方协商,采用造价比较法确定工期补偿天数。

(6)折合法。当计算出某一分部分项工程的工期延长后,还要把局部工期转变为整体工期。这可以用局部工程的工作量占整个工程工作量的比例来折算。

(二)工程延期处理实例

我国京津塘高速公路工程项目,在按照 FIDIC 合同条件(与《范本》合同条款有关规定相

似)处理工程延期等方面积累了宝贵的经验,在这里举例说明。

[实例9-8] 京津塘高速公路一号合同北京段由于气候异常提出的延期,具体情况如下:

北京合同段:1988年7、8月份,北京地区连降大雨,降雨量超过本地区20年平均水平。由于大雨的影响,迫使正在施工的路基土方工程停工。为此,承包人根据FIDIC合同条件第44条的规定,提出延期申请。

1. 承包人申请延期证据

承包人随工程延期申请附上了1988年7、8月份的降雨量、降雨天数和前20年平均降雨量、降雨天数的对照表以及工地施工记录。前20年平均降雨天数和降雨量为向当地气象局索取的统计资料,1988年的为施工现场实测资料。这些资料见表9-1、表9-2和表9-3。

北京地区过去20年气候数据(1968~1987年) 表9-1

月份	项 目	朝阳区	通 县	大兴县	平均值
7月	降雨量(mm)	186.9	161.6	176.4	175.0
	降雨天数(天)	13.6	15.4	13.3	14.1
8月	降雨量(mm)	187.2	175.2	181.3	181.2
	降雨天数(天)	12.9	13.6	11.9	12.8

北京地区1988年气候数据 表9-2

月份	项 目	朝阳区	通县	大兴县	平均值	施工现场
7月	降雨量(mm)	260.6	220	248.0	243.0	286.6
	降雨天数(天)	17.0	16.0	17.0	16.7	10.0
8月	降雨量(mm)	255.8	264.4	243.3	254.5	407.5
	降雨天数(天)	14.0	15.0	16.0	15.0	12.0

注:朝阳区、通县、大兴县均是施工现场附近的几个区县。

降雨量比较表 表9-3

月份	观测值		施工现场	超过率
	1968年~1987年	1988年		
7月份	175	243	286.6	1.64
8月份	181.2	254.5	407.5	2.25
合计	356.2	497.5	694.1	1.949

上表表示,在施工现场,7、8月份的降雨量分别为常年降雨量的1.6倍和2.3倍,7、8月份2个月的降雨量是常年降雨量的1.9倍。

承包人又申述:在7、8月份的62天中,实际只有6天进行了土方工程施工。其原因是由于全线大部分土是粉质黏土,这种土遇水含水量易增高,且施工现场地下水位只有1.5m,而路基高度平均只有1.6m,所以土方吸收了大量的雨水不易晒干,在这种情况下不能进行施工操作。

计算方法:预计工作日与实际工作日的差值为其所需延期天数。

预计工作日计算方法:

日历天数-(20年平均降雨天数×影响系数)=预计工作日

计算结果见表9-4。

承包人延期申请计算结果表　　表9-4

月份	预计工作日	实际工作日	差　值
7月份	31 - 14.1 × 0.7* = 21.1(天)	6(天)	15.1(天)
8月份	31 - 12.8 × 0.7* = 22.0(天)	0(天)	22.0(天)
合计	43.1(天)	6(天)	37.1(天)

* 其中0.7的系数是承包人根据高速公路施工经验所得。

申请延期天数:37天。

2. 监理工程师评估意见

(1)承包人的延期申请符合合同通用条款第44条和专用条款第44.2(a)子款,且发生的延误在关键线路上。根据合同专用条款第44.2(a)子款规定,延期申请可以接受。

(2)承包人延期申请报告中,采用0.7的系数来预计工作日的方法,因缺乏可靠依据,所以不能接受。应采用通常将一个下雨日等于1.5个非工作日的办法进行计算。

(3)采用承包人提供的最近20年的降雨平均记录及今年的降雨记录,并采用1.5的影响系数,则由于降雨天数引起的差额工作日为:

7月份:　　(14.1 - 16.7) × 1.5 = -3.9 = -4(天)

8月份:　　(12.6 - 15) × 1.5 = -3.3 = -3(天)

即由于降雨天数差额而需弥补的工作天数为7天。

(4)由表9-5可以明显看出,1988年7~8月份雨量远大于按20年统计的7~8月份平均降雨量,分别超出38.9%和40.1%。施工现场雨量更大,分别超出63.8%和124.9%,而采用1.5系数的计算方法,仅仅体现了常规雨量及下雨天数的影响,没有真正反映特殊雨量和特别异常恶劣气候的影响。因此,以此计算出的天数显然不尽合理。承包人在报告中提出7~8月份实际工作仅6天,经驻地监理工程师核实,基本可以接受。考虑雨天对工作的综合影响及实际工作情况,则由于异常降雨所引起的差额工作日为:

7月份:　　31 - (14.1 × 1.5) - 6 = 3.85 = 4(天)

8月份:　　31 - (12.8 × 1.5) - 0 = 11.8 = 12(天)

即综合考虑各方面由于异常雨天的影响,对承包人所提7~8月份由于异常降雨所引起的工程延期的申请报告,批准为16天。

监理工程师用降雨量比较表　　表9-5

月份	项　　目	20年平均值	1988年平均值	差　额
7月份	降雨量(mm)	175	243.0	超38.9%
	降雨天数(天)	14.1	16.7	多2.6
8月份	降雨量(mm)	181.2	254.5	超40.5%
	降雨天数(天)	12.8	15.0	多2.2

[实例9-9]　由于工程变更所引起的工期延长。

1. 变更原因

北京合同段:京津塘高速公路STA.0 + 600 ~ 1 + 450段为下穿式铁路顶进桥引道,地下水位较高,最高地下水位标高为32.3~29.84m,而该地段高速公路路堑最低点标高为29.94m,水头高差最大达2.36m。原设计该路段为连续式钢筋混凝土路面及扶壁式挡墙,对混凝土路面的纵、横缝,扶壁式挡墙与路面的缝隙在水头作用下可能出现的涌水,冻胀等未予重视。同时,原设计的排水泵站,也未考虑地下水的涌入量。故业主提出对此段作出变更设计,变更后的结构形式为钢筋混凝土U形槽。由于变更设计后,变更设计图纸迟迟未能发出,影响了承包人的工期。

2. 承包人的申请延期

承包人根据合同条件第6.4款。业主方迟交图纸延误了工期,特提出工程延期申请。申请延期天数:523天。

3. 该延期事件特点

这项延期是比较特殊的一个,由于在工程刚开始阶段,业主提出变更要求,直到第二年(1989年)6月1日起,才陆续提供图纸,完全打乱了承包人的施工计划安排。工程性质也与原工程不一样,无法按常规的办法,即按承包人原来的施工计划与实际延误时间来确定工程延期的天数。

4. 工期计算

承包人提出根据《全国市政工程施工工期定额》(试行)来计算合理工期的方法,并提交了关键线路网络图和详细的工期计算等资料。

5. 监理工程师的评估意见

(1)合同条件

承包人根据合同专用条件第6.4条提出延期交图而导致工期延长,但延期交图完全是由于工程变更引导起的,故应根据合同专用条件第44.2(b)、(c)子款提出工程延期才更适用、更合理。

根据合同专用条件第44.2(b)、(c)子款,此项延期发生在关键线路上,该项延期申请可以接受。

(2)开工时间

承包人提出该段工程恢复施工起始日期为1989年10月6日,其中U形槽施工起始日期为1989年10月29日,而不是监理工程师确定的1989年9月12日。理由为9月12日为交图日期,之后还需要加上熟悉图纸、制定施工组织计划的时间。

事实上,最后提供的平面总体施工图为1989年9月12日,但其他图纸均从1989年6月1日起陆续提供,承包人并没有影响及工程进展的资料记载,以1989年9月12日作为该段正式恢复施工的起始日期是合理的。承包人的理由不充分,不能接受。

(3)工程延期的测定

①工期的测算方法。在交通部尚没有工期定额的情况下,承包人采用中华人民共和国建设部颁发的《全国市政工程工期定额》作为工期测算的依据进行替代计算。由于此《工期定额》具有较高的权威性和合法性,因此,该测算方法可以接受。

②该段工程的关键线路。涉及该段的工程单项有铁路顶进桥一座、跨线桥一座、U形槽工程850m和路面工程950m。承包人制定的该段工程网络计划中,U形槽部分路面为关键线路,经监理工程师审核,认为是合理的。

③工期测算。在确定了该段工程的关键线路后,只需计算关键线路上工程的工期即可。根据《工期定额》规定,整个工期由基本工期加上附加工期组成。

基本工期。由于《工期定额》中没有与之相应的U形槽工程,故采用与U形槽相近的方沟工程工期定额进行代换的近似方法。方沟工程计算的基本工期是237天,采用1.47的代换系数,代换后的基本工期为237×1.47=349(天)。

附加工期。施工排水:根据《工期定额》承包人可以得到施工排水工期,定额中的调整系数为0.58,考虑到系数中所含的工作内容与实际不尽相同,相应的系数应予以折减,故采用0.58的2/3,即0.39的调整系数,即349×0.39=136(天)。

冬、雨季:根据《工期定额》总说明第九条,应补偿冬、雨季的工期。考虑到实际工程(按计算工期计算)将经过两个冬季一个雨季,故每个冬季补偿一个月,雨季补偿15天,即30×2+15=75(天)。

U形槽共需工期:349+136+75=560(天)

关键线路共需工期:根据承包人的网络计划,在关键线路上的部分道路工程工期需30天,则该段工程关键线路上的项目最终总工期为:560+30=590(天)。

(4)延期决定

原合同竣工期是1990年6月23日,该段工程开工期是1989年9月12日,应扣除此段时间共285天,故此项延期为:590-285=305(天)。

最后批准延期305天。

〔思考题〕

1. 承包人申请延期有无时间限制?监理工程师审批延期的时间有什么规定?
2. 延期如何分类管理?各种类型的含义是什么?
3. 监理工程师审批延期的程序和依据是什么?
4. 延期案例分析。

第十章　工程费用索赔

由于公路工程项目工期长、规模大、技术含量高且复杂；加上地质水文条件的不确定性和随机性、气候条件影响及市场经济波动影响等；再加上任何程序的工程设计都会有考虑不周以及和实际不符之处，这些都可能导致追加额外工作项目及工期变化，使承包人实际成本超支，遭受到经济损失。因此，在由业主和承包人分担不确定性风险的合同条件下，承包人依据法律及合同规定，对并非由于自己的过错或疏忽，并且属于应由业主承担责任的情况所造成的实际损失或额外费用提出请求给予补偿的要求，这就叫承包人向业主的索赔，这是正当合理的。反之，若承包人给业主造成了经济损失，业主也有权向承包人要求补偿经济损失，我们常把业主向承包人的要求补偿叫反索赔。总之，公路工程建设中的诸多问题，其核心还在于经济利益问题。本章主要讨论分析索赔的概念、造成索赔的原因及分类、依据《范本》合同条款规定的索赔程序和方法、业主的反索赔方法等，以便对于索赔有一个理论性的正确认识，并且将索赔理论与工程实践相结合，使其具有实用性和可操作性。

《范本》合同条款关于费用索赔的规定与 FIDIC 合同条件十分相似，其最大的区别是有关时限的规定不同，详见第十二章。所以本章引用案例时，以使用 FIDIC 合同条件或《范本》合同条款的工程为例。

第一节　费用索赔概述

一、索赔的概念

索赔的概念很广泛，概括地讲，是作为经济合同中合法的所有者及权利方申请或要求他认为自己应该得到的资格、权益或付款，也就是索取赔偿。公路工程项目承包合同，是业主和承包人双方权利和义务对等的合约。当事人任何一方既享有合同所赋予的权利，又必须履行合同中所要求的责任和义务。这样合同才能如期完成，双方才能享有各自的权利。一旦任何一方没有履行自己的义务，就造成违约行为。若这种违约行为给另一方造成损失，违约方必须按照法律和合同的规定给对方以补偿，这是很正常和合理合法的情况，并非是对任何一方的不友好或处罚行为，只是对实际损失或额外费用的一种补偿。从《合同法》的规定出发，容许索赔是双方当事人平等、自愿、公平的合同法律关系的体现。因此，对于费用索赔必须要正确对待。

索赔的重要性已被越来越多的公路工程界人士认可。索赔的内容，就是依据施工承包合同的规定，对合同价格予以适当的调整，使合同双方的权利和经济利益更加趋于平衡。《范本》合同条款中，专门将索赔问题作为一节，对索赔程序和方法作了明确、合理而又可操作的规定。

二、索赔的机会与分析

工程实施中的索赔机会是客观存在的，承包人要发现和及时抓住索赔机会，必须要学会对比分析，抓主要矛盾。国内外工程承包实践表明：合同条件的分析与运用、工程进度分析、工程成本分析和索赔具体事件分析，是搞好索赔工作的重点所在。

1. 合同条款的分析和运用

每一个公路工程项目合同，都有其合同条款的规定。而国际工程承包界常用的合同条款，首推国际咨询监理工程师联合会制订的《土木工程施工合同条件》（FIDIC 合同条款）。现在广泛使用的1987年出版的第四版和1999年出版的第五版FIDIC合同条款在索赔方面的处理较公正合理，对维护业主和承包人双方的经济利益均有利。国内公路工程项目采用的《范本》（2003年版）合同条款与FIDIC的《土木工程施工合同条件》（1987年版）十分相似。以索赔程序为主题，《范本》合同条款第53条分为5个分条款，作了详细具体的索赔规定。在《范本》合同条款第60.15款中，对报送索赔款额时间界限也提出了具体要求，使承包人依据合同条款可以很好地进行工程施工及索赔。

《范本》合同条款中，除了上述两条款之外，还有一些合同条款具体规定了承包人可以引用的索赔条款，总计有22条之多。同时，也有合同条款规定了业主可以引用的反索赔条款，共有11条。因此，无论是承包人还是工程业主，都要信守合同，平等诚实，按合同规定办事，否则一旦给对方造成经济损失，都应当给对方予以补偿。

应用《范本》合同条款进行索赔，则必须熟悉和掌握《范本》合同条款，领会《范本》合同条款的实质精神。只有熟练地应用《范本》合同条款者，才能及时发现索赔机会，提出索赔要求，并写明索赔所依据的合同条款，争取索赔的成功。承包人依据《范本》合同条款进行的索赔，一般可以得到的利益有以下几种：

（1）延长工期。即由于客观原因或非承包人的主观原因造成的工程进度受阻，使承包人有权获得施工工期的延长，使工程竣工之日顺延。见前面第九章所述。

（2）工程费用的补偿。由于额外的工作或工程量增加，承包人的工程成本大大增加。承包人有权依据《范本》合同条款，提出索赔要求，以获得经济补偿，弥补其额外的施工费用支出。

（3）工程利润的索赔。当业主或监理工程师指令工程变更新增工作量，如进行额外的地质钻探等，依据《范本》合同条款，承包人有权索赔到应得的利润付款。

利用《范本》合同条款进行具体索赔，我们将在后面详细论述。这里应注意的是，应用《范本》合同条款索赔不是孤立的用单一条款，因为往往一项索赔事件发生时，会牵涉到几个合同条款，需要统筹考虑综合应用。《范本》合同条款的规定相当严谨和具有逻辑性，但又不乏其灵活性。同一项索赔事件，也有因引用的《范本》合同条款不同而发生争执的情况。因此，对于搞索赔及合同管理人员来说，既要熟悉合同条款及相关的法律规定，又要懂得工程技术和经济核算体系，在工作中增长索赔知识和经验，才能慢慢地使索赔工作顺利地开展。

2. 工程进度分析

大型公路工程项目施工中,制订和执行工程进度计划是很重要和严格的。工程进度计划的制订应符合客观情况,综合考虑承包人自身的组织管理、施工技术、人员和机具设备情况等,使计划切实可行。依据《范本》合同条款规定,合同双方都要受到工程进度计划的约束。无论业主还是承包人干扰了计划执行,使对方蒙受损失,都应给予补偿。通过采纳和执行双方同意的工程进度计划,当事人双方就承担了某些明示或隐含的义务和保证。明示保证基于合同本身的明文规定,而暗示保证则基于另一方的合理期望。

工程进度计划的执行过程中,由于主观或客观各种因素的干扰,与实际进度总有差异。这就需要一方面调整进度计划,另一方面分析比较工程实际进度与原计划进度之间的差异原因,是否存在着可据以索赔的工程变更、业主延误干扰等情况,以便及时抓着索赔机会,进行索赔。

依据《范本》合同条款的规定,承包人索赔的提出必须在索赔事件始发的21天以内及时报告,否则,业主和监理工程师有权认为承包人自己放弃了索赔的权利,拒绝承包人的索赔要求。因此,承包人必经加强时间观念,将工程索赔事件和工程进度计划的执行同等看待,以免索赔申请提出太迟,失掉索赔时机,使索赔失败。

索赔还应适时进行,要求承包人将工程项目施工中发生的索赔事件,按发生的时间次序,与整个工程的进度安排,统筹考虑,以免拖延不决。承包人的索赔报告应在索赔事件发生后、合同条款规定的时间内尽早提交,并抓紧时间要求解决答复。否则,对每一个索赔事件的发现、申请、查证和协商解决等,花费或拖延了时间,一旦拖至工程完工,索赔要求就会成为一纸空谈。

对于索赔机会的寻找和分析,应该从投标阶段就开始,一直延续至工程建设全过程。一般地分析,从工程进展到四分之一到快完工这段时间内,是解决索赔问题有效时期,大量的索赔事件应尽可能在这一时期得到解决。整个工程项目的索赔协商谈判和解决,应该集中于工程施工快完工的前后,不应再拖延。一般应在工程项目全部完工前夕解决一切索赔纠纷问题。

3. 工程成本分析

要寻找和及时抓住索赔机会,承包人的人员必须熟悉工程成本的构成要素,并具有控制和分析比较工程成本实际发生与预算成本的差异的能力,以便进行费用索赔。因此,必须注意以下三个方面的问题。

(1)合理和细致的工程成本预算体系。工程成本预算是承包人根据业主的招标要求,并结合工程实际情况和市场行情等而编制的工程费用的基本估算。工程成本预算的合理与否,是承包人能否中标的重要因素之一,是承包人进行工程成本控制的重要依据。

详细的工程预算可以准确计算出实际工程成本与预算成本的偏差,可以查找实际工程成本超支的原因,以便发现施工承包合同实施过程中的索赔机会,从财务方面合理分离及分配成本,准确地计算出相应的经济损失,为索赔提供有力而准确的证据,例如工程量或人工工时数中即潜在着索赔机会。如果实际发生数与预算的比较,可以表明工时和工程量的增加,导致人工费和机械设备费的增加并超出了原预算,使工程成本超出预算,即可提出索赔。

承包人提出索赔报告后,监理工程师和业主要评审索赔报告,并提出质疑,有时还要求承包人递交投标时编制的工程预算以作为评审比较的基础。若承包人不能出具这种合理的预算,则会使索赔缺乏证据和说服力,而导致失败。因此,承包人必须重视工程预算体系,将其作为成本分析的基础,以利于工程索赔工作的进展和成功。

(2)进行工程成本差异分析。当实际工程成本和预算工程成本有出入时,承包人就必须采用有效的方法进行分析。成本差异分析是用于发现实际成本与预算成本偏离原因的一种好方法。成本差异分析的常用公式如下:

实际成本 = 实际用量 × 实际单价

实际花费预算成本 = 实际用量 × 预算单价

预算成本 = 预算用量 × 预算单价

价格差异 = 实际成本 - 实际花费预算成本

数量差异 = 实际花费预算成本 - 预算成本

成本总差异 = 价格差异 + 数量差异

同时:成本总差异 = 实际成本 - 预算成本

工程成本差异分析是有效成本分析的重要内容之一。成本差异可以由多种原因引起,若是由于非承包人的客观原因或业主等原因造成,承包人则可针对这种差异分析提出索赔申请,并准备经详细计算的索赔费用报告;若是由于承包人自身施工管理或技术上的错误,或预算工程成本有误,可通过合理的成本差异分析发现错误,并予以改正。

[实例 10-1]　某公路工程施工合同,承包人发现雇佣当地劳务费用比原投标预算值增加了 215 万元,于是进行了实际人工费与预算人工费的比较分析,找出了下列原因。

①劳务人员工日数大量增加。主要原因是当地劳工合法的探亲休假时间比合同规定的时间要长得多,需增加劳务去替换休假人员;还有,当地劳工的素质与合同规定的有差异,其工作能力与其职称等级不相称,也需增加人员去弥补工作能力的差异。该项综合计算人工日数已增加了 5.3 万个,计 85 万元。

②劳务人员劳务费等级提高。受工程项目所在地的物价上涨和工资调整诸因素的影响,劳务人员劳务费迅速增加,此项已多支出了 130 万元。

查出原因后,承包人则立即提出索赔要求和申报表,以获得应有的经济补偿。

(3)有效的财务核算制度。财务核算制度是用货币的手段,对承包人的施工全过程及其结果进行连续系统的记录和计算,并编制相应的财务报表,其中尤以工程成本核算最为重要。只有工程成本核算搞好了,才能以此为基础搞好利润的核算。

承包人要发现和把握索赔机会,保持准确的工程成本记录与财务核算是其索赔的基础。因此,应该从每一项工程投标中标及开工准备时开始,就逐步建立一种详细但并不繁琐的、行之有效的工程成本核算体系,并在符合财务法规的前提下建立总账与明细核算账表,以对施工企业或工程项目队伍的资产、负债、权益、收入和支出等进行分类记账。如工程成本核算方面,主要记录人工费、材料费、施工机械设备费及管理费等。通过连续的每日每月实际发生的工程成本费用的跟踪记录可以统计分析出累计成本发生数、实际成本超出预算数等,以发现索赔机会。同时,提交索赔申请报告时应以科学的财务数据为索赔提供证据。

4. 具体的索赔事件分析

公路工程项目施工过程中,承包人及其索赔管理人员经常注意由于业主或第三方等引起的重要事件,并尽可能及早对这类事件分析,掌握其对工程进展的影响和造成工程成本的增加情况,以及是否会导致工效降低等。如果会引起索赔事件发生,应及早及时地提出索赔意向。

下列一些事件应予以注意。

(1)依据合同条款规定,承包人应清楚按合同规定应完成的工作,以及从合同中合理推断出来的工作。如果监理工程师以下达变更令的形式增加了额外的工作,可能会造成承包人员工的加班工作,而持续的加班工作可能会引起疲劳,从而降低生产效率。这种生产效率降低所造成的损失应该得到补偿,承包人就此事可提出索赔要求。

(2)由于业主征地拆迁缓慢等原因,造成工期延长,工程进度拖后,迫使承包人不得不在恶劣气候下施工。如钢筋混凝土工程在冬季施工,养护困难,并要花费额外的加温养护费。这样,承包人对于多支付的工程费用,以及工效降低等,必须提出索赔要求,业主则应对承包人的相应经济损失给予弥补。

(3)业主指定特殊分包人不当造成用工数量及队伍的变化,也可能造成工期拖延或费用增加。例如业主强迫承包人雇佣不适当的特殊分包人,则可能因指定的分包人业务不熟悉,士气不振,或管理不力等,造成生产混乱和生产效率降低。这种情况下,承包人也有权向业主或特殊分包人提出索赔。

总之,索赔事件发生是常见的,不可避免的,一旦某一索赔事件发生时,承包人都要具体事件具体分析,查找发生该事件的原因,发现索赔的潜在机会,以争取自身的合法权益。

三、索赔的权利

索赔在承包工程全过程中经常发生,已成为公路工程项目承包合同双方经营管理活动的不可缺少的组成部分。索赔工作是承包合同双方各自享有的正当权利。

无论业主或承包人是否愿意接受"索赔"这个名词,"索赔"事件或多或少、或大或小、或单一或复杂地客观地存在于工程实践中。如果业主在招标文件和承包合同中,不允许承包人提索赔要求,则势必增大承包人的风险承担份额。如施工现场条件复杂的风险、物价上涨风险、社会经济同立法变更风险、自然界不可抗拒风险等,势必会使承包人在投标报价中加大风险费的报价,使业主不可能得到合理的投标报价。索赔事件发生是客观的和不可避免的,必须正确处理和对待索赔问题。

工程实施中的索赔是一门综合社会科学和自然科学为一体的边缘学科,它广泛地涉及到工程技术和管理、合同估价和财务分析、工程设计、施工、工商贸易、法律法规、公共关系等专业学科,索赔是这些知识的有机结合及综合的灵活应用。

明确了索赔的基本观念,就不必把索赔看作是贬义词。索赔是一种正当的权利要求,是在正确履行合同的基础上争取得到合理的偿付,而不是无理的争利。几乎所有的国际公路工程项目合同执行中,承包人都会提出索赔的要求,大部分索赔都可以经过监理工程师和业主与承包人通过协商谈判调解等得到解决。索赔有很广泛的含义,诸如工程量增加、原材料涨价需调整工程造价也算作索赔范畴。

严格的讲,费用索赔不管是业主或承包人均可提出。但业主对承包人的索赔条款在合同中规定的比较具体,也较易处理。如《范本》合同条款中的25、36、39、47、52、53、59、63、70等条款都明确规定,若承包人违约,拖延工期,或工程量减少等,业主可直接回收和扣除承包人一部分款项。所以通常费用索赔主要是指承包人向业主提出额外费用的支付要求。

对承包人的索赔,有不少业主认为是承包人提出的无理要求,期望监理工程师拒绝承包人

的索赔要求。实际上业主这种态度是不对的,理由如下:

(1)期望承包人自己支付额外费用有时是不合理的(如《范本》合同条款第42条规定,当承包人迟收到土地使用权时,则多支出费用)。

(2)假如要承包人承担一切风险,投标报价便会提得很高。

(3)若承包人和业主因索赔发生纠纷,监理工程师调解不了,在提交仲裁时,若业主曾试图影响监理工程师的公正合理作证,仲裁便会对业主不利。

作为监理工程师必须知道,如何避免索赔事件发生,或一旦发生了索赔事件,又该如何处置,因为索赔事件是在工程项目中几乎不可避免的。同时,有一些承包人提出索赔要求常不符合合同规定,或显著抬高了索赔金额。对于这一切,不论是否合理,均应经监理工程师认真处理,否则会导致下列情况发生:浪费监理工程师大部分时间和精力;索赔纠纷发展到要仲裁的地步。

从承包人角度来说,应该正当地利用索赔这种权利,提出索赔要求时,应据合同规定提出,不能毫无根据乱提要求。索赔绝不意味着企图获得分外的收入和无道理地到处伸手要钱。索赔也绝不意味着处处事事去计较,或索赔事件越多越好。正当的索赔,应该是合同双方自始至终遵守诚实信用的原则,恪守合同规定,使项目顺利进行。以索赔维护各自的经济利益,把索赔事项压低到最低限度。另外从承包人的角度看,该索赔的地方不会提出索赔申请,不但承包人自己经济受损失,还会被业主和监理工程视为无知,而受到轻视,甚至助长业主无视合同法律的意识。

承包人特别要注意,不能将树立索赔观念、维护索赔权利和没有根据地强行压低投标报价争取中标相联系。期望靠中标后的高密度施工索赔盈利或弥补经济亏损是有害无益的。必须将索赔看作是对正常工程成本和费用损失的补偿。

四、索赔的主要分类

由于索赔可能发生范围比较广泛,其分类方法视其涉及的各当事人方面和索赔的依据不同,而有不同的分类方法,常见的分类方法如下。

1. 按涉及合同当事人划分

(1)承包人同业主之间的索赔。这类索赔内容大部分都是有关工程的计量、变更、工期、质量和费用价格方面的争议,也有关于其他违约行为、中止或终止合同的损害费用补偿等。本章以下各节主要内容是讨论这方面的索赔问题。

(2)承包人同分包人之间的索赔。其内容范围与前一种大致相似,但多数是分包人向承包人索要求付款和赔偿,承包人向分包人索赔时一般是直接扣留应支付给分包人的款项。

(3)承包人同供应商之间的索赔。其内容多系商贸方面争议,例如货品、建筑材料、机具等不符合技术要求,数量短缺、交货拖期违约、运输中损坏等。

(4)承包人和业主共同向保险公司索赔。这一类多是承包人和业主已受到灾害、事故或其他的损害或损失,按保险单向其投保的保险公司索取赔偿。

(5)其他索赔。承包人或业主在履约过程中与其他方面往来业务中发生的索赔。

2. 按索赔的指向划分

(1)索赔。一般指承包人在受了经济损失或额外经济支出时,依据施工承包合同向业主方提出的索赔要求,并希望从业主处得到经济补偿。

(2)反索赔。经常被用于工程项目的业主方向承包人提出索赔要求;或者是业主针对承包人提出的索赔报告予以反驳,或论证,阻挡承包人的索赔要求;或者是以此为据反过来向承包人要求索赔。在国际惯例中,统称业主的索赔与反驳叫反索赔。

3. 按索赔的依据划分

(1)合同之内的索赔。索赔内容所涉及的均可以在合同中找到依据,特别是依据《范本》合同条款进行索赔。例如工程量计算、变更工程时的计量和价格、不同原因引起的拖期等,均属此类。我们以下各节主要讨论这一索赔问题。

(2)合同规定之外的索赔。索赔的内容和权利虽然难于在合同条款中找到依据,但权利可以来自法律。通常,这种合同之外的索赔表现为属于违约造成的损害或可能是违犯担保造成的损害,有的可以从民事法律的侵权行为中找到依据。

(3)优惠索赔。有些情况下,承包人在合同中找不到依据,而业主也没有违约或触犯法律事件,这时承包人对其损失寻求某些优惠性质的付款。例如,承包人在投标时对标价估计不足,工程实施过程中发现要比他原来预计的困难要大得多;或者风险显然增大,致使其成本远远大于其工程收入,尽管承包人找不到合同条款依据或法律依据,但某些工程的业主可能看到实际发生的情况,经监理工程师证实后,为了使工程获得良好进展而慷慨予以让步。这种情况一般少见,在政府招标工程中则很难获得这种补偿。这种索赔属于特殊的经济补偿方法。

第二节　费用索赔的程序

公路工程项目承包实践经验证明,《范本》合同条款对于索赔的规定是较公正合理的。实际上工程实施中的索赔,主要表现为承包人和业主之间在分担合同与工程风险方面的责任重分配。依据《范本》合同条款进行索赔及处理时,监理工程师、业主和承包人及其工作人员对索赔程序和具体索赔方法的了解与应用是很重要的。

一、承包人申请索赔的工作程序与内容

《范本》合同条款第53条规定了索赔程序,以便于对业主和承包人的索赔处理都有约束方式。有索赔事件发生就会引起分歧和争端,特别是在引起索赔的事件发生很久之后才提出索赔。过去许多索赔事件的处理常常是在工程项目已经完成且劳动力已遣散之后才进行的,因此,业主和承包人都依靠不完整的记录,再加上双方对索赔事件的回忆去处理,结果是双方的记忆很少吻合,双方都对处理结果不满意。为避免此类事情发生,《范本》合同条款专门规定了一个索赔程序,对索赔的通知和证明均有时间限制,并要求保持同期记录,由监理工程师与业主和承包人三方协商解决索赔事件,或者可以提交仲裁或法律诉讼去解决索赔争议。

1. 承包人提出索赔意向书

当引起索赔的事件发生,或承包人意识到存在潜在索赔机会时,第一件事就是由承包人将有关索赔的情况及索赔意向书面通知监理工程师,并抄送业主。提交索赔意向书的作用是非常重要的,它标志着一项索赔事件的开始,也提醒监理工程师和业主注意正在发生导致额外费用或延长工期的情况,使业主和监理工程师有时间采取必要的措施和行动,以减少或尽量避免

额外费用的发生或缩短延误工程的时间。对于承包人来说,及时提出索赔意向书,也可对承包人自身起到保护和主动作用。

《范本》合同条款中第53.1款规定的索赔意向书为:无论合同中有何规定,如果承包人想要根据本合同条件的任何条款或其他有关规定企图索取任何追加付款的话,他都应在引起索赔的事件第一次发生之后的21天内,将他的索赔意向通知监理工程师,并同时抄送业主。在关于承包人以认为有权要求延长工期的情况时,《范本》合同条款第44条也对相应的"索赔意向书"问题作出了14天之内的具体规定。

依据《范本》合同条款的规定,当出现或潜伏索赔事项时,承包人事先向监理工程师发出书面的正式索赔意向书是遵守合同的表现,以声明他的正当权利,也是一种良好的管理方法,并应遵照监理工程师的指示进行施工,不影响施工的正常进展。承包人必须在整个工程实施期间始终保持索赔意识,并且在合同规定的时间内及时提出索赔意向书,才不至于失去重大的索赔机会。

索赔意向书的内容一般较简单,尽量简明扼要说明索赔事件的名称、发生的时间、事件描述,以及所依据的施工承包合同条款,提出自己正当的索赔要求。其他具体的索赔证据资料,以及详细的索赔款项,需延长的工期天数等,可在日后再报。索赔意向书的一般格式如下。

关于工程变更的索赔意向书

尊敬的先生:

根据合同规定,在工程实施期间,我方于____年____月____日接到了监理工程师的关于工程变更的指令:

指令内容:____________________

____

工程位置:____________________

我方预计,这一工程变更将造成额外的工程成本增加和工期延长。为此,我们特根据《范本》合同条款第44条、第51和52条以及第53条的规定,向你们提出今后要求工期延长和经济补偿的意向通知。

我们将保持尽可能详细的情况记录,或按你们的要求保持情况记录,以证实额外的工程成本发生数值并符合合同条款第44条的延长工期要求。

我们将把自己认为有权索取的经济补偿尽可能详细地列入到合同条款第53.3款中所要求的定期索赔账单中。

特此通知。

承包人:____________________

2. 承包人提交索赔证据资料和账单

当承包人发出索赔意向书后,应认真准备和记录索赔的论证资料,特别是保持完整详细的工程记录。保存好与工程施工有关的全部文件资料是非常重要的。《范本》合同条款第53.2款规定:当第53.1款所指的索赔事件发生时,承包人应有同期记录。这对他以后可能希望提出任何索赔时用以支持其索赔理由可能是相当重要的。根据《范本》合同条款第53.1款,监理工程师收到通知后,在不必承认业主责任的情况下,应对此类同期记录进行审查并可指示承包人保持合理的同期记录。这种记录可用做已发出索赔通知的补充材料。承包人应允许监理工程师审查所有根据本款保存的记录,并在监理工程师发出指示时,向监理工程师提供记录的副本。

从《范本》合同条款的规定可知:承包人在提出索赔的同时,必须要有足够的证据资料来说明自己的索赔要求是正当的。监理工程师和业主一般都会对承包人的索赔提出一些质疑,要求承包人作出解释或出具有力的证明材料。因此,承包人在提交正式的索赔报告之前,必须尽力准备好与索赔有关的一切详细资料,以便在索赔报告中使用,或在监理工程师和业主要求时出示。也许有些细节资料暂且不用,但还是应全面准备。若能及时而准确地向监理工程师或业主提供所需要的索赔细节证据资料,对索赔是特别有利的。根据工程项目的性质和内容不同,索赔时应准备的证据资料也是多种多样,复杂万变的。但从多年工程的索赔实践来看,承包人应该准备和提交的索赔账单和证据资料主要如下。

(1)工程进度计划。无论在什么时间,只要发生与工程进度的延误或与之相关的索赔事件,也无论是在工程伊始还是工程施工过程中,由承包人或分包人编制或修订的工程进度计划,经过业主和监理工程师的审批,都必须加以妥善保存和经常检查,一旦发生索赔事件,可以将实际工程进度与计划进度相比较而进行分析和处理索赔事件。

(2)施工日志。根据工程的进展,承包人的项目经理本人或指定有关人员每日记录在施工现场发生的各种情况。其内容包括:每天工地的风力、是否下雨、雨量大小、气温高低、湿度、暴风雪等气候情况;每天出勤的工人人数、所使用的机械设备情况;施工检查员的检查记录;每天的工程进度、工程质量、安全等情况;进行了多少试验工作;监理工程师检查情况;外来人员参观施工现场情况;每天完工验收记录;有无施工事故及特殊情况发生;有无不利的自然条件和人工障碍;施工材料使用记录;施工图纸收发记录;施工效率降低记录;是否出现索赔事件记录等。将这些原始记录再整理归纳摘录,把较重要的情况整理成施工日志或施工现场记录报表,特别要注意其中一些对施工带来不利影响的情况和事件,以便于及时发现和正确分析索赔机会,为以后提出的索赔报告准备详细而全面的基本数据和资料证明。

(3)工程所在地的经济法律的基本资料。因为工程项目的建设顺利与否,和工程所在地的经济形势变化密切相关,所以承包人应注意收集这些资料,包括:重大的经济政策和法律法规出台;增加税收、加强海关进出口的有关规定;工资和物价指数的定期报道,经济及法律变化等;有关的政府官员和施工工程项目主管部门领导视察工程现场时的讲话记录及指示;项目所在地区气象台发布的天气和气温预报,特别是异常天气记录;与工程项目相关的银行、保险公司、报纸电视台等人员参观工程现场的谈话记录以及新闻报道等。所有这些资料的整理与保存,也是与日后的索赔工作息息相关的。

(4)来往文件和信函等。随着工程进展,大量的文件和信函、电传电报等资料要归档记录。如:业主和监理工程师的书面指示文件或信函;政府部门、银行、保险公司、货物运输部门、供货商、分包人等的来往文件或信函等。这些文件和信函都要认真加以检查验收,并登记编号分类造册,妥善保存,并注明发送或收到的具体时间,将会为索赔提供有力的证据。

(5)会议纪要和备忘录。业主、承包人和监理工程师之间要经常举行工地会议,讨论合同和工程实施中存在的问题及改进方法,一般在会议进行中要有会议记录。会议结束时要形成由各方签字认可的会议纪要。会议纪要是很重要的文件,它是有关参加会议各方对工程进展、质量要求、工程变更令发布、不利的施工现场条件确认以及采取措施改正等意见的准确资料来源。除了有一份各方正式签字的会议纪要外,承包人的参加会议代表还需要自己记录一份私人的、更加详细的会议纪要,以便把会议的进展和讨论过程描述下来。

备忘录是指在工地现场发生的事件当时所做的笔录,主要是将关于每一件事发生的时间和持续的过程,以及在工程的有利或有害情况真实记录,作为非常有价值的索赔证据资料来源。比如,某政府官员在工程现场下达的口头指示的笔录;业主或监理工程师对工程进展发出的口头指示,事后都应将这些备忘录要求监理工程师或业主等予以确认。

(6)投标报价时的基础资料。有关索赔的证据资料中,有时监理工程师和业主需要以承包人的编标基础资料作为比较的基准。因此,对于编标过程中的各种费用取舍和计算依据、计算公式及过程、施工组织设计、施工技术和方法、进度安排计划等都应妥善保存。一旦发生不利的现场条件等,可以作为"有经验的承包人无法合理预料"的依据。尽管业主对一些招标资料不负责任,仅列入参考资料行列,但若实际情况出入较大,业主是无法推卸掉这些责任的。

(7)技术规范和工程图纸。所有招标时的技术规范和开工后补充的技术规范,都是工程技术的法规文件、必须认真检查执行和保存。所有的工程图纸,包括招标时的图纸、技术设计图纸等,都必须编号归类进行检查使用和保存,以作为工程计量的原始资料。

(8)工程报告及工程照片。承包人的工程报告包括一般的工程进度报告、施工技术与管理报告、工程质量检查报告、工程试验报告、工程事故报告等,这些都是对工程的真实记录和描述。另外关于工程照片,根据不同的施工承包合同要求,业主和监理工程师要求承包人对工程的不同进展阶段及不同部位,特别是隐蔽工程拍摄出工程照片,或者工程摄像,作为工程竣工资料的组成部分。从承包人自身角度看,也应经常拍摄工地工程照片,作为特定时间特定部位工程实况的图片证明。

(9)工程财务报告。工程进展中业主和承包人最关注的问题之一就是有关经济和财务问题。因此,承包人必须建立符合国家财务制度的报告及报表系统。这些内容主要有以下一些方面:工人劳动记时卡及工资报表;工程材料、机械设备及货物的采购单及发出单;收款单据和付款收据;工程款及索赔款拖期付款记录;拖期付款利息报表;施工进度款月报表及收款记录;索赔款日报表及收款记录;现金流动计划报表;向分包人付款报表;办理担保及保险费用记录;会计日报表;会计总台账;批准的财务报告;会计来往文件及信函等。对于这些详细而准确的财务数据报表应完整保存,以便索赔时有选择地使用必要的数据资料作为证明。

综前所述,承包人的索赔证据资料准备是多方面的和大量的。为了妥善保管,防止遗失,并能够迅速而准确地找出所需要的资料,承包人最好应该建立健全档案资料管理制度,并借助于计算机系统,分类编号编程存入计算机中,以便利用计算机进行现代化的信息资料管理系统,为工程服务。

3. 编写索赔报告

索赔报告是承包人向监理工程师提交的要求业主给予一定经济补偿和延长工期的正式书面报告。索赔报告的水平与质量直接关系到索赔的成败与否。对大型公路工程项目的重大索赔报告,承包人都是非常慎重、认真而全面地论证和阐述,充分地提供证据资料,甚至专门聘请合同及索赔管理方面的专家,帮助编写索赔报告,以尽力争取索赔成功。承包人的索赔报告必须有力地证明:自己正当合理的索赔资格、受损失的时间和金额,以及有关事项与损失之间的因果关系。

《范本》合同条款第53.3款对索赔报告做了规定：承包人在根据第53.1款发出索赔意向后21天内，或在监理工程师可能同意的其他合理的时间内，承包人应送给监理工程师一份说明索赔额及提出索赔的依据等详情材料。当据以提出索赔的事件具有连续影响时，上述详细报告应被认为是临时详细报告，承包人应按监理工程师可能合理要求的此类时间间隔，发出进一步的临时详细报告，给出索赔的累计总额及进一步提出索赔的依据。在向监理工程师发出临时详细报告情况下，承包人应在索赔事件所产生的影响结束后21天之内发出一份最终详细报告。如果监理工程师要求的话，承包人应将所有根据本款送交监理工程师的详细报告复印件送交业主。该条款规定的含义是：若引起索赔的事件仍在继续发生，承包人一般应以合适的时间间隔继续上报临时的详细索赔报告，常用的间隔时间为21天，监理工程师也应在合理的时间段里检查索赔的同期记录，并提出其任何不同意之处，或他希望得到进一步的资料的方面。若引起索赔的事件不再持续，但该事件还没过去很久，现场人员还能立刻为之提供事实和记录时，承包人有义务，同时也有权利向监理工程师提出索赔，以征得同意或进行商讨。下面具体论述编写索赔报告的特点、准确性以及格式和内容。

1）索赔报告的特点

每一索赔事件的报告，必须反映该索赔事件的特性，应突出重点，充分论证，使业主和监理工程师认为合情合理。所以索赔报告具有以下特点：

（1）索赔权的论证。索赔报告中应首先论证索赔的资格能成立的理论根据。国际上通行的主要有两种经济补偿理论：其一是根据施工承包合同中具体的某些条款规定，承包人有资格为合同和工程变更或追加额外工作获得额外费用补偿或工期延长；其二是业主违约理论，即对业主或业主代表违约而引起承包人的损失，承包人有权索取经济和时间补偿。因此，承包人在索赔报告中必须论证发生的索赔事件和客观事实与业主的失误之间有内在的、必然的因果关系。比如对于施工索赔来说，如果损失的出现是由业主违约或合同变更等的存在所必然引起的，两者之间就存在因果关系。

从论证索赔权方面看，承包人的索赔人员应对整个施工合同文件较熟悉且能运用自如，这包括合同通用条款和合同专用条款、施工技术规范、工程范围、工程图纸和工程量清单、合同变更、会议纪要及来往函件等。最主要的是吃透《范本》中的合同通用条款，这对索赔有指导和可操作意义。比如：变更、延长工期、价格调整等，应该在索赔报告书中正确引用《范本》的合同条款，作为自己提出索赔事例成功的旁证。另外，还可引用国家的法律，证明索赔的合理合法性。

（2）索赔报告的准确性。在充分论证和肯定了自己的索赔权后，索赔报告的证据资料充分和准确性将对索赔能否成功起决定作用。一份认真准确的索赔报告，可以说明承包人对此项索赔工作是严肃的、经过深思熟虑的。若索赔报告中只有定性的，而在定量中出现错误就会降低整个索赔的可信和可靠性。特别是在提供索赔证据资料时，一定要注意数据的准确性和索赔价款计算的严格性，要做到事实根据充分，并附有现场照片或记录的证明，使业主和监理工程师一目了然，能承认索赔的合理性。

编写索赔报告本身是一项复杂和艰难的工作。承包人应该充分注意对客观事实的准确描述，不应有主观随意性，不应对事实夸大其词。应该在报告中抓住事实的本质和关键，不要没有重点地泛泛而谈；应该言简意明，用词明确，不可含糊其辞，模棱两可；应该注意计算准确无误;应该完整准确地引用合同条款,而不可断章取义,牵强附会。当然,在实际的索赔操作过程中,承包人由于这样或那样的考虑,往往使所编的索赔报告有不同程度的夸大,但这样做必须注意一定的分寸和限度。否则,弄巧成拙、虚假夸张的证据资料,往往会引起监理工程师和业主的反感,很可能导致连合理的索赔要求也一并遭到拒绝。

2)索赔报告的格式和内容

索赔报告的格式没有一定的严格规定,可根据索赔事件的大小来编写。一般情况下,索赔报告应以“金字塔”的格式编写。最前面是一封致总监理工程师的关于索赔事项的说明信。信的内容包括:简单地叙述索赔的事项、理由和经济损失额或时间损失值,说明随函所附的索赔报告正文及证明材料情况等。索赔报告正文由三大部分组成:即标题和日期、事实与证据资料、索赔款额具体计算以弥补损失等。索赔报告的标题也就是结论部分,应该准确地概括出索赔的中心内容应包括索赔概述、具体索赔要求、索赔报告编写及审核人员名单,以示索赔报告的严肃性和权威性。事实与证据资料部分则是论证索赔报告的合理性,要准确地按索赔事件发生、发展、处理的过程叙述客观事实,并要明确地全文引用有关的合同条款规定,联系施工现场情况,进行正确的论证推理,说明客观事实与损失结果之间的因果关系,论证索赔的合理合法性,并注意语言用词的礼貌性,且不可使用夸张和抱怨的辞令,以免造成误解,有关证据资料详情见前所述。索赔款额计算部分主要为:因索赔事项导致的额外开支的人工费、材料费、机械设备费以及各项管理费、投资利息、利润等。对于每一开支款项,均应附以相应的证据或单据,这一部分主要是计算额外开支的过程和计算结果的汇总。一般在索赔报告后面附上详尽的计算书和证明材料等,作为对索赔报告正文的补充和支持。这是索赔报告的重要组成部分。

索赔报告正文该编写至何种程度,需附上多少证明材料,计算书该详细到和准确到何种程度,这都根据监理工程师详审索赔报告的需要而定。依据《范本》合同条款第53.3款规定,若监理工程师或业主想要非常详细的证据资料和复杂的计算书,承包人则应及时提供。对承包人来说,可以用过去的索赔经验或直接询问监理工程师或业主的意图,以便配合协调,有利于施工和索赔工作的开展。

对于索赔报告要引用证据资料时,承包人也可配合以图纸、照片、报表或摄像等证据资料。图表对解释某些复杂的情况很有用,可以使人看后一目了然,起到文字和数据无法起的作用,也可以与文字、数据一起清楚解释说明有关索赔的情况。例如工程进度计划与实际进度的比较,实际成本与预算成本的比较,物价上涨等,都可用图表来显示。其最终目的是让索赔报告评审通过,得到时间和经济的补偿。有关承包人依据《范本》合同条款第53条提出索赔的程序框图见图10-1所示。

二、监理工程师对索赔的评价与审批

当承包人将费用索赔报告呈交监理工程师后,监理工程师首先应予以审核和评价,然后与业主和承包人一起协商处理。

1.监理工程师审核与处理索赔准则

审核与处理索赔的准则:一是依据《范本》合同条款中的条款和合同实事求是对待索赔事件;二是各项记录、报表、文件、会议纪要等索赔证据的文档资料要准确齐全;三是要核算数据正确无误。

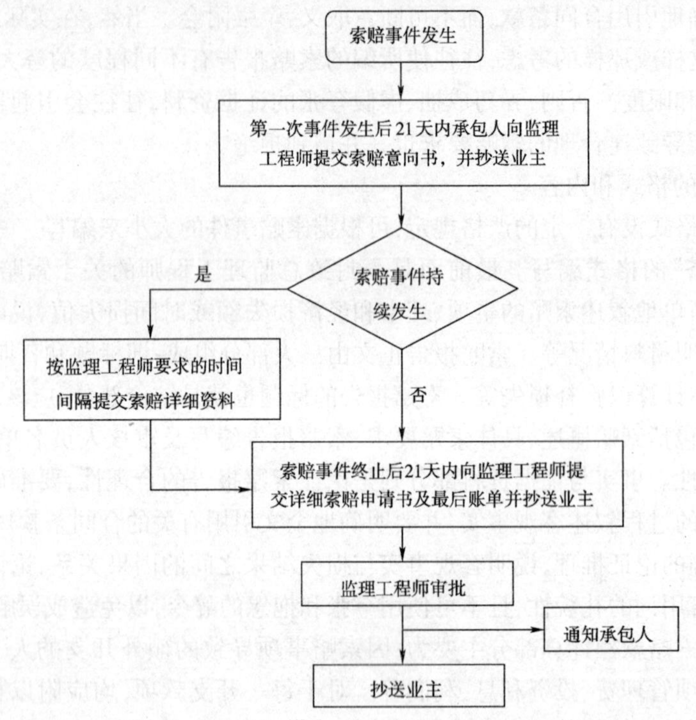

图10-1　承包人申请索赔的程序图

承包人提出的索赔往往是机会性的，索赔数量较大，有时采用夸大、虚报、移花接木和行贿等手段希望索赔成功，而业主总希望监理工程师拒绝承包人提出的一切费用索赔，以减少工程成本的增加。因此，监理工程师必须正确对待《范本》合同条款赋予的裁定索赔的充分权力，必须大公无私、不偏不袒地以独立裁判人的身份调查索赔原因是否成立，审核索赔费用是否实际，做到既维护业主利益又保护承包人的合法权益，能够经受有关部门的复查和审计，树立监理工程师的良好威信。对有理有据的索赔应尽快调查研究，直至合理解决和支付索赔费用。对投机性的显著抬高的索赔也应尽快调查研究，提出部分否定或全部否定的书面意见。

2. 处理费用索赔的程序

(1)查证索赔原因。监理工程师首先应看到承包人的索赔申请是否有合同依据，然后查看承包人所附的原始记录和账目等，并与驻地监理工程师所保存的记录核对，以了解以下情况：

①工程遇到怎样的情况而减慢或停工；

②需要另外雇用多少人才能加快进度，或停工已使多少人员闲置；

③怎样另外引进所需的设备，或停工已使多少设备闲置；

④监理工程师曾经采取的措施。

同时，监理工程师必须弄清楚，承包人所声称的损失，是否由于他自己的工作效率低或管理不善所致。

(2)核实索赔费用的数量。如果承包人的费用索赔理由成立，就应查看承包人的数量计算是否正确，或监理工程师认为正确的费用应该是多少。

承包人的索赔费用数量计算一般包括:所订明的数量;所采用的费率。

承包人所订明的数量是否有事实依据以及所有的数量是否均与有效的费用索赔有关,可利用监理人员的记录来加以审核和控制。

对承包人所采用的费率的审核就较为困难。要成功地控制承包人的索赔费用,监理工程师必须熟悉和了解承包人在费用索赔中采用费率的种类以及影响承包人成本的多方面因素,特别是在市场经济情况下。

在费用索赔中,承包人一般采用的费率为:

①采用工程量清单中有关的费率或从工程量清单里有关费率中推算出的费率;

②重新计算的费率。

原则上,承包人提出的所有费用索赔均可不采用工程量清单中的费率而重新计算。

监理工程师在审核承包人提出的费用索赔时应注意:索赔费用只能是承包人实际发生的费用,而且必须符合国家和工程项目所在地区的有关法律和规定。另外,绝大部分的费用索赔是不包括利润的,只涉及到直接费和管理费。只有遇到工程变更时,才可以索赔到费用和利润。

第三节 索赔与反索赔

依据《范本》合同条款规定,索赔在公路工程实施过程中是经常遇见并有具体的处理方法。下面我们将依据《范本》合同条款共22条,并结合一些工程实例,详细阐述对索赔事件的处理方法。

一、承包人依据《范本》合同条款向业主索赔

1.合同文件内容出错引起的索赔

(1)据《范本》合同条款第5.2款具体来讲,是指合同文件的内容出错或互相矛盾,这时:

①监理工程师必须解释及修正构成合同一部分的文件;

②监理工程师必须向承包人发出指示,以便承包人按指示去施工;

③若监理工程师认为发出的指示会使承包人付出额外费用,且承包人确实无法事先预见该合同文件的错误或矛盾的地方时,监理工程师应予以证明,由业主支付给承包人以额外费用作为补偿。

(2)据第5.2款索赔,承包人只有权索要工程费用,而无权索取利润。

[实例10-2] 承包人据《范本》合同条款第5.2款所提出的索赔请求如下:

①某一道路工程中的一座地下通道,原设计图纸中没有显示;

②监理工程师于工程将近竣工时才发现这一错误;

③监理工程师下令据《范本》合同条款第51条进行工程变更,其费用按工程量清单所列的现行费率支付;

④承包人必须额外去购买材料;

⑤结果造成一队专门负责搞地下工程的人员被迫停工待料两个星期。在这期间,没有其他工程可以进行,因此承包人要求费用索赔。

监理工程师审批后答复:可以接受。原因是承包人在遵照监理工程师按《范本》合同条款第5.2款所发出的指示施工后,曾支出附加费用,图纸上的错误,承包人事前确实无法预见承包人的人员和机具停工待料两星期。因此有权按《范本》合同条款第5.2款规定获额外款项。

[**实例10-3**] 某公路工程中,图纸上给出的某一道管涵没有注明尺寸。监理工程师于下水道建造工程将近完工时才发现这个错误,并将图上的错误改正后,指示承包人按照改正后图纸上的尺寸铺设管涵。这时,承包人必须去采购附加的下水管道。结果使一队专门铺设管涵的人员被迫停工一个月,等候管道运来。这期间,又无其他工作可做。

承包人提出索赔:据《范本》合同条款第5.2款,承包人享有得到额外费用的权利,因为监理工程师所发给的指示使其多付出附加费用,所以应得额外付款。

监理工程师审理后答复:此项索赔不能被批准。这主要是因为:

①图纸上没有注明尺寸,是承包人事先可以预见到的;

②承包人应该在投标时仔细看懂图纸,故此事件应在投标时澄清,或至少在工程开工初期要求澄清,因此承包人应自行承担工程受阻延误所引起的费用。

2. 由于图纸延迟交出造成索赔

据《范本》合同条款第6.3款所述,就是说承包人因下列情况发生多付出款项,应该得到赔偿:当监理工程师未能按合同规定或承包人要求的合理时间内发出有关图纸、指示或给予批准;承包人已向工程师发出书面通知,讲明工程进度等可能会受到阻延。

监理工程师在合理时间内另行发出图纸、指示或给予批准,承包人则不能索赔。

[**实例10-4**] 例如某项道路工程,因监理工程师建议把通道与涵洞归类,提高道路等级进行合并,则此图应由监理工程师的工作人员设计交图,但图已出晚了(比合同规定时间延误),所以承包人提出索赔要求。但是总的设计变更后,虽然承包人索赔了一些费用,却为业主节省了较多的工程款。

这里应注意:这种索赔的工程量及合同总价变更小于15%总合同价时,承包人只可索取增加工程成本,而无权索取利润。若变更大于15%,在合同价格中则要增加一笔款项。这一条款也要求监理工程师监理工程及实施变更必须早有计划及严密组织,若是因监理工程师拖延了承包人的施工进度,业主就要多付出款项。

[**实例10-5**] 某工程合同及工程规范中规定:监理工程师应详细测量,确定所有下水道的正确位置、高度和角度。该工程中共有200道下水道。工程刚开工不久,承包人就通知监理工程师,要监理工程师必须在半月之内交出200道下水道的施工详图,如不能按时得到图纸,工程便会受到延误,承包人将索赔工程受阻所需的费用。

监理工程师审理后答复:《范本》合同条款第6.3条规定,监理工程师必须在合适的时间内发出图纸和指示,但要求在同一时间内发出200道下水道的图纸是不合理的。据承包人已获批准的工程进度表显示,在半个月之内只需要20份图纸,这些图纸已发给承包人。因此,不批准承包人索赔的请示。

监理工程师又给承包人发出通知:以后会分批交付图纸,使承包人在准备进行某道下水道施工之前,收到有关的图纸。

3. 由于不可预见的外界障碍或自然条件引起索赔

《范本》合同条款第12条的内容是:如遇到下面的情形,承包人享有额外付款和工期延长权利:工程地质情况变化(除天气情况外);实物阻碍(如人工构造物等),且以上情况是不易由一个有经验的承包人所预知的。但《范本》合同条款第11条同时规定:在未正式呈交投标书前,承包人要去熟悉工地及周围环境,尽量得到所有影响投标的资料,包括:地面下的情况;天气气候情况;所需工程材料来源;工地的运输通道等。

(1)作为承包人的索赔管理人员如何应用和掌握《范本》第12条也是很重要的。《范本》合同条款第12条中风险分担的划分是这样的:

①能被有经验的承包人所察觉的任何风险,承包人有责任去承担所花费的款项;

②未能预料到的风险(即使是有经验的承包人),业主有责任去承担所花费的款项。

有问题的风险大都是当工程进行时,由工地的地质情况和人为阻碍物导致。工地地质情况通常是指地面下的地质土层和岩层;人为阻碍物包括人为的地下结构物,如供水管道、电缆、废弃地基、暗渠等相似的结构物。

(2)作为承包人,若要应用《范本》合同条款第12条去获得满意的索赔,必须在未呈交标书前,熟悉工地和获得所能影响投标的必须风险资料。

(3)据《范本》第12条款索赔应注意:若是由于雨天(异常气候原因)使工地不能正常作业,只能据《范本》第44条予以延长合同时间,而不能得到额外支付款项。

若是由于地质和人工阻碍物的原因提出索赔,据《范本》第12条,业主要支付的风险款项只计工程成本(包括管理费),不计利润。

(4)执行《范本》合同条款第12条的优点是:业主可以得到承包人正确的合理标价的投标书,若要承包人负责全部未能预料的风险,承包人必然会将风险费提高,而使投标价提高;若将来未有风险发生,业主要支付过多的风险款项。由业主支付不能预料的风险款项对各方是公平的,因为,干有风险的工作时,只计工程成本,而无利润。

(5)《范本》第12条执行中存在问题是:第12条经常被一些利用索赔而获利的承包人所滥用;有一些承包人将一些事故或困难当作是未能预料的地质情况或人为阻碍;承包人有可能利用索赔专家来引用第12条,安排出上百个索赔项目;承包人常常将"工程成本"看为对任何未能预料的风险的负担,因此,当承包人的工作效率不佳和成本高时,业主可能要多付一些款项。

(6)据《范本》第12条规定,不利的实物障碍和不利的自然条件又可细分为两个方面:第一种情况是施工现场的水文地质条件与技术规范和图纸上所描述的条件有实质性的不同,这可把合同中指明的施工现场条件与施工现场实际遇到的相比较。常见的不利现场情况有:施工所遇到的土质的可利用性与业主提供的钻探资料所显示的差别很大;在合同中未显示的地方存在永久冻土或地下水难以排干;在合同里未显示有岩石的地方挖方时遇到岩石;在钻探资料显示具有良好岩石的地方遇到松软土质;开挖后遇到很多地下建筑物废墟或管线等人工障碍,设计和勘测资料并未显示;土场或采石场不能据标前资料合理预料的那样生产出合格的材料,或生产过程中废料太多;需要压实的路基土壤含有比合理预料的更高的湿度。

第二种情况是施工承包合同中未作描述,但有经验的承包人无法合理预料的非现场条件。比如,施工现场的地下水由于受某些化学工业排污的阻塞或影响,具有很强烈的事先未知的腐蚀性,造成承包人地下设备的损坏。一般来说,这种情况要论证索赔较复杂一些。但只要承包人能与投标前所预计的情况以及一些工程的正常现场条件相比,则可以提出索赔。

［**实例 10-6**］ 某独立大桥工程，在施工桥梁的水下地基基础时，承包人使用的钢筋混凝土沉井在挖基下沉时，遇到了原招标钻探资料中未显示的倾斜岩层，使沉井基础一边刃脚已抵到岩层上，而另一边仍为粗砂岩土，且不停地抽水，也无法排干沉井的水和泥沙，使沉井严重倾斜，难以纠偏。经承包人上报业主和监理工程师，召集有关专家的专门咨询会议，确定了使用煤矿矿井中的冷冻技术，对桥梁基础施行冷冻，封住地下水和泥沙，制止沉井继续偏斜，然后对先遇到岩石一侧进行炸挖，直至所有的沉井刃角下至岩层为止。该不可预料的地质条件使该沉井工作延期了三个月才完成，且在工期的关键线路上，又因采用非常施工技术，使承包人的施工工程成本大增。因此，承包人提出了索赔要求。

［**实例 10-7**］ 应用《范本》合同条款第 12 条对建造公路路基的索赔。

合同详情：世界银行在某国的工程项目，中标的承包人修建 59km 长的公路项目，原合同建造时间为 24 个月，后延期至 36 个月。

路基体积：投标时 1 178 000m^3；

实际工程：1 672 000m^3；

增加了：494 000m^3；

工程造价：投标时 13.1 百万美元；

实际花费：14.5 百万美元；

增加：1.4 百万美元（10.6%）。

1. 索赔背景及情况

在 10km 长的沼泽地上，沉陷量较预期大；

主路堤的体积超出了工程量清单的 42%；

增加的数量据工程量清单的价款已付给承包人；

由于路堤的体积增加，承包人将延期去完成整个工程（无须支付拖期违约损失偿金）；

承包人声称不习惯在亏损情形下的作业；

承包人提出 19 个索赔项目来弥补损失；

当所有索赔提出时，施工延期快要结束。

2. 承包人所提出的索赔

涉及到路堤施工及根据 FIDIC 第 12 条（与《范本》合同条款第 12 条基本相同）：承包人所面对的恶劣地质情况在投标中是不可预料的：

路堤体积的增加；

材料运距的增长；

工程工期延长。

3. 承包人分 4 步计算索赔

步骤一：承包人在投标报价时，路堤填方的价格原是取决于以下材料的来源：道路挖掘，从借土区所用的普通土，沙滩的沙；但因路堤体积增加而造成以上的资源不平衡，所以必须采用更多的高价材料，要求索赔：206 000 美元。

步骤二：因土和材料调查报告失误而使承包人可以采用借土区的土来填筑路堤，后来发现若要将太湿的泥土压实至要求的密实度时，平均需要 20 个工作日。因此，承包人申诉是被迫采用粒状的石料来建造路堤。需爆破和粉碎成粒状的石子比较昂贵，很多借土区中采的土中，粉状石料并不足够。要求索赔金额为:1 374 000 美元。

步骤三:由于更换材料的运输路途增加而使运费增加,由 1.8km(投标书)变为2.3km(实际)。要求索赔:607 000 美元。

步骤四:施工延期会使机具和劳力费用价格增加,又因通货膨胀的影响,与原计划的进度比较,原来需 22.7 个月完成的土方工程现需要 32 个月,因此工效降低至:

$$\frac{22.7}{32}\times 100\% = 71\%$$

工效降低的原因是:大量的沉陷和土崩,需挖开更多的取土场,粒状的石子需爆破和粉碎,土地征用的延误(延误 227 天)。要求索赔款为:2 320 000 美元。

以上 4 步累计索赔的直接总款项为:4 507 000 美元。再加上 33.3% 的经营管理费用和盈利为:1 502 333 美元,总共索赔金额为 6 009 333 美元。

这一索赔款项的总数是总工程费用的 43%。

4. 监理工程师审理后的答复

路堤增加的体积是据改变了承包人投标书中假设的借土来源地而计算的,这是具有争议性的,这是能被有经验的承包人事先发觉的。因为,招标文件中已说明 10km 长的路会穿过沼泽地;土壤和材料报告早已提及到沉陷在沼泽地发生的可能性,但沉陷量是不易从沉积层的性质中测定的。即使是沉陷可以作为恶劣的地质条件不能预料(如 FIDIC 第 12 条),但承包人的作业也不会为此而变得困难或价钱增高。因为在任何时间,在这 10km 长的沼泽地附近是有足够的可供利用的借土区,这些材料的数量很多,同时也极易提取;事实上,路堤的沉陷不会使建造更为昂贵,整个路堤的修建是一层接一层至完工为止。

所以,步骤一不容许有额外的付款。

普通土到粒状石料的转换,依据是所谓一般泥土不适于路堤建造。实际上:泥土和材料报告中已清楚地写在招标文件中,指出这些需要压实的一般土壤非常潮湿;工程规范也说明在未碾压时,太湿的泥土需干燥;承包人没有遵从监理工程师的劝告将路面上的泥土弄松来加快泥土变干;一般的土不能用作路堤建造的结论是错误的,因为,在整个东南亚修筑路堤都是用同样的泥土;由于承包人在投标中没有遭遇到任何不可预料的变故,在这时用 FIDIC 第 12 条不是适合的;承包人发现采用由同一借土区的粒状石料作为填土更为方便;承包人可以自由选择用怎样的材料来填筑路堤,但这一选择不能达到他享有额外的付款的目的。

综上所述,步骤二不容许有额外付款。

运输距离从 1.8km 变为 2.3km,是不正确的;从监理工程师详细计算中可知,在承包人投标中所列出的平均运距是 2.39km,在实际建造时的平均运距是 1.64km,因此并不需要将筑路堤的泥土运送一段长距离;承包人自己所开采出使用的借土区土比计划多了两倍。

因此,对步骤三不容许有额外付款。

延期所增加的费用是根据通货膨胀及降低效益计算的。

承包人以前已得到过赔偿,因为合同内的物价指数公式与物价上涨指数不符,也显示出每月物价的变动,如水泥、钢筋、柴油、沥青、劳工等。

监理工程师不同意承包人所提出的以下原因而引致工作效率下跌至 71%:沉陷和土崩,需更多的借土区,开采粒状的借土区需爆破和粉碎,土地延迟等。

由承包人算出的71%是据实际的土工作业和计划进度作比较,而监理工程师认为:工效的降低的几乎完全是因承包人本身的管理不善而致,应自负其责。这主要有以下几点因素:承包人调动迟缓;通往工地的临时便桥延迟修建;在沼泽区的土工作业从开始至完工并没有遵守规范的要求;压实试验证明因承包人经常不能达到设计要求的标准而返工。

恶劣的天气是一个问题,但FIDIC第12条并不适用。

从以上各点来看,监理工程师指出土工作业正如承包人所述可以在22.7个月内完成,可使上述承包人本身导致的延迟不会发生。

所以,对步骤四不容许有额外付款。

从以上四步总的来看,承包人未能成功地指出,他遭遇到如FIDIC第12条所述的未能预料的恶劣情况和地质条件所引起的额外费用,因此监理工程师不批准所需的额外费用。

总的来讲,FIDIC第12条主要是处理承包人与业主之间的风险分担,承包人应负责他可以合理地预测的风险。这里所谈风险主要是工地地质情况和人为阻碍。正确地运用FIDIC(或《范本》)第12条款时,能确保投标中的公平竞争性。

4.由于监理工程师提供的水准点、基线等测量资料不准确造成的失误与索赔

(1)据《范本》合同条款第17.1款,监理工程师应负责提供下面的资料:

①原始基准点、基准线、基准标高,以交付给承包人进展工程;

②这些测量资料应以书面形式提供;

③承包人应负责核准测量资料。如发现监理工程师提供的书面测量资料有错,改正这类错误的费用,应由业主承担。

(2)使用第17.1款应注意事项:

①若测量资料出错误是因承包人自己的错误,则承包人应自费负责改正错误;

②若测量资料出错是因监理工程师提供的不正确资料所引起,承包人从事了针对该项错误的补救而改正工程时,有权索取工程费用和利润。

这里要强调指出的是:关于基准点、基线等方面的原始资料出错,可能会使业主蒙受巨大损失。因此,进行监理工程师必须尽早仔细核对关于测量方面的资料,避免失误,这点极为重要。也有一些合同文件中写明:所有测量资料中,丢失一个水准点,由承包人自行补齐,不能索赔;丢失两个以上水准点,由监理工程师补齐。

[**实例10-8**] 某路桥工程项目,先修桥,后修筑引道,桥梁工程完工后,测量时发现比预定路线标高低了1m。原因是监理工程师属下的工作人员给指定的一个临时水准点低了1m。但是,当时承包人并没有报临时水准点的正式资料经监理工程师批准,而经监理工程师书面提供的正式固定基准点都是对的。承包人对此事项提出索赔要求,将桥梁再修高1m的改正费用由业主承担。

监理工程师批复为:在桥梁工地附近确定临时基准点,应是承包人自己的责任,不应该依赖监理工程师属下的测量员所给的临时水准点,《范本》第17.1条款规定:"由监理工程师用书面形式提供的测量资料是正确的"。因此,承包人必须自费改正测量方面的错误,将桥梁标高提高,不允许索赔。

5.承包人据监理工程师指示,进行额外钻孔及勘探工作引起索赔

《范本》合同条款第18条规定了,当监理工程师要求承包人进行合同之外的钻孔或勘探

性的开挖工作时，承包人有权提出索赔申请，监理工程师可据《范本》合同条款第 51 条下达变更令。承包人干完此项额外工作后，可以索赔工程费用和利润。

6. 由业主风险所造成的损害的补救和修复所引起的索赔

(1)《范本》合同条款第 20 条中明确规定了业主的风险，第 20.4 款中业主的风险是指：

①战争、入侵；

②核反应、辐射或放射性污染；

③空中飞行物体坠落或非业主亦非承包人责任造成的爆炸、火灾；

④暴乱、骚乱。但纯属承包人或分包人派遣与雇用的人员由于本合同工程施工原因引起者除外；

⑤永久工程的任何部分或单位工程被业主提前使用或占用所造成的损失或损害，但合同中另有规定者除外；

⑥属于本工程设计所引起的损失或损害，但由承包人设计的部分除外；

⑦承包人无法预见，也无法采取措施加以防范的或自然力的破坏作用。但能予以投保的自然力风险除外。

(2)由以上所述的"业主风险"所造成的任何损害，承包人必须按监理工程师的要求进行工程补救。同时，监理工程师应按《范本》合同条款第 52 条规定在与承包人协商并报业主批准后，确定进行工程补救工作造成的合同价的增长额，通知承包人，并抄送业主。如果是业主风险和其他风险结合而造成的损失或损害，监理工程师应考虑承包人和业主双方按比例承担上述费用。

(3)注意事项。由《范本》合同条款第 20 条提出索赔要求较多的，是因设计出错而引起。监理工程师要明确认识到，这类事件往往难以判断评定。例如，一座正在施工的桥梁塌垮了，这时常见情况是：承包人申辩说，是因为设计出错所引起，业主和设计人员应负责。假如担任监理的监理工程师又正好是该桥设计者，监理工程师则会设法证明，桥梁塌跨是因施工工艺等不符合规范要求所导致，则要承包人对此负责。因此，承包人必须以自己详尽的施工工艺和工序记录来证明其施工质量。

一般地这类事故发生后由于双方争执不下，最后常会经由仲裁程序来解决。

7. 因施工中承包人开挖到化石、文物、矿产等珍贵物品，要停工处理引起的索赔

(1)据《范本》合同条款第 27 条索赔，《范本》合同条款第 27 条的要点为：

①在工地上发现的贵重物品，应属国家财产；

②这种珍贵物品包括：文物、古迹以及具有地质研究或考古价值的其他遗迹、化石、钱币或物品；

③承包人必须采取合理的预防措施，以免移动或破坏这类物品；

④承包人必须遵照监理工程师的指示来帮助处理这类物品，所花费的款项应由业主支付。

(2)该条款情况若发生时，监理工程师可做如下处理：引用《范本》第 40 条的规定，下令暂时停止发现贵重物品现场的工程；及时通知业主，由业主确定该物如何处置。若有价值，应对如何将该物品移离工地提出建议。

(3)假若决定由承包人负责移走该项物品，监理工程师可：

①据《范本》合同条款第 51 条的规定发布一个工程变更令，承包人则可执行此项变更令，

将该项物品移离工地妥善处置,据此工作,承包人可依《范本》合同条款第51.2款进行费用及利润索赔。

②若将工程在此情况下受阻或中断所引起的索赔事件,全部列为《范本》合同条款第27条和第12条:未能预见的地质情况或人为障碍,则只能索赔到费用而无利润,还可看停工是否影响工期的关键线路,而要求延长工期。

[**实例10-9**] 某公路工程项目,施工开挖土方工作时,发现了汉俑等古代文物。监理工程师及时下令暂停工程,又专程派人及时赶到有关文物管理部门鉴定处理,以尽量减少工程延误,妥善保护国家文物。因为文物鉴定处理的期间,造成承包人的人员和机具设备的闲置等,带来了时间和经济上的损失,承包人提出了索赔,监理工程师和业主给予承包人合理的费用补偿和工期延长。

8. 由于业主雇佣其他承包人的影响,并为其他承包人提供服务提出索赔

(1)据《范本》合同条款第31条所述,若有下述情况发生,业主必须向承包人支付一笔监理工程师认为合理的款项:是由监理工程师提出要求,业主委托其他承包人,获准使用承包人所属的支架材料或施工设备,或者得到承包人以任何方式的协助与服务。

承包人为业主委托的其他承包人提供机械设备或服务,应获得一笔款项:包括工作费用和利润。

(2)承包人提出的索赔必备条件

①第31.1款授权业主可以委托其他承包人在工地施工。这一般要求业主在招标前后,及时通知承包人,其他承包人也有权在工地施工。

②承包人一般不得以工地有其他承包人为理由而要求索赔。除非承包人能够证明,有其他承包人在工地同时施工在投标时无法预见;或其他承包人在工地施工,曾使承包人的工程受阻及中断。

③承包人应监理工程师之要求让其他承包人使用了临时工程或施工设备等,并为他人提供了工程服务。

9. 由于额外样品与试验而引起索赔

据《范本》合同条款第36条所述:

①样品的费用一般在合同文件及工程规范中规定的样品,应由承包人自费提供。若属于合同中并未清楚规定的样品,监理工程师要求承包人额外供应时,其费用要由业主支付。

②若承包人所进行的试验,已在合同文件中写明,承包人就应自费做好试验。或者工程中某项试验是由监理工程师下令额外进行,不论是让承包人自己试验,还是由于承包人的试验室不具备条件,另行外委试验,试验结果证明工程性能或所用材料不符合规范要求,这项试验费用要由承包人支付。

若监理工程师下令进行的任何其他额外试验,均符合规范及设计要求,试验费用则应由业主承担。这时,承包人只有权索取试验或样品费用,而无权索取利润。

[**实例10-10**] 据《范本》合同条款第36.5条的索赔情况。

在某道路工程施工快结束时,发现一段2km长的人行道的沥青路面出现“泛油”及“拥包”等现象。据承包人在试验室进行的试验显示,工程及材料符合规范要求,监理工程师估计是由于承包人所进行的试验出错,故又另请一家独立的权威试验单位进行试验。

①独立试验进行的现场采样抽查试验,显示沥青路面所含的有害化学成分,远远超过规范规定的含量。

②监理工程师处理意见:据《范本》合同条款第36条及第39条,承包人应支付不合格材料的试验费用,上述2km的长沥青路面,不批准交工验收。

③承包人建议,在该段路面上再铺一层2cm厚的沥青面层,自行承担费用,监理工程师同意了这一补救措施。

④监理工程师注意:若材料试验结果显示,该段沥青路面符合规范,业主需承担试验费用。

10. 由于对隐蔽工程的揭露或开孔检查引起的索赔

据《范本》合同条款第38条所述:

①已覆盖的隐蔽工程,监理工程师下令再行揭露或开孔,属于下述情况者,一切费用应由业主承担:

揭开后的隐蔽工程,符合经合同认可的图纸和规范要求;承包人已经在隐蔽工程建好将要隐蔽之前,书面通知了监理工程师或驻地监理工程师,并给予了充分时间(12h),让其检查行将要覆盖的工程,而驻地监理工程师未去检查。

②下述情况承包人必须承担一切费用:

揭开后的工程并不符合合同及规范的要求,或承包人未能按规定为驻地监理工程师提供时机检查隐蔽工程或发出正式书面通知。

③若揭开后的工程符合要求,承包人有权索赔工程成本、管理费和利润。

[实例10-11] 承包人据《范本》合同条款第38条提出的索赔及处理。

具体情况是:在监理工程师检查箱涵之前,承包人已在箱涵之上覆盖了土。监理工程师下令承包人再度将沟壕挖开,以便他检查该箱涵质量。经检查后,发现箱涵已按合同的规定施工,箱涵及回填都符合质量要求。因此,承包人提出下列索赔要求:

据《范本》合同条款第33条规定,承包人已在箱涵回填之前通知了监理工程师,而监理工程师未能按时间来检查,不属于承包人的责任。

此项索赔的费用计算如下:

再度开挖已回填箱涵所需之费用:	6 213元
另行回填之费用:	3 892元
挖开后等待监理工程师检查时间(3天),工人和机械设备闲置费用:	3 155元
小计:直接费总额:	13 260元
管理费30%:	3 987元
合计:	17 238元
利润10%:	1 724元
总计索赔款额为:	18 962元

监理工程师审理后的答复为:据《范本》合同条款第38条款,承包人的要求是合理的。因为承包人已给予监理工程师检查的机会和时间,并且已按规定发出通知,被揭开检查的工程符合图纸及规范要求。所以,承包人应获得其所索赔的款额为18 962元。该款额由业主支付。

11. 由于工程中断引起的索赔

(1)据《范本》合同条款第40.1款和40.2款所述。监理工程师有权下令暂停工程的进展,全部工程中断或暂停其中一部分工程。

①下述情况,工程中断所多需费用由承包人自行承担:

由于承包人的失误或违约导致的;或应由承包人负责的必要的停工;由于现场的气候条件导致的必要停工;或由于工程施工方法及安全措施等有问题,必须停工;合同中另有规定者。

②下述情况中,工程中断所导致的额外费用,必须由业主支付;

工程是由于监理工程师或业主所犯的过失而引起的停工;由于“业主风险”而不得不中断工程(《范本》合同条款第20.4款和65条)

(2)承包人据40.1及40.2款索赔应注意:

①在监理工程师下令暂停工程后21天内承包人要发出书面通知,表明要索赔款项的意向通知要求;

②承包人只能索赔与工程停工有关的费用,无权索要利润。

[实例10-12] 在一座桥梁回填桥台后桥头引道填土时,发现桥墩中的立柱出现裂缝,原因是地基基础产生不均匀沉陷。监理工程师于4月1日下令暂停有关桥梁及引道工程;4月15日监理工程师又下令附近另一座桥梁暂停工程,因为该桥可能也会产生地基沉陷问题。这两座桥墩台都已建好,上部预应力梁也已准备好,随时可以架设。监理工程师应承包人的要求,于4月20日撤销暂停架梁的指令。承包人又于5月30日正式书面通知监理工程师,表示要据40.2款的规定,就上述两项停工指令,索赔额外费用。包括:机械的空转费,架桥小组的空闲费,雇人看守的额外费用,没有引道的环境下架设桥梁所需的附加设备费用等。

监理工程师批复如下:各方一致认为,暂停施工是因为设计出错所致,承包人的索赔要求是可以接受的。但承包人索赔费用的书面通知时间为:

①第一次停工索赔是在监理工程师已发出停工指令后40天提出;

②第二次停工索赔在监理工程师发出停工令后20天提出。

因此,据第《范本》第40.2款和53.1款,只可接纳有关第二次停工的索赔要求,原因是:此条款规定,承包人的索赔必须在监理工程师下令暂停施工后21天内提出。第二次停止工程所导致的额外费用,由业主支付,但不包括利润。

12. 由于业主将土地延迟移交引起的索赔

(1)《范本》合同条款第42条规定:

①承包人因业主未能按本条规定及时移交土地而导致损失,监理工程师必须公平地作证,并让业主付款;

②业主必须尽早移交工地,使承包人得以按工程进度计划施工;

③承包人只可索取有关费用,不能取得利润。

(2)本条款应用时须注意:业主一旦未能及时按合同规定将工地移交承包人,这项条款便产生作用;这一条也规定,移交工地也可分期进行。

[实例10-13] 三原—铜川高速公路工程项目中的铜川立交桥工地的用地问题。一个工厂因新征地拆迁的问题推迟迁不了,时间拖了三个多月,承包人提出土地延迟移交索赔两百多万元,并要求延长工期。监理工程师一方面要考虑调整工点,另外安排承包人到其他工地施工,减少承包人的经济和时间损失;一方面又到承包人的工地现场抽查核对其闲置的人员机具,审核其索赔计算方法及工程成本等。经过监理工程师细致认真和公正的处理,最后支付了

索赔费用不到一百万元,并适当延长了工期。经过此索赔处理,业主和承包人均感满意。

13. 由于非承包人原因造成了工程缺陷需要修复而引起的索赔

据《范本》合同条款第49.3条规定,下列情况下的缺陷修复工作应由承包人自己承担费用进行:

①所用材料、设备或操作工艺不符合合同要求;

②由于承包人的疏忽或者未能遵守合同中对承包人规定的义务。

若工程的任何缺陷的修复工作是不属于上述原因所造成的,承包人在按监理工程师的指令进行修复工作后,可以向业主索赔到工程费用和利润。监理工程师在与承包人协商并报业主批准后,确定合同价格的增加额,通知承包人,并抄送业主。

[实例10-14] 某公路工程项目中的一座桥梁,其上部结构为钢筋混凝土空心板梁,当承包人将板梁架好并经监理工程师验收合格签字后不久,由于天空下陨石雨,刚好有三大块陨石砸在板梁上,使其中5片板梁被砸断或损坏。事情发生后,监理工程师下令,让承包人另换5片板梁以满足合同文件及工程技术规范要求。承包人据《范本》第49.3款向业主提出索赔要求,监理工程师予以认可,并由业主支付这修复替换的5片梁的工程费用和利润。

14. 由于要求承包人调查和检查缺陷而引起的索赔

(1)据《范本》合同条款第50.1款规定,在施工承包合同期满之前的任何时间,只要工程出现任何缺陷、病害或其他不合格之处,在监理工程师的指导和要求下,承包人有义务对任何缺陷进行调查和检查,调查缺陷的工作可以在工程实施阶段进行,也可在完工后一直到缺陷责任期结束时进行。

(2)承包人应注意,用第50.1款时,在施工阶段的缺陷检查处理费用,要证明和分清是什么原因造成的。若是承包人的责任造成缺陷,则承包人应自费调查、检查和修复这些缺陷;若由业主等原因造成了缺陷,这些调查缺陷的费用则由业主支付。在缺陷责任期内,一般非承包人材料、工艺、工程设备等引起的缺陷,调查和检查费用都应由业主承担。

15. 由于工程变更引起的索赔

依据《范本》合同条款第51条的规定,工程变更的含义是非常广义的。它既包括对全部工程项目或部分工程项目其中的任何一种进行变更、增加或取消等,也就是工程进展中形式的变更、工程数量的变更,或工程质量要求及标准方面的变更;同时又包括合同方面的任何形式、内容、数量的变更等。

承包人依据《范本》合同条款第51.1、52.1及52.2款索赔工程变更款项时,既可索赔到工程费用,也可能索赔到利润。有时工程变更后原工程量表中无此细目单价。

[实例10-15] 工程变更后承包人提出的索赔要求及处理。

某公路工程有一分部工程为一人行天桥工程,施工中发现原设计图纸错误,监理工程师通知承包人暂停一部分工程,并下了工程变更令,待图纸修改后再继续施工。另外,还由于增加额外工程,监理工程师又下达了变更令。承包人对此两项事件除提出延长工期外,还据《范本》合同条款第51条和52条提出了费用索赔。

(1)承包人的计算

①因图纸错误造成的停工与工程变更,使三台机械设备停工,损失共计37天。

汽车吊:450元/台班×2台班/日×37个工作日=33 300元;

大型空压机:300 元/台班×2 台班/日×37 个工作日=22 000 元;

其他辅助设备:100 元/台班×2 台班/日×37 个工作日=7 400 元;

小计 62 900 元;

现场管理费附加15%: 9 435 元;

总部管理费附加10%: 6 290 元;

利润5%: 3 931.2 元;

合计: 82 556.2 元。

②增加额外工程的变更,使工程的工期又延长一个半月,要求补偿现场管理费:

240 000 元/月×1.5 月=360 000.0 元

以上两项共计:承包人索赔损失款为442 556.2 元。

(2)监理方的计算

经过监理工程师和有关监理方的计量人员审查和讨论分析,原则上同意承包人的两项索赔,但在计算方法上有分歧。

①因图纸错误造成工程变更和延误,有监理工程师指示变更和暂停部分工程施工的证明,承包人只计算了受到影响的机械设备停工损失,这是正确的。但不能按台班费计算,而只能按租赁或折旧率计算,核减为52 000元。

②额外工程变更方面,经过监理方审查后认为,增加的工作量已按工程量清单的单价支付过,按投标书的计价方法,这个单价是包括了现场管理费和总部管理费的。因此,监理工程师不同意另外支付延期引起的补偿费用,

就额外工程增加所需的实际时间计算是需一个半月,这也是监理工程师已同意过的。但所增加的工程量与原合同工程量及其相应工期比较,原合同工程量应为0.6 个月的时间。即按工程量清单中单价付款时,该0.6 个月的管理费及利润均已计入在投标计算的合同单价中了,而1.5 月-0.6 月=0.9 月的管理费和利润则是承包人应得到而受损失的费用。

监理方按下面方法计算补偿费:

每月现场管理费:190 730 元(见标书计算);

现场管理费补偿:190 730×0.9=171 657 元;

总部管理费补偿10%应为:17 166 元;

利润5%:(171 657+17 166)×5%=9 441 元;

合计: 198 264 元;

以上两项补偿总计为: 250 264 元。

(3)比较承包人和监理工程师两方面的计算,承包人索赔金额比监理工程师算出的高192 292.2元。但因监理工程师的计算是公正合理的,承包人只能同意接受,提不出什么反对意见,并为他能得到250 264 元的赔偿感到基本满意。这是一项因工程变更引起索赔的较好的案例。

16.由于变更使合同总价格超过有效合同价的15%而引起索赔

依据《范本》合同条款第52.3 款规定,在签发交工证书时,如果出现了由于:

(1)在执行了《范本》合同条款第52.1 款和52.2 款规定的估价的全部变更后的工程;

(2)以及对工程量清单中开列的估算工程量经过计量后所作的各种调整(不包括暂定金

额及按《范本》合同条款第70条规定所作的价格调整),而不是由于任何其他原因,使合同价格的增加或减少值合计起来超过“有效合同价格的”的15%。(“有效合同价格”是指不包括暂定金额的合同价格)。

在上述情况发生时,经监理工程师与业主和承包人适当地协商之后,再按照监理工程师和承包人协商的结果,应在合同价格中加上或减去一笔调整的款额。如双方未能协商达成一致意见,此款额应由监理工程师在考虑合同中承包人的现场管理费用和总管理费后予以确定。监理工程师应将根据本款作出的任何决定通知承包人,并抄送业主。上述调整的金额仅限于那些增加或减少超过有效合同价格的15%部分的款项。

17. 由特殊风险引起的工程被破坏和其他款项支付而提出的索赔

《范本》合同条款第65.3款规定:在特殊风险发生后,造成工程破坏或材料、设备、施工机械在现场或其附近或运输过程中遭到破坏或损害时,承包人都有权要求索赔修复任何因特殊风险破坏或损害的工程所需费用以及替换或修复工程的材料或设备费用(已经保险者除外)。按《范本》合同条款第52条追加合同价格。

《范本》合同条款第65.4款还规定:在特殊风险期间,若使承包人的临时工程等施工费用遭到损失,承包人有权要求业主予以施工费用补偿。

18. 因特殊风险使合同终止后的索赔

据《范本》合同条款第65.5款,在正常情况下,合同义务双方在完全履约后才能提出终止合同。根据《范本》合同条款第65.5款规定:若发生特殊风险,如战争等,据法律和合同约定,合同可以终止。合同提前终止后,除了要对终止前的债权债务进行清理结算外,双方都不负赔偿责任。对于公路工程,工程本身的损害中由特殊风险引起,其承包人已履行了义务的任何开办费、服务费、工程材料费、设备费、遣返费、附加费、已完工程遭受毁坏甚至全部毁灭等,业主都应向承包人付款。该条款充分规定了因特殊风险而终止合同时,承包人应享有的权利。详见《范本》合同条款第65.7款。

19. 因合同解除后的索赔

据《范本》合同条款第66.1款,合同解除是指在合同成立后开始履行或完全履行之前,因一定的原因使维持合同成为不可能或不必要时,一方当事人行使解除合同的权利。常见解除合同的情况如下:

(1)业主单方解除合同。这一般是在承包人没有违约的情况下,只是业主为了自己的方便而解除合同。这在《范本》合同通用条件没有明文规定,但业主也可以在专用条件中予以规定。

(2)业主重大违约,承包人解除合同。常见的情况有:

①业主未能在合同规定的时间内付款;

②未根据本合同任何条款而无理阻挠或拒绝任何上述证书颁发所需的批准。

(3)承包人重大违约,业主解除合同。常见的情况有:

①收到中标通知书后,未能在规定时间内提供履约担保;

②未经业主或监理工程师同意而擅自分包部分工程;

③收到开工令后,未能在规定时间内开工;

④未取得业主同意而单方面转让合同;

⑤在监理工程师发出拒收某些材料或工程设备的书面指令后,未能在规定时间移走这些材料或工程设备等;

⑥在多次违反合同规定,监理工程师给予警告后,仍未按合同规定实施工程等。

(4)因遇到不可抵抗的自然力,使合同无法继续实施而解除合同。

当合同解除后,当事人之间都有要求赔偿损失的权力,合同的有关解决纠纷、结算互欠债务或工程款等不因合同的解除而失去法律效力。若合同当事人之间还有未尽义务和纠纷,原合同条款仍有效。当事人一方除按合同解除前已进行的工作结算外,还可以对合同解除前已发生的经济损失以及解除合同本身所产生的损失向对方索赔。

[实例10-16] 某公路工程项目,要修建一条长6km的隧道工程项目,以便缩短运距,将本地的矿产运到海外销售。合同总承包中标价为4 000万元。在隧道工程已开工掘进200m后,政府领导人换届改选。新政府又决定不修该隧道工程,就提前解除了合同。承包人对已经发生的工程成本及利润损失进行索赔,最后实际得到了2 050万元的经济赔偿。这种情况则属于业主方解除合同。若发生强烈地震等自然界不可抗力,业主遭受重大经济损失而无力再进展工程,也只能解除合同。

20. 业主违约引起工程终止等的索赔

(1)《范本》合同条款第69.1款主要规定了业主的两种违约情况,即:

①业主在收到监理工程师签字认可的支付证书支付期到期后的42天之内,未能向承包人支付款项,也未向承包人说明理由;

②未根据本合同任何条款而无理阻挠或拒绝任何上述证书颁发所需的批准。

(2)当发生《范本》合同条款第69.1条款上述业主两种违约条件之一时,承包人将可以立即给予业主和监理工程师以书面通知,要求终止合同。在该通知发出14天之后,终止合同生效,承包人便有权从工地尽快地撤离所有承包人的设备。但下列情况除外:

①当发生业主迟付工程进度款后,承包人发出了索赔及要求中断工程的申请,监理工程师已予受理,并通知业主加付迟付工程款的利息,承包人这时应正常进展工程。

注意:有关迟付工程款引起利息索赔计算,监理工程师应据合同规定明确的单利或复利利息计算公式,确定一笔利息款项由业主支付给承包人。

②当业主的无理阻挠或拒绝证书颁发等事项已经监理工程师等交涉获准,承包人只可提起延期或费用索赔,而不必再中止工程。

21. 由于物价变动引起的工程成本的增减的索赔

据《范本》合同条款第70.1款,除非合同专用条款另有规定,凡是合同预期工期在24个月以上者,在合同执行期间,由于人工和材料的价格涨落因素应对合同价格进行调整,调价时,应按价格调整公式计算,每年进行一次调整。在采用价格调整公式进行调价时,还应遵守以下规定:

(1)合同价格在投标所在年份不作调整,此后每年调整一次。

(2)基期价格指数,指投标年份(即送交投标书截止期前28天的所在年份)的价格指数,计算时采用100。

(3)当期价格指数,采用本合同工程所在省(自治区、直辖市)统计部门正式公布的该计算年份的《建筑业产值价格指数》统计资料中各项相关的价格环比指数。

(4)权重系数由业主根据标底资料测算确定范围,在招标文件发出前填写;承包人应在投标时在此范围内填写各因素的权重关系,合同实施期间将按此权重系数进行调价,除非由于工程的实施或根据第 51 条工程的变更或其他原因,监理工程师认为某一因素的权重系数不合理或不适用,则权重系数应予以调整。

[实例 10-17]　某高速公路项目,原合同中规定不允许调价。后因工程开工后,物价变动幅度较大,应承包人的多次请求,监理工程师和业主同意,将原合同条款改为可以调价。监理工程师用《范本》合同条款第 70.1 款调价公式,调整了运输费、人工费、水泥、沥青、钢材、砂石料等价格,使承包人得到了应有的经济补偿。利用调价公式可以调高也可以调低物资费用。

22. 由于后继法规的变化引起的索赔

依据《范本》合同条款第 70.2 款规定,除非合同专用条款另有规定,如果在送交投标书截止日之前的 28 天以后,国家或省(自治区、直辖市)颁布的法律、法规出现修改或变更,因采用上述法律、法规使承包人在履行合同中的费用发生了第 70.1 款规定的价格调整以外的增加或减少,则此项增加或减少的费用应由监理工程师与承包人协商并报业主批准后确定,增加到合同上或从合同价中扣除,监理工程师应通知承包人,并抄送业主。例如车辆养路费的提高、水电费提高等,承包人有权据此索赔。这种索赔为依据文件证据法的索赔。

二、业主向承包人进行反索赔

前面我们分析讨论了索赔的问题,这里着重讨论反索赔的问题,我们将分别讨论反索赔的概念、种类及《范本》合同条款对反索赔的具体规定。

(一)反索赔的概念

在《范本》合同条款中,对施工合同双方都赋予合理地向对方索赔的权利,以维护经济利益受损害方的正当经济利益。反索赔的概念是相对于索赔提出的。依据国际工程承包合同惯例,一般把承包人向业主提出的索赔叫做施工索赔或费用与工期索赔,而把业主向承包人提出的索赔要求叫做反索赔。

从反索赔的作用和意义上看,反索赔是被要求索赔一方向要求索赔一方提出的反驳或新索赔要求,是变被动为主动的一个措施。常见的有业主对承包人的反索赔、承包人向分包商的反索赔、承包人和供货商之间的反索赔等。反索赔与索赔一样,都必须依据合同条款和工程实际发生的情况,有理有据地进行,而绝不是胡乱狡辩和随意的讨价还价或漫天要价。

业主的反索赔或向承包人的索赔具有以下特点:首先是业主反过来向承包人的索赔发生频率要低得多,原因是工程业主在工程建设期间,本身的责任重大,除了要向承包人按期付款、提供施工现场用地和协调管理工程的责任外,还要承担许多社会环境、自然条件等方面的风险,且这些风险是业主所不能主观控制的,因而业主要扣留承包人在现场的材料设备,承包人违约时提取履约保函金额等发生的几率很小。其次是在反索赔时,业主处于主动的有利地位,业主在经监理工程师证明承包人违约后,可以直接从应付工程款中扣回款项,或从银行保函中得以补偿。一般地从理论上讲,反索赔和索赔是对立的统一,是相辅相成的。有了承包人的索赔要求,业主也会提出一些反索赔要求,这是很常见的情况。

(二)反索赔的种类与内容

依据工程承包的惯例和实践.常见的业主反索赔主要有以下五种具体内容。

1. 工程质量缺陷反索赔

对于公路工程承包合同,都严格规定了工程质量标准,有严格细致的技术规范和要求。因为工程质量的好坏直接与业主的利益和工程的效益紧密相关。业主只承担直接负责设计所造成的质量问题,监理工程师虽然对承包人的设计、施工方法、施工工艺工序以及对材料进行过批准、监督、检查,但只负间接责任,并不能因此而免除或减轻承包人对工程质量应负的责任。在工程施工过程中,承包人所使用的材料或设备不符合合同规定或工程质量不符合施工技术规范和验收规范的要求,或出现缺陷而未在缺陷责任期满之前或期满之后 14 天之内完成修复工作,业主均有权追究承包人的责任,并提出由承包人所造成的工程质量缺陷所带来的经济损失的反索赔。

常见的工程质量缺陷表现为:

(1)由承包人负责设计的部分永久工程和细部构造,虽然经过监理工程师的复核和审查批准,仍出现了质量缺陷或事故;

(2)承包人的临时工程或模板支架设计安排不当,造成了施工后的永久工程的缺陷,如悬臂梁连续浇注混凝土施工时,由于挂篮设计强度及稳定性不够,造成梁段下挠严重,致使跨中无法合龙;

(3)承包人使用的工程材料和机械设备等不符合合同规定和质量要求,从而使工程质量产生缺陷;

(4)承包人施工的分项、分部工程,由于施工工艺或方法问题,造成严重开裂、下挠、倾斜等缺陷;

(5)承包人没有完成按照合同条件规定的工作或隐含的工作,如对工程的保护、照管、安全及环境保护等。

对于工程质量所出现的缺陷,若承包人没按监理工程师的要求进行修补或返工,监理工程师可以拒绝签发月工程进度付款证书,业主可以暂停支付工程款;在缺陷责任期内,若承包人不修复由其造成的工程缺陷,业主和监理工程师有权雇用其他承包人来修理缺陷,所需款项可从承包人的保留金中支出(或扣回承包人的款项)。另外。业主向承包人提出工程质量缺陷的反索赔要求时,往往不仅仅包括工程缺陷所产生的直接经济损失,也包括该缺陷带来的间接经济损失。比如,承包人修建的桥梁工程,在交工验收时发现栏杆和照明灯具不符合合同中的规定,业主不仅提出修复和更换的直接费用损失要求,还可以提出由于更换栏杆和灯具而造成桥梁的推迟开通运营而造成的过桥费收入的损失的补偿要求。

2. 拖延工期反索赔

依据公路工程施工承包合同和《范本》合同条款规定,承包人必须在合同规定的时间内完成工程的施工任务。如果由承包人的原因造成不可原谅的完工日期拖延,则影响到业主对该工程的使用和运营生产计划,从而给业主带来了经济损失。按《范本》合同条款第 46 条和 47 条规定,业主有权向承包人索取拖期损失偿金。此项业主的索赔,并不是业主对承包人的违约罚款,而只是业主要求承包人补偿延期完工给业主造成的经济损失。承包人则应按签订合同时双方约定的赔偿金额以及拖延时间长短向业主支付这种赔偿金,而不再需要去寻找和提供实际损失的证据去详细计算。对于大中型公路工程项目,延长工程的竣工期限是经常发生的事,一旦发生施工进度计划被打乱,施工的实施进度落后于计划进度,就应该分析原因,划清工程进度滞后的责任。若由于客观原因,如山洪暴发、地震等,则为可原谅的延期,监理工程师和业主应给予承包人正当的延长工期,而不给予经济补偿;若由于业主原因延误工期,如征地拆迁延误、供电不足等,承包人可向业主索赔延长工期和补偿费用;若查明是由于承包人原因拖延工期,如开工迟缓、开工不足、人员组织搭配不善等,业主和监理工程师有权警告承包人加快工程进度或提出索赔要求。有关对承包人拖期损失赔偿金的具体计算和规定限额,一般在各具体的工程合同中都有规定,每延期完工一天,应赔偿一定款额的损失赔偿费。比如广东省的公路桥梁项目合同,一般都规定承包人延期完工一天,要向业主支付5 000 ~ 10 000 元不等的延期违约损失补偿金。在有些情况下,延期损失补偿金若按该工程项目合同价的一定比例计算,若在整个工程完工之前,监理工程师已经对一部分工程颁发了移交证书,则对整个工程所计算的延误补偿金数量应给予适当的减少。

一般在合同专用条款中规定了拖期损失偿金为人民币________元/天;拖期损失偿金的限额为合同价 10%。

3. 经济担保的反索赔

在建设工程中,经济担保是工程承包活动中的不可缺少部分,担保人要承诺在被担保人不适当履约的情况下代替被担保人来承担赔偿责任或原合同所规定的权利与义务。在公路工程项目承包施工活动中,常见的经济担保有预付款担保和履约担保等(投标担保详见第三章内容),下面分别予以阐述。

(1)预付款担保反索赔。预付款是指在合同规定开工前或工程价款支付之前,由业主预付给承包人的款项。预付款通常包括调遣预付款、设备预付款和材料预付款。预付款实质上是业主向承包人发放的无息贷款。对预付款的偿还,施工合同中都规定承包人必须对预付款提供等额的经济担保。若承包人不能按期归还预付款,业主就可以从相应的担保款额中取得补偿,这实际上是业主向承包人的索赔。另外,由于承包人的过失给业主的材料、设备或人员造成了伤亡,业主也有权要求承包人给予补偿;若由于承包人严重违约,给业主造成重大的经济损失,用预付款担保不足以补偿业主的损失时,业主还可行使留置权,留置承包人在工程现场的材料、设备、施工机械及临时工程等财产以作补偿。这些措施是为了保护业主的利益,同时也是对承包人如期履约的一个督促。

(2)履约担保反索赔。履约担保是承包人和担保方为了业主的利益不受损害而作的一种承诺,担保承包人按施工合同所规定的条件进行工程施工。履约担保有银行担保和担保公司担保的方法,以银行担保较常见。担保金额一般为合同价的 10% ~20%。《范本》合同专用条款第 10.1 款规定履约担保金额为合同价的 10%(如果采用最低评标法评标,承包人还应按投标人须知第 28.2 有关规定提交相应的银行汇票)。担保期限为工程竣工期。

当承包人违约或不能履行施工合同时,持有履约担保文件的业主,可以很方便地在承包人的担保银行中取得经济补偿。一般业主在向担保人索要金额之前及时通知承包人,给予承包人改正错误的机会,并为促使履行合同及正常进展工程着想,而不是乱用履约担保金的权利去威胁承包人,这对于工程的开展是有利的。

4. 保留金的反索赔

保留金的作用是对履约担保的补充形式。公路工程合同中都规定保留金的限额为合同价的 5%,《范本》合同条款第 60 条也有相应规定。保留金是从应支付给承包人的月工程进度款中扣下一笔合同价百分比的基金,由业主保留下来,以便在承包人一旦违约时直接补偿业主的损失。所以说保留金也是业主向承包人索赔的手段之一。保留金一般应在整个工程或规定的单项工程完工,且业主签发交工证时退还保留金款额的50%,最后在缺陷责任期满后再退还剩余的50%。

5. 业主其他损失的反索赔

依据合同规定,除了上述业主的反索赔外,当业主在受到其他由于承包人原因造成的经济损失时,业主仍可提出反索赔要求。比如:由于承包人的原因,在运输施工设备或大型预制构件时损坏了旧有的道路或桥梁;承包人的工程保险失效,给业主造成损失等。总之,业主的反索赔面也较广泛,业主要运用反索赔的权利保护自身利益并促使工程五大控制目标(进度、质量、费用、安全、环保)的实现,承包人应注意做好自己的工作,以尽量减少和避免业主反索赔。

(三)《范本》合同条款中的业主反索赔规定

《范本》合同条款中除详细叙述和规定了承包人向业主的索赔外,还具体规定了业主向承包人索赔的条款,共有11条,比承包人向业主索赔的条款少得多。原因是业主在工程承包合同中处于主动地位。工程款支付多少,是否支付,只要由监理工程师认证承包人违约,业主就可直接从应付给承包人的工程进度款中扣除,可通知承包人,亦可不通知承包人。因此,承包人一方面要踏踏实实干好工程,防止失误和违约造成业主的反索赔;另一方面,要对业主可以运用的《范本》合同条款中的索赔条款予以了解。下面分别予以介绍。

(1)依据《范本》合同条款第25条规定,承包人未按合同要求进行任何保险或办理保险失效,业主可以直接去办理相关的保险并保持其有效,然后从应付给承包人的款项中扣回。例如,某国外工程项目,依据合同规定,承包人办理了工程一切险和第三方责任验,共支付了两百万元的保险金额。因所选择的保险公司不当,在工程还在进展过程中,该保险公司因资不抵债而破产。之后,业主又到另外的保险公司去办理了保险,交付了保险金,这笔保险金则要从应支付给承包人的款项中扣回。

(2)依据《范本》合同条款第30条规定,承包人应采取一切合理的措施,防止承包人或分包商在运输工程材料、设备或临时工程设施的过程中损害已有的道路、桥梁及水运设施。除非合同另有规定,为了便利承包人的设备或临时工程的运输,承包人应自费加固旧有道路或桥梁。若在运输过程中对旧有道路或桥梁造成不必要的损害或损伤,承包应负责赔偿,并不因此伤害业主的利益。有些情况发生后,也可由监理工程师和业主与承包人三方协商讨论,确属承包人的失误造成,可由业主先付旧有道路与桥梁的损失赔款,然后再从应付或将付给承包人的款项中扣除。

(3)依据《范本》合同条款第37条规定,当承包人没按合同规定时间、地点准备好供检查和检验的工程材料或设备,或检查检验不合格时,监理工程师有权拒收这些材料或设备。如果需要重复检查或检验时,所需的费用应由承包人支付。若承包人拒付,业主可从应付或将付给承包人的款项中扣除,监理工程师应书面通知承包人。

(4)依据《范本》合同条款第39条规定,如果承包人一方不遵守监理工程师的指示,将不合格的工程材料或设备从工程现场运走,以及将不合格的工程返工,业主有权雇用其他人执行该项指示并向其支付有关费用。然后由监理工程师通知承包人,确定由此造成的或伴随产生的全部费用,由业主从承包人的应付款项上扣回。

(5)依据《范本》合同条款第46条规定,由于承包人原因造成工程进度太慢,在监理工程师发出警告后,承包人可以采取措施加快工程进度。由于承包人原因而采取加速施工的措施,而导致业主付出任何额外的费用等,业主可以从承包人处扣款以得到补偿。有关款额可由监理工程师通知承包人。

(6)依据《范本》合同条款第47条规定,由于承包人原因未能在合同规定的全部工程竣工期限完成整个工程,则承包人应向业主支付投标书附件中写明的金额作为拖期违约损害赔偿金,此项金额可从工程结算款中由业主扣回,并通知承包人。

(7)依据《范本》合同条款第49条规定,承包人未在合理的时间内执行监理工程师的指示,在缺陷责任期内及时修补工程缺陷的话,业主有权雇用其他人从事该修补工作并给予报酬。若经过监理工程师认为该项工作按合同规定应由承包人自费进行,则业主雇用他人产生的费用则可由业主向承包人索赔,或由业主从其应支付或将要支付给承包人的款项中扣除。监理工程师应书面通知承包人,并将副本留给业主。

(8)依据《范本》合同条款第59条规定,承包人在未能证明有正当的理由扣留或拒付给特殊分包商的工程款项时,业主有权据监理工程师的证明,直接向该特殊分包商支付指定分包合同中已规定的而承包人未曾向该特殊分包商支付的费用,并以冲账方式从业主应付或将付给承包人的任何款项中将此款扣回。

(9)依据《范本》合同条款第63条规定,当承包人严重违约时,经过业主和监理工程师的一再警告而不能继续进展工程时,业主有权终止对承包人的雇佣,进驻工程现场并尽快查清施工、竣工及修补任何缺陷的费用,进行清算。若承包人应得款额还不足以偿还业主已支付给他的款额,则应视为承包人欠业主的应付债务。业主有权进行索赔讨要该款项。

(10)依据《范本》合同条款第64条规定,在施工期或缺陷责任期内,若发生与工程相关的紧急维修或抢救工作时,承包人无能力或不愿意立即进行此类工作时,业主有权雇用其他人员去从事该项工作并付出有关费用。如果监理工程师认为该项工作本应由承包人自费进行,其他人员去从事该项工作并由业主付出有关费用,可由业主将该抢救或维修工程的费用向承包人索赔,或从应付或将付给承包人的款项中扣回。

(11)依据《范本》合同条款第65条规定,当发生特殊风险而导致合同终止时,在业主按监理工程师的认证,向承包人支付了应支付的任何费用外,业主亦有权要求承包人偿还任何有关承包人的设备、材料和工程设备的预付款未结算余额,以及其他承包人应偿还业主的金额,并由监理工程师向承包人发出通知。

第四节　防止和减少费用索赔

公路工程施工承包合同中,发生索赔与反索赔的事情是很正常的。但由于索赔与反索赔事件容易引发合同纠纷,给工程项目进展带来了不必要的麻烦与困难。由此可知,在履行施工承包合同的过程中,业主、监理工程师和承包人三方都应采取积极措施,尽量预防和减少索赔事件的发生,把索赔事件减少到最低限度。下面分别从业主和承包人双方各自的角度,阐述双方处理和预防索赔的责任,以及应采取的预防索赔措施等。

一、业主方如何预防和减少承包人的索赔

业主方是工程承包合同的主导方,关键问题的决策要由业主掌握。监理工程师受业主的委托,代表业主管理工程,因此,若业主和监理工程师都积极主动地采取预防措施,防止和避免一些不必要的索赔事件发生,将会大大减少索赔纠纷。依据工程承包合同实际情况和《范本》合同条款,业主和监理工程师能采取的措施如下。

1. 业主和监理工程师预防索赔的措施

(1)由于意外风险和不可预见的地下条件发生的索赔事件,业主和监理工程师要加强工程的风险意识,及早了解自然界和社会的风险来源的可能性,尽早采取措施,防患于未然。对于《范本》合同条款第12条所指工程遇到不可预见的不良地质或人为阻碍情况最好是在设计及招标阶段,尽可能将地质情况及地下障碍的资料收集齐,工程进展中还可及时补充地质调查研究情况及早采取措施,搞好地下管线拆迁工作,以免延误工程。勘察设计工作本身要做细,资料要齐全,尽量避免因设计出错而影响工程施工。

(2)由于工程变更引起索赔,若监理工程师本身不是设计者,应尽量避免设计变更。作为业主若提出变更,应尽可能使监理方发出变更指令时,向承包人说明支付方式,取得协商一致意见,并在申报月进度工程款时予以支付,避免工程变更的价格调整款变成索赔款。

(3)不要随意下达工程停工令干扰施工。有的业主随意要求增减工程或改变作业顺序,或不及时提供工程材料及必要的施工条件,从而引起工程进度延误。业主应该采取措施,保证和加强良好施工环境与条件的创造,尽量避免工程延期而引起索赔。

(4)避免由于业主违约引起的索赔。监理工程师要及时地为业主做好参谋,及时提醒业主,搞好征地拆迁,让设计单位按合同规定准时交图,及时支付工程进度款,以免给承包人造成工程流动资金不足的困难。若长期大量拖付工程款,势必迫使承包人投入新的流动资金,或向银行贷款,引起工程成本增加,从而导致承包人的费用索赔。

(5)严格控制工程范围。因为工程范围的变化,可能会引起工程投资失控,也会引起设计图纸、技术规范、施工工期等一系列的变化,都会引发索赔事件发生。为了避免索赔事件发生,就要求监理工程师的工作认真、细致和准确,基本上做到按投标文件施工;同时也要求业主不要轻易发出改变施工的指令,以免形成"可推定的工程变更",导致承包人的索赔。

(6)应迅速及时处理好合同纠纷。在工程进展过程中,若出现业主和承包人双方的合同纠纷,业主首先要心平气和地与监理工程师一起,和承包人协商解决纠纷。纠纷的及时处理和解决,会有助于工程的顺利进展,也避免了许多不必要的索赔事件发生。

(7)避免由于监理工程师失误和其他原因出现的索赔,如果发生监理工程师的指令错误而使工程受阻或损失,会非常严重地影响监理工程师的威信。因此,监理工程师必须严守职业道德,加强自身业务能力,严格把关,谨慎处事,兢兢业业,踏踏实实,切不可粗心大意,使业主的利益受到影响,并在预防和避免索赔事件发生方面起积极作用。

2. 业主方和监理工程师减少索赔的措施

在大型的公路工程施工过程中,如公路工程的独立大桥、隧道工程等,不发生一例索赔事件是不可能的,一旦发生了索赔事件。业主和监理工程师则应公正对待并处理索赔事件,并尽可能减少索赔所发生的款额,下面依据《范本》合同条款进行讨论分析。

(1)据《范本》合同条款第12条的索赔的处理。据公路工程建设经验,因第12条提出的索赔,由未知情况及地下障碍提出的索赔数额并不大,其中机械闲置而引起的费用索赔占一大部分。因此,当未知情况及障碍突然发生时,驻地监理工程师最好的方法是鼓励承包人计划干其他工作,以便在必须停一部分工作时,仍有其他工作可做;另外要毫不拖延地与承包人就解决问题和有关的费用达到协议。如果办不到的话,应该发出工程变更命令,并确定付款数额。

[实例10-18]　某高等级公路工程项目,在涵洞基础开挖土方时,不小心将地下通信电缆挖断了,造成工程停工,承包人以在招标文件中未写明地下有通信电缆为理由,据《范本》第12条为不可预见的地下障碍,提出要求延期与索赔。监理工程师一面立即联系通信电缆拆迁事宜,一面想办法与承包人属下的挖土方工程小组协商,以后挖到一定标高就先停止,以免再将电缆等挖断造成更大的损失,对由此引起的工程延误给予一定的合理的延期与费用。

(2)据《范本》合同条款第51条和第52条,工程变更引起索赔。承包人对监理工程师提出的就变更或增加工作所定的费用数额觉得少了,便提出索赔要求。这种索赔要求往往是对费用多少发生争执,使索赔几乎不可避免,这时,监理工程师在定价格时,要从多方面予以慎重考虑,不应偏高或偏低,并应与业主和承包人反复协商再决定。

从减少工程变更的原因来看,可能主要在于标书和合同文件的不健全,进而导致一些工程变更及索赔。

[实例10-19]　工程中临时用地问题,主要看业主征地拆迁是否困难较大,若业主征地拆迁工作易做,合同中可写明由业主提供施工临时用地;若业主征地拆迁困难大,可在合同中写明,由承包人自行解决,业主予以协助办理,并支付经费。例如我国的情况,若业主是政府,征地拆迁困难较大,若是承包人去办理施工临时用地,出一些钱即可买到,减少了扯皮等索赔问题出现。

[实例10-20]　公路工程项目中小桥涵问题。在合同文件中若处理不好,也常发生争执和索赔。因为在设计时确定的小桥涵一般较粗略或偏少,而招标施工后,也许要增加小桥涵或地下通道,形成工程变更设计,造成了索赔问题。

我国利用世行贷款修建的京津塘高速公路工程项目,设计时只给出小桥涵的标准图并在招标文件中写明待招标后开始施工时,由刚进入工地的承包人再进行一次详细的勘测,由承包人据业主需要,经监理工程师许可,承包人出施工详图,最后小桥涵施工图由监理工程师审定认可。这样就在工程进展中,减少了许多工程变更问题,也省去了监理工程师变更调价的麻烦及工程费用的索赔处理。

(3)因工程延期而引起的索赔。据《范本》合同文件中一些条款均可提出工期索赔,对此监理工程师及驻地监理工程师要特别注意。

经验表明:不论合同文件是否由专业的人员拟定,几乎所有的文件都会出错,此种文件出错的有关支出额较大,应早日更正;若导致了承包人的额外支出费用,在经监理工程师证明合理后,业主应支付承包人索赔款项。

(4)因图纸迟交或测量资料不准引起索赔会影响监理工程师和监理组织的声誉和威信。一般来讲,这类索赔应尽可能避免,必要时监理工程师可请设计人员前往工地。监理工程师要使用合格负责的测量员,资料交付与承包人后,要有记录并保证准确性。

(5)有关样品与试验、工程揭露与开孔等引起的索赔。若监理工程师下令承包人做合同中未列明的事项时，则承包人的索赔要求不能完全避免。但一般情况，若承包人的工作情况都令人满意，则应使这种命令保持较少的次数。

(6)工程的中断或由于业主的延误而引起费用的索赔，这种索赔往往数额很大，监理工程师和驻地监理工程师应慎重处理。如果中断工程由业主引起的原因可以预见，监理工程师应当用计划调整来加以避免。若这种原因不可预知又发生了，监理工程师便应采取以下适当措施以减少因业主延误而引起的支出：

①尽可能缩短阻延的时间；

②设法尽快把闲置的机具和人员转到其他工作上去；

③若有可能，监理工程师还可立即发出变更令。

综上所述，若要避免或减少索赔，监理工程师应尽早开始对监理工作进行准备，最好在合同谈判前就能着手准备。并应尽可能使自己熟悉有关工地及环境、工程进度计划、合同文件及附件、承包人的情况及招标投标等所有事务。业主也可在许多方面发挥积极和主导作用，尽量避免和减少索赔。

二、承包人方面预防和减少业主反索赔的措施

《范本》合同条款为了维护承包人应得的经济利益，赋予了承包人的索赔权利，所以承包人是索赔事件的发起者。为了承包人自身的利益和信誉，承包人应使用自己的权利。承包人一方面要建好工程，加强合同管理和成本管理，控制好工程进度，预防业主的反索赔；另一方面要善于申报和处理索赔事项，尽量减少索赔的数量，并实事求是地进行索赔。一般地讲，承包人在预防和减少索赔与反索赔方面，可以采取如下措施。

(1)严肃认真地对待投标报价。在每项工程招标投标与报价过程中，承包人都应仔细研究招标文件，全面细致地进行施工现场勘查，充分了解该工程所在地的水文地质条件、进出场道路、社会和人文环境等，对砂石料等当地材料进行细致的询盘问价。要认真地进行投标估算，正确地决策报价。切不可随意报价，或者为了中标，故意压低标价，企图在中标后靠索赔弥补而盈利。这样在投标时即留下冒险和亏损的根子，承包人便在工程施工过程中千方百计去寻找索赔的机会，而实际上这种索赔很难成功，并往往会影响承包人的经济效益和信誉。

(2)注意签订合同时的协商与谈判。承包人在中标以后，在与业主正式签订合同的谈判过程中，应对工程项目合同中存在的疑问进行澄清，并对重大工程风险问题提出来与业主协商谈判，以修改合同中不适当的地方。特别是对于工程项目承包合同中的专用合同条件，如不允许索赔、付款无限制期限、无利息等条件，都要据理力争，促成对这些合同条款的修改，以“合同谈判纪要”的形式写成书面内容，作为本合同文件的有效组成部分。这样，对合同中的问题都补充为明文条款，也可预防和避免施工中不必要的索赔争端。

(3)加强施工质量管理。承包人应严格按照合同文件中规定的设计、施工技术标准和规范进行工作，并注意按设计图施工，对原材料及各工艺工序严格把关，推行全面的质量管理，尽量避免和消除工程质量事故和缺陷，则可避免业主对施工缺陷的反索赔事件发生。

(4)加强施工进度计划与控制。承包人应尽力做好施工组织与管理，从各个方面保证施工进度计划的实现，防止由于承包人自身管理不善造成的工程进度拖延。若由于业主或其他客观原因造成工程进度延误，承包人应及时申报延期索赔申请，以获得合理的工期延长。若承

包人延期索赔成功，就预防和减少了业主的因“拖期损失偿金”的反索赔。

(5)承包人应注意业主不能随意扩大工程范围。另外，所有的工程变更都必须有书面的工程变更指令，以便对变更工程进行计价。若监理工程师下达了口头变更指令，要求承包人执行变更工作，承包人可以予以书面记录，并请监理工程师签字确认，若监理工程师不愿确认，承包人可以不执行该变更工程，以免得不到应有的经济补偿。若承包人已执行了口头变更令的工程，按《范本》合同条款第2.5款规定，如果承包人在执行监理工程师发布的口头指令3天内，未收到监理工程师的上述书面确认，承包人应立即以书面形成要求监理工程师予以确认，以免使承包人自己处于无认证的不利地位。

(6)加强工程成本的核算与控制。承包人的工程成本管理工作是保证实现施工经济效益的关键工作，也是避免和关系到索赔与反索赔工作的关键所在。承包人自身要加强工程成本核算，严格控制工程开支，使施工成本不超过投标报价时的成本计划，当成本中某项直接费的支出款额超过计划成本时，要立即进行分析，查清原因；若属于自己方面原因，要对成本进行分指标分工艺工序控制；若属于业主方原因或其他客观原因，就要熟悉施工单价调整方法，熟悉和掌握索赔款具体计价的方法，采用实际工程成本法、总费用法、或修正的总费用法等，使索赔款额的计算比较方便实际，索赔额切不可抬高过多，以免导致索赔失败或业主的反索赔发生。

总之，承包人在预防和减少索赔与反索赔的方面有很多工作可做，要注意学会使用合理与科学的方法来保护自身权益，并与业主和监理工程师合作协商，促进工程目标的早日实现。

〔思考题〕

1. 什么是索赔？有何法律依据？
2. 索赔申请的程序与批准的原则是什么？
3. 承包人依据《范本》合同条款哪些条款可以申请索赔？
4. 业主如何进行反索赔？
5. 监理工程师如何预防和减少索赔事件的发生？
6. 试举一费用索赔案例并进行分析。

第十一章 违约与合同纠纷的解决

如前所述,在公路工程承包合同的履约过程中,不可避免地会出现一些违约事件,致使各种合同纠纷经常发生。究其原因是公路工程承包合同涉及的问题比较广泛和复杂,它包括勘探测量、设计咨询、物资供应、现场施工、竣工验收和缺陷责任期修复过程,有些工程承包甚至还涉及人员培训、试运营管理,以及备件供应和保证生产等工程竣工交接后的责任,而每一项进程中又都可能牵涉到劳务、质量、进度、监理、计量和付款等问题。上述这些都要在合同中明确规定,并且要求双方全面地、严格地执行合同。因此,不发生任何变化和合同纠纷,是很困难的。尽管国际上公开招标的公路工程合同已十分周详,逻辑严密,但由于工程承包合同履约时间很长,难免会遇到国际和国内环境条件、法律法规、经济政策的变化,以及业主意愿的变化等,这些主客观情况的千变万化,使合同中难免有某些缺陷、考虑不周或双方理解不一致之处。特别值得提出的是,几乎所有合同条款都同工程成本、价格、计量支付和相应的责任与义务等发生联系,直接影响到业主和承包人的权利、义务和经济利益,这也易使合同的双方各持己见,由分歧而发展成合同纠纷。

要完全避免合同的违约与合同纠纷事件发生,一般是不切实际的。但不管合同纠纷与违约事件起因于何处,一旦发生合同违约与合同纠纷事件,对业主和承包人来说,都是一件不愉快的事,大家都要因此花费不少时间、精力和金钱。因此,业主、承包人和监理工程师都希望尽量减少引起合同纠纷的潜在因素。为了尽可能地减少合同纠纷及违约事件发生,各方当事人都应从以下两方面入手去解决问题。

首先,签订合同要严肃认真。许多合同履行中的矛盾与纠纷往往是来源于合同本身不严密。在签合同之前,业主和承包人之间应当认真地进行磋商与谈判,切不可急于签约而草率从事。许多公路工程合同违约及合同纠纷的实践证明,在议标和商签合同期间,业主和承包人大都把注意力集中在合同价格方面,认为只要价格能符合各自的要求,其他方面则可以适当退让和谅解,其结果却忽视了合同中许多易引起纠纷的条款,例如关于双方责任的界定、违约责任的界定、工程遇到困难和免责条款、合同的变更或中止等。从业主和承包人双方的利益考虑,应该对这些合同条款慎重地、仔细地研究,若合同通用条件是使用《范本》合同条款的,对合同的专用条件也要经过仔细讨论分析,使双方达成共同一致的理解。否则,一旦工程实施中出现问题,双方各自引用对自己有利的条款,必将引起矛盾和纠纷。

其次,在履约过程中,合同各方当事人应及时交换意见,或按《范本》合同条款规定,及时交与监理工程师,由三方协商解决,尽可能将合同执行中的问题分别及时地加以适当处理,不要将问题累积下来算总账。下面我们主要按《范本》合同条款的规定,阐述有关合同履行过程中,违约与合同纠纷的内容及处理措施。

第一节　承包人的违约与对策

为了避免对工程造成重大的损失和中断,保障业主的正当权益,根据公路工程承包的经验和教训,《范本》合同条款特规定了承包人的违约及处理办法,下面将予以阐述。

一、承包人的延误工期及处理

1. 承包人的延误工期

承包人在依据投标书附件与业主商签合同时,已对竣工时间做了明确规定。当承包人未能在合同规定的时间内或者在监理工程师批准的延长时间之内完成工程,工程的竣工时间将出现延期。这种因承包人自身组织与管理失误造成的工期延误,其必须向业主支付投标书附录中写明的金额,作为拖期损失偿金。对于拖期损失偿金,应由业主在招标之前决定,以作为对延期竣工时业主将遭受的实际损害费的合理估价,并在投标书附件中注明其限额值。对全部将支付的拖期损失偿金的限额作出规定是很重要的,它会使投标者在投标时,就意识到他们的义务和工作的性质。

2. 拖期损失偿金的支付

(1)如果拖期损失偿金到期应支付,业主和监理工程师则可按《范本》合同条款第 47.1 款规定扣款。拖期损失偿金,并不解除合同规定的承包人对完成本工程的义务和责任。

(2)如果在合同工程完工之前,已对合同工程内按时完工的单项工程签发了交工证书,则合同工程拖期损失偿金,应按已签发交工证书的单项工程的价值占合同工程的比例予以减少。如业主认为按比例扣除不公平,也可在合同的专用条件中加入替代条款。但本款的规定不影响拖期损失偿金的规定限额。详见《范本》合同条款第 47.2 款。

二、承包人的违约与对策

(一)承包人违约被课以违约金

依据《范本》合同条款第 63.1 款规定:在公路工程施工的承包合同签订以后或合同执行中,如监理工程师向业主证明(抄送承包人)认为承包人有下述情况:

(1)无视监理工程师事先的书面警告,一贯或公然忽视履行其合同规定的义务;或

(2)违反第 15.1 款关于按投标文件及时配备称职的关键管理与技术人员的规定,或违反第 15.2 款承包人承诺配备的关键施工设备;或

(3)在接到根据第 37.3 或 39.1 款关于修复或运走、替换不合格材料、设备的规定发出的通知或指令后的 28 天内不遵守该通知或指令;或

(4)无正当理由而未能根据第 41.1 款规定开工;或在接到第 46.1 款规定的通知后的 28 天内无正当理由未能采取措施加快进行本工程或其关键部分的施工;或

(5)发生了第 4.1 款规定的违规分包的情况;或

(6)在保修期内,承包人不履行合同义务;或

(7)违反合同专用条款可能规定的其他重要规定。

则业主在向承包人发出书面通知的14天内未见纠正后，可以向承包人课以专用条款中规定的违约金。

（二）承包人严重违约而被终止合同

《范本》合同条款第63.2规定：如果根据国家法律，认为承包人已强制性破产、企业清理或解散（为合并或重组而进行的自动清理除外），或承包人已经违反第3.1款关于禁止转包的规定，则业主可以进驻现场和接管本工程，终止承包人在本合同项下的承包，但不因此解除合同规定的承包人的任何义务和责任，或影响合同赋予业主或监理工程师的各种权利和权限。业主可自行完成该工程，或雇用其他承包人完成该工程。业主或上述其他承包人为了完成本工程，可以使用他们认为合适数量的承包人装备、临时工程和材料。

（三）终止合同后的补救措施

1.合同终止日估价

《范本》合同条款第63.3款规定：在业主进驻现场和终止合同之后，监理工程师应通过协商和调查询问之后，尽快地确定并认证：

（1）在业主进驻和终止合同时，承包人根据合同实际完成的工程已经合理地得到的或理应得到的款额（如有），以及

（2）未使用或部分使用过的材料、承包人装备和临时工程的价值。

2.合同终止后的支付

在业主因承包人违约而终止承包人在本合同项下的承包情况下，业主将暂停向承包人支付任何款额；在本工程缺陷责任期满之后，再由监理工程师查清承包人实施和完成本工程与缺陷修复应结算的费用，应扣除的完工拖期损失偿金（如有）以及业主已实际支付给他的各项费用，并予以证实。根据监理工程师的查清证实后，承包人仅能得到原应支付给他的已完合格工程的款额，并扣除上述应扣款额之后的余额。如果应扣款额超过承包人应得的原应支付给他的已完工程的款额，此超出部分款额应被视为承包人欠业主的应还债务，由承包人支付给业主。

3.合同提前终止契约利益的转让

在被法律许可范围内，在第63.2款所指的进驻和终止合同后的14天内，如果监理工程师有指令，承包人应将为本合同工程已经签订的提供任何货物或材料或服务的契约利益，和（或）本合同中任何工程的施工协议的利益转让给业主。

以上论述了承包人拖延工期及违约事件发生时的处理与补救措施，主要是预防因承包人违约给工程带来的损害。由于违约事件发生，会给承包人带来严重不利的后果，因此，作为业主和监理工程师应及早防范，一旦发生承包人违约事件，应立即采取果断措施补救。作为承包人，则更应重合同讲信誉，干好工程，尽量避免违约事件发生。

［实例11-1］ 我国某公司承包一项公路工程，由于该公司仅派遣了少数工人进入工地，工期过了将近一半而完成的工程不到合同额的5%，监理工程师虽然一再警告，但该公司未能及时采取相应措施改变工地面貌，导致业主突然凭履约保函向银行索付违约赔偿的保证金，该公司又无力采取补救措施，结果银行只好将全额履约保证金支付给业主，以支付违约对业主造成的工程损失的补偿款项，使承包人遭受严重损失。国际上一些公路工程承包公司由于发生严重违约，造成破产倒闭的亦有很多实例。

第二节　业主的违约与对策

在公路工程施工承包合同中,有因承包人违约而影响工程进展的实例,也有因业主违约,而迫使工程不能进展,使承包人不得不采取补救措施的例子。为保障承包人的正当权益,下面将主要讨论和阐述业主违约的事实及处理办法。

一、业主的违约与延误

《范本》合同条款第 69.1 款规定,业主的违约和延误有下列情况,即

(1)在根据第 60.15 款规定的支付期到期后的 42 天之内,未能向承包人支付根据监理工程师签发的任何支付证书项下的应付款额(扣除根据合同规定有权扣除的款额后),也未向承包人说明理由;或

(2)未根据本合同任何条款而无理阻挠或拒绝对任何上述证书颁发的所需批准。

这里强调了业主不能中断支付承包人应得款项的重要性,并且讲明了发生上述业主违约事件后,将给承包人带来严重的损失和不利的后果。

二、业主违约后承包人的对策

当业主的违约事件发生后,承包人有权采取下列措施进行处理和补救。

1. 承包人终止合同

业主有上述违约后,承包人有权终止对本合同项下的承包,并通知业主,抄送监理工程师,该终止在发出通知 14 天后生效。

2. 承包人装备的撤离

在上述终止合同的通知发出 14 天之后,承包人将不受第 54.1 款规定的约束,可以以各种运输手段从现场撤离所有其带至现场的承包人装备。

3. 终止合同后的支付

如果发生上述合同终止,业主对承包人应承担的支付义务,与根据第 65 条的规定终止合同时所应承担的支付义务相同。但除在第 65.7 款规定的各项支付之外,业主还应支付给承包人由于该项合同终止而引起的、或涉及的对承包人的损失或损害的款额。此款额应由监理工程师与承包人和业主协商后确定,并通知承包人,抄送业主。

4. 承包人有权暂停工程

当第 69.1 款(1)所述的业主违约情况发生后,承包人可提前 28 天向业主发出通知并抄送监理工程师,表明承包人可能要暂停本工程施工,或放慢工程进度,承包人这种行动并不影响其根据第 60.15 款规定获得利息和根据第 69.1 款规定终止承包本合同的权利。如果承包人根据本款的规定在向业主发出通知 28 天后暂停施工,或者降低了工程进度率,因此而受到延误或发生额外费用,监理工程师在与承包人和业主协商后应确定:

(1)根据第 44 条的规定承包人应得的延长工期;以及

(2)应该加到合同价格上的上述费用款额,并将此决定通知承包人,抄送业主。

5. 复工

当承包人按第 69.4 款规定发出通知后,已经暂停本工程施工或降低了工程进度率,而业主后来又支付了应付款额,包括第 60.15 款规定的利息。在这种情况下,如果终止合同的通知未曾发出,则承包人在第 69.1 款规定的终止承包的权利应停止,并应尽可能快地恢复正常施工。

下面结合具体工程实践,介绍一个业主违约的案例及处理方法,仅供参考。

[**实例 11-2**] 我国某工程公司在国外承包了一项土木建筑工程,通过美国花旗银行开具了一份金额为 75 万美元的履约保函。工程开工后,业主无法筹集到足够的资金支付工程进度款,因而工程进度缓慢。该工程公司因得不到工程款多次致函业主和监理工程师,并警告业主应承担工程延期甚至被迫停工的一切后果。在迫不得已的情况下,该公司陆续撤出在工地的材料、设备和劳务,业主则在履约保函有效期满的前 5 天凭保函向银行索付保证金,并声称承包人违约,甚至串通监理工程师出伪证,证明承包人擅自撤离工地。美国花旗银行明知不是承包人违约,但为维护自身信誉,只能通知承包人,在保函到期以前,银行将向受益人支付履约保证金 75 万美元。这时虽然时间很紧迫,这家工程公司果断采取了有力措施,立即通过律师向当地法院递交了申请暂时冻结履约保函的诉状,并根据法院的意见开具了一份以法院为受益人,金额为 30 万美元和有效期为三个月的新的保函给法院,表明将听从法院的调查和处理。这一措施不仅保住了价值 75 万美元的保函,而且使业主感到十分震惊,主动向银行撤回索偿的通知,还找这家工程公司协商法庭外的解决办法。最后,业主支付了该公司应得的工程款,该公司则从法院撤回诉状和 30 万美元的履约保函以及原先的 75 万美元保函,以胜诉告终。

第三节　合同纠纷的解决

公路工程承包合同由于工程实施过程很长,技术和经济方面的争端纵横交错,在所难免。这些合同纠纷既阻碍工程的正常进展,而且日积月累,也使最后的纠纷合同纠纷更难解决。因此,监理工程师应使合同履行时的合同纠纷解决在萌芽状态。下面先讨论一下公路工程承包合同执行中常见的合同纠纷内容,再具体分析和研究处理合同纠纷的方法。

一、常见合同纠纷的内容

公路工程承包合同的实践证明,许多施工技术、施工工艺、工程变更、经营管理上的合同纠纷案例,最终都集中在业主与承包人之间的经济利益方面。一般常见的合同纠纷有以下一些内容:

(1)业主据监理工程师的证明,对承包人的严重施工缺陷或不合格材料、设备要求赔偿、折价或更换;承包人则认为缺陷业已改正或性能试验方法错误等,不属于承包人的责任,不能达成一致意见。

(2)业主提出对承包人的原因引起的拖延工期,除要从承包人应得款项中扣除施工期的违约损失偿金外,还要求对由于工期延误造成业主利益的损害进行赔偿;承包人则引用困难条款和免责条款提出反索赔,由此产生严重分歧。

(3)如前面索赔一章所述,承包人依据《范本》合同条款中的一些条款,向业主提出费用索赔,经监理工程师审查,上报业主后,业主不予承认,或者业主同意支付的额外付款与承包人索赔的金额差距极大,双方达不成一致意见。这可能有下列情况发生:业主和监理工程师认为承包人的索赔根据不足;某些索赔要求是承包人自己的过失造成的;业主引用免责条款以解除自己的赔偿责任等。

(4)承包人提出的延长竣工期限的索赔申请,业主方不予承认,双方对工期延误的责任持尖锐的分歧意见。例如,承包人认为工期延误是业主方延迟交付场地、延迟交付图纸,监理工程师拖延材料样品和现场的工序检验等;而业主方则认为是承包人开工延误、劳力不足、材料短缺、调度指挥失误等。

(5)关于合同中止或终止的纠纷;业主与承包人互相推卸责任等。

(6)关于工程变更、分包、合同转让等方面的纠纷。

(7)出现特殊风险和不可抗力后,善后处理方面所发生的纠纷等。

二、合同纠纷的解决

按照《合同法》中合同纠纷处理方式和 FIDIC 合同条件,结合公路工程施工项目特点,《范本》合同条款规定了公路工程承包合同履约中产生合同纠纷的处理方式,一般有监理工程师的裁定、友好协商或上级调解,还可将合同纠纷提交仲裁或进行诉讼等。

在合同纠纷的处理方式中,监理工程师的裁定、友好协商或上级调解,是一种非对抗性处理合同纠纷的方式(不属于法律程序);仲裁和诉讼,则属于正式的法律程序,是一种对抗性的处理合同纠纷的方式。

在公路工程承包合同中,一般应当明确规定解决合同纠纷的方式,可以选择两种甚至两种以上的解决方式,并且合同中应明确选择合同纠纷处理方式的顺序。下面主要介绍《范本》合同条款第 67 条所规定的合同纠纷的处理方式。

1. 监理工程师的裁定

无论在施工过程中或在工程竣工之后,无论在本合同的失效或终止之前或之后,如果业主和承包人之间就本合同文件的条款、规定、规范、图纸、质量与进度要求、支付与扣除、延期与索赔、调价发生任何法律上、经济上或技术上的纠纷,包括对监理工程师作出的任何指示、指令、决定、评定、认证和估价发生纠纷,则纠纷中的问题,首先应根据本条规定书面提交监理工程师解决,并抄给另一方。监理工程师在收到此提交件后 42 天之内应将自己的裁定通知业主和承包人。

除非本合同已被终止,承包人无论在什么情况下都应尽一切努力继续完成本工程,承包人和业主应使监理工程师的上述每一项裁定付诸实施,除非并直到监理工程师的裁定按合同条款规定的方式作出了更改。

如果监理工程师已将其对此纠纷的裁定通知了业主和承包人,而业主和承包人在收到该通知之日起的 42 天之内,任何一方均未向其提出要求进行友好协商或通过双方上级主管部门进行调解;或者在上述协商或调解并未达成协议后的 42 天内,任何一方也未通知另一方提出要求开始仲裁的意向,则监理工程师的上述裁定应是最后的裁定,并对业主和承包人均有约束力。

2. 友好协商或上级调解

如果业主或承包人有一方对监理工程师的裁定有异议,或如果监理工程师在收到合同纠纷请求裁定的提交件后42天内,没有发出自己的裁定通知,则双方可就纠纷事项进行友好协商或通过双方上级主管部门进行调解。协商或调解应在收到监理工程师发出的裁定通知后的42天内或监理工程师发出裁定通知中规定的期限内进行。通过协商或调解,如能达成书面协议,双方都应执行,对业主和承包人均有约束力,该协议应送监理工程师一份。如果协商或调解不能达成协议,则业主或承包人任何一方都可以在协商或调解达不成协议后的42天内通知另一方,说明自己对纠纷中的问题将提交仲裁的意向,并抄送监理工程师。该通知即确立了提出仲裁的一方按以下规定开始仲裁的权利。

3. 仲裁

如果在第67.2款规定的期限内,双方的友好协商或上级调解均未能奏效,而且双方中的一方已就此纠纷事项通知另一方提出要求仲裁的意向,则可据合同约定的仲裁方式,依照《中华人民共和国仲裁法》,由设在项目所在省、自治区或市(有区建制的)仲裁委员会(见合同专用条款数据表)进行仲裁。仲裁具有最终法律效力。除非在合同专用条款中对此另有删改,按照《中华人民共和国仲裁法》第五条和第十六条,双方依据《范本》合同条款形成有效的仲裁协议,一方不能再就同一纠纷向法院起诉。但一方按上述仲裁法第五十八条可以提出证据,向仲裁委员会所在地的中级人民法院申请撤销裁决。

仲裁可在竣工之前或之后进行,但业主、监理工程师和承包人各自的义务不得因在工程实施期间进行仲裁而有所改变。如果仲裁是在终止合同的情况下进行,则对合同工程应采取保护措施,措施费由败诉方承担。

如果发生合同纠纷,经过第一步监理工程师的裁定,未能达成有约束力的最终决定;又经过第二步,依据《范本》合同条款规定的期限内,未达成友好解决,那么则可提请仲裁解决合同纠纷。通过仲裁程序解决合同纠纷是国内公路工程承包合同中采用较多的一种处理合同纠纷方式。

(1)仲裁的特点是:它既有法律手段解决合同纠纷的严肃性,裁决有法律约束力,又有较大的灵活性,比司法程度来得简便、快捷、效率高,在仲裁前,双方可选择仲裁的地点、机构、程序和仲裁员;仲裁比起上法庭审理的费用少。因此,仲裁裁决更适合解决公路工程承包合同争端。

(2)仲裁的协议。一般地讲,业主和承包人在订立工程承包合同之前,已就仲裁条款达成协议,在合同中写明将来履行工程承包合同发生争端提交仲裁时,仲裁的机构、地点、范围、规则和法律效力。按国际惯例和《范本》合同条款规定,仲裁裁决即为最终裁决,对双方具有法律约束力,任何一方都不能再采取诉诸于法院等措施来改变裁决的决定。

〔思考题〕

1. 处理承包人的违约课以违约金或终止合同的条件分别是什么?
2. 如何处理业主的违约? 业主违约后承包人有什么对策?
3. 依据《范本》合同条款,如何解决合同纠纷?

第十二章　FIDIC合同条件概论

第一节　FIDIC合同条件概述

一、国际工程承包合同及其管理

1. 国际工程承包合同的概念

国际工程承包合同是指一国建筑工程承包人与他国业主之间为承包工程项目而设立经济权利和经济义务所达成的协议。国际工程承包合同具体是指在特定国家或地区为建设水利设施、建筑物、港口、油田、采矿、公路、铁路、高压输电线路等工程项目,由一国的业主与另一国的承包人按照有关国家的法律和国际惯例,经过友好协商所签订的协议。

国际工程承包合同属于涉外经济合同范畴,它具有涉外经济合同的基本特点,含有涉外经济合同的构成要素,如:工程承包合同当事人一方或双方是外国的法人;工程承包合同的标的在国外;工程承包合同法律关系的内容和当事人的权利和义务关系在国外实现。

2. 国际工程的意义

我国的经济建设迫切需要资金和技术,大力发展对外承包工程对于我们这样一个发展中的社会主义国家来说,具有特别重要的意义。首先,通过承包国外工程,可为国家赚取外汇收入,有利于我国国际收支平衡,可增强我国进口国内建设和人民生活急需的技术、设备和其他物资的能力。其次,派出大量的劳务人员到国外从事工程承包相当于派出一大批免费留学生,可以学到不少国外先进的技术知识、施工方法和管理经验,有利于我国技术水平和管理水平的提高。同时,还可带动商品出口,主要是带动与工程建设项目有关的机械设备、材料等的出口。

3. 国际工程的特点

(1)国际工程是一项跨国际性的经济活动,涉及到不止一个国家一个参与单位的经济利益,因此在合同履行过程中容易产生争端。

(2)遵循严格的合同管理。国际工程由于参与者往往不止一个国家,因此一般不可能使用行政管理的方法来进行管理,而是采用国际惯例用以形成多年的、行之有效的合同管理办法来进行管理。使用这种办法虽然在工程前期准备工作时间较多,但却为以后订好合同,为合同的顺利履行打下了良好的基础。

(3)风险与利润并存。国际工程是一个充满风险的事业,但国际工程市场也充满着创造利润的机会。这就对施工企业和管理咨询服务公司要打入这个市场提出了更高的要求。只有通过努力提高公司本身的素质才能够在这个市场中竞争并生存。

4.各国工程项目建设管理的特点和主要模式

国际工程项目管理模式在各国都有或多或少的应用，但由于各国的国情不同，建筑业都有自己的发展历史和特点，同一种管理模式在不同的国家往往呈现出不同的特征。研究其他国家，主要是经济发达国家及我国香港的工程项目建设的实施模式及其利弊得失，对我国的工程建设有重要的借鉴作用。

(1)世界银行工程采购和FIDIC合同条件工程项目管理模式——国际工程通用模式

世界银行的工程采购方式是传统模式的代表。世界银行贷款项目的合同采用《FIDIC土木工程施工合同条件》(红皮书)。经过40多年来的修改再版，红皮书已成为国际土木工程界公认的合同条件标准格式，并得到世界银行及一些地区金融机构的推荐和采用。在该系列中，历史最长、应用最广的是《FIDIC土木工程施工合同条件》。红皮书代表的是工程项目建设的传统模式，其主要特点是在施工合同管理方面，确定以业主为一方，以承包人为另一方的合同关系，并由业主任命工程师对工程项目的施工进行监督管理的模式。红皮书经过了40多年来的修改再版。使用红皮书的特定要求是，业主任命工程师进行合同管理，工程师处于特殊的合同地位。一方面，他与业主之间有合同约束，以业主代表的身份工作，实质上是业主的雇员；但另一方面，他在合同法律所处的地位赋予他工作上的独立性，要求他自行做出决定，而不是偏袒合同的任何一方。因此，在FIDIC条款中，要求工程师处事公正，独立地判断和决定问题，并将这一行为准则作为工程师的职业道德。为了适应国际工程项目管理发展的需要，国际咨询工程师协会于1995年最新颁布了适用于设计—建造模式的《设计—建造和交钥匙工程合同条件》(桔皮书)。

FIDIC条款是世界各国土木工程建筑管理百余年经验的总结，作为国际土木工程实施的标准文本具有准确、严密、公正、保险等优点。

(2)英国——传统模式的代表

英国是现代建筑合同管理制度的发源地之一以总承包人为基础的工程项目管理模式在英国已经有近200年的历史。至今许多国家和地区，例如澳大利亚、新加坡和香港等，其建筑合同制度都始于英国。FIDIC土木工程施工合同条款的最初版本就是以英国土木工程师学会(ICE)的合同条件为基础的。

英国建筑业的一些特点对工程项目实施的具体方法产生了很大影响。由于其艺术和工艺传统的影响，建筑师的设计工作深入细致到每一个细节并亲自监督施工，同时对标准做法和成熟设计产品的使用持保留态度。这样的传统造就了一批著名的设计大师，但使整个建筑业的效率偏低。针对这一问题，引入了一些新型的工程项目组织方式，如CM、设计—建造方式等。目前，前面提到的主要几种工程项目管理模式在英国都已有较为广泛的应用。

英国工程项目管理模式的一个重要特点就是工料测量师的使用。无论是在传统模式中，还是在新发展的模式中，工料测量师都起了独特的作用。

(3)美国——建筑工程管理方式的典范

美国的工程项目管理方法代表现代西方工程项目管理的主流，前述各种模式在美国都有比较广泛的应用。美国是建筑工程管理方式的发源地，也是成功地应用建筑工程管理方式的典范。研究建筑工程管理方式在美国的发展和应用，对于深入理解建筑工程管理方式的特点有重要意义。

美国的建筑业以高速度低成本地建造高层建筑著称于世。美国方法实现的关键是:广泛采用称职的专业承包人及标准化的过程与程序;简单高效的设计、制造与施工技术。

美国工程项目建设的重要特点是充分发挥市场机制的作用。房屋首先是投资项目,其次才是建筑作品。这种优先顺序体现在整个设计、制造和施工过程中。为了有效利用竞争,把整个项目划分成相对独立的工作包。由不同的专业承包人负责不同的工作包设计、制造或提供所需的材料与构件并完成工程安装。承包人的设计工作由建筑师负责协调,工程的制造与施工由总承包人或在通常在大型项目中,由 CM 经理负责协调。虽然这种协调工作对将完成的工程进行了详细的描述,但还是有许多问题留给专业承包人在项目进行过程中解决。尤其是在施工阶段,专业承包人必须保证其工程能够与其他承包人的工程在设计和管理方面良好衔接。这种双重的协调依靠项目涉及的每一方均能遵循公认的程序和标准。此类标准是全国通用的,并根据地方的惯例和常规加以修改。在各地,此类标准形成了具体、实用且紧密相关的系统。

二、FIDIC 产生的历史背景与发展

国际土木工程项目承包与工程监理是在 20 世纪第二次世界大战之后蓬勃开展的国际间市场经济贸易与合作的重要方式之一。一些国家为了战后重建及克服经济危机,推行强制性产业更新的经济政策,从而推动了土木工程建设事业的工业化现代化和国际化,出现了跨国的土木工程项目承包合同制,使土木工程项目建设的资本国际化。作为土木工程项目建设活动的产品,如道路和桥梁、房屋、水电站、冶金及石化工建设等,始终是在国际经济成分中占有重要地位的商品。这些工程项目需要巨额资金,规模宏伟,技术复杂,高科技管理,促使国际上的工程业主希望少冒风险,节约投资,聘用有项目监督管理经验的咨询工程师及专家搞工程项目全过程管理。在此历史背景和时代的客观需求之下,国际咨询工程师联合会就应运而生了。

FIDIC(Federationg Iinternationale Des Ingenieurs Conseils)是国际咨询工程师联合会的简称。国际咨询工程师联合会是 1913 年在英国成立,开始时仅有欧洲几个国家的咨询工程师协会为其成员,属于民间组织。最近已发展到七十多个会员国,原则上一个国家只允许一个全国性协会代表该国作为 FIDIC 的成员。中国工程咨询协会已于 1996 年 10 月代表中国加入国际咨询工程师联合会,并首次派代表参加了在南非开普敦召开的 1996 年 FIDIC 年会。FIDIC 代表了国际上大多数咨询工程师的技术水平,是国际间最具权威的咨询工程师组织。FIDIC 有地区性组织,还有专业委员会,现在其办公机构总部设在瑞士洛桑。

FIDIC《土木工程施工合同条件》于 1957 年首次出版。FIDIC 合同条件的第一版由于其标题长而封面为红色,很快以“红皮书”为众人所知。第一版正是在国际土木工程的承包事业蓬勃发展,需要一套标准条件的时期出版发行的。第一版是以当时正在英国及英联邦国家使用的 ICE 合同格式为蓝本而编写,因而所反映出的传统和法律具有英国特色。第一版的合同条件包括两部分内容:第一部分,通用条件;第二部分,专用条件。

1965 年修订后的第二版于 20 世纪 60 年代中期发行,但没有改变第一版中所包含的条件,只是在第一版的基础上增加了一个第三部分。此第三部分编写了用于疏浚和填筑工程的合同条件,对通用条件略作了一些具体变动。

1977年出版的第三版,对第二版作了全面的修订,同时还有一本与之配套的解释文件,题为《土木工程合同文件注释》。第三版仍保留三部分合同条件。我国鲁布革水电站、陕西的西安到三原高等级公路、京津塘高速公路项目都使用的是第三版的FIDIC合同条件。

1983年FIDIC执行委员会任命了一个合同起草的委员会,该委员会由土木工程合同委员会(CECC)成员组成。该委员会一直负责监督FIDIC合同条件第三版的使用并负责向FIDIC执行委员会汇报情况。1983年及以后CECC向执行委员会反映:在某些地方业主们对合同条件提出了批评,说它在概念和语言方面太学究气。

于是FIDIC执行委员会要求CECC编制第四版,对编制提出以下几条要求:

(1)只有在必须改动第三版的地方才改动;

(2)保留工程师的基本作用;

(3)特别注意一些具体问题,例如,保函和保证书、风险分配、保险、索赔程序、证书、付款以及争端解决等。

(4)语言尽量通俗化和现代化,以使负责现场管理的人员易理解。

FIDIC《土木工程施工合同条件》第四版于1987年出版,并随后于1988~1992年时第四版又进行了若干进一步的修改,出版了修改后的第四版。第四版较第三版有了重大改进,进一步提高了FIDIC合同条件在国际工程承包界的威望、信誉和权利。

FIDIC《土木工程施工合同条件》第四版与第三版比,变化较大部分有:

(1)将第三部分(疏浚和填筑工程)和第二部分编在一起,即合同条件只有第一部分和第二部分。第一部分通用条件可在招标文件中单独使用,要改动的部分通过第二部分专用条款去体现;

(2)各个承包人协会的名单不再列出,但这并不影响国际承包人协会联盟各成员对本条件的使用;

(3)语言风格和条款编排上在一定程度上已现代化,但保留了条款的编码顺序;

(4)尽可能使《土木工程施工合同条件》(红皮书)与《电气和机械工程合同条件》(黄皮书)相协调,然而由于工程性质不同,仍存在一些很明显的差异,但这并不妨碍两套文件在同一现场由不同的承包人使用。

(5)对业主在实施合同过程中的作用有明显提高,在保留工程师的权利与作用的前提下,对处理工程延期,增加工程费用等重大事项处理时,明确了业主的权利;对承包人应有权益做了适当的补充;对合同责任、风险分配做了调整,使各方利益与责任更趋于公平合理。

1999年,FIDIC继承以往合同条件的优点,并根据多年来在实践中取得的经验,征集了许多专家学者和相关方面的意见和建议,对《土木工程施工合同条件》、《电气和机械工程合同条件》、《业主/咨询工程师标准服务协议书》进行了重写,正式出版了一套四本新的合同标准格式。

FIDIC的《土木工程施工合同条件》1999年新版本有如下特点:

(1)跳出英国"土木工程师协会"(ICE)的框架。FIDIC"红皮书"是脱胎自ICE的合同条件,因此一直到第四版都在许多地方与ICE合同条件雷同。1999年版跳出了ICE合同条件的框架,其中《工程设备和设计、施工合同条件》、《设计采购施工(EPC)交钥匙工程合同条件》统一借鉴了FIDIC于1995年出版的"橘皮书"格式,分为20条。这几本合同条件的大部分条款标题一致,条款内容上能一致的都尽量一致,这样形成的 FIDIC 合同条件的新格式,更便于大家学习、理解和应用。因此 FIDIC 在这一次出版的四本书上均注明 1999 年第 1 版,以示和过去不同。

(2)FIDIC 的《土木工程施工合同条件》1999 年新版本共定义了 58 个关键词,并将定义的关键词分为六大类编排,条理清晰。其中 30 个关键词是旧版 FIDIC《土木工程施工合同条件》没有的,并且在每个关键词的定义上也作了不少推敲与改进,使之更为确切。

(3)新版 FIDIC《土木工程施工合同条件》的条款内容做了比较大的改动与补充,条款顺序也重新进行了合理调整。据初步统计,新版 FIDIC 的《土木工程施工合同条件》中完全采用原有内容的只有 33 款,对条款内容作了补充或较大改动的有 68 款,新编写的条款有 62 款。

(4)新版 FIDIC 的《土木工程施工合同条件》对雇主和承包人双方的职责和义务,以及工程师的职权都作了更为严格的规定。

(5)新版 FIDIC 的《土木工程施工合同条件》的编写者遵循了这样一个宗旨:即在通用条款中多写一些,用户不用时可以删除,这样比用户在需用时,在专用条款中自己编写附加条文更为方便。因此,新版 FIDIC 的《土木工程施工合同条件》一方面将过去放在专用条件中的一些内容,如预付款、调价公式、有关劳务的一些规定等都写入通用条件;另一方面在通用条件中有不少地方写入了操作细节,这样用户不需要时只要在专用条件中注明删除的条款或段落即可。

(6)新版 FIDIC 的《土木工程施工合同条件》表现出了更多的灵活性。例如,旧版本中一直坚持用有条件履约保函,但世界银行一直不接受这一点,新版 FIDIC 的《土木工程施工合同条件》中规定履约保证采用专用条件中规定的格式或雇主批准的其他格式,这样做既符合了世行的要求,也给了雇主比较大的回转余地。

(7)新版 FIDIC 的《土木工程施工合同条件》更强调对知识产权的保护,专门增加了"知识产权和工业产权"一款,并对"侵权"一词下了定义。在另外的两款中,还对雇主和承包人各自可对哪些文件保留版权和知识产权,以及文件的使用许可范围等,都作了明确的规定。

(8)新版 FIDIC 的《土木工程施工合同条件》在语言上比旧版本更简明,其正式版本中的英文比以前更易理解。

三、FIDIC 的《土木工程施工合同条件》的内容构成

FIDIC 合同条件适应于国内外公开招标的土木工程项目承包管理。FIDIC 合同条件和第四版的内容构成为:第一部分通用条件;第二部分专用条件;一套标准格式。下面对第一、第二部分予以简要介绍。

1. 通用条件

FIDIC 的《土木工程施工合同条件》的第一部分,是通用条件,其中包括 25 个主题,共 72 条 194 款,通用条件包括了土木工程项目施工合同中的双方的权利、义务和责任,明确规定了执行工程时的法律、经济、技术各方面的内容与管理方法,以使工程项目顺利进展。

一般情况下,在国际土木工程项目的招标文件中,可直接将 FIDIC 的合同通用条件放入招标文件中,不需再从头去编合同通用条件。

使用 FIDIC 第 4 版的合同通用条件,与第三版比,应了解它有以下几个特点:

(1)突出了业主的权限和地位,其中很多条款都要求工程师在做出决定前,先与业主协商,征得业主的同意。

(2)合同中有关法律部分重新编写和修改的较多。

(3)对合同中各方的权利、义务、职责规定得更加明确和具体,可操作性强。

(4)风险的分担更加公平合理,业主和承包人之间的权利和义务方面更趋于总体平衡。

(5)工程师的作用基本上同第三版。

(6)FIDIC 通用条件中三大要素更加明显,即:法律与商务方面用合同条件制约;经济方面用工程量清单和计量支付制约;技术方面用技术规范和设计文件及图纸来制约。

2. 专用条件(或特殊应用条件)

FIDIC 的《土木工程施工合同条件》的第 II 部分,是专用条件,共有 73 条。除第 73 条其他规定外,前面 72 条编号和通用条件的 72 条相对应,是对通用条件各相应条款的补充或进一步的明确化。由此可知,通用条件和专用条件是一整体,相互补充完善而不可分割。第二部分专用条件的各条款也给出了不同的措辞,供编写具有工程项目合同专用条件时参考选择,以适应工程项目所在国的具体情况。对某些条款,提出了应注意的事项;对于一些特殊情况,还提出补充性的条款,如保密的要求。对联营体的责任划分及领头公司的权利义务作了相应规定等。

对于疏浚和填筑工程,可以在专用条件中予以专门考虑。因为挖泥船较之于承包人的大部分物品要贵重得多,还可能高于合同价值,所以,挖泥船可以用最为经济的方式高强度连续作业,允许夜以继日地连续施工,每周工作 7 天,这对一般的土木工程项目施工是不允许的。另外还考虑疏浚工程的特点,合同条件中不列入缺陷责任期,当该项工程完成并经过验收后,即由承包人转交业主,承包人不再承担合同责任和缺陷修复责任。

一般土木工程项目的合同专用条件,大都由工程项目的招标委员会或咨询公司根据工程所在国的情况,或项目自身的特性,对照第一部分合同通用条件,再具体编写。特别是感到通用条件使用哪些条款不适合的,就可在专用条件中指出并删去,换上本项目合适的内容。还有通用条件中一些条款写得不具体细致的,专用条件的对应条款可以进行补充与完善。因此,在阅读合同条件时,应仔细慎重地读懂合同专用条件的具体规定。从法律意义上讲,合同专用条件的法律地位高于合同通用条件。

四、FIDIC 合同条件的基本特点和适用范围

1. FIDIC 合同条件的基本特点

(1)国际性、通用性、权威性

FIDIC 编制的合同条件是在总结国际工程合同管理各方面的经验教训的基础上制定的,并且不断地吸取各方意见加以修改完善。从 1957 年制定第一版以来,已经多次修订和增补;在起草第三版时,各大洲的承包人协会的代表曾参加起草工作;在第四版的编写工作中,欧洲国际承包人会(EIC)和美国承包人总会(AGC)曾提出不少意见和建议;1999 年出版的"新红皮书"更是在广泛采纳众多专家意见的基础上,全面修改了合同条件的结构和内容。由此可见,FIDIC 的合同条件是在总结各个地区、国家的业主、咨询工程师和承包人各方的经验的基础上编制出来的,是国际上一个高水平的通用性的文件,既可用于国际工程,稍加修改后又可用于国内工程。我国有关部委编制的合同条件或协议书范本都将 FIDIC 合同条件作为重要的

参考文本；一些国际金融组织的贷款项目和一些国家和地区的国际工程项目也都采用了 FIDIC 合同条件。

(2)公正合理、职责分明

合同条件的各项规定具体体现了业主、承包人的义务、权利和职责以及工程师的职责和权限。由于 FIDIC 大量地听取了各方的意见和建议，因而其合同条件中的各项规定也体现了在业主和承包人之间风险合理分担的精神，并且在合同条件中倡导合同各方以坦诚合作的精神去完成工程。合同条件中对有关各方的职责既有明确的规定和要求，也有必要的限制，这一切对合同的实施都是非常重要的。

(3)程序严谨，易于操作

合同条件中对处理各种问题的程序都有严谨的规定，特别强调要及时处理和解决问题，以避免由于任一方拖拉而产生新的问题，另外还特别强调各种书面文件及证据的重要性。这些规定使各方均有规可循，并使条款中的规定易于操作和实施。

(4)通用条件和专用条件的有机结合

FIDIC 合同条件一般都分为两个部分，第一部分是“通用条件”，第二部分是“特殊应用条件”，也可称为“专用条件”。

通用条件指对某一类工程都通用，如 FIDIC《土木工程施工合同条件》对于各种类型的土木工程(如工业和民用房屋建筑、公路、桥梁、水利、港口、铁路等)均适用。

专用条件则是针对一个具体的工程项目，考虑到国家和地区的法律法规的不同，项目特点和业主对合同实施的不同要求，而对通用条件进行的具体化、修改和补充。FIDIC 编制的各类合同条件的专用条件中，有许多建议性的措辞范例，业主与他聘用的咨询工程师有权决定采用这些措辞范例或另行编制自己认为合理的措辞来对通用条件进行修改和补充。在合同中，凡合同条件第二部分和第一部分不同之处均以第二部分为准。第二部分的条款号与第一部分相同。这样合同条件第一部分和第二部分共同构成一个完整的合同条件。

2. FIDIC 合同条件的适用范围

FIDIC 合同条件作为唯一的国际通用的合同条款被广泛使用。例如世界银行规定：凡是利用世界银行贷款兴建的工程项目，都必须采用国际性公开招标的方式，并必须采用 FIDIC 合同条款的第一部分通用条件；第二部分专用条件因涉及各国和工程项目的特点，可结合具体工程项目编写。FIDIC 合同条件一般适用于大型土木工程项目，如道路、桥梁、水利工程等，另外它更适用于新建工程项目，而不太适用于改建项目。

五、使用 FIDIC 土木工程施工合同条件管理项目的基本程序

(1)选择监理单位，签订监理委托合同。

(2)施工招标，确定承包人并签订施工承包合同。

(3)承包人办理履约担保、预付款保函、保险等事项，并得到业主的批准。

(4)业主支付动员预付款、材料预付款。

(5)承包人向工程师提供施工组织设计、施工技术方案、施工进度计划和现金流动估算表。

(6)工程师主持第一次工地会议。

(7)工程师发布开工令,业主移交施工现场。

(8)承包人根据施工合同文件要求组织施工,工程师根据监理委托合同和施工合同进行日常监理工作(三控制、二管理、一协调)。

(9)竣工验收。

(10)承包人申请移交工程。

(11)工程师签发移交证书,业主退还50%保留金。

(12)承包人提交竣工报表,工程师签发付款证书。

(13)缺陷责任期,承包人完成缺陷修补书。

(14)工程师签发缺陷责任终止证书,业主归还履约担保金及剩余50%的保留金。

(15)承包人提出最终报表。

(16)工程师签发最终支付证书,业主与承包人结清余款。

第二节 FIDIC合同条件中的监理制度

一、监理咨询合同中业主和工程师之间的权利与义务

我国目前用于业主和监理咨询公司之间的监理合同,主要参照国际咨询工程师联合会(FIDIC)于1990年编制的《业主/咨询工程师标准服务协议书》,英文为CONDITIONS OF THECLIENT/ CONSULTANT MODEL SERVICES AGREEMENT,并且主要用于施工监理阶段。而FIDIC编制此协议书可广泛适用于在国际范围内邀请招标投标这一协议书中的合同条款被推荐用于投资前研究、可行性研究、设计及施工监理、项目管理等。

FIDIC编制的《业主/咨询工程师标准服务协议书》的内容分为两部分。第一部分属于通用条款叫标准条件(Part I:Standard Conditions),可直接编放在监理合同的文件中;第二部分特殊应用条件(Part II: Conditions of Particular Application)的条款号与第一部分标准条件相对应。两部分一起共同构成确定业主和咨询工程师各自权利和义务的条件,下面分别介绍一下各部分的内容。

1. 第一部分:标准条件

第一部分共由9节44条组成。这9节内容主要为:定义及解释;咨询工程师的义务;业主的义务;职员;责任和保险;协议书的开始、完成、变更与终止;支付;一般规定;争端的解决。这里我们着重介绍双方的义务及相关经济与法律责任。

(1)咨询工程师应尽的义务——业主享有的权利。合同标准条件第3、4、5、6条详细规定了咨询工程师应履行与工程项目监督管理有关的服务。这些服务包括了正常的、附加的和额外的服务,服务的范围在协议书的附件A中详细规定。该条款要求咨询工程师在据此协议书履行其义务时,应运用合理的技能,谨慎而勤奋地工作,认真尽职和行使职权,据合同进行工作,在业主和承包人之间公正地证明、决定或行使自己的处理权。如业主授予的工程变更等权利。但咨询工程师不是作为仲裁人,而是根据自己的职能和判断,作为一名独立的专业人员进行工作。对于业主为咨询工程师提供使用的物品都属于业主的财产,当服务工作终止时,应将此类物品移交业主,且此移交被视为附加的服务。

(2)业主应尽的义务——咨询工程师享有的权利。合同标准条件第7～12条明确规定了业主应履行如下义务：

为了不影响咨询工程师的服务，业主应在合理时间内为其提供与服务相关的一切信息资料；在服务需要时，业主应对咨询工程师书面提交的事宜在合理时间内做出书面决定。另外，业主应协助咨询工程师办理相关的手续及证件；业主应免费提供附录B中所规定的设备和设施；业主还应为咨询工程师提供服务所需的职员，且为服务工程项目之目的，此类职员应从咨询工程师处接受指示。业主还应按附录B中的说明，自费安排其他人员提供服务；咨询工程师应与此类服务的提供者合作，但不对此类人员或他们的行为负责。

(3)相关的经济与法律责任。合同标准条件第16～44条从经济和法律方面规定了业主和咨询工程师双方的责任、风险、报酬支付及争端的解决等。

①咨询工程师的责任及赔偿与保险。如果履约过程中确认咨询工程师违反了第5条，由其应负责向业主赔偿，赔偿最大数额应限于合同第二部分规定的值。咨询工程师应业主的书面要求，可办理此责任的保险与保障，办理此类的费用或追加保险的费用应由业主负担。

②业主的责任及赔偿与保险。如果业主违反了他对咨询工程师的责任，则业主应负责向咨询工程师赔偿，赔偿应限于由违约所造成的可合理预见到的损失或损害的数额，并不超过第二部分中规定的最大数额。对于业主的财产也应进行保险。

③支付。包括第30～35条的规定，首先是业主按合同条件和二附录C中规定向咨询工程师支付正常的服务报酬、附加服务的报酬及额外服务的报酬。支付的时间按第二部分规定的时间执行。支付的货币为第二部分中规定的货币。但是，业主有权指定有声誉的会计师事务所对咨询工程师申报的任何金额进行审计，该审计应在正常工作时间于保存记录的办公室内进行。

④双方争端的解决。当业主和咨询工程师双方发生矛盾或争端时，先应协商解决，若协商不成，可按第44条规定提交仲裁解决。另外合同标准条件第36～42条对有关法律方面都做了详细的规定，这里不再详述。

2. 第二部分：特殊应用条件

由A和B两类条款组成。A类是参阅合同标准条件第一部分条款，需加以具体数量明确的条款，包括：第1条定义；第17条责任的期限；第18.1条赔偿的限额；第22条合同执行的开始完成时间；第31条支付的时间；第32条支付的货币；第36、37、41、44条等。B类是附加条款，是由业主和咨询工程师结合具体工程项目咨询和监理服务协商订立的条款。

3. 附录部分

包括：附录A"服务范围"；附录B"业主提供的职员、设备、设施和其他人员的服务"；附录C"报酬和支付"。

二、业主、工程师和承包人的定义及各方关系

1. 业主

业主是指既有某项工程建设需求，又具有该项工程建设相应的建设资金和各种准建手续，在建设市场中发包工程建设的勘察、设计、施工任务，并最终得到建筑产品的政府部门、企事业单位或个人。

2. 工程师

工程师是指根据合同文件及监理服务合同的要求，在施工准备阶段、施工阶段及缺陷责任期阶段，对工程质量、费用、进度、材料与设备的采购和合同事宜进行监督和管理的人员。

3. 承包人

承包人是指拥有一定数量的建筑装备、流动资金、工程技术经济管理人员、取得建筑资质证书和营业执照的、能够按照业主的要求提供不同形态的建筑产品并最终得到相应工程价款的施工企业。

在工程项目建设过程中，业主与工程师之间为合同关系，是业主与监理公司订立的监理咨询服务合同建立了他们之间的关系。业主与承包人之间为合同关系，是业主与承包人订立的施工承包合同建立了他们之间的关系。而工程师与承包人之间为工作关系，他们之间没有订立任何合同，也可以是监理和被监理的关系。

三、FIDIC 合同条件中施工监理制度及合同法律特征

业主和承包人的关系是互相合作、互相监督的合同法律关系，他们是合同中的权利与义务和主体。业主的义务是提供施工的外部条件及支付工程款，这是承包人享有的权利；承包人的义务是按合同规定的工期及质量要求对工程项目进行施工、竣工及修复其任何缺陷。这是业主享有的正当权利，但业主和承包人不发生直接的工作关系。

监理工程师是合同监督者、组织者及协调者，他不属于业主和承包人任何一方；对于承包人履行的义务由监理工程师进行监督；对于业主应支付的工程款由监理进行审查并开具支付证书；当业主不能及时提供施工的外部条件而引发施工索赔等涉及承包人合法权益的问题时，监理工程师应公正地予以审理并开具赔偿证明。这也是监督的过程。

监理工程师的权力是由施工承包合同赋予的，任何一方无权擅自变更或撤销。监理工程师不是施工承包合同中的权利义务主体，监理工作应坚持独立性、公正性。监理制度不改变业主和承包人的权利与义务关系。

第三节　FIDIC 通用条款分类

为了深入理解和掌握 FIDIC《土木工程施工合同条件》第一部分（即通用条件）的内容和实质精神，我们对该合同条件依据条款的属性与作用进行深入分析和研究，可将其进行分类。

一、按条款编写顺序分类

按条款的小标题和条款号顺序分为 25 节、72 条 194 款。这 25 节的内容简介如下：

(1)定义和解释，包括 1 条 5 款内容；

(2)工程师及工程师代表，包括 1 条 6 款内容；

(3)转让和分包，包括 2 条 3 款内容；

(4)合同文件，包括 3 条 10 款内容；

(5)一般义务，包括 26 条 54 款内容；

(6)劳务，包括 2 条 2 款内容；

(7)材料、工程设备和工艺,包括4条14款内容;
(8)暂时停工,包括1条3款内容;
(9)开工和延误,包括8条16款内容;
(10)缺陷责任,包括2条5款内容;
(11)变更、增加和取消,包括2条6款内容;
(12)索赔程序,包括1条5款内容;
(13)承包人的设备、临时工程和材料,包括1条8款内容;
(14)计量,包括3条4款内容;
(15)暂定金额,包括3条3款内容;
(16)指定的分包商,包括1条5款内容;
(17)证书和支付,包括3条13款内容;
(18)补救措施,包括2条5款内容;
(19)特殊风险,包括1条8款内容;
(20)解除履约,包括1条1款内容;
(21)争端的解决,包括1条4款内容;
(22)通知,包括1条3款内容;
(23)业主的违约,包括1条5款内容;
(24)费用和法规的变更,包括1条2款内容;
(25)货币及汇率,包括2条4款内容。

二、涉及权利义务的条款

1.业主的权利和义务

1)业主的权利

(1)业主有权批准或否决承包人将合同或合同的任何一部分的利益转让给他人。施工合同的签订意味着业主对承包人的信任,承包人无权擅自将合同转让给他人,否则可能损害业主的利益。若承包人在资金、技术和设备等方面确实有合理需要,经过对分包商资格审查后,可以批准承包人把部分工作内容分包给其他人完成。

(2)业主有权将工程的部分项目或工作内容的实施发包给"指定分包商"。所谓指定分包商是指业主或工程师指定、选定或批准完成某一项工作内容的施工和材料设备的供应工作的承包人。指定分包商一般拥有某项专业技术和设备,有其独特的施工方法,善于完成某项专业工程项目。

(3)承包人的违约严重影响工程的质量和进度时,业主依据违约的影响程度,有权采取如下补救措施:

①施工期间出现的质量事故,承包人无力修复,或工程师考虑工程安全要求承包人紧急修复,而他又不愿或不能立即进行时,业主有权雇用其他人来完成。所支付的费用从承包人处扣回。

②承包人未按合同要求进行投保并保持其有效,或者承包人在开工前未向业主提供说明已按合同要求投保并生效的证明,则业主有权办理合同中规定的承包人应当办理而未办理的

投保。所支付的费用从承包人处扣回。

③承包人未能在指定的时间将有缺陷的材料、工程设备及拆除的工程废料运出现场,此时业主有权雇佣他人执行工程师的指令承担此类工作,由此产生的一切费用均由承包人承担。

(4)承包人构成合同规定的违约事件时,业主有权终止合同。

①承包人严重违约,包括严重地偏离施工进度计划而拖后工期,或违反规范中的质量要求及工艺规定,甚至给工程带来极大危险,虽然工程师已对他发出过书面"警告",但工程师能证明承包人仍固执地、公然地忽视履行合同所规定的义务时,业主从尽可能减少对工程竣工的拖延考虑,有权终止与承包人的雇佣关系并进驻施工现场。

②如果按照法律,认为承包人已破产无力偿还他到期的债务等情况,或已无法再正常地履行合同义务,业主将被迫与其终止合同。

2)业主的义务

(1)业主应在合理的时间内向承包人提供施工场地。所谓合理的时间是以不影响承包人按照工程师批准的进度计划进行施工为原则,因此一般情况下承包人不应要求业主一次提供全部施工场地,而应当根据施工进度计划提出分期占用场地的计划。

(2)业主应在合理的时间内向承包人提供施工图纸。在工程开工前,业主应提供能开工所必需的施工图纸,随着工程的进展,业主也应按进度提供施工图纸,特别是工程变更时,更应及时提供有关图纸。

(3)业主应按合同规定的时间向承包人付款。业主在收到工程师的中期付款证书后,应在28天内向承包人支付工程款项;在收到工程师的最终付款证书后,业主应在56天内向承包人支付工程款项

(4)业主应当在缺陷责任期内负责照管工程现场。颁发移交证书后,在缺陷责任期内的现场照管由业主负责,如果工程师为永久工程的某一部分颁发了移交证书,则这一部分的照管责任随之转移给业主。

(5)业主有义务协助承包人做好有关工作。第一,在承包人提交标书前,有义务向承包人提供有关辅助资料,并应协助承包人进行现场勘察工作;第二,业主应协助承包人办理设备进口的海关手续;第三,业主应协助承包人获得政府对承包人的设备再出口的许可。

(6)业主应承担的风险包括:

①战争、敌对行动;入侵、外敌行动;

②叛乱、暴动、军事政变或篡夺权位、内战;

③核燃料或核燃料燃烧后核废物、核辐射、放射线、核泄漏;

④音速或超音速飞行器所产生的压力波;

⑤暴乱、骚乱或混乱;

⑥由于业主提前使用或占用工程的未完工交付的任何一部分致使破坏;

⑦纯粹是由于工程设计所产生的事故或破坏,并且这设计不是由承包人设计或负责的;

⑧自然力所产生的作用,面对于此种自然力,即使是有经验的承包人也无法预见、无法抗拒、无法保护自己和使工程免遭损失。

2. 工程师的权力与职责

1)工程师的权力

(1)工程质量管理方面

①对现场材料、设备的检查和检验。对工程所需要的材料和设备,工程师随时有权检查;对不合格的材料、设备工程师有权拒收。

②对承包人施工过程的工艺操作进行监督。工程师的最主要工作就是监督承包人的施工,一旦发现问题,有权指令承包人进行改正或停工。

③对已完成工程部位的确认或拒收。任何已完工程或工作应由工程师进行验收或确认,对不合格或不符合合同规定的,有权拒收。

④发布指令对工程某些部位采取紧急补救措施。工程师的权力来自合同,但当工程现场出现了危及生命、工程或相邻财产安全的紧急事件时,工程师有权采取相关措施。

⑤有权要求解雇承包人的雇员。如果工程师认为承包人雇用的人员在履行职责中不能胜任或玩忽职守,则有权要求承包人予以解雇。

(2)工程进度管理方面

①审查批准承包人的施工进度计划。承包人的施工进度计划必须满足合同规定工期的要求,并经过工程师的批准。

②指示承包人修改施工进度计划。工程师可以根据具体情况对承包人提交的施工进度计划提出修改。

③控制施工进度。如果工程师认为施工进度太慢不符合竣工期限的要求,可以要求承包人采取必要措施,加快工程进度。

④发布开工令、暂停施工令和复工令。工程师发出开工通知后,承包人应尽快开工;工程师根据工程施工的具体情况可以发出暂停施工的通知,以及发出复工通知。

(3)计量与支付管理方面

①对工程量进行测量。工程师在确认承包人完成的工程量时,应当进行认真负责的测量。

②确定变更工程的价格。对因工程变更而引起的价款争议,工程师有权确定变更的价格;工程师在确定价格时,应充分与承包人协商。

③批准使用暂定金额和计日工。暂定金额的使用必须按工程师的指示进行;如果工程师认为有必要,可以批准使用计日工。

④签发各种给承包人的付款证书。所有按照合同规定应由业主向承包人支付的款项,均需工程师签发支付证书。

(4)合同管理方面

①决定竣工期限的延长。如果由于承包人自身以外的原因,导致工期的延长,工程师应批准工程延期。

②批准工程分包。承包人准备将工程的一部分分包出去,必须经工程师批准同意,否则分包人员不能进入工地进行施工。

③发布工程变更指令。工程中的任何变更必须经工程师的批准,承包人在接到工程师的变更令后才能进行有关的变更。

④签发工程移交证书、缺陷责任证书。经工程师检查验收后,工程符合合同的标准,即颁发工程移交证书、缺陷责任证书。

⑤审核承包人的索赔。在合同的实施过程中,如果承包人提出索赔要求,工程师必须进行

认真的审核;对业主与承包人之间发生的争端,按合同的规定做出决定。

⑥解释合同文件中的矛盾和歧义,使用合同中必然引申的权力。

2)工程师的职责

(1)认真执行合同。工程师的一切工作职责和权力都来自于合同。工程师应按规定在合同实施过程中向承包人发布指示;评价承包人对进行工作的建议;保证材料和工艺符合规定;批准已完成工作的测量值以及校核;向业主送交中期付款证书和最终付款证书等工作。总之,工程师应认真负责地履行合同规定的职责。

(2)工程师代表或驻工地监理人员的任命。一般工程师在一个项目中的组织原则为三级体制:工程师、工程师代表、驻地监理人员,所有人员都应对工程师负责。工程师有委托和撤回他们职责和权限的权力,当然这些委托或撤回应用书面形式告知业主和承包人,否则不应发生效力。

(3)行为公正。工程师工作应当重合同,守信用,行为要公正,也就是要求工程师在处理工程问题或矛盾纠纷时,乐于倾听和考虑业主及承包人双方的观点,在合同条款规定内,兼顾所有条件的情况下,基于客观事实做出公正的决定,并经得起时间的考验或仲裁的公开复查。

(4)发布书面指示。工程师应以书面形式发出指示,如果工程师认为由于某种原因有必要以口头形式发出任何此类指示,承包人应遵守该指示。工程师可在指示执行之前或之后,用书面形式对其口头指示加以确认。这主要关系到承包人在索赔工期或费用时要保存足够的同期记录,用以作为索赔的证据。

(5)协调施工有关事宜。遇到重大事项时,工程师在做出决定之前,应和业主以及承包人进行适当协商。尤其是对工程重大变更的批准,因此类变动会导致工程费用的增加和竣工期限的延长。工程师应与业主、承包人保持良好的工作关系,及时处理施工中出现的问题,确保工程施工的顺利进行。

(6)工程师不得是施工、设备制造和材料供应单位的合伙经营者,或与这些单位发生经营性隶属关系;不得承包施工或材料销售业务;不得在政府机关、设备制造和材料供应单位任职;不得接受承包人贿赂或任何好处。在合同执行期不受任何行政命令的干扰,这样才能秉公执法,严格监理。

3.承包人的权利和义务

1)承包人的权利

(1)有权及时得到工程付款。承包人在施工过程中,每月应得到经过工程师证明质量合格产品的付款,如果工程提前竣工还可以得到奖金,反之,如果延误工期则应按合同文件中的规定赔偿业主的损失。有权得到工程付款,这是承包人最主要的权利。在合同履行过程中,承包人完成了他的义务后,有权得到业主支付的各类款项。

(2)按规定获得费用和工期方面的补偿和赔偿。无论是由于工程师发布的工程变更指令,还是发生了由业主承担的特殊风险事件,或是业主违约,只要不是合同内规定应由承包人负责的事件发生而给承包人带来损害时,承包人都有权按各种规定的程序获得工期和财务方面的补偿和赔偿。

(3)可以拒绝接受指定的分包商。指定分包商虽由业主或工程师指定,但指定分包商只对承包人负责,承包人对指定分包商的工作负责协调和管理。在指定分包商未能履行职责,将会给承包人带来不利影响时，为了建设工程施工的顺利进行，承包人可以拒绝业主对指定分包商的提名。

(4)如果业主违约，包括业主干涉、阻挠或拒绝工程师颁发支付证书，或业主宣布破产，或由于经济混乱而导致业主不具有继续履行其合同义务的能力，承包人有权终止受雇。业主在合同规定的应付款期满 28 天内，未按工程师颁发的支付证书向承包人付款，承包人有权终止受雇和暂停工作。

2)承包人的义务

(1)承包人应按合同的各项规定，以应有的精力和勤奋对合同范围内的工程进行设计和施工，并保证质量，在缺陷责任期满之前负有实施工程施工，以及修补任何所发现的缺陷的全部责任，对全部现场作业和施工方法的适应性、稳妥性和安全性负责。

(2)除非征得业主的书面同意，承包人不许将合同或合同中的一部分利益，转让给除了承包人开户银行和投保的保险公司之外的任何第三方；也不能将合同或合同的一部分转让给他人。

(3)通过投标前的现场勘察和签约阶段，合同双方当事人就合同文件的内容进行谈判协商达成一致意见签署合同协议书，承包人必须承认合同的完备性和正确性，承担合同中规定的全部义务。并且应该在收到中标通知书的 28 天内，按招标书中的规定向业主提交履约担保并通知工程师，提交作为承包人准备正确地履行合同的担保。

(4)承包人在接到中标通知书后，应向工程师递交工程进度计划和现金流量估算表等。这样，既有利于业主及时提供工程所需资金，又有利于工程师对工程施工进度进行监督。

(5)对工程师发布的指令，无论是书面指令，还是口头指令承包人都必须执行。对于口头指令，承包人应在 7 天内以书面形式要求工程师确认。如果工程师接到承包人的要求确认函后 7 天内未予以书面确认，则可以认为这个指示是工程师的一项指令。反之，没有工程师的指令，承包人不得对工程设计有任何变更。除了法律上或实际上不可能做到的情况外，承包人按合同进行的施工要达到令工程师满意的程度。

(6)从工程开工之日起，直到颁发整个工程、单位工程或单项工程的移交责任证书之日止，承包人应对工程号建筑材料和待安装的工程设备等负有保管和照顾的完全责任。对缺陷责任期内应由承包人予以完成的未完工程及供工程使用的材料和设备，仍负有照管义务。

(7)承包人在合同工期内负有完成和照管工程的责任，有义务提供对现场照管的各种条件，在缺陷责任期内负有完成工程的剩余工作和修补缺陷的责任。

(8)承包人要高度重视所有进入现场人员的安全，维护好现场的施工秩序，提供和设置必要的安全施工设备。还要采取一切合理的步骤保护现场周围附近的环境，避免施工中的噪声和三废污染对公众造成人身或财产方面的损害。

(9)承包人的一切行为都必须遵守工程所在地的法律或法规。

三、涉及技术性的条款

1. 工程质量控制

1)严格控制技术标准

(1)规定了有关图纸和文件的保管、供给及有关责任处理。

(2)工程师有权不断地向承包人发放施工所需的补充图纸和说明。

(3)承包人要按照合同规定,以应有的精心和努力对工程进行设计、施工、完成工程和修复缺陷,并解决任何质量问题。

(4)规定承包人在提交投标书之前,应考察现场,并对业主所介绍的现场相关资料与情况进行解释,作为投标书的基础。

(5)承包人的投标书和有标价的工程量清单中开列的单价和总数价格,包括了合同中规定的承包人的全部义务。

(6)承包人应严格根据合同进行工程施工和竣工,以及修复缺陷。

(7)承包人应按照工程师书面给定的原始基准点、基准线和标高,负责进行精确工程放样。

(8)工程师认为有必要对工程或其他任何部分的形式、质量或数量进行任何变更,就有权指示承包人进行变更,而承包人也应执行变更指示。

2)材料、设备的检验

(1)所有的材料、工程设备和操作工艺均应符合合同中规定的要求和工程师指示要求的相应类别和等级。要随时按工程师的要求,在制造、加工或准备地点或在现场或在合同规定的某些其他地方,或在上述所有地点或其中任何地点进行检查与验收。

(2)工程师及其任何授权人员应能有合理的时间进入工程现场和正在为生产、制造或加工配置材料或设备的所有车间和地方。

(3)若根据商定的时间和地点,供检查和检验材料或设备未准备好,或者工程师认为按规定所作的检查和检验结果该材料或设备有缺陷,或不符合合同要求,则工程师可以拒收这些材料或工程设备。

(4)工程师有权随时发出指示,要求在规定的时间内将其认为不符合合同规定的材料或设备从现场运走,用合格适用的材料或设备取代原来的材料或设备。

3)施工质量检查与隐蔽工程部分的验收

(1)只要工程师认为是为正确履行合同所必须时,承包人就应在工程的施工中提供全部必要的自身质量监督。承包人或经工程师批准的一位合格的授权代表应用全部时间对工程进行自身质量监督。

(2)如果工程师认为其行为不端,在履行其职责中不能胜任或玩忽职守工程师有权反对或要求承包人从该项工程中解雇承包人提供的任何人;或工程师出于其他考虑,不希望该人出现在工地现场上,未经工程师同意不允许再次雇用其人。

(3)未经工程师批准,工程的任何部分都不能封盖或覆盖,承包人应保证工程师有充分的机会对即将上盖的或掩盖起来的任何一部分工程进行检查、验收,以及对基础进行严格检查。工程师有权检查和拒收,并对已覆盖的隐蔽工程再揭露和开孔。

(4)工程师有权发出指示,让承包人将不合格的工程、材料或设备拆除和运走。

(5)承包人应根据工程师的要求,随时向工程师提交其雇佣的劳务人员及机械装备的详细报告书。

(6)工程师有权指示暂停工程。若为承包人违约暂时停工造成的损失由承包人自负,而由于业主或其他原因造成的停工应另行处理。

(7)有关工程竣工和交接证书的颁发,必须要确保工程质量检验合格后才能进行。

4)缺陷责任期的缺陷修复

(1)承包人应在缺陷责任期内,按照工程师或其代表指示,对工程中尚存在缺陷、变形等毛病进行修补、修复或重建,以使工程符合合同要求。

(2)在缺陷责任期满之前,对工程中出现的任何缺陷、变形等毛病,工程师有权通知承包人进行调查。若调查出缺陷是承包人的责任造成,调查及修复费用均由承包人自费承担;若不属于承包人的责任,则由工程师和业主协商后,可给予补偿。

(3)在大型土木工程承包合同中,常常实行工程的区段或部分接收,发给单独的交接证书,因而有一个单独的缺陷责任期。而合同条件专门规定了整个工程只发一个缺陷责任终止证书。按合同条件规定,此证书应在最后一个缺陷责任期届满时才颁发。只有颁发缺陷责任终止证书才能看作是对工程的批准。

(4)当工程师检查并认可承包人根据合同已履行施工、完成缺陷修复的义务后,应在缺陷责任期终止后 28 天内签发缺陷责任终止证书。在全部工程的缺陷责任终止证书颁发给承包人后,承包人与合同有关的实际义务才算完成。

5)转让与分包

(1)只有业主明确同意,才能将工程或合同权益转让给第三方。

(2)合同条件规定了分包事项的几条原则:

①承包人不能将整个工程分包出去;

②除合同另有规定外,无工程师的同意不能将任何工程部分分包出去;

③分包人对承包人负责,承包人不能因分包而解除或减少合同规定的任何义务或责任;

④劳务供应协议和材料采购合同不属于分包。

2. 工程进度控制

工程进度控制包括工程进度计划的修订,开工、暂时停工和延误,竣工检验及移交证书,缺陷责任期等内容。

1)工程进度计划的提交与修订

(1)承包人与业主签订合同协议后,应在专用条件中规定的时间内,按照工程师要求的格式和详细程度公提交一份工程施工进度计划请工程师批准。该计划要说明为完成工程任务面打算采用的施工方法、施工组织、进度安排,以及按季度列出根据合同应支付给承包人费用的现金流通估算表。工程师有权要求承包人提供有关施工安排和工作方法的信息,还应把关心的任何问题告诉承包人,以引起注意和重视。

(2)为了便于工程师对工程进度的控制,承包人须按要求在规定的时间间隔内递交定期报告,说明在该阶段投入到施工中的管理人员、工人的技术等级和数量,以及施工机械设备等。如果工程师发现实际进度与计划进度不符的,有权要求承包人修改计划。

(3)工程师有权下达赶工指示,承包人应立即采取措施加快施工进度,以便与规定工期相符合。承包人无权对此提出增加费用的要求。承包人认为有必要在夜间或当地休息日工作时,有权请求工程师同意。

(4)工程师签发的工程移交证书应说明的主要内容包括:确认工程已基本竣工;注明达到基本竣工要求的具体日期;缺陷责任期内承包人还应继续完成工作项目的一览表。工程移交证书颁发后,工程照管的责任就转移给业主,但并不解除承包人按合同中的规定应负的质量责任。

2)开工、暂时停工和延误

(1)承包人在接到工程师有关开工通知后,应在合同可能情况下尽快开工。该通知应在中标函颁发日期之后,于投标书附件中规定的期限内发出。承包人收到通知时的回执上所写明的日期即是开工日期。

(2)工程师有权指示工程暂停,并根据实际情况来确定业主和承包人的责任。承包人在工程师发布工程暂停命令一定期限届满后,可通知工程师要求复工。在一定期限内工程师未作答复,承包人可视为工程被删减,在整个工程受影响时,视为业主违约。由于逾期未付款所构成的业主违约,承包人可暂停施工或终止合同并要求业主赔偿损失。

(3)竣工期限的延长。由于承包人以外的原因造成施工期的延长,可以给予承包人延长工期的权力。造成允许承包人展延工期的最主要原因是因业主或工程师的责任造成的。每当工程师批准给予承包人一定的展延工期时,应明确规定新的竣工日期以取代原定的竣工日期。

3)竣工检验及移交证书

(1)竣工检验是指合同规定的或有工程师与承包人另行商定的检验,这些检验是由承包人在业主对工程或其任何部分或区段接收之前进行的。并且在竣工期限之前,要留有足够的时间供检验用。

(2)工程基本完工或基本竣工,且工程质量符合合同中的标准要求,经承包人的申请并保证缺陷责任期内尽快完成未完事宜,经工程师审查后可发给工程移交证书。如果工程师对达到的竣工条件不满意,则需通知承包人完成指定的工作后才能被认为达到基本竣工。

(3)工程师签发的工程移交证书应说明的主要内容包括:确认工程已基本竣工;注明达到基本竣工要求的具体日期;缺陷责任期内承包人还应继续完成工作项目的一览表。工程移交证书颁发后,工程照管的责任就转移给业主,但并不解除承包人按合同中的规定应负的质量责任。

4)缺陷责任期

(1)移交证书标志着工程竣工,缺陷责任终止证书标志着合同的完成或结束。缺陷责任期的开始之日即移交证书确定的工程竣工的日期,或是分段移交情况下的分段竣工日期。缺陷责任期一般为一年,在此期间,承包人要完成保证完成的剩余工作,并修补出现的缺陷,这些缺陷如不是承包人的责任造成,则应由业主支付承包人相应的费用。

(2)缺陷责任期内承包人的义务主要表现在两个方面,一是按工程师颁发工程移交证书时开列的后续工作一览表,完成工程最终移交所需的剩余工作;二是对运行条件下发现的工程缺陷,按工程师的指示进行弥补工作,以便缺陷责任期满,工程以合同要求的条件进行工程的最终移交。

(3)如果在缺陷责任期内,工程圆满地通过了运行检验,则工程师应在期满28天内颁发缺陷责任终止证书。缺陷责任终止证书是承包人已按合同规定完成全部施工义务的证明。

四、涉及费用管理的条款

1.有关工程计量的规定

(1)工程量的计量。在制定招标文件时,应列出工程量清单,显示工程的每一类目或分项工程的名称、估计数量及单位。而单价和合价则由投标者填写，然后成为投标文件的组成部分。这些工程量是在图纸和规范的基础上对该工程估算工程量；它们不能作为承包人履行合同规定的义务过程中应予完成工程实际和确切的工程量。

(2)承包人在实施合同中完成的实际工程量要通过计量来核实，以此作为结算工程价款的依据。由于 FIDIC 合同是固定单价合同，承包人报出的单价一般是不能变动的，因此工程价款的支付额是单价与实际工程量的乘积之值。工程计量应当计量净值，不能依照通常的和当地的习惯进行计量，如有例外，应在规范和工程量清单中加以说明。如果编制技术规范和工程量清单时，使用了国际或某国的标准计量方法，则应在合同条款中加以说明，并在测量实际完成的工作量时使用同一方法。具体的计量方法根据工程的不同而有所不同，可采用均摊法、凭据法、分解计量法等。

(3)包干项目分项计量。承包人应在接到中标函后 28 天之内把在投标书中的每一包干项目的分项表提交给工程师，以便包干项目能够分项进行计量，但分项表应得到工程师的批准。

2. 有关合同履行过程中结算与支付的规定

(1)承包人应提交现金流量的估算中标通知书发出后，在合同规定的时间内，承包人应按季度向工程师提交根据合同有权得到现金流量的估算，以供其参考。此后，如果工程师提出要求，承包人还应按季度提供修订的现金流量的估算。因为业主将需要一份估算表，使他能够明确在何时保证能向承包人提供多少资金。但工程师对该表的批准，并不解除承包人的责任。

(2)工程进度中的结算与支付(中期付款)。中期付款如按月进行即为月进度支付。此时，承包人应先提交月报表，交由工程师审核后填写支付证书并报送业主。

工程师接到月结算报表后，在 28 天内应向业主报送他认为应该付给承包人的本月结算款额和可支付的项目，即在审核承包人报表中申报的款项内容的合理性和计算的准确性后，工程师应按合同规定扣除应扣款额，所得金额净值则为承包人本月应得付款。应扣款额主要是以前支付的预付款额、按合同规定计算的保留金额以及承包人到期应付给业主的其他金额。如果最后计算的金额净值少于投标书附件规定的临时支付证书最少金额时，工程师可不对这月结算作证明，留待下月一并付款。另外，工程师在签发每月支付证书时，有权对以前签发的证书进行修正；如果他对某项工作的执行情况不满意时，也有权在证书中删去或减少该项工作的价款。

(3)暂定金额的使用。暂定金额也叫备用金，是指包括在合同中并在工程量清单中以该名称标明，供工程任何部分的施工，或提供货物、材料、设备、服务，或提供不可预料事件之费用的一项金额。

(4)计日工。计日工一般用来做工程量清单中没有合适项目的零星附加工作，其具体规定如下：

①只有工程师才有权指定某些工作使用计日工；

②计日工所作的工作应是合同中包括的计日工作表中所定项目，或者工程师根据需要要求进行的工作；

③计日工的价格是按日工为单位计算，根据承包人投标书中所定的费率和价格计算付款额；

④在实行计日工作时,承包人应每天向工程师呈报列有参加计日工作的人员姓名、职务、工时、工种等确切数据的名册和列有用于计日工的材料和设备的种类和数量的报表;

⑤承包人还应适时地向工程师提供所需的收据和凭证;

⑥工程师在审查上述资料后,如同意,则在每种清单和报表上签字并退还承包人;

⑦每月末,承包人还应提出该月全部计日工的支付申请,如果承包人未按时申请,能否取得这项款额取决于未申请的原因和工程师的态度。

(5)保留金的支付。保留金亦称滞留金,是每次中期付款时,从承包人应得款项中按投标书附件规定比例扣除的金额。一般情况下,从每月的工程结算款中扣除7%~10%,一直扣到工程合同价的5%为止。当颁发整个工程的移交证书时,工程师应开具支付证书,把一半保留金支付给承包人。如果颁发的是部分工程的移交证书时,则应向承包人支付按工程师计算的这部分永久工程所占合同工程的比例相应的保留金额的一半。当工程的缺陷责任期满时,另一半保留金将由工程师开具支付证书支付给承包人。如果有不同的缺陷责任期适用于永久工程的不同区段或部分时,只有当最后一个缺陷责任期满时,才认为该工程的缺陷责任期满。

(6)竣工报表及支付。颁发整个工程的移交证书之后84天内承包人应向工程师呈交一份竣工报表,并应附有按工程师批准的格式所编写的证明文件。竣工报表应详细说明以下几点:

①到移交证书证明的日期为止,根据合同所完成的所有工作的最终价款;

②承包人认为应该支付的任何进一步的款项;

③承包人认为根据合同将支付给他的估算数额工程师应根据竣工图对工程量进行详细核算,对承包人的其他支付要求加以审核,最后确定工程竣工报表的支付金额,上报业主批准支付。

(7)最终报表与最终支付证书。在颁发缺陷责任终止证书后56天内,承包人应向工程师提交一份最终报表草案供其考虑,并应附按工程师批准的格式编写证明文件。该草案应该详细说明以下问题:

①根据合同所完成的所有工作的价款;

②承包人根据合同认为应支付给他的任何进一步的款项。

如果工程师不同意或不能证实该草案的任何一部分,则承包人应根据工程师的合理要求提交进一步的资料,并对草案进行修改以便双方可能达成一致。随后,承包人应编制并向工程师提交双方同意的最终报表。当最终报表递交之后,承包人根据合同向业主索赔的权利就终止了。工程师在接到最终报表及书面结清单后28天内,向业主发出一份最终支付证书,说明:第一,工程师认为按照合同最终应支付的金额;第二,在对以前所支付的所有款项和承包人应得到各项款额加以确认后,业主还应支付给承包人,或承包人还应支付给业主的余额。

(8)承包人对指定分包人的支付。承包人在获得业主按实际完成工程量的付款后,扣除分包合同规定承包人应得款(如提供劳务、协调管理的费用等)和按比例扣除保留金后,应按时向指定分包商付款。工程师在颁发支付证书前,如果承包人提交不出证明,且没有合法的理由,则业主有权根据工程师的证明直接向该指定的分包商支付在指定分包合同中已规定而承包人未支付的所有费用(扣除保留金)。然后,业主以冲账方式从业主应付或将付给承包人的任何款项中将上述金额扣除。

3. 有关工程变更和价格调整时结算与支付的规定

(1)使用工程量表中的费率和价格。对变更的工作进行估价,如果工程师认为适当,可以使用工程量表中的费率和价格。

(2)制定新的费率和价格。如果合同中未包括适用于该变更工作的费率或价格,则应在合同的范围内使用合同中的费率和价格作为估价的基础。如做不到这一点,则要求工程师与业主、承包人适当协商后,再由工程师和承包人商定一个合适的费率或价格。当双方意见不一致时,工程师有权确定一个他认为合适的费率或价格,同时将副本呈送业主。在费率和价格经同意和决定之前,工程师应确定暂行费率或价格,以便有可能作为计算暂付款的依据。在每月中期结算发出的证书之中工程师在行使与承包人商定或单独决定费率的权力时,应得到业主的明确批准,工程师应在发布工程变更指令的14天内或变更工程开始之前,向承包人发出要求承包人就额外付款或费率的确定意图,以文件形式通知承包人,或是直接将工程师确定费率或价格的意图通知承包人,以便双方进行协商。一般情况下,合同内所含任何项目的费率或价格不应考虑变动,除非该项目涉及的款额超过合同价格的2%,以及在该项目下实施的实际工程量超出或少于工程量表中规定的工程量的25%以上。

(3)变更超15%时的合同总价变动。如果在颁发整个工程的移交证书时,发现由于工程变更及工程量表中实际工程量的增加或减少(不包括暂定金额、计时工费用和价格调整),使合同价格的增加或减少值合计起来超过"有效合同价"(此处系指不包括暂定金额及计日工补贴的合同价格)的15%,则经工程师与业主和承包人适当协商后,应在合同价格中加上或减去承包人与工程师可能议定的另外的款额。如双方未能达成致意见,此款额则应由工程师在考虑了合同中承包人的现场费用和总管理费用后予以确定。该款项的计算应以超出或等于有效合同价格15%的量为基础。

五、其他方面的条款

1. 合同适用法律条款

在国际工程承包合同中关于适用法律采用当事人"意思自治"原则,即当事人可以选择本国的法律、工程所在国法律或第三国法律的条款。

2. 争端解决条款

争端发生后,双方中任何一方应立即把此争端提交工程师要求其做出决定,工程师则应当在收到有关争端文件后84天之内将其决定通知业主和承包人,而业主和承包人双方在收到工程师有关此决定的通知后70天内,均未发出要将该争端提交仲裁的通知,则该决定将被视为最后决定并对业主和承包人双方均有约束力。如果业主或承包人双方中任何一方对工程师的有关争端的决定不满意,都可以在收到此决定的通知后70天内,或者工程师未能在他接到有关争端文件后84天内将其所作决定的通知发出,业主或承包方双方中任何一方可以在上述84天期满之后的70天前,将其把有关争端提交仲裁的意向通知另一方,并将一份副本呈交工程师供其参考。如果争执双方没有另外的协议时,仲裁可在将此争端提交仲裁的意向通知发出后56天之内开始。

3. 劳务条款

合同各方当事人的行为应受工程所在地国家法律的调整,承包人在雇用劳务人员、提供生活标准、进行劳动保护等方面也要遵守工程施工所在国的法律。这些问题应当在合同中阐明，特别是工程所在国法律未对这些问题做出规定的情况下，以免承包人与劳务人员发生争执而影响施工进度。在招标之前，业主与工程师共同决定必需的条件，并在规范里详细说明承包人为业主和工程师提供的设施以及他为自己的职员和劳务人员、为分包人以及业主雇用的其他承包人提供方便时必须遵守的最低标准。

4. 可能使用的补充条款

FIDICC 合同条件的第一部分包括 72 条通用性条款，而每一合同总是要专门制订一些附加条款以满足包括在合同中的项目需要有些法规性条款，如防备贿赂、保密、税收等，都可能作为补充条款被使用。

5. 管理性条款

FIDIC 合同条件中，管理性的条款大致分为合同责任性条款和管理程序性方面的条款。

1）责任性方面的条款

（1）为了保证承包人能够正确地履行合同，承包人应向业主提供履约保证金，以便业主在承包人未能圆满完成施工合同时，有权得到某种形式的资金赔偿。一般情况下，都是采用承包人用自己的资金或财产作抵押，或自己的开户银行向业主规定的可接受的银行出具保函进行担保，一旦由于承包人严重违约给业主造成重大损失时，业主凭保函向银行索取赔偿。就保函性质而言，就是业主可接受银行承诺文件形式出现的抵押金。履约保函用于保证承包人按合同规定履行合约。履约保证金一般为合同价的 10%，保函的有效期应到工程师签发“缺陷责任终止证书”之日止。发出“缺陷责任终止证书”之后，业主就无权对该担保提出任何索赔要求，并在该证书发出的 14 天之内将履约保函退还承包人。在履约保函有效期内，只要业主能够提供足够证明承包人严重违约，并符合担保条例的规定而向银行索赔时，担保银行不能拒付。

（2）对工程图纸和设计文件有如下规定了图纸应由工程师单独保管，但应免费提供给承包人两套复制件，其中一套应由承包人保留在现场，随时提供给工程师和他授权的其他人员检查使用。无工程师同意，承包人不得将本工程图纸、技术规范和其他相关文件用于其他地方或传播给第三人。工程竣工时，承包人应将他负责设计的部分永久工程竣工图连同使用和维修手册一起提交工程师之后，工程才被认为竣工。

（3）在施工现场中发掘出的文物和古迹都被视为业主财产，业主有责任根据相关的法律和法规进行处理。由此给承包人造成工期延误或工程量的增加，业主应允许给予承包人工期展延和实际赔偿。

（4）施工过程中承包人应妥善处理好有关使用别人的专利、矿区料场和废渣堆积以及施工现场外的交通道路或设施的使用费，免于业主承担损害赔偿责任。

（5）对于大型综合性工程，业主应提供给多个承包人及业主的工人进人现场施工所需的工作条件和生活条件。

（6）由承包人提供的所有设备、临时工程和材料一经运至施工现场，则被视为专门供本工程施工使用。未经工程师同意，不得运离施工现场。在承包人严重违约、业主进驻现场时，业主和其他承包人有权使用为完成工程认为合适的那部分原承包人的设备、临时工程和材料，但这种使用必须是有偿的。

(7)工程师判定属于承包人严重违约行为而使合同无法再顺利地执行下去的内容范围包括:

①承包人已否定合同的有效性;

②接到“开工令”后,没有正当的理由未能按期开始施工;

③承包人的施工进度严重偏离计划进度,工程师向其发出赶工指示的 28 天内,仍未能采取有效措施追赶计划进度,已不能保证整个工程或单位工程按合同规定的工期如期完工;

④承包人出现严重的质量事故,并在收到工程师要求他弥补缺陷的指示后的 28 天内,拒绝执行要求他撤换不合格的材料或设备,以及补修、拆除不合格工程的命令;

⑤无视工程师事先的书面“警告”,反而固执地或公然地忽视履行合同所规定的义务,工程师在证实承包人的违约事件前,仅限于向其发出一次书面“警告”即可。

2)管理程序性条款

(1)承包人施工过程中应获得的中期进度付款是根据实际完成工作的单价按月支付。其他的付款方式包括:在固定时间段内对固定部分采用阶段付款方式的包干支付;或当每个部分工程完工时对与工程的指定部分相应的固定部分,采用阶段付款的包干支付;以及按成本补酬方式支付等形式。按月支付的方式,承包人应在每个月末,按工程师规定的格式提交报表,送工程师审查批准和签字后,送交业主,由业主支付承包人当月应得到的工程款。业主应在收到工程师签发的付款证明 28 天内,向承包人支付他应得的工程款。若未在规定时间内支付,一要按投标书附件中规定的利率,从应付之日起计算利息,赔偿承包人损失。

(2)在签订合同以前,业主应通过有关部门批准,获得施工现场的占有权和进出道路的使用权,业主根据实际情况决定一次性或分期向承包人移交现场。若由于业主的原因使现场移交迟延而使承包人遭受损失的,经工程师与业主和承包人协商后,应给予一定的工期和费用补偿。

(3)工程师可视工程实施中的具体情况,发布暂停施工指示的权力。若暂停施工的原因不属于承包人的责任,则应给予相应的工期和费用补偿。若不属于合同约定事件而暂停施工,在此后的 84 天内工程师未做出复工的许可,承包人可通知工程师要求在 28 天内允许复工,否则,视停工部分工程属于删减了工程,若是全部工程停工,则此项停工视为业主违约,合同终止,解除雇用义务。

(4)当全部工作基本完工,并圆满通过合同规定的任何竣工检验后,承包人可向工程师申请签发“工程移交证书”,同时附上保证在缺陷责任期内以应有的速度完成任何未完工程的书面保证。工程师应在此项申请书发出之日起的 21 天内予以答复。在缺陷责任期满的 28 天之内,工程质量已达到令工程师满意的程度,应发给承包人“缺陷责任终止证书”。

(5)在出现业主严重违约而使合同不能再履行下去的情况时,承包人有权根据合同规定通知业主并抄送工程师宣布终止合同的雇佣关系,这一终止在发出通知后的第 14 天生效。14 天通知期满时,承包人应尽快从现场撤离其人员和所有带至工地的设备。

6. 经济性条款

(1)工程和承包人设备保险。通用条件中规定,承包人必须以业主和承包人共同的名义投保工程一切险。保险范围包括全部工程或分期交付的单项工程,以及临建设施、现场的施工机械、设备材料和试验设备等。保险期限从现场开始工作起,到工程竣工移交为止。在缺陷责任期内,如果发生的是缺陷责任期开始前原因造成的损害,以及缺陷责任期内属于承包人完成未尽事宜的风险损害保险,则仅由承包人单方名义担保。对承包人运到现场的施工设备和材料保险,仅限于重置费用金额。保险方法一般为全值保险,即按合同总价投保,也可以采用月报形式保险,即每月申报一次保险值,随工程进展逐月递增。

(2)第三方保险。承包人同样要以双方的联合名义向保险公司申报第三方保险,以免承担施工引起的对第三人的人身伤亡和除工程本体以外的财产丢失或损坏的责任。保险的最小金额为投标书附件中规定的数额。

(3)人身财产保险。合同条件中要求承包人对自己的雇员进行人身保险。履行这项保险后,业主和承包人可以免于承担因施工中的偶然事故对工作人员造成的伤害或损害的责任。分包商对自己雇员的人身保险由其自己办理,但应将保单的复印件报送业主和工程师。

7.有关索赔的规定

(1)承包人发出索赔通知。当索赔事件发生后,承包人必须在28天内,将其要求索赔的意向通知工程师,同时将一份副本呈交业主。

(2)承包人应做好同期记录。索赔事件发生后至索赔事件的影响结束期间,要认真做好同期记录。同期记录的内容应当包括索赔事件及与索赔事件有关的各项事宜。承包人的同期记录,对于处理索赔事件是十分重要的,它能够使监理工程师对索赔事件的详细情况作全面了解,以便确定合理的索赔估价。

(3)承包人提供索赔证明。承包人应在索赔通知发出后的28天,或在工程师同意的其他合理的时间内提供索赔证明。该证明应当说明索赔款额及提出索赔的依据等详细材料。当据以提出索赔的事件具有连续影响时,承包人应按工程师的要求,在一定时间内,提出阶段性的详细情况的报告。在索赔事件所产生的影响结束28天内,承包人应向工程师提交一份最终详细报告。

(4)索赔的审批和支付。承包人提供索赔证明后,工程师便可以开始对索赔事件进行审批。工程师根据合同条件和承包人提供的索赔证明,确定索赔是否可以接受,并对可以接受的索赔事件,确定最终的索赔金额;也可任命评估小组,对索赔事件进行调查核实,并提出评估报告,再由工程师进行审批。如果承包人违反了索赔程序,则有权得到的付款将不超过工程师或仲裁人员通过同期记录核实估价的索赔总额。对于经工程师与业主、承包人适当协商后确定的应付索赔金额,承包人有权要求工程师纳入签署的任何临时付款,而不必等到全部索赔结束后再行支付。

第四节　FIDIC合同条款与国内公路工程合同条款的区别

一、对监理人员称谓的区别

1.《公路工程国内招标文件范本》合同条款对监理人员称谓的定义

(1)监理工程师:指业主为实施本合同委托的承担本合同工程监理工作的独立法人。监理工程师的名称将在专用条款中写明。《公路工程施工监理规范》(JTG G10—2006)中监理工程师是监理机构中具有交通部核准的公路工程监理工程师或专业监理工程师资格人员的通称。

(2)总监理工程师:指代表监理工程师全面履行监理服务合同规定的职责和义务的总负责人(简称"总监")。

(3)总监理工程师代表:指由总监理工程师任命,并对总监理工程师负责任,以及根据合同履行和行使总监理工程师委托给他的职责与权利,指派常住现场的授权代表。

2. FIDIC 合同条件对监理人员称谓的定义

(1)工程师:指业主为合同目的而指定作为工程师并在合同中保持这一称谓的人员。

(2)工程师代表:工程师代表应由工程师任命并对工程师负责,应该履行和行使由工程师根据合同可能授予他的职责和权利。

(3)工程师代表助理:工程师或工程师代表可任命任何数量的人员协助工程师代表履行合同规定的职责,工程师或工程师代表应将此类人员的姓名、职责和权利范围通知承包人。

二、使用语言和适用法律的区别

(1)国内公路工程合同一般只使用一种语言,即中华人民共和国法定语言——汉语。在法律上一般也适用中华人民共和国有关法律。

(2)使用 FIDIC 合同条件时,当合同文本由两种以上语言编写时,合同中必须明确以何种语言为主导语言即具有最终解释权的语言。关于适用的法律一般有两种方法来解决:其一,由当事双方或多方自己协商选择适用法律,一旦选择好适用的法律写入合同中,双方或多方当事人都必须按此法律执行合同;其二,若合同中没有明文规定适用法律,当事人也没有选择,则以合同签订地或履行地的法律为适用法律。

三、合同管理中重要时限的区别(表 12-1)

合同管理中重要时限的区别对照表　　表 12-1

合同管理事项	《公路工程国内招标文件范本》的时限规定	FIDIC 合同条件(包括 1999 年版)中的时限规定
承包人以书面形式将监理工程师的口头指令变为书面指令的时限	在监理工程师的口头指令发后 3 天内	在监理工程师的口头指令发后 7 天内
监理工程师向承包人免费提供设计图纸及相关资料的时限	在中标通知书发出后 42 天内	在承包人发出需要设计图纸及相关资料的书面通知后合理时间内
监理工程师应向承包人提供原始基准点等资料的时限	在发出开工通知书后 14 天内	在发出开工通知书后合理时间内
在一般情况下组织开始交工验收(竣工检验)的时限	在承包人提出交工验收的申请后 21 天内	在合理时间内
颁发交工(移交)证书的时限	交工验收完毕且工程合格后 14 天内	竣工检验工程合格,承包人发出颁发移交证书的申请后 21 天内
缺陷责任期的时限	一般规定为 2 年,工程在缺陷责任期之后还将进入保修期,保修期一般为 5 年	一般规定为 1 年

续上表

费用索赔的时限	承包人在首次索赔事件发生后21天内提出索赔意向书;按监理工程师要求的时间间隔,发出进一步的临时详细报告;索赔事件终止后21天内发出最终账目	承包人在首次索赔事件发生后28天内提出索赔意向书;按28天的时间间隔,发出进一步的临时详细报告;索赔事件终止后28天内发出最后账目
工程延期的时限	承包人在首次延期事件发生后14天内提出延期意向书;按7天的时间间隔,发出进一步的临时详细报告;延期事件终止后14天内提供最终详细资料	承包人在首次延期事件发生后28天内提出延期意向书;按28天的时间间隔,发出进一步的临时详细报告;延期事件终止后28天内提供最终详细资料
中期支付的时限	中期支付证书送交业主后21天内	中期支付证书送交业主后28天内
最终支付的时限	最终支付证书送交业主后42天内	最终支付证书送交业主后56天内

四、工程分包中的区别

(1)国内工程对分包的有关规定按《建筑法》及《公路工程国内招标文件范本》规定主要有:

①承包人不得将整个工程或主体工程或关键工程进行分包;

②分包需由业主和监理工程师批准;

③分包最多进行一次,不得层层分包;

④承包人对分包人负有连带责任。

(2)在FIDIC合同条件中对分包的规定为:

①承包人不能将整个工程分包出去;

②除合同另有规定外,无工程师的同意不能将任何工程部分分包出去;

③分包人对承包人负责,承包人不能因分包而解除或减少合同规定的任何义务或责任;

④劳务供应协议和材料采购合同不属于分包。

五、合同中索赔与争端仲裁方式的区别(包括FIDIC合同条件1999年版)

可以索赔的条款一般分为明示条款和默示条款两大类。明示的索赔条款即在条款中直接指出索赔的内容。新版FIDIC《土木工程施工合同条件》中的这一类条款明显比旧版FIDIC《土木工程施工合同条件》中多,仅承包人向雇主可索赔的明示条款就有20余条,这些条款不但明确地列出了可索赔的工期和费用,而且还列出了在某些情况下可以索赔利润。对于默示的索赔条款则需依据用户对合同的深入理解而定。新版FIDIC《土木工程施工合同条件》索赔的基本程序同旧版FIDIC《土木工程施工合同条件》大致相同,但有一点非常重要的变化,在收到承包人的索赔详细报告(包括索赔依据、索赔工期和金额等)之后42天内(或在工程师可能建议但由承包人批准的时间内),工程师应对承包人的索赔表示批准或不批准。不批准时要给予详细的评价,并可能要求进一步的详细报告。这比旧版 FIDIC《土木工程施工合同条件》只要求承包人及时上交索赔意向书及详细报告,而对工程师的答复日期没有任何限制合理多了。

同时,新版 FIDIC《土木工程施工合同条件》加入了争端裁决委员会(DAB)的工作步骤。尽管合同条件要求工程师公正处理各种问题,但由于工程师是雇主聘用的,不少工程师做不到这一点,因此,FIDIC 吸收了美国和世界银行解决争端的经验,加入了 DAB 的工作程序,即由雇主方和承包人方各提名一位 DAB 委员,由对方批准,合同双方再与这二人协商确定第三位委员(作为主席),共同组成 DAB。如果工程师关于某一争端的解决方案被一方拒绝后,在旧版 FIDIC《土木工程施工合同条件》中要求再次提交工程师解决,这在实际工作中很难奏效。新版 FIDIC《土木工程施工合同条件》规定,在此情况下把争端提交 DAB,由 DAB 在 84 天内提出裁决意见。争端双方如同意此裁决意见,则双方应立即着手执行;如有一方不同意(或 DAB 在 84 天内不能拿出裁决意见),则可提交仲裁。但仲裁必须经过 56 天的友好解决期后才能开始。如双方在同意 DAB 的裁决意见后而其中一方又不执行,则另一方可要求直接仲裁。新版 FIDIC《土木工程施工合同条件》附有“争端裁决协议书的通用条件”和“程序规则”。

〔思考题〕

1. 什么叫国际工程承包合同?有何特征?
2. FIDIC《土木工程施工合同条件》中,业主、工程师、承包人各方关系是什么?
3. FIDIC《土木工程施工合同条件》中,规定了承包人哪些义务?
4. 根据 FIDIC《土木工程施工合同条件》,如何解决合同争端?
5. 简述 FIDIC《土木工程施工合同条件》关于质量控制方面的规定。

附录1 《公路工程国内招标文件范本》（2003年版）合同通用条款

目录

14.4 合同用款计划的提交
14.5 未解除承包人的义务或责任
15.1 承包人对合同工程的管理
15.2 承包人的施工机械
16.1 承包人的职工
16.2 监理工程师有权反对
17.1 施工定线与放样
18.1 钻孔和勘探性开挖
19.1 安全、保卫与环境保护
20.1 工程的照管与维护
20.2 弥补损失或损害的责任
20.3 由于业主风险所造成的损失或损害
20.4 业主的风险
21.1 工程的保险
21.2 保险范围
22.1 承包人的雇员及装备的保险
23.1 例外情况
24.1 未能取得保险赔偿额的责任
25.1 保险的凭证
25.2 足够的保险额
25.3 对承包人未投保的补救方法
25.4 遵守保险单的条件
26.1 遵守法令规章
27.1 文物
28.1 专利权
28.2 料场使用费
29.1 施工对邻近房产和群众的干扰
30.1 避免损坏道路
30.2 临时道路
30.3 水运
30.4 爆破器材的运输和保管
31.1 为其他承包人提供方便
32.1 承包人保持现场整洁
33.1 交工时的现场清理
33.2 交工后现场未清理的处理

六、劳务

34.1 职工的聘(雇)用
34.2 安全员和事故防范
34.3 妨碍治安的行为
34.4 卫生与供水
34.5 武器或弹药
35.1 劳务和承包人装备的统计表
35.2 事故报告

七、材料、设备和操作工艺

36.1 材料、设备和操作工艺的质量
36.2 样品费用
36.3 检(试)验费用
36.4 未规定的检(试)验费用
36.5 监理工程师对未规定的检(试)验的决定
37.1 作业的检查
37.2 检查和检验的日期
37.3 拒收
37.4 独立的检查
37.5 试验室
38.1 工程覆盖前的检查
38.2 剥开和开孔
39.1 不合格工程材料或设备的拆运
39.2 承包人不执行指令

八、暂时停工

40.1 暂时停工
40.2 暂时停工的补偿
40.3 暂时停工持续56天以上

九、开工和延误

41.1 工程的开工
42.1 永久占地的征用
42.2 未能按期办妥永久占地的征用手

续

42.3　临时用地的租用
43.1　工期
44.1　工期的延长
44.2　承包人发出通知和提交具体细节
44.3　延长工期的暂时决定
44.4　要求和审批延期的拖延
45.1　工作时间的限制
46.1　工程进度过慢
47.1　拖期损失偿金
47.2　拖期损失偿金的减少
48.1　交工验收和交工证书
48.2　单项工程的交工
48.3　竣工文件
48.4　竣工验收与鉴定书

十、缺陷责任与保修

49.1　缺陷责任期
49.2　完成未完工作和修复缺陷
49.3　缺陷修复的费用
49.4　承包人未能执行指令
50.1　缺陷的调查
50.2　保修期

十一、变动、增加和取消

51.1　变更
51.2　变更的指令
52.1　变更后的作价
52.2　监理工程师确定单价的权力
52.3　变更超过15%
52.4　计日工

十二、索赔程序

53.1　索赔通知
53.2　当时的记录
53.3　索赔的证明
53.4　不合规定
53.5　索赔的支付

十三、承包人装备、临时工程和材料

54.1　本工程专用的承包人装备、临时工程和材料
54.2　业主对损坏不负责任
54.3　承包人装备的租用条件
54.4　列入分包合同

十四、计量

55.1　工程量
55.2　未填单价或总额价的细目
56.1　工程的计量
57.1　计量方法
57.2　总额支付细目的分目

十五、暂定金额

58.1　“暂定金额”的定义
58.2　暂定金额的使用
58.3　凭证的出示

十六、特殊分包人或供货人

59.1　特殊分包人或供货人
59.2　特殊分包人（或供货人）与承包人的责任划分
59.3　明确规定设计要求
59.4　承包人与特殊分包人的相关支付
59.5　对特殊分包人的支付证书

十七、证书和支付

60.1　月结账单
60.2　月支付
60.3　保留金的扣留
60.4　保留金的退还

60.5 开工预付款的支付
60.6 开工预付款的扣回
60.7 材料、设备预付款的支付
60.8 材料、设备预付款的扣回
60.9 证书的改正
60.10 交工结账单
60.11 最后结账单
60.12 清账书
60.13 最后支付证书
60.14 业主责任的终止
60.15 支付期限
61.1 缺陷责任终止证书
62.1 保修期终止证书

十八、承包人违约

63.1 承包人的违约
63.2 承包人违约而终止合同
63.3 合同终止之日的估价与终止后的支付
63.4 契约利益的转让

十九、补救措施

64.1 紧急补救工作

二十、特殊风险

65.1 特殊风险
65.2 承包人对特殊风险不承担责任
65.3 特殊风险对工程的损害
65.4 由特殊风险引起的费用增加
65.5 由特殊风险而终止合同
65.6 终止合同时承包人装备的撤离
65.7 终止合同的支付

二十一、合同履行的解除

66.1 解除履行合同时的付款

二十二、合同纠纷的解决

67.1 监理工程师的裁定
67.2 友好协商或上级调解
67.3 仲裁
67.4 未能遵守裁定或协议
67.5 仲裁费用

二十三、通知

68.1 致承包人的通知
68.2 致业主和监理工程师的通知
68.3 地址的变更

二十四、业主的违约

69.1 业主的违约
69.2 承包人装备的撤离
69.3 合同终止时的支付
69.4 承包人暂停工程的权利
69.5 工程的复工

二十五、费用和法规的变更

70.1 费用的增加或减少
70.2 后继的法规
70.3 工程拖期的价格调整

二十六、其他

71.1 纳税和缴费
72.1 廉政建设
73.1 共同的和各自分别的责任

合同通用条款

一、定义和解释

定　　义 1.1 在本合同中,下列名词或术语,除文中另有要求或说明外,应具有本条所指的含义:

(1) a. **业主** 指本项目的合同专用条款中指明的执行本建设项目投资计划的单位,或其指定的负责管理本建设项目的代表机构,以及取得该当事人(单位)资格的合法继承人(单位)。

b. **承包人** 指其投标已为业主所接受,并与业主签订了合同协议书承建本合同工程的当事人(单位),以及取得该当事人(单位)资格的合法继承人(单位)。

c. **分包人** 指承包人报经监理工程师审查并取得业主批准已分包了本合同工程一部分的当事人(单位),或合同中指明作为分包本合同工程一部分的当事人(单位),以及取得该当事人(单位)资格的合法继承人(单位)。

分包人应具备相应专业承包资质或劳务分包资质。

d. **监理工程师** 指业主为实施本合同委托的承担本合同工程监理工作的独立法人。监理工程师的名称将在专用条款中写明。

e. **总监理工程师** 指代表监理工程师全面履行监理服务合同规定的职责和义务的总负责人(简称:"总监")。

f. **总监理工程师代表** 指由总监理工程师根据第2.2款规定,指派常驻现场的授权代表(简称:总监代表)。

g. **项目经理** 指由承包人书面委派常驻现场负责执行本合同和管理本合同工程的代表。

h. **项目技术负责人** 指由承包人书面委派常驻现场负责管理本合同工程的总工程师或技术总负责人。

(2) a. **合同** 指合同条款(通用和专用)、技术规范、图纸、工程量清单、投标书、投标书附录、投标书附表、中标通知书、合同协议书以及构成合同组成部分的其他文件。

b. **规范** 指合同中包括的本合同工程的技术规范和在技术规范中引用的国家、部颁规范、规程、标准,包括按第51条规定所做的或由承包人提交并经监理工程师批准的对技术规范的修改或补充。

c. **图纸** 指监理工程师按本合同规定向承包人提供的全部设计图纸、可能附有的计算书和有关技术资料,以及由监理工程师签署的变更设计图纸,或由承包人提交并经监理工程师批准的施工工艺图、计算书和其他有关技术资料。

d. **工程量清单** 指投标文件中已标价、经算术性修正无误且承包人已确认的最终的工程量清单。

e. **投标书附录** 指直接附在投标书(函)之后并构成投标书组成部分的附录。

f. **投标书附表** 指投标书附录之外的编入第 8 篇所示格式的各种附表。

g. **补遗书** 指发出招标文件之后由招标人向已取得招标文件的投标人发出的、编号的补充或修改书,是招标文件的组成部分。

(3)a. **开工期** 指投标书附录中规定的开工期限。

b. **交工日期** 指实质上完成本合同工程或某单项工程施工并合格地通过交工验收后,在发给的交工证书上写明的日期。

c. **工期** 指本合同工程或某单项工程从开工至交工的时间,均从投标书附录中规定的开工期的最后一天算起至交工证书上写明的交工日期止。

(4)a. **合同价格** 指在合同协议书中写明的、承包人按合同规定实施和完成本合同工程及其缺陷的修复应得到的支付价款总额。

b. **保留金** 指业主根据第 60.3 款扣留的款额。

c. **期中支付证书** 指除最后支付证书之外的、由监理工程师签发的任何支付证书。

d. **最后支付证书** 指监理工程师按 60.13 款签发的支付证书。

(5)a. **永久工程** 指根据合同规定应实施的永久性工程(包括下文所指的设备)。

b. **临时工程** 指在实施和完成本合同工程及其缺陷的修复过程中所需的各种临时性工程(不包括下文所指的承包人装备)。

c. **合同工程或合同段工程** 指合同协议书中写明的合同范围内的全部工程。

d. **设备** 指预定构成或构成永久工程一部分的机械、仪器、装置以及诸如此类的设备。

e. **承包人装备** 指属承包人所有(或租赁)的、为了实施和完成本合同工程及其缺陷修复所需的机械、器具或物品。

f. **永久占地** 指为实施本合同工程而需要的一切永久占用的土地,包括公路两侧路权范围内的用地。

g. **临时占地** 指为实施本合同工程而需要的一切临时占用的土地,包括施工所用的临时支线、便道、便桥和现场的临时出入通道,以及生产(办公)、生活等临时设施用地等。

(6)a. **天** 指日历日,**年**、**月**、**日**按公历计算。

b. **国家** 指中华人民共和国。

c. **书面** 指手书、打字或印刷的通信函电,包括传真、电报和电子邮件。

(7) a. **交工检验** 指合同规定的检验,这些检验应包括承包人的自检和监理工程师的检验,并应在承包人提出交工验收申请之前完成。

b. **交工证书** 指本合同工程或合同工程中规定有单独工期的单项工程完工后,根据第48.1、48.2款规定签发的证书。

标题和边注 1.2 本合同条款中标题和边注不应视为本合同条款的一部分,在合同条款或合同本身的解释中也不应考虑这些标题和边注。

书面通知 1.3 除另有规定外,在本合同中所指的任何单位或个人发出或发布的任何通知,或予以批准、确认、认证,或表示同意、否定,或做出决定、任命,或提出要求和意见等均应是书面的,都不应被无理扣压或拖延。收件方应在回执上签署姓名和收到时间。

二、监理工程师和监理工程师代表

监理工程师的职责和权限 2.1 (1)监理工程师必须履行合同规定的职责。

(2)各级监理工程师可以行使监理合同规定和本合同规定的相应的职权。总监理工程师在行使以下规定的职权之前,应先取得业主的专门批准:

a. 根据第4.1款,同意分包本工程的某非主体部分;

b. 确定第12.2款项下产生的费用增加额;

c. 根据第41、40条发布开工令、暂时停工或复工令;

d. 决定第44条项下的工程延期(具体授权批准的天数可在专用条款中规定并以此为准);

e. 审查批准技术规范(规格)或设计的变更;

f. 根据第51.1款发出的变更指令,其单项工程变更涉及的金额超过了该单项工程原合同价的5%或累计变更超过了原总合同价的3%;如在《监理服务合同》中另有规定者,从其规定,并就此通知承包人;

g. 确定第53.5款项下的索赔额;

h. 按照第58条决定有关暂定金额的使用;

i. 根据第59条确定特殊分包人;

j. 确定第52条项下的单价或总额价。

(3)如果发生紧急情况,监理工程师认为将造成人员伤亡,或危及本工程或邻近的财产需立即采取行动,监理工程师有权在未征得业主的批准的情况下发布处理紧急情况所必需的指令,承包人应予执行。监理工程师应根据第52条规定,确定因上述指令产生的合同价格的增加额,报业主批准后通知承包人。

(4)除在合同中有明确的规定外,监理工程师无权解除合同规定的承包人的任何义务。

总监理工程师代表 2.2 总监理工程师代表(总监代表)由总监理工程师任命,并对总监理工程师负责。总监代表履行和行使总监理工程师按第2.3款委托给他的职责与职权。

总监理工程师权限的委托 2.3 总监理工程师可以委托总监代表履行和行使合同授予总监理工程师的职责与职权,并可以随时撤回此委托。这种委托和撤回委托必须形成书面文件,且在向业主和承包人各送一份副本后才生效。

总监代表根据上述的委托向承包人发出的任何函电等,都与由总监理工程师发出的具有同等效力。

但是:

(1)总监理工程师代表没有对任何工程、材料或设备加以反对,并不影响总监理工程师否定该工程、材料或设备并发出纠正指令的权力;

(2)如果承包人对总监理工程师代表的任何函电有疑问,可将该疑问提交总监理工程师,而总监理工程师应对上述函电内容做出确认、否定或变更。

各级监理人员的任命 2.4 监理机构可根据不同的工程规模、难易程度、地理条件及合同段大小按一级、两级或三级设置,总监理工程师或总监代表可任命高级驻地监理工程师和/或各合同段驻地监理工程师及专业监理工程师,为其配备一定数量的测量与试验人员、旁站监理人员及行政管理人员。总监理工程师或总监代表应将上述各级各类人员的姓名、职责、分工和权限范围及时通知业主和承包人。各级驻地与各专业监理工程师可在其授权范围内,按合同规定履行质量监理、进度监理与费用控制职责,可以为此发出指示,这些指示均应视为是总监理工程师或总监代表发出的。

书面指令 2.5 各级监理工程师发出的指令应是书面的。由于某种原因,监理工程师可以发出口头指令,承包人必须执行此口头指令,但事后监理工程师应以书面形式确认上述口头指令。如果承包人在监理工程师发出口头指令的3天内,未收到监理工程师的上述书面确认,承包人应立即以书面形式要求监理工程师确认上述口头指令。如监理工程师在收到承包人的书面要求后的3天之内没有以书面形式驳回上述确认,则该口头指令应认为已被监理工程师书面确认。

监理工程师秉公办事 2.6 监理工程师在按本合同要求做出决定、同意,或批准,或确定价值(作价),或处理涉及业主和承包人的权利和义务事项时,应该根据合同条款规定,考虑各方情况,实事求是和公正地做出判断并经受检查。如发现有不当之处,应进行修正。

三、转包和分包

禁止转包 3.1 承包人不得将本合同工程转包给其他单位或个人,或者将本合同工程肢解之后以分包的名义分别转包给其他单位或个人。否则,将按63条承包人违约处理。

分　包 4.1 事先未报经监理工程师审查并取得业主批准,承包人不得将本合同工程的任何部分分包出去。分包人应具有相应专业承包资质或劳务分包资质;不允许分包人将其承接的工程再次分包。分包工程不准压低单价，分包管理费视工程情况限制在分包合同价的1%以内。分包协议书，包括工程量清单应报监理工程师核备。

承包人取得批准分包并不解除合同规定的承包人的任何责任或义务，他应对分包人加强监督和管理，并对分包人的工程质量及其职工的行为、违约和疏忽完全负责。分包人就分包项目向业主承担连带责任。

业主对承包人与分包人之间的法律与经济纠纷不承担任何责任和义务。

对于承包人提出的劳务分包，分包人应具有相应的劳务分包资质，报经监理工程师审查并报业主核备。劳务人员应加入到承包人施工班组，并持项目经理签发的劳务人员证上岗。

若承包人将工程分包给不具备相应资质条件的单位；或合同中未有约定，又未经业主批准，承包人将其承包的部分建设工程交由其他单位完成；或承包人将建设工程主体结构或关键性工作的施工分包给其他单位；或分包人将其承包的建设工程再行分包的，按63.1款承包人违约处理。

四、合同文件

法　律 5.1 本合同必须服从国家现行法律和法规；合同的解释应以国家现行法律和法规为准。

合同文件的优先次序 5.2 组成合同的各个文件应该认为是一个整体，彼此相互解释，相互补充，如出现相互矛盾的情况，以下述文件次序在先者为准。

组成合同的多个文件的优先支配地位的次序如下：

(1)合同协议书及附件(含评标期间和合同谈判过程中的澄清文件和补充资料)；

(2)中标通知书；

(3)投标书和投标书附录；

(4)合同专用条款及数据表(含招标文件补遗书中与此有关的部分)；

(5)合同通用条款；

(6)技术规范(含招标文件补遗书中与此有关的部分)；

(7)图纸(含招标文件补遗书中与此有关的部分)；

(8)标价的工程量清单；

(9)投标书附表；

(10)在本合同专用条款中可能规定的构成本合同组成部分的其他文件。

图纸和技术资料的提供 6.1 监理工程师应在发出中标通知书之后42天内，向承包人免费提供由业主或其委托的设计单位设计的施工图纸、技术规范和其他技术资料2份，并向承包人进行技术交底。承包人需要更多份数时，应自费复制。上述图纸、技术规范和其他技术资料，未经监理工程师同意，承包人不得提供给与本工程施工无关的第三方。

工程进度受影响 6.2 在施工过程中，监理工程师如未在合理的时间内发出为施工所需要的详细或补充的图纸或发出了不适合的图纸或指示，因此可能影响了工程施工计划而延误工期时，承包人可向监理工程师发出通知，并抄送业主，提出所必需的详图或补充、更正图纸或指示，需要的时间和理由，以及说明由于上述图纸或指示延误可能造成的影响和损失。

图纸或指示延误和延误造成的费用 6.3 如果由于监理工程师未曾或未能按照第6.2款规定在合理的时间内向承包人发出按承包人通知中要求的所需的详图或补充、更正的图纸或指示，且实际上造成了工程进度的拖延以致可能产生的费用增加，则监理工程师在与承包人协商并报业主批准后，应确定：

(1)根据第44条的规定承包人应得的延长工期；以及

(2)应该加到合同价格上的费用款额(如果发生)，

并将上述确定通知承包人，抄送业主。

承包人未能提交相关图纸 6.4 如果由于承包人未能按照合同规定提交他应该提交的有关图纸、现场实测数据或其他技术资料而使监理工程师未能在合理时间内发出上述6.2款所要求的图纸或指示，则监理工程师在根据上述第6.3款规定做出确定时应视具体情况考虑这些因素。

临时工程图纸 6.5 当监理工程师认为需要时，承包人应提交临时工程的设计图纸2份，供监理工程师批准或备查。

补充图纸和指示 7.1 监理工程师有权随时向承包人发出为满足本合同工程的正确实施和完成及其缺陷修复所需的补充图纸和有关指示，承包人应予执行，并受其约束。

承包人提供的施工图纸 7.2 为使6.1款所述的设计单位设计的施工图纸适合于经施工测量后的纵、横断面或现场具体地形或因尺寸与位置变化而引起局部变更，或因合同要求与施工需要，承包人应免费向监理工程师提交该部分工程的施工图纸3份，并附必要的计算书、技术资料，或施工工艺图、设备安装图及安装设备的使用和维护手册各2份供监理工程师批准。此类图纸应按监理工程师规定的格式和图幅绘制。监理工程师在收到由承包人绘制的上述工程、工艺图纸、计算书和有关技术资料后14天内应予批准或提出修改要求，承包人应按监理工程师提出的要求做出修改，重新向监理工程师提交，监理工程师应在7天内批准或提出进一步的修改意见。

批准不影响责任 7.3 监理工程师根据第7.2款规定做出的批准，不应解除承包人对合同所负的责任。

五、一般义务

承包人的一般责任 8.1 根据合同的各项规定，承包人应负责做好合同规定的施工图设计(如有)，精心组织施工，加强质量控制，按时完成本合同工程及其缺陷的修复。为此，承包人应提供所需的全部监督管理、劳务、材料、设备、施工装备和其他物品。

承包人应为本合同的施工建立强有力的质保系统和质检系统，开展全面质量管理，确保工程质量，对此，承包人应执行国家和交通部有关加强质量管理的法规与文件。

承包人应加强质量管理，具体做到：

(1)建立质量责任制。经理部、工区(工段)设专职质量员，班组设兼职质量员，明确各级责任。开工前报监理工程师备案。分项施工的现场应实行标示牌管理，写明作业内容和质量要求，要认真执行三检制度，即：**自检、互检、工序交接检验**制度，要根据合同的规定切实做好隐蔽工程的检查工作。

(2)对现场施工人员加强质量教育，强化质量意识，开工前技术交底，进行应知应会教育，严格执行规范，严格操作规程，分项工程开工前必须按合同要求执行先试验再铺开的程序。

(3)要加强质量监控，确保规范规定的检验、抽检频率，现场质检的原始资料必须真实、准确、可靠，不得追记，接受质量检查时必须出示原始资料。监理工程师有指令时，重要的隐蔽工程覆盖前应进行摄像或照相并保存现场记录。

(4)必须完善检验手段，要根据技术规范的规定配齐检测和试验仪器、仪表，并应及时校正确保其精度，要根据合同要求加强工地试验室的管理，要加强标准计量基础工作和材料检验工作，不得违规计量，不合格材料严禁用于本工程。

(5)要建立质量奖罚制度，对质量事故要严肃处理，坚持三不放过：事故原因不明不放过，不分清责任不放过，没有改进措施不放过。

现场作业和施工方法 8.2 承包人应对全部现场作业和施工方法的适用性、可靠性和安全性承担全部责任。但是，承包人对于不是由他负责的永久工程的设计和技术规范不应承担责任。如果合同明确规定局部永久工程由承包人做施工图设计，则尽管有监理工程师的批准，承包人仍应对该永久工程负责。

合同文件中的差错 8.3 当承包人在查阅合同文件或在本合同工程实施过程中，发现有关的工程设计、技术规范、图纸或其他资料中的任何差错、遗漏或缺陷后，应及时书面通知监理工程师。监理工程师接到该通知后，应立即就此做出决定，并通知承包人，抄送业主。

承包人工程资金的管理 8.4 承包人应向业主授权进行本合同工程开户银行工程资金的查询。业主支付的预付款、工程进度款应为本工程的专款专用资金，不得转移或用于其他工程。业主的期中支付款将转入承包人指定并经业主批准的银行所设的专门账户，业主及其派出机构有权不定期对承包人工程资金使用情况进行检查，发现问题及时责令承包人限期改正，否则，将终止月支付，直至承包人改正为止。

合同协议书 9.1 承包人应签订并履行合同协议书，该协议书按照招标文件所附格式，必要时可做修改。制备本合同文件的费用由业主承担。在合同协议书签订并生效之前，投标书和中标通知书将约束双方。

履约担保 **10.1** 承包人在收到中标通知书后28天之内并在签订合同协议书之前，应向业主提交履约担保，同时通知监理工程师。担保金额在投标书附录中写明。履约担保采用履约银行保函和银行汇票的形式，保函应采用招标文件所附的或业主事先同意的格式，由承包人从国有商业银行或股份制商业银行开具（银行级别在专用条款中说明），并保证其有效。保函的正本由业主保存。执行本条各项要求所需的费用由承包人承担。

联合体的履约担保应由联合体主办人或联合体各成员共同提交，但其金额应达到投标书附录中规定的金额。

履约担保的有效期 **10.2** 在承包人按照合同要求实施和完成本合同工程之前，履约担保一直有效。在根据第48.1款规定发出交工证书后，业主就不应对本担保再提出任何索赔要求。

此担保中的银行保函应在上述交工证书发出后的14天内退还给承包人；其中的银行汇票应在工程完成50%后分期返还承包人。

参考资料 **11.1** 业主或业主委托的设计单位应根据对本合同工程的勘察所取得的水文、地质、气象和料场分布等资料汇编一册《参考资料》，作为附卷同招标文件一起发行但不构成合同文件。业主或其委托的设计单位应对其提供上述资料的真实性负责，承包人则应对他自己就上述资料的解释或推论负责。

现场考察 **11.2** 应认为，承包人在送交投标文件之前，已进行了现场考察，对现场和其周围环境以及可得到的有关资料进行了察看和核查，在考察时间允许的情况下已经查明以下方面内容：

(1)现场的地形地貌和特征；

(2)水文和气候条件；

(3)实施和完成本合同工程及其缺陷的修复的工作范围、性质和所需用的材料采购和加工；

(4)取土场、弃土场位置与状况；

(5)进场道路和水、电、食宿供应条件；

(6)当地的乡规民约和风俗习惯。

还应认为，承包人已取得可能对投标有影响或起作用的风险、意外等的必要资料；因此认为，承包人的投标文件是以业主所提供资料和他自己的察看和核查为依据的。

投标文件的完备性 **12.1** 应该认为，承包人在递交投标文件前，对本合同工程的投标文件和标价的工程量清单中开列的单价和总额价已查明是正确的和完备的。投标的单价和总额价应已包括了合同中规定的承包人的全部义务（包括提供货物、材料、设备、服务的义务，并包括了暂定金额范围内的意外工作的义务）以及为实施和完成本合同工程和其缺陷修复所必需的一切工作和条件。

不可预见的外界障碍或自然条件 **12.2** 在施工期间,除现场异常气候条件按44.1(3)款处理外,承包人如果遇到凭其经验无法预见的外界障碍或自然条件,并已实际造成影响工期和增加费用时,承包人应立即就此向监理工程师发出通知,并抄送业主。监理工程师收到该通知后,如经查明属实,确认该障碍或条件不可能为一个有经验的承包人所合理预见的,则监理工程师在与承包人协商并报业主批准后应确定:

(1) 根据第44条规定承包人应得的延长工期;以及

(2) 应该加到合同价格上的费用款额,

并将上述确定通知承包人,抄送业主。

但是对于合同中已经明确指出的不可预见的外界障碍或自然条件无论承包人是否有其经历和经验均视为承包人在接受合同时已预见其影响,并已在合同报价中计入其影响而可能发生的一切费用。

对于合同未明确指出,但是在不可预见的外界障碍或自然条件发生之前,监理工程师已经指示承包人有可能发生,但承包人未能及时采取有效措施,而导致的损失和后果均由承包人承担。

对于在没有监理工程师具体指令情况下,承包人已经及时采取了合理而恰当的措施,并事后为监理工程师接受,监理工程师在就上述(1)(2)做出确定时,也应考虑予以适量补偿。

工作符合合同要求 **13.1** 承包人应严格按照合同规定实施和完成本合同工程及其缺陷的修复,使工程质量、进度和费用达到合同文件约定的预期要求。承包人应该严格遵守与执行监理工程师就有关本工程实施的任何事项所做的指令,无论这些事项在合同中是否载明。

工程进度计划的提交 **14.1** 承包人应在签订合同协议书后28天之内,向监理工程师提交2份其格式和内容符合监理工程师规定的工程进度计划,以及为完成该计划而建议采用的实施性的施工安排和施工方案的说明。监理工程师应在收到该计划后的14天内审查同意或提出修改意见。工程进度计划应按照关键线路网络图和主要工作横道图两种形式分别编绘,并应包括每月预计完成的工作量和形象进度。

工程进度计划的修订 **14.2** 承包人应在确保合同工期的前提下,每三个月对进度计划进行一次修订,并应在前一个进度计划的最后一个月的25日前提交给监理工程师。施工过程中,如果监理工程师认为有必要或者工程的实际进度不符合按14.1款已同意的进度计划,监理工程师可要求承包人每1个月提交1次工程进度修订计划,以确保工程在预定工期内竣工。在这种情况下,承包人应在接到监理工程师指令后的14天内将修订后的进度计划提交给监理工程师。修改后的工程进度计划,仍应保证本合同工程在合同规定的工期内完成。

年度施工计划的提交 **14.3** 承包人应在每年11月底前,根据已同意的工程进度计划或其修订的计划,向监理工程师提交2份格式和内容符合监理工程师合理规定的下一年度的施工计划，以供审查。该计划应包括本年度估计完成的和下一年度预计完成的分项工程数量和工作量，以及为实施此计划将采取的措施。

合同用款计划的提交 14.4 承包人应在签订本合同协议书后28天之内，按投标书附表中规定的格式，向监理工程师提交2份按合同规定承包人有权得到支付的详细的季度合同用款计划，以备监理工程师查阅。如果监理工程师提出要求，承包人还应按季度提交修订的合同用款计划。

未解除承包人的义务或责任 14.5 承包人向监理工程师提交上述工程进度计划和说明，或年度施工计划，或合同用款计划，并取得监理工程师的同意，但不能因此而解除承包人根据合同规定应负的任何责任或义务。

承包人对合同工程的管理 15.1 在工程施工期间，为加强管理和认真履行合同义务，承包人应按投标书附表所报名单委派项目经理和项目技术负责人，应保证及时到位并常驻现场进行对本合同工程的管理，并保持其岗位的相对稳定，如果需要更换投标书附表所报项目经理或项目技术负责人名单时，应事先与监理工程师协商并取得业主的同意。如果监理工程师认为已委派的项目经理或项目技术负责人的工作能力和业务水平不称职，经业主同意而需要撤换时，承包人应在接到通知后，尽快撤回原委派的项目经理或项目技术负责人，同时委派一名经业主与监理工程师同意的新的项目经理或项目技术负责人。否则将按第63.1款视为承包人违约。

承包人的施工机械 15.2 承包人应使合同文件中投标书附表表3所列的施工机械按时到达现场，不得拖延、缺短或任意更换，否则将按第63.1款视为承包人违约。

承包人的职工 16.1 承包人应向现场派驻为实施和完成本合同工程及其缺陷的修复而需要的下述人员：

(1)按投标书附表中所报名单的各类专业技术人员、质检人员和管理人员。未经监理工程师的批准，这些人员不应无故不到位或被替换；若确实无法到位或需替换，需经监理工程师批准后，用同等资质和经历的人员替换。

(2)其他满足本合同工程施工需要的在本行业中技术熟练、经验丰富的各类专业人员、质检人员、管理人员和有能力进行施工管理并指导作业的工长。以及

(3)适应本工程需要的各类熟练技工、半熟练技工和普通工。

尽管承包人已按投标书附表中所列的数量派遣了上述各类人员，但若监理工程师认为这些人员仍不足以适应现场施工的需要且不能保证工程质量时，监理工程师有权要求承包人继续增派或雇用这类人员，并书面通知承包人和抄送业主。承包人在接到上述通知后应立即执行监理工程师的上述指示，不得无故拖延。

监理工程师有权反对 16.2 监理工程师有权要求承包人撤换由其派遣或雇用的那些工作不能胜任，或玩忽职守、工作不负责任的人员。上述撤换的人员未经监理工程师同意不得重新回到本合同工程工作。

施工定线与放样 **17.1** 监理工程师应在发出开工通知书14天之前,向承包人提供原始基准点、基准线和基准高程等书面资料,并负责对承包人的施工定线或放样进行检查验收。承包人则应:

(1)根据监理工程师书面给定的原始基准点、基准线和基准高程,负责对本工程进行准确的放样,并对本工程各部分的位置、标高、尺寸及其线形的正确性负责;以及

(2)负责提供放样所必需的仪器、机具和劳务。

在本合同工程施工过程中,如果工程任何部分的位置、标高、尺寸或线形出现超出合同规定的误差,一经发现,承包人应自费纠正,直到监理工程师认为符合合同规定为止。如果这些误差是由于监理工程师书面提供的数据不正确所致,则监理工程师除及时指令纠正外,应根据第52条规定,在与承包人和业主协商后确定合同价格的增加额,并通知承包人,抄送业主。

监理工程师对放样、线形或标高的核查,均不应解除承包人对其上述工作准确性所负的责任。承包人应有效地保护一切基准点、标桩和其他有关标志,直到工程交工验收结束。

钻孔和勘探性开挖 **18.1** 在工程施工期间,如果监理工程师要求承包人进行钻孔或勘探性的开挖工作,除非在工程量清单中已经列有此类工作的一个支付细目或列入专项暂定金额,否则,此项要求应由监理工程师按照第51条发出指令。

安全、保卫与环境保护 **19.1** 在实施和完成本合同工程及其缺陷修复的整个过程中,承包人应该:

(1)充分关注和保障所有在现场工作的人员的安全,采取有效措施,使现场和本合同工程的实施保持有条不紊,以免使上述人员的安全受到威胁。

a. 按施工人员的1%~3%配备专职的安全员;

b. 特殊工种(电工、电梯工、起重工、电焊工、车船驾驶员、爆破工、潜水工、瓦斯检验员等)应经过专业培训,并持有专业主管部门签发的合格证上岗;

c. 对于易燃易爆的材料除应专门妥善保管之外,还应配备有足够的消防设备,所有施工人员都应熟悉消防设备的性能和使用方法;

d. 所有施工机具设备和高空作业设备均应定期检查,并有安全员的签字记录;

e. 根据本合同各单位工程的施工特点,严格执行JTJ 076—95《公路工程施工安全技术规程》与《公路筑养路机械操作规程》的具体规定。

(2)为了保护本合同工程免遭损坏,或为了现场附近和过往群众的安全与方便,在确有必要的时候和地方,或当监理工程师或有关主管部门要求时,承包人应自费提供照明、警卫、护栅、警告标志等安全防护设施。

(3)在通航水域施工时,应与地方当局取得联系,设置必要的导航标志,

及时发布航行通告，确保施工水域安全。

(4)承包人应熟悉和遵守环境保护法，并切实执行技术规范700章和其他章节中有关环境保护方面的要求和规定。

a. 对于来自施工机械和运输车辆的施工噪声，为保护施工人员的健康，应遵守《中华人民共和国环境噪声污染防治法》并依据《工业企业噪声卫生标准》合理安排工作人员轮流操作筑路机械，减少接触高噪声的时间，或间歇安排高噪声的工作。对距噪声源较近的施工人员，除采取使用防护耳塞或头盔等有效措施外，还应当缩短其劳动时间。同时，要注意对机械的经常性保养，尽量使其噪声降低到最低水平。为保护施工现场附近居民的夜间休息，对居民区150m以内的施工现场，施工时间应加以控制。

b. 对于公路施工中粉尘污染的主要污染源——灰土拌和、施工车辆和筑路机械运行及运输产生的扬尘，应采取有效措施减轻施工现场的大气污染，保护人民健康，如：

(a)拌和设备应有较好的密封，或有防尘设备。

(b)施工通道、沥青混凝土拌和站及灰土拌和站应经常进行洒水降尘。

(c)路面施工应注意保持水分，以免扬尘。

(d)隧道出渣和桥梁钻孔灌注桩施工时排出的泥浆要进行妥善处理，严禁向河流或农田排放。

c. 采取可靠措施保证原有交通的正常通行，维持沿线村镇的居民饮水、农田灌溉、生产生活用电及通讯等管线的正常使用。

在整个施工过程中对承包人采取的安全、保卫和环境保护措施，业主和监理工程师有权监督，并向承包人提出整改要求。如果由于承包人未能对其负责的上述事项采取各种必要的措施而导致或发生与此有关的人身伤亡、罚款、索赔、损失补偿、诉讼费用及其他一切责任应由承包人负责。

工程的照管与维护

20.1 从开工之日起，承包人应全面负责照管与维护本合同工程和将用于或安装在本合同工程中的材料、设备，直到本合同工程交工证书签发之日为止。此后的照管与维护责任即交给业主，而且：

(1)上述规定也适用于按48.2款有单独完工期并签发交工证书的单项工程。

(2)承包人应对他在缺陷责任期内承担的未完工程和将用于或安装在该工程中的材料、设备的照管与维护负责，直到根据第49条规定该未完工程完工为止。

弥补损失或损害的责任

20.2 在承包人负责照管与维护期间，如果本合同工程或其组成部分，或将用于或安装在本合同工程中的材料、设备等发生损失或损害，不论出于什么原因(第20.4款规定的风险除外)，承包人均应自费弥补，并达到合同要求。承包人还应对按第49条和50条规定而实施作业的过程中由承包人造成的对工程的任何损失或损害负责。

由于业主风险所造成的损失或损害 20.3 由于下文第20.4款规定的属于业主的风险造成的损失或损害,承包人应在监理工程师要求的范围内予以弥补。同时,监理工程师应按照第52条规定在与承包人协商并报业主批准后,确定由于该弥补工作造成的合同价的增加额,通知承包人,并抄送业主。如果是业主的风险和其他风险结合而造成损失或损害,监理工程师在确定上述增加额时,应考虑承包人和业主双方按比例分别承担的责任。

业主的风险 20.4 属于业主的风险包括:

(1)战争、入侵;

(2)核反应、辐射或放射性污染;

(3)空中飞行物体坠落或非业主亦非承包人责任造成的爆炸、火灾;

(4)暴乱、骚乱。但纯属承包人或其分包人派遣与雇用的人员由于本合同工程施工原因引起者除外;

(5)永久工程的任何部分或单项工程被业主提前使用或占用所造成的损失或损害,但合同中另有规定者除外;

(6)属于本工程设计引起的损失或损害,但由承包人设计的部分除外;

(7)承包人无法预见,也无法采取措施加以防范的或自然力的破坏作用。但能予投保的自然力风险除外。

工程的保险 21.1 承包人应以业主和承包人双方的名义为本合同工程投保工程一切险和第三方责任险。保险单必须与招标文件中规定的保险范围保持一致。工程一切险是为永久工程、临时工程和设备及已运至施工工地用于永久工程的材料和设备所投的保险。第三方责任险是对因实施本合同工程而造成的财产(本工程除外)的损失或损害,或人员(业主和承包人雇员除外)的死亡或伤残所负责任进行的保险。

当本合同工程发生第20条所述的损失或损害时,承包人应按保险单规定的条件和期限及时向承保人报告,并抄送业主和监理工程师。如损害继续发生,承包人在递交第一次报告后,每7天报告一次,直到损害结束。

办理本款所述的保险并不限制第20条和第22条规定的业主和承包人的义务和责任。

工程一切险及第三方责任险的保险费率按业主与承保人事先议定的保险合同费率办理,工程一切险的投保金额为工程量清单第100章(不含工程一切险及第三方责任险的保险费)至700章的合计金额;第三方责任险的投保金额不得低于投标书附录中规定的赔偿限额,但事故次数不限。上述两项保险费均由承包人报价时列入工程量清单100章内。业主在接到保险单后,将按照保险单的费用直接向承包人支付。

保险范围 21.2 工程一切险和第三方责任险的保险范围应包括开工日直至本合同工程(或其单项工程)竣工颁发竣工证书为止,业主和承包人遭受的并由投保协议所规定的损失或损害。但是,以下(1)、(2)两项应由承包人负责投保:

(1)在缺陷责任期内发生的损失和损害,但起因是在缺陷责任期开始之前;

(2)承包人在按第 49 和 50 条规定而施工的作业中引起的损失或损害。

承包人的雇员及装备的保险 22.1 承包人应在整个施工期间(包括缺陷责任期)对其为本合同工程工作的雇员投保人身意外伤害险,并应要求其分包人也进行此项保险。承包人还应为已经运抵现场的承包人装备办理财产保险,其投保金额应足以现场重置。

在本合同工程的施工和缺陷修复过程中,业主对承包人雇员的人身死亡或伤残,或财产(设备)的损失或损害不予赔偿;业主也不对承包人与此有关的索赔、损害、赔偿及诉讼等费用和其他开支承担任何责任,但第 23.1 款定义的例外情况除外。

办理本款保险的一切费用均由承包人(或分包人)承担,并已包括在工程量清单的单价及总额价中,业主不单独支付。

例外情况 23.1 有下述情况之一者属例外情况,业主有责任予以赔偿:

(1)由于本工程的征地拆迁工作引起的承包人雇员人身或财产损害;

(2)因业主在本工程范围内实施其他工程引起的人身或财产损害;

(3)由业主或其职工或其他承包人的雇员的行为或疏忽所造成的人身伤亡或财产的损失或损害。

但是,如果在涉及上述事故的索赔及诉讼费用方面,承包人或其雇员也对伤害或损坏应负有部分责任时,业主或其他承包人对上述伤害或损坏应负的相应责任,应公正合理地界定。

未能取得保险赔偿额的责任 24.1 任何未予投保的金额或不能从承保人处收回的偿额(包括免赔额和超过赔偿限额的部分),应根据第 20 条对业主和承包人责任的规定,由业主或承包人承担。

但是,由于下列情况本应却未能从承保人处收回偿额,应由承包人承担全部责任:

(1)承包人未按保险单规定的条件和期限及时向承保人报告事故情况;

(2)承包人未按 25.1 款要求的期限进行投保;或

(3)承包人未按 25.2 款要求投保足够的保险额。

保险的凭证 25.1 承包人应在办理有关保险后,尽快向业主提供按合同要求所投各种保险的生效证明,并在开工后 56 天内提交保险单,同时向监理工程师提交副本。

足够的保险额 25.2 在整个合同期内,按合同条款应保证足够的保险额。当工程性质、规模或计划发生变更时,承包人应及时通知承保人;发出通知前,如需对各项保险做任何变动时,承包人应事先与监理工程师协商并取得业主的批准。

对承包人未投保的补救方法 25.3 如果承包人未按合同规定投保应由其投保的险种并保持有效,或未能在第 25.1 款规定的期限内向业主提交保险单,则承包人应承担除本合同文件规定应由业主负责以外的一切损害赔偿和补偿以及与此有关的一切索赔、诉讼和赔偿费用及其他开支。

遵守保险单的条件	25.4	如果承包人或业主未能遵守根据合同生效的保险单规定的条件,一方应保障另一方不受由于未能遵守保险单的条件而造成的全部损失和索赔。
遵守法令规章	26.1	承包人在实施和完成本合同工程及其缺陷修复的全过程中,应该: (1)遵守国家或所在省(自治区、直辖市)颁布的法律、法令、条例及当地的有关规定; (2)遵守有关部门(如铁路、交通、航道、水利、电力、通讯、公用事业、环保等)的规章、细则等,不因本合同工程的实施或缺陷的修复而使有关单位的财产或职权受到影响。 业主不承担由于承包人违反任何上述规定的各种罚款和责任;但业主应协助承包人在承包人开始施工前办妥施工所需的各种证件、批件和有关申请报批手续,并取得必需的许可,使承包人免于承担由于未履行上述义务的各种罚款和责任。
文物	27.1	在工程现场发掘出的所有的文物、古迹以及具有地质研究或考古价值的其他遗迹、化石、钱币或物品,均属于国家财产。承包人一旦发现这类物品时,应采取一切必要的措施保护现场,防止其工人或其他任何人员移动或损坏任何该类物品,并且立即将此发现通知监理工程师,抄报业主,并执行监理工程师关于处理此事的指令。如果由于这样的指令使承包人工期受到拖延或增加了费用,则监理工程师在与承包人和业主协商后应确定: (1)根据第44条规定承包人应得的延长工期; (2)应加到合同价格上的额外费用。 上述确定应通知承包人并抄送业主。
专利权	28.1	承包人在实施本合同工程和其缺陷修复过程中所采用的施工工艺、进场的装备和材料、设备等,如果因其商标、图案、施工工艺、新材料的使用等发生侵犯专利权的行为,并引起索赔或诉讼,则一切与此有关的损害、赔偿、诉讼费用和其他开支,均由承包人负责。但因遵守业主或监理工程师提供的设计或规范而造成的侵权,则属例外。
料场使用费	28.2	除另有规定外,承包人应承担并支付为获得本合同工程所需的石料、砂、砾石、黏土或其他当地材料等所发生的料场使用费及其他开支或补偿费。业主应尽可能协助承包人办理料场租用手续及解决使用过程中的有关问题。
施工对邻近房产和群众的干扰	29.1	在合同许可的范围内,实施和完成本合同工程及缺陷修复工程中的一切施工作业,应不影响邻近建筑物、构造物的安全与正常使用,也不干扰群众的生产、生活和通行方便(难以避免的一定程度的干扰除外)。如果发生上述情况,并由此导致索赔、赔偿、诉讼费用及其他开支时,应由承包人承担一切责任及费用。
避免损坏道路	30.1	承包人应选定运输路线,选用运输车辆,限制和分配载运重量及其他合理措施,防止承包人或其分包人的任何运输车辆因超过载重限制而损坏或

损伤所通行的道路或桥梁。大型施工装备和超重件的运输,应事先取得道路管理部门的许可方能启运。如果采用上述措施后,仍超过所通行的桥梁或道路的载重限制而又必须通过时,承包人应与公路管理部门协商,取得同意和协助,并负责承担所通行路线上的桥梁加固或改建,或道路改线或改善和其他费用。这些费用和因承包人未执行本款规定造成道路或桥梁损坏或损伤而引起的一切索赔、赔偿、诉讼费用和其他开支,业主概不负责承担。

临时道路 **30.2** 除合同另有规定外，承包人为了出入现场和施工运输，应自费养护维修由他人修建和使用的所有临时道路和桥梁（包括利用和加固的村镇便道），恢复原貌的费用由承包人负责。并应保证业主免于承担因上述临时道路和桥梁的使用所引起的补偿费、诉讼费、损害赔偿、指控费及其他开支。

水 运 **30.3** 如果工程性质要求承包人使用水路运输,本条 30.1 和 30.2 款中的"道路"一词的含意应包括船闸、码头、海堤或与水路有关的其他结构物;"运输车辆"一词的含意应包括船舶,因而本条中上述两款的规定对水运同样适用。

爆破器材的运输和保管 **30.4** 爆破器材(炸药、雷管、引火线等)由承包人自行采购、运输和保管,其运输和保管必须符合当地公安部门的有关规定,并接受当地公安部门定期或不定期的安全检查,必要时业主应予协助。

为其他承包人提供方便 **31.1** 如果监理工程师有书面要求,承包人应该:

(1)允许业主或与业主签订有承包合同的其他承包人及其职工使用由承包人负责维护的临时道路、桥梁等;

(2)为上述人员提供其他服务。

除非合同另有规定,监理工程师应根据第 52 条的规定,确定由此产生的合同价格的增加额,通知承包人并抄送业主。

承包人保持现场整洁 **32.1** 在施工期间,承包人应随时保持现场整洁,施工装备和材料、设备应整齐妥善存放和贮存,废料与垃圾及不再需要的临时设施应及时从现场清除、拆除并运走。

交工时的现场清理 **33.1** 在签发交工证书时,承包人应从施工现场清除并运出承包人装备、剩余材料、垃圾和各种临时设施,并保持整个现场及工程整洁,达到监理工程师认为合格的使用状态。但在缺陷责任期终止之前,承包人有权在现场一定范围内保留为在缺陷责任期内履行本身义务所需的材料、装备及临时设施。

交工后现场未清理的处理 **33.2** 按照第 33.1 款的规定,如果承包人未在业主或监理工程师允许的合理时间内把所有的承包人装备、剩余材料、垃圾及各种临时设施运走,则业主可以:

(1)委托他人将承包人装备、剩余材料及承包人的其他财产觅地存放; 以及

(2)委托他人清除并运走垃圾、废料。

因上述工作而发生的费用应由承包人承担,业主可从应付承包人的任何款项内扣除,若不足时,业主可作价处理承包人财产用以抵补,或由业主依照法律从承包人处收回该款项。

六、劳务

职工的聘(雇)用	34.1	(1)除非合同另有规定,承包人应自行聘(雇)用当地或其他来源的职员或工人,但不得从为业主或监理工程师服务的人员中招聘雇员和工人。承包人雇用员工应完善劳务注册手续,并与他雇用的员工订立劳务合同,以明确双方的权利和义务。承包人应将劳务合同的副本报监理工程师核备。 (2)承包人应负责为其雇员安排食宿并提供各种必需的生活设施,并应采取合理的卫生防护措施和安全措施以保护其雇员的健康和安全。 (3)承包人应负责其雇员的人身安全,并应按合同条款第22.1款的规定为其投保人身意外伤害险。 (4)承包人在处理劳务事宜时,应充分考虑和尊重法定的节假日和公认的农作季节,尊重宗教习惯和风俗习惯,由于承包人处理不当引起的费用或纠纷等责任由承包人自负。
安全员和事故防范	34.2	承包人应遵守19.1款规定,在其现场设置安全机构,配备规定数量的安全员专职负责所有员工的安全和治安保卫工作及预防事故的发生,并报当地治安部门备案。安全机构人员应该称职,有权依据有关规定发布指令,并采取保护性措施以防止事故发生。
妨碍治安的行为	34.3	承包人在任何时候应采取各种合理的预防措施,以防止其员工或在其员工之间发生任何违法、违禁、暴力或妨碍治安的行为,并维护安定和维护工程附近的个人或财产免遭上述行为的破坏。
卫生与供水	34.4	承包人应自费采取必需的卫生防护措施,经常保持现场及其驻地整洁和卫生,以保护职员和工人的健康,并应与当地卫生部门合作,根据要求在整个合同执行期间配备医务人员,防止传染病和准备常用的急救药物。在炎热的高温条件下施工时,承包人应注意采取防暑降温措施。 承包人还应负责为其雇用的员工供应清洁的饮用水和合格的施工用水。
武器或弹药	34.5	承包人不得将任何种类的武器、弹药给予、易货或以其他方式转让给任何其他人,或允许、容忍上述同样行为。
劳务和承包人装备的统计表	35.1	如果监理工程师提出要求,承包人应向监理工程师提交一份详细的统计表,其格式和提交的间隔时间应符合监理工程师的规定。该表应填报承包人在现场的各类职员和各个工种、各等级的工人人数,以及监理工程师要求的有关承包人装备等资料。
事故报告	35.2	如果现场发生重大安全、质量事故,承包人必须在2小时内将事故详细情况书面速报监理工程师和业主。如果现场发生一般安全、质量事故,承包人必须在3天内将事故详细情况书面报告监理工程师和业主。如果现场

(包括临时道路)发生重大交通事故,承包人应尽快报告监理工程师,此外,承包人应采取措施,负责保护好事故现场。

七、材料、设备和操作工艺

材料、设备和操作工艺的质量

36.1 (1)所有用于本工程的材料和设备进场以前,承包人必须向监理工程师提交生产厂商出具的质量合格证书和承包人检验合格证书,证明材料、设备质量符合本合同技术规范的规定,以供监理工程师批准。

(2)承包人应随时按监理工程师的指令在制造、加工或施工现场对材料和设备进行检验。

(3)承包人应为监理工程师对材料或设备的检验提供一切必要的协助,在材料用于工程之前,承包人应按监理工程师的要求提供材料样品以供检验。

(4)所有施工操作工艺均应符合本合同的规定,或监理工程师的指令。

样品费用

36.2 如果检验样品的提供在技术规范或其他合同中已明确规定,则全部样品应由承包人提供,并承担其费用。

检(试)验费用

36.3 在合同中明确规定的或在合同中列有可供报价的检(试)验细目或专项检(试)验细目,其试验的费用由承包人负担。

未规定的检(试)验费用

36.4 如果监理工程师所要求做的检(试)验为合同未规定的或没有如上列出细目的,或是在该材料或设备的制造、加工、制配场地以外的场所进行的。则检验结束后,如表明操作工艺或材料未能符合合同规定,其费用应由承包人承担,否则,由业主另行支付。

监理工程师对未规定的检(试)验的决定

36.5 对于第36.4款所做的检(试)验,若结果表明符合合同规定,则监理工程师应在与业主和承包人适当协商后确定应该加到合同价格上的上述检(试)验费用,并通知承包人,抄送业主。

作业的检查

37.1 监理工程师及其委派的检验人员,应能进入工程现场,以及材料或设备的制造、加工或制配的车间和场所,包括不属于承包人的车间或场所进行检查,承包人应为此提供便利和协助。

上述检查和检验并不能解除承包人对合同所承担的任何责任。

检查和检验的日期

37.2 对于合同规定的任何材料或设备的正规检查或检验的时间,监理工程师至少应提前24小时通知承包人其到场时间。如果监理工程师或其正式委派的代表未能在约定的时间到场,也未另外发出指令,承包人可以进行检验,并可以认为这一检验是在监理工程师在场的情况下完成的。承包人应立即向监理工程师提出检验数据的复件。如果监理工程师没有到场参加检验,他应对上述检验数据的准确性给予认可。

拒 收

37.3 如果监理工程师根据本条的检查或检验的结果,确定材料或设备有缺陷或不符合合同要求,监理工程师可以拒收材料或设备,并就此立即通知承包人,说明监理工程师的拒收与理由。承包人应立即修复所述缺陷,或替换被拒收的材料或设备，使其符合合同的规定，并提交监理工程师复验。如果监理工程师要求在相同条件下进行或重做被拒收材料或设备的检验，则重复检验所发生的全部费用由监理工程师在与业主和承包人适当协商确定后，由业主从承包人处收回或扣回。监理工程师应通知承包人，抄送业主。

独立的检查 37.4 监理工程师可以将材料或设备的检查和检验委托给一家独立的检验单位。该独立检验单位的检验结果应视为监理工程师完成的。监理工程师应将这种委托的通知书不少于7天前交给承包人。

试验室 37.5 试验室所有仪器须由计量部门标定，再由所在省(自治区、市)交通基本建设工程质量监督站对其进行技术资质审查合格并确定其试验范围后方可进行试验检测工作。

承包人的工地试验室自身不能承担的试验检测工作如钢绞线等材料的化学分析等重要原材料的试验、较复杂的试验及标准试验，可委托具有相应资质等级并经监理工程师批准的试验室进行，费用由承包人自负。

工程覆盖前的检查 38.1 没有监理工程师的批准，任何工程均不得覆盖或掩蔽。当监理工程师有指令时，承包人应对重要隐蔽工程进行拍摄或照相并应保证监理工程师有充分的机会对将要覆盖或掩蔽的工程进行检查和量测，特别是在基础以上的任一部分工程修筑之前，对该基础进行检查。当任一部分工程或基础已经或即将为检查做好准备时，承包人应事先通知监理工程师，并约定检查的时间，监理工程师则应按时派员参加上述工程或基础的检查和量测；如果监理工程师认为没有必要参与检查，应就此通知承包人；如果上述约定时间后的12小时内，监理工程师或其代表未能到场对上述工程或基础进行检查和量测，承包人即可自行检查，并如实作出自检报告后覆盖或掩蔽，监理工程师事后应予认可。

剥开和开孔 38.2 承包人应按监理工程师随时可能发出的指示，剥开工程的任一部分，或在其内部或贯穿其内部开孔，并负责使该部分恢复原状。如果该部分根据第38.1款要求已予覆盖或掩蔽，经查明并认为其施工符合合同规定，则监理工程师在与业主和承包人适当协商后，应确定剥开或开孔及恢复原状的费用，并应将此费用加到合同价格上，然后通知承包人并抄送业主。如查明不符合合同规定，一切费用应由承包人承担。

不合格工程材料或设备的拆运 39.1 监理工程师有权随时就下述事项发出指令：

(1)在指令规定的时间内，一次或分次将监理工程师认为不符合合同规定的任何材料或设备从现场运走，并用合格适用的材料或设备取代；

(2)不管先前是否已经过检验或中期付款，如监理工程师认为工程任何部分由于材料、设备或操作工艺，或承包人设计的局部工程不符合合同规定时，由承包人自费将这些工程拆除，并彻底重做。

承包人不执行指令 39.2 如果承包人在指令规定的时间内不执行上述39.1款所述的指令，业主有权雇用他人执行该项指令，并向其支付有关费用。所有由此造成的或伴随产生的费用，由监理工程师在与业主和承包人协商确定后，由业主从承包人处收回，或从支付给承包人的款项中扣除。监理工程师应通知承包人，并抄送业主。

八、暂时停工

暂时停工 **40.1** 一旦监理工程师有指令，承包人应按照监理工程师要求的时间和方式暂时停止本工程或其部分工程的施工。在暂时停工期间，承包人应妥善地保护本工程或其任何部分工程，并保障其安全无损。

下述原因造成的暂时停工在时间与费用上业主不予补偿：

(1)由于承包人失误或违约导致的，或应由承包人负责的必要的停工；

(2)由于现场气候条件导致的必要停工(但第44.1款规定的情形除外)；

(3)承包人为调整本工程的施工部署，或为了本工程或其任何部分的安全而采取必要的技术措施所需的停工；或

(4)在合同中另有规定者。

但是，因监理工程师或业主的任何行为或失误所引起的停工，或第20.4款规定的任何一种风险而引起的停工除外。在此情况下引起的停工应按第40.2款的规定处理。

暂时停工的补偿 **40.2** 在执行第40.1款的规定时，除该款(1)、(2)、(3)、(4)所述原因引起的停工情况外，监理工程师在与承包人协商并报经业主批准后应确定：

(1)根据第44条规定承包人应得的延长工期；

(2)因这种暂时停工给承包人的费用补偿，监理工程师应就此通知承包人，并抄送业主。

暂时停工持续56天以上 **40.3** 如果根据监理工程师的书面指令暂时停止了本合同工程或其部分工程的施工，并且在自暂时停工之日起的56天的时间内，监理工程师仍未发出复工许可，而且该项暂时停工不属于第40.1款的(1)、(2)、(3)、(4)所述范围之内，则承包人可向监理工程师发出书面通知，要求自收到该通知后14天内准许已经暂停的工程(或其分部工程)继续施工。如果在上述期限内未得到此项准许，则承包人可以(但并非必须)作如下选择：

(1)如果此项停工仅涉及本工程的一部分时，则可按照第51.1款(2)规定将该部分工程从本合同中取消，同时将此事通知监理工程师；

(2)如果此项停工影响整个合同工程时，则可根据第69.1款规定将此项停工视为业主违约事件，从而终止对本合同项下的承包，与此有关问题即按第69.2和69.3款的各项规定办理。

九、开工和延误

工程的开工 **41.1** 工程开工分项目开工和分部工程开工两种：

(1)项目开工：承包人应在签订合同协议书后28天内向监理工程师提交开工报告，主要内容应包括：施工管理机构的建立，劳务、机械设备、材料的进

场情况,临时设施的修建及总体施工组织设计等。监理工程师将在投标书附录规定的期限内发布开工令,承包人收到监理工程师开工令之后,应在投标书附录中规定的开工期内开工,然后连续均衡地施工。

(2)分部工程开工:承包人应在分部工程开工前14天向监理工程师提交分部工程开工报告,若承包人的开工准备、工作计划和质量控制方法是可接受的且已获得批准,则经监理工程师书面同意,分部工程才能开工。

永久占地的征用 **42.1** 承包人在按第14条规定提交工程进度计划的同时,应向监理工程师提交一份按施工先后次序所需的永久占地计划。监理工程师应在收到此计划后的14天内审核并转报业主核备。业主应在监理工程师发出本工程或分部工程开工令之前,对承包人开工所需的永久占地办妥征用手续和青苗、树木、房屋建筑、管线设施等的拆迁赔偿手续,通知承包人使用,以使承包人能够及时开工;此后按承包人提交并经监理工程师同意的工程进度计划的安排,分期(也可以一次)将施工所需的其余永久占地办妥征用以及拆迁赔偿手续,通知承包人使用,以使承包人能够连续不间断地施工。永久占地的征用以及与之有关的拆迁赔偿手续均由业主负责办理并承担其费用。如果由于承包人施工考虑不周或措施不当等原因而造成的超计划占地或拆迁等所发生的征用和赔偿费用,应由承包人承担,但是,由于监理工程师按第51.1款作出的变更而引起的超占除外。

未能按期办妥永久占地的征用手续 **42.2** 如果由于业主未能按照第42.1款的规定办妥永久占地征用手续,影响承包人及时使用而导致承包人延误工期或增加费用时,则监理工程师在与承包人和业主协商后应确定:

(1)根据第44条规定承包人应得的延长工期;和

(2)应该加到合同价格上的此类费用的款额,

上述确定应通知承包人,并抄送业主。

如果由于承包人未能按照第42.1款的规定提交占地计划,因而影响业主办理永久占地征用手续而导致延误工期或增加费用,则应由承包人自行负责。

临时用地的租用 **42.3** 临时工程用地范围包括承包人驻地的办公室、食堂、宿舍、道路和机械设备停放场、材料堆放场地、弃土场、预制场、拌和场、仓库、进场临时道路、临时便道、便桥等。承包人在递交投标文件的同时,应本着少占耕地的原则,按招标文件第8篇投标书附表6的格式填写一份《临时用地计划表》,中标后应在此表范围内按实际需要与先后次序,提出具体计划报监理工程师同意,并报业主。表中应标明承包人的临时工程用地位置、数量和使用期限。租地费用列入工程量清单100章中由承包人报价。临时用地最长使用期为____年,用地费承包人应按每亩____元计(在专用条款数据表中予以规定)。临时用地中如有地面附着物(电力、电信、房屋、坟墓除外),其拆迁补偿费用计入工程量清单各有关项目单价内,不另支付。

临时用地由承包人向当地政府土地管理部门申请,并办理租用手续,承包人按有关规定直接支付其费用,业主对此将予以协调。临时用地退还前,承包人应自费恢复到临时用地使用前的状况。如因承包人撤离后未按要求对临时用地进行恢复或虽进行了恢复但未达到使用标准的,将由业主委托第三方对其恢复,所发生的费用将从应付给承包人的任何款项内扣除。超出《临时用地计划表》的临时用地由承包人自行办理并自付费用。

工期 43.1 本合同工程,或按合同规定有单独工期的单项工程(如果有),应根据第48条的规定,应在投标书附录中对本合同工程或单项工程写明的工期内完成,或在按第44条规定批准后的延长工期内完成,工期均从开工期的最后一天算起。

工期的延长 44.1 由于下述原因之一而影响施工进度,而且受影响的工程是处在工程施工进度网络计划的关键线路上,承包人有权要求延长本合同工程或单项工程的工期。

(1)有额外或附加的工程量或工程性质、等级上的变更;

(2)本合同条款指明可能的延误;

(3)异常恶劣的气候条件(将在本项目的合同专用条款中作具体规定);

(4)由于业主的延误或阻碍;

(5)不是由于承包人的失误或违约而发生的其他特殊情况;

监理工程师在与承包人适当协商并报经业主批准后应确定延长工期的天数,并通知承包人,抄送业主。

承包人发出通知和提交具体细节 44.2 当第44.1款(1)~(5)所述情况首次发生后,承包人应在14天内向监理工程师发出要求延期的通知,并抄送业主,并在随后7天内向监理工程师提交承包人要求延期的详细情况与缘由,供监理工程师调查。

延长工期的暂时决定 44.3 如果导致延期的事件有延续性,承包人应按第44.2款规定的7天之内先报告初步情况,然后每隔7天向监理工程师提交事件进展的详细资料,并在该事件造成的影响终结后的14天之内提交最终详细资料,这样,承包人仍有权得到延长工期。监理工程师收到此暂时的详细资料时应尽快做出工期延长天数的暂时决定,待收到最终详细资料时,审查全部情况,再确定关于该事件的延长工期总天数。不论是暂时决定或最终决定,监理工程师都应与承包人协商并报业主批准,并将决定通知承包人,抄送业主。但最终的审查批准不应少于监理工程师已暂时确定的延长工期。

要求和审批延期的拖延 44.4 如果承包人未能在第44.2和44.3款规定的时间内发出要求延期的通知和报告情况并提交详细资料,则事后监理工程师可拒绝做出任何延期的决定。

监理工程师在收到承包人按44.2款规定的要求延期的通知并提交具体细节,或按44.3款提交了最后详细资料后,应在28天内将审核意见报经业主批准并将决定通知承包人,或要求承包人进一步补充延期的理由。如果监理工程师在28天内不予答复,则应视为承包人要求的延期已经业主批准。

工作时间的限制 **45.1** 承包人在夜间或国家规定的节假日进行永久工程的施工,应向监理工程师报告,以便监理工程师履行监理职责和义务。

但是,为了抢救生命或保护财产,或为了工程的安全、质量而不可避免地短暂作业,则不必事先向监理工程师报告。但承包人应在事后立即向监理工程师报告。

本款规定不适用于习惯上或施工本身要求实行连续生产的作业。

工程进度过慢 **46.1** 承包人应严格执行监理工程师批准的工程进度计划,对工作量计划和形象进度计划分别控制。除44.1款规定外,承包人的实际工程进度曲线应在工程进度管理曲线规定的安全区域之内。若承包人的实际工程进度曲线处在工程进度管理曲线规定的安全区域的下限之外时,则监理工程师有权认为本合同工程的进度过慢,并通知承包人应采取必要措施,以便加快工程进度,确保工程能在预定的工期内竣工。承包人无权要求为了采取这些措施而支付任何附加费用。

如果承包人在接到监理工程师通知后的14天内,未能采取加快工程进度的措施,致使实际工程进度进一步滞后,或承包人虽采取了一些措施,仍无法按交工期交工时,监理工程师应立即通知业主,并抄送承包人。业主在向承包人发出书面警告通知14天后,业主可按63.1款终止对承包人的雇用,也可将本合同工程中的一部分工作交由其他承包人或特殊分包人完成。在不解除本合同规定的承包人责任和义务的同时,承包人应承担由此所增加的一切费用。

拖期损失偿金 **47.1** 如果承包人未能按照第43条规定的工期完成合同工程,则必须向业主支付按投标书附录中写明的金额,作为拖期损失偿金。时间自预定的交工日期起到合同工程交工证书中写明的交工日期或已批准的延长工期止,按天计算。拖期损失偿金应不超过投标书附录中写明的限额。业主可以从应付或到期应付给承包人的任何款项中扣除此偿金,但不排除其他扣款方法。扣除拖期损失偿金,并不解除合同规定的承包人对完成本工程的义务和责任。

拖期损失偿金的减少 **47.2** 如果在合同工程完工之前,已对合同工程内按时完工的单项工程签发了交工证书,则合同工程的拖期损失偿金,应按已签发交工证书的单项工程的价值占合同工程价值的比例予以减少,但本款的规定不应影响拖期损失偿金的规定限额。

交工验收和交工证书 **48.1** 当本合同工程已经实质上完工①,并合格地通过了按合同规定的各项交工检测、检验,且已按交通部《公路工程竣工验收办法》规定编制好竣工图表和施工资料后,承包人可就此向监理工程师提出交工验收并发给交工证书的申请,同时抄送业主(如果尚有少量因受季节影响或其他原因

注:①指工程已按合同要求建成,具有独立使用价值。

暂不能施工或完成,但并不影响工程使用的一些附属工程或剩余工作时,需附有在缺陷责任期内尽快完成这些未完工作的书面保证)。监理工程师在收到该申请后,应在14天内审核并报业主,业主在收到该申请后的21天内应组织交工验收。交工验收由业主主持,由质监、设计、管养等有关部门和监理工程师参加组成交工验收小组,按交通部《公路工程竣工验收办法》进行,并写出交工验收报告报上级主管部门。

如果经交工验收认为工程质量合格,业主应在此项验收工作完毕后14天内向承包人签发交工证书。证书中写明按合同规定本合同工程的交工日期(即验收小组决定的签发交工证书的日期),同时办理合同工程的移交管养工作。交工证书签发并移交管养后,承包人即不再负责对本工程的照管和维护。本工程即进入缺陷责任期。

对交工验收可能出现的例外情况,作如下处理:

(1)如果业主未能在上述规定的时间内组织交工验收,则业主应从规定期限最后一天的次日起承担延期验收的工程照管和养护费用;或发给交工证书的工程不能立即移交管养时,承包人仍应继续负责工程照管和养护。监理工程师在与承包人和业主协商后,应确定与此相关的工程照管与养护费用补偿额并加到合同价格上,通知承包人,抄送业主。

(2)如经交工检验认为工程质量虽合格,但某些工程影响使用尚需整修和完善,且不同于缺陷责任期内的缺陷修复,则应缓发交工证书,限期修好。待整修和完善工作完成,经监理工程师复查认可达到质量要求并报请交工验收小组核批后,再发给交工证书。

(3)如经交工验收认为工程质量达不到合格标准,则监理工程师应根据交工验收小组的意见,在验收工作完毕后7天内向承包人发出指令,要求承包人对不合格工程认真返工重做或进行补救处理。承包人在完成上述不合格工程的返工与补救工作后,应重新提出交工验收申请,经交工验收小组复验认为达到合格标准后才发给交工证书。

组织办理交工验收和签发交工证书的费用由业主承担。但按照(3)项,达不到合格标准的交工验收费用由承包人承担。

单项工程的交工 **48.2** 第48.1款规定的程序与处理办法也适用于合同规定有单独工期的单项工程。

竣工文件 **48.3** 承包人应按照交通部的《公路工程竣工验收办法》的规定和其附件一的内容和要求编制竣工图表和施工文件。各分部(项)工程的竣工图须在有关工程完工后在业主规定的时间内提交监理工程师审查,全部工程完工后,在全部工程的交工证书签发之前,承包人须向业主提交6整套监理工程师认为完整、合格的竣工文件。在缺陷责任期内应补充竣工资料,应在签发缺陷责任证书之前提交。

竣工验收与鉴定书 **48.4** 当建设项目工程全部完工并合格地通过交工验收后,业主应汇总各合同段工程的交工验收报告,向上级主管部门提出竣工验收的申请。竣工验收由上级主管部门主持,由建设、质监、设计、管养、业主以及各合同段的监理工程师等有关部门代表组成竣工验收委员会,按交通部《公路工程竣工验收办法》的规定进行,对建设项目的管理、设计、施工、监理等方面做出综合评价,写出竣工鉴定书。

组织办理竣工验收的费用,由业主承担。

十、缺陷责任与保修

缺陷责任期 **49.1** 本合同条款中的"缺陷责任期",是指在投标书附录中写明的缺陷责任期,其时间从根据第48.1款规定给本合同工程签发交工证书之日算起。

完成未完工作和修复缺陷 **49.2** 在缺陷责任期满前,由业主会同监理工程师及有关部门参加,对工程进行一次全面检查,使本工程按合同所要求的条件(正常磨损除外),达到业主和监理工程师认为合格的程度,为此,承包人应:

(1)在缺陷责任期内,尽快完成在交工证书中写明的未完成工作,并完成对本工程缺陷的修复或监理工程师指令的修补工作;并应

(2)在缺陷责任期满后的14天内,按照业主和监理工程师在缺陷责任期满前检查结果而发出的指令,对存在的缺陷、病害或其他不合格之处进行修补、重建及修复。

(3)承包人在缺陷修复施工过程中,应服从管养单位的有关安全管理规定,由于承包人自身原因造成的人员伤亡、设备和材料的损毁及罚款等责任由承包人自负。

缺陷修复的费用 **49.3** 在缺陷责任期内,下述原因造成的缺陷修复费用应由承包人自行负责:

(1)承包人所用的材料、设备或操作工艺不符合合同要求;或

(2)承包人的疏忽或未遵守合同中对承包人规定的义务。

如果监理工程师指令承包人修复的缺陷是不属于上述原因造成的,则监理工程师应根据第52条的规定,在与承包人协商并报业主批准后,确定合同价格的增加额,通知承包人,并抄送业主。

承包人未能执行指令 **49.4** 如果承包人未能在规定的时间内执行49.2(1)(2)所述指令,则业主有权雇用其他人从事这些工作并支付报酬。如果监理工程师根据合同判定这些工作应是承包人自费进行的工作,则监理工程师在与业主和承包人适当协商后应确定由此造成的或伴随产生的费用,此项费用应由承包人负责,业主可从应退还给承包人的保留金中扣除或向承包人索回。监理工程师应通知承包人,并抄送业主。

缺陷的调查 **50.1** 在缺陷责任期内,如果在本合同工程中出现任何缺陷、病害或其他不合格之处,则监理工程师可指令承包人,并抄送业主,会同监理工程师一起调查上述缺陷、病害或其他不合格之处的原因。如果调查结果确定是属于承包人的责任所造成,承包人应根据第49.3款规定自费修复上述缺陷、

病害或其他不合格之处。

保 修 期 50.2 在缺陷责任期结束后,监理工程师签发缺陷责任期终止证书之日,工程进入保修期①,在保修期内承包人应对由于施工质量原因造成的损坏进行自费修复。若承包人不履行保修义务和责任,则承包人应承担由于违约造成的法律后果。

十一、变动、增加和取消

变 更 51.1 如业主或监理工程师认为有必要时,可根据2.1款的规定对本合同工程或其任何部分的结构形式、质量、等级或数量做出变更,为此,监理工程师有权指令承包人进行下述变更、增加或取消:

(1)增加或减少本合同中的任何工程的数量;

(2)取消合同中的任何单项工程;

(3)改变合同中的任何工作的性质、质量或种类;

(4)改变本工程任何部分的标高、线形、位置和尺寸;

(5)完成本工程所必需的任何种类的附加工作;

(6)改变本工程任何分项工程规定的施工顺序或时间安排。

上述变更均不应使本合同作废或无效。所有这类变更(如果有)的结果应该根据第52条规定予以作价。但是,如果发出本工程的变更指令(简称变更令)是因承包人过错、承包人违反合同或承包人责任造成的,则这种违约引起的任何额外费用应由承包人承担。

变更的指令 51.2 没有监理工程师的指令,承包人不能进行任何工程变更。但如果工程量的增减是由于其实际工程量超过或少于工程量清单中估算的数量而并非监理工程师指令的结果,则这类增减不需变更指令。

变更后的作价 52.1 变更工程价格的增加或减少额,应以工程量清单中的单价或总额价为依据。如果工程量清单中未包含适用于变更工程的单价,则采用工程量清单中监理工程师认为适合的单价用于作价的依据。如果不适合,则由监理工程师和承包人协议一个合适的单价或总额价并报业主批准。如果不能达成协议,则监理工程师应根据情况在报业主批准后,定出他认为合理的单价或总额价,并通知承包人,抄送业主。如果此单价或总额价一时不能议定,监理工程师可以确定暂时的单价或总额价,作为暂付账款列入根据第60条规定签发的期中支付证书中,待议定后再在其后的期中支付证书中调整。

监理工程师确定单价的权力 52.2 如果变更的工程的性质或数量,占整个工程的比例较大,使涉及的工程细目原有的单价或总额价因此而不合理或不适用时,由监理工程师和承包人议定一个合适的单价或总额价并报业主批准。当不能达成协议时,监

注:①工程保修期一般为5年,若路基工程(含隧道、桥涵)与路面工程分开招标,5年保修期从最后完工的工程项目开始计算。桥梁工程的保修期可适当延长。

理工程师应根据情况在报业主批准后，定出他们认为合理的单价或总额价，并通知承包人，抄送业主。

但是，如果合同的工程量清单中某一个支付细目所列的“金额”或“合价”超过签约时合同价格的2%，而且该支付细目变更后的工程实际数量超过或少于工程量清单中所列数量的25%，则该支付细目的单价或总额价应予以调整。

对根据第51条规定指令的变更的工程，应在监理工程师指令发出后7天内并在变更的工程（取消了的工程除外）开始实施之前，发出下列通知：

(1)由承包人将其要求增加付款或变更单价或总额价的意向通知监理工程师；或者

(2)由监理工程师将其变更单价或总额价的意向通知承包人。

若无上述(1)或(2)所述的通知，不考虑按第52.1款或本款的规定对单价或总额价予以作价或重新定价。

变更超过15% 52.3 如果在签发交工证书时，发现合同价格的增加或减少总共超过“有效合同价格”的15%（这里的“有效合同价格”是指扣除暂定金额后的合同价格），这种总额超过或减少15%或以上是产生于：

(1)根据第52.1和52.2款作价过的全部变更的工程累计结果；和

(2)根据实际计量对工程量清单中的估算工程量所做的一切调整，但不包括暂定金额和物价因素价格调整。

如果发生这种情况，监理工程师应与业主和承包人协商后确定一笔管理费调整额，从合同价格中扣除或加到合同价格上。该调整金额是针对承包人用于本合同的现场管理费及总管理费中不受上述(1)(2)调整额影响的相应间接费的合理调整①。监理工程师应将根据此款规定做出的决定通知承包人，并抄送业主。这笔调整金额应只依据上述增加或减少超过有效合同价格的15%的那一部分款额（如为正值，管理费向下调；如为负值，则向上调）。

中小型项目，如项目专用条款另有规定，可不考虑此项调整。

计日工 52.4 **监理工程师如认为必要或可取**，可以指令按计日工完成任何需变更的工作。对于这种变更的工作，应按合同中包括的计日工明细表中所定的细目，和承包人在其投标书中对此所报的单价或总额价，向承包人付款。

承包人应向监理工程师提交已付款的凭证、收据或其他凭单，并应在订购材料之前，向监理工程师提交订货报价单，以供批准。

注：①工程数量调整与变更过多，累计超过15%，意味着工程规模的扩大或缩小，直接费随之调整了，但单价中还包含一些间接费（比如预制厂、加工场）并未因工程规模增大而扩大，只是增加了利用率，但也随着工程量增加而上调，承包人因此而受益；反之，又会因工程量大量削减而吃亏，所以才有这一条管理费的调整。

对所有按计日工方式施工的工程,承包人应在该工程持续进行过程中,每天向监理工程师提交从事该项工作的所有工人的姓名、工种及工时的清单一式两份,以及表明该项工程所用的材料和承包人装备(计日工明细表中已包括在劳务费用中的承包人装备除外)的名称和数量的报表一式两份,如果清单和报表的内容正确或经同意时,应由监理工程师在每种清单和报表的一份上签字,并退还给承包人。

在每月结束时,承包人应向监理工程师送交一份所用劳务、材料和承包人装备(以上提到的除外)的附有价格的账单,除非已完全而准确地提交了上述清单与报表,否则,承包人无权获得任何款项。但如监理工程师认为承包人由于某种原因不可能按上述规定报送清单或报表,他仍应有权核准为此种工作付款。此项付款可以是对该工程所用的劳务、材料和承包人装备按计日工计算的,也可以是按监理工程师认为是对该项工程公平合理的价格计算。

十二、索赔程序

索赔通知 53.1 如果承包人根据本合同条款中任何条款提出任何附加支付的索赔时,他应在该索赔事件首次发生的21天之内将其索赔意向书提交监理工程师,并抄送业主。

当时的记录 53.2 在第53.1款所指事件发生时,承包人应保存当时的记录,作为申请索赔的凭证。监理工程师在接到第53.1款所述的索赔意向书时,无需认可是否系业主责任,先应审查这些当时记录,并可指示承包人进一步作好当时记录。承包人应允许监理工程师审查其保存的全部记录,当监理工程师要求时,应向监理工程师提交记录的复制件。

索赔的证明 53.3 在根据第53.1款规定发出索赔意向书后的21天内,或监理工程师同意的另一期限内,承包人应送交监理工程师一份拟索赔款额的详细账目,并说明索赔所依据的理由。如索赔的事件具有连续性,上述账目应认为是一笔暂时账目。承包人应在监理工程师要求的间隔时间内,送交继发的暂时账目和索赔理由。并在此索赔事件终止后21天之内送出最后账目。承包人还应将本款规定送交监理工程师的全部账目的复制件送交业主。

不合规定 53.4 如果承包人提出的索赔要求未能遵守本条中的各项规定,则承包人无权得到索赔或只限于索赔由监理工程师按当时记录予以核实的那部分款额。

索赔的支付 53.5 监理工程师应对承包人根据上述各款规定提供的索赔证据和详细账目进行审查核实,在与业主和承包人协商后,确定承包人有权得到的全部或部分的索赔款额,并按第60条规定列入核签的期中支付证书或最后支付证书内予以支付。监理工程师应将此决定通知承包人,并抄送业主。

十三、承包人装备、临时工程和材料

本工程专用的承包人装备、临时工程和材料 54.1 由承包人为本工程提供的一切承包人装备、临时工程和材料，一经运到现场，即视为供本合同工程施工专用。承包人除了将上述物品在现场内转移外，若无监理工程师的同意，不得将上述物品或其中任何部分运出现场，但运输车辆进出现场可不需经监理工程师的同意。

本款上述规定并不表明监理工程师对所涉及的进场材料或其他物品的批准。

业主对损坏不负责任 54.2 业主无论何时均不对承包人装备的损失或损坏负责；除第20条和第65条规定者外，业主也不对临时工程或材料的损失或损坏承担任何责任。

承包人装备的租用条件 54.3 在根据第63条规定终止合同时，为了保证本工程的施工，业主或其雇用的其他承包人仍可继续使用承包人已租用的装备，其租用条件都应与租给承包人的条件相同。

列入分包合同 54.4 如果承包人签订本合同工程任一部分工程的分包合同，承包人应将本条中有关分包人的装备、临时工程或材料运入现场的各项规定也写进上述分包合同。

十四、计量

工程量 55.1 工程量清单中开列的工程量是根据本工程的设计提供的预计工程量，不能作为承包人在履行合同义务中应予完成工程的实际和准确的工程量。

未填单价或总额价的细目 55.2 合同中未在工程量清单中填入单价或总额价的工程细目，将被认为其已包含在本合同的其他细目的单价和总额价中，业主将不另行支付。

工程的计量 56.1 除另有规定外，监理工程师应该根据《公路工程施工监理规范》JTJ 077—95中6.2节和合同规定，对承包人提出的已完工程量通过计量来核实工程量和确定其价值，并据此价值按照第60条的规定向承包人支付。

承包人应派代表参加计量工作，并应提供计量所需的一切详细资料和必要的人员、设备及有关永久工程的记录与图纸。

如果承包人未派人参加上述计量，则由监理工程师所作的计量应认为是对工程的正确计量。如果承包人对监理工程师计量核实结果不予同意，应在7天之内向监理工程师提出申辩，监理工程师收到此申辩后，应会同承包人复查对记录和图纸的计量审核，或予确认，或予修改。如果承包人不参加此复查，则应认为监理工程师复查核实结果是正确的。

计量方法 57.1 工程的计量应以净值为准，除非合同对部分工程另有规定。

总额支付细目的分目 57.2 承包人在签订合同协议书后28天之内，并在总额价支付细目支付前应向监理工程师提交其工程量清单每个总额支付细目的分目。该分目须经监理工程师的批准。

十五、暂定金额

"暂定金额"的定义 58.1 "暂定金额"是指包括在合同之内,并在工程量清单中以"暂定金额"名称标明的一项金额,是为了:

(1)实施本工程中尚未以图纸最后确定其具体细节或某一工程部分或在施工过程中可能增加的工程细目或支付细目,如大桥荷载试验,或可能增加一个匝道收费亭(举例)等,而这些细目或附属、零星工程在招标时尚未能肯定下来,可列为专项暂定金额,或

(2)为了专项工程施工或供货、供材、供设备而由特殊分包人或供货人提供专业服务(如铁路分离立交);或

(3)留作不可预见费,或用于计日工(如有规定,参见第三卷第7篇工程量清单A.说明之12条)。

除合同另有规定外,暂定金额应由监理工程师报业主批准后指令全部或部分地使用,或者根本不予动用。承包人有权得到的暂定金额应限于监理工程师根据本条规定决定动用暂定金额的工程、供应或不可预见费用方面的金额。监理工程师应将根据本款做出的每项决定报业主批准并通知承包人。

暂定金额的使用 58.2 对于经业主批准的每一笔暂定金额,监理工程师有权向承包人发出为实施工程或提供货物、材料、设备或服务的指令。这些指令可以:

(1)由承包人完成,在这种情况下应付给承包人的金额为根据第52条确定的金额;或

(2)由下文所定义的特殊分包人或特殊供货人完成,在这种情况下承包人的应得的款额应根据第59.4(3)款确定并支付。

凭证的出示 58.3 当监理工程师提出要求时,承包人应出示有关暂定金额支出的所有报价单、发票、凭证和账单或收据,但如果该工作是根据投标文件列明的单价或总额价而作价的则不在此例。

十六、特殊分包人或供货人

特殊分包人或供货人 59.1 为了履行合同中某专业化的或需特殊专业资质要求的工程施工或提供关键的、专项的材料、设备的供货,以及由于承包人违约业主需雇用其他承包人完成部分工程,业主应通过公开招标或邀请招标方式选定施工单位或供货单位作为业主的特殊分包人或供货人。并要求承包人与进行专项施工或供货分包的特殊分包人或供货人签订分包合同。

特殊分包人(或供货人)与承包人的责任划分 59.2 有关特殊分包的合同中,特殊分包人(或供货人)应独立地承担其合同责任和义务,不使承包人对业主承担的合同责任和义务受到损害,也不使承包人承担因特殊的分包人(或供货人)未能履行责任、义务而引起的索赔、赔偿、诉讼费用及其他开支。承包人对于特殊分包人(或供货人)及其职工的过失而造成的损失不承担任何责任;此外,特殊分包人(或供货

人)对承包人的临时工程不能随意使用。

如果特殊分包合同中含有与上述规定有悖的条款,承包人有权拒绝与此特殊分包人(或供货人)签订合同。

明确规定设计要求 59.3 如果要求特殊分包人为本工程或工程中设备提供设计或规范,则这种要求应在特殊的分包合同中写明,并明确:对于提供上述设计与编制规范的特殊分包人的设计错误或失职及引起的一切索赔、诉讼、赔偿,承包人概不负责。

承包人与特殊分包人的相关支付 59.4 对于特殊分包人或供货人已完成的工程或已提供的货物、材料、设备,承包人应有权得到下述款项:

(1)按照监理工程师的指令,并根据特殊分包合同的约定,由承包人已支付或应支付的实际价款;

(2)承包人向特殊分包人已提供的劳务费用。此费用应按已列入工程量清单的此项(如列有)款额计价,或如果监理工程师按第58.2款(1)规定发出过指令,则按该条款规定确定此项劳务费用;

(3)承包人对特殊分包人应收取的手续费、利润提成,其金额应按已支付或应支付给特殊的分包人的实际价款的某一百分率计算。该百分率在特殊分包合同中由承包人与特殊分包人协商确定,并经监理工程师认可。

对特殊分包人的支付证书 59.5 对于特殊的分包人或供货人已完成的工程或已提供的货物、材料或设备款额的支付,监理工程师在签发支付证书之前应要求承包人提供证明,确认先期的支付证书中包含的该特殊分包人的有关费用已由承包人支付;如果承包人未提供这样的证明,业主有权根据监理工程师签发的证书,直接向特殊分包人支付分包合同内规定而承包人未支付的一切款项(扣除保留金),并从应付给承包人的款项中将上述款额扣回。监理工程师在发给承包人下一期的支付证书时,应从该证书的支付款额中扣除已由业主直接支付的款额。

十七、证书和支付

月结账单 60.1 承包人应在每月末向监理工程师提交由其项目经理签署的按监理工程师批准格式填写的月结账单一式6份,该结账单包括以下栏目,承包人应逐项填写清楚:

(1)自开工截至本月末止已完成的工程价款;

(2)自开工截至上月末已完成的(已实际结算的)工程价款;

(3)本月完成的(应结算的)工程价款,即(1)~(2);

(4)本月完成的(应结算的)计日工价款;

(5)本月应支付的暂定金额价款;

(6)本月应支付的(按60.7款)已进场将用于或安装在永久工程中的材料、设备预付款;

(7)根据合同规定,本月应结算的其他款项;

(8)费用和法规的变更发生的款额(按第70条规定办理);
(9)本月应扣留的保留金和扣回的材料、设备预付款及开工预付款(分别按60.3、60.8、60.6款规定办理);
(10)根据合同规定,本月应扣除的其他款项。

月支付 60.2 监理工程师在收到上述月结账单后21天或专用条款数据表中另有规定的天数内应签发期中支付证书,签发时应写明他认为应该到期结算的价款及需要扣留和扣回的款额并报业主审批。如果该月应结算的价款经扣留和扣回后的款额少于投标书附录中列明的期中支付证书的最低金额,则该月监理工程师可不核证支付,上述款额将按月结转,直至累计应支付的款额达到投标书附录中列明的期中支付证书的最低金额为止。

保留金的扣留 60.3 保留金应按投标书附录中规定的百分率乘以第60.1款的(3)、(4)、(5)、(7)、(8)子款规定承包人应得的款额,从每期应支付给承包人的工程结算款额中扣留,直至保留金的金额达到投标书附录中规定的限额为止。

保留金的退还 60.4 在整个工程缺陷责任期满并发给缺陷责任终止证书后14天内,监理工程师签发保留金支付证书,将保留金退还给承包人。

开工预付款的支付 60.5 在承包人提交了履约担保和签订了合同协议书并提交了开工预付款担保14天内,监理工程师应按投标书附录中规定的金额签发开工预付款支付证书,并报业主审批。

开工预付款的担保金额应等于开工预付款额,提供这种担保的银行须与前述第10.1款的要求相同,所需费用由承包人承担。银行保函的正本由业主保存,该保函在业主将开工预付款全部扣回之前一直有效,担保金额将随开工预付款的逐次扣回而减少。

业主应在该支付证书收到后14天内核批,并支付开工预付款的70%的价款;在投标文件载明的主要设备①进场后,再支付预付款30%。承包人不得将该预付款用于与本工程无关的支出,监理工程师有权监督承包人对该项费用的使用,如经查实承包人滥用开工预付款,业主有权立即通过向银行发出通知收回开工预付款保函的方式,将该款收回。

开工预付款的扣回 60.6 开工预付款在期中支付证书的累计金额未达到合同价格的30%之前不予扣回,在达到合同价格30%之后,开始按工程进度以固定比例(即每完成合同价格的1%,扣回开工预付款的2%)分期从各月的期中支付证书中扣回,全部金额在期中支付证书的累计金额达到合同价格的80%时扣完。

材料、设备预付款的支付 60.7 业主应给承包人支付一定比例的材料、设备预付款,以供购进将用于和安装在永久工程中的各种材料、设备之用。此项金额应按投标书附录中写明的主要材料、设备单据所列费用(进口的材料、设备为到岸价,国内采购的为出厂价或销售价,地方材料为堆场价)的百分比支付。其条件是:

注:①应载明工程初期尤其是土石方工程的关键设备,业主应在专用条款中写明要求哪些主要设备此时必须进场。

(1)材料、设备符合规范要求并经监理工程师认可；

(2)承包人已出具材料、设备费用凭证或支付单据；以及

(3)材料、设备已在现场交货，且存储良好，监理工程师认为材料、设备的存储方法符合要求。

则监理工程师应将此项金额作为材料、设备预付款计入下一次的期中支付证书中。这种支付不应被视为是对上述材料或设备的批准。

在预计竣工前3个月，将不再支付材料，设备预付款。

材料、设备预付款的扣回 **60.8** 当材料、设备已用于或安装在永久工程之中时，材料、设备预付款应从期中支付证书中扣回，扣回期不超过3个月。已经支付材料、设备预付款的材料、设备的所有权应属于业主，工程竣工时所有剩余的材料、设备的所有权应属承包人。

证书的改正 **60.9** 监理工程师可用签发期中支付证书的方式对他过去签发的任何证书作更正或修改。如果监理工程师认为任何正在进行的工程不符合合同要求，监理工程师有权在任何一次期中支付证书中扣除或折减该工程的价款。

交工结账单 **60.10** 在合同工程交工证书签发后42天之内，承包人应以监理工程师批准的格式向监理工程师提交一份交工结账单，并附上用详细资料说明的证实文件，表明：

(1)合同规定，直到交工证书中写明的交工日期为止按合同完成的全部工程的最终价值；

(2)承包人认为应付给他的其他款项；以及

(3)承包人认为本合同项下（整个合同期）到期应付给他的各项款额的估算值。

上述(3)款各项款额估算值应在完工结账单内单独填报。监理工程师应根据第60.2款规定核证此支付，并报业主审批。这时，如果发生47.1款所述的拖期损失偿金，业主应予扣除。

最后结账单 **60.11** 在根据第61.1款规定发出缺陷责任终止证书后的28天之内，承包人应以监理工程师批准的格式向监理工程师提交一份最后结账单草案，并附上详细的证实文件，供监理工程师考虑，表明：

(1)根据合同规定已经完成的全部工程的价值；以及

(2)承包人根据合同规定认为应该付给他的任何其他的款项。

如果监理工程师不同意或者不核证最后结账单草案的任一部分，承包人应按监理工程师的合理要求，提交进一步的资料，并对最后结账单草案作出他们之间协商同意的修改，然后由承包人编制，并向监理工程师提交双方同意的最后结账单。

如果根据监理工程师与承包人的讨论和他们之间可能商定的最后结账单草案的修改，很明显存在纠纷，则监理工程师应对最后结账单草案中不存在纠纷的部分（如果有），向业主提交期中支付证书，然后按照第67条解决纠纷。

清账书 60.12 在提交最后结账单时,承包人应给业主一份书面清账书,并抄送监理工程师,确认最后结账单中的总金额代表了根据合同规定应付给承包人的全部款项的最后结算。但是该清账书仅在根据第60.13款规定发出的最后支付证书项下的应付款已经支付,和第60.4款内所指保留金已经退还给承包人之后才生效。

最后支付证书 60.13 在最后结账单和清账书收到14天之后,监理工程师应签发一份最后支付证书报业主审批,并抄给承包人,说明:

(1)监理工程师认为根据合同规定的最后应付的款额;以及

(2)在对业主以前所付的全部款额和业主根据合同规定应得的全部款项予以确认后,业主欠承包人或承包人欠业主(视具体情况)的差额(如有)。

业主责任的终止 60.14 业主对承包人由于履行合同或工程实施而产生的或与此二者有关的任何问题或事情应不再承担任何责任,除非承包人已在他的最后结账单中列入了索赔要求。

支付期限 60.15 监理工程师根据本条或合同的其他条款发出的任何期中支付证书项下应付给承包人的款额,业主应该在收到该期中支付证书后21天内或在投标书附录中另有规定并以此为准的天数内支付给承包人;或按60.13款规定的最后支付证书项下应付给承包人的款额,业主应在收到该最后支付证书42天内支付给承包人。如果业主在上述期限内未能付款,则业主应按投标书附录中规定的利率向承包人支付全部未付款额的利息,付息时间从应付而未付该款额之日算起(不计复利)。本款的规定不影响承包人在第69条项下的合法权利。

缺陷责任终止证书 61.1 只有在签发了缺陷责任终止证书,写明承包人实施和完成本合同工程及其缺陷修复的义务已经完成,并达到合同文件规定的预期要求时,才能认为本合同已经结束。缺陷责任终止证书应由监理工程师核签报经业主同意后,由业主在缺陷责任期终止后21天之内发给(如果在合同工程中某单项工程有单独的缺陷责任期的情况下,则为最迟的那个缺陷责任期的终止)。或者根据第49和50条的规定,任何已指令进行修复的工程已经完成,并达到合同文件规定的预期要求后尽快签发。此缺陷责任终止证书应视为构成本合同工程已经完成的批准文件。

保修期终止证书 62.1 颁发了缺陷责任终止证书后工程进入保修期。承包人和业主仍应负责履行合同规定的责任和义务。在工程保修期终止后28天内,由监理工程师签发保修期终止证书。

十八、承包人违约

承包人的违约 63.1 如监理工程师向业主证明(抄送承包人)认为承包人有下述情况:

(1)无视监理工程师事先的书面警告,一贯或公然忽视履行其合同规定的义务;或

(2)违反第15.1款关于按投标文件及时配备称职的关键管理与技术人员的规定,或违反第15.2款承包人承诺配备的关键施工设备;或

(3)在接到根据第37.3或39.1款关于修复或运走、替换不合格材料、设备的规定发出的通知或指令后的28天内不遵守该通知或指令;或

(4)无正当理由而未能根据第41.1款规定开工;或在接到第46.1款规定的通知后的28天内无正当理由未能采取措施加快进行本工程或其关键部分的施工;或

(5)发生了第4.1款规定的违规分包的情况;或

(6)在保修期内,承包人不履行合同义务;或

(7)违反合同专用条款可能规定的其他重要规定。

则业主在向承包人发出书面通知的14天内未见纠正后,可以向承包人课以专用条款中规定的违约金。

承包人违约而终止合同 63.2 如果根据我国法律,认为承包人已强制性破产、企业清理或解散(为合并或重组而进行的自动清理除外),或承包人已经违反第3.1款关于禁止转包的规定,则业主可以进驻现场和接管本工程,终止承包人在本合同项下的承包,但不因此解除合同规定的承包人的任何义务和责任,或影响合同赋予业主或监理工程师的各种权利和权限,业主可自行完成该工程,或雇用其他承包人完成该工程。业主或上述其他承包人为了完成本工程,可以使用他们认为合适数量的承包人装备、临时工程和材料。

合同终止之日的估价与终止后的支付 63.3 在业主进驻现场和终止本合同之后,监理工程师应通过协商和调查询问之后,尽快地确定并认证:

(1)在业主进驻和终止合同时,承包人根据合同实际完成的工程已经合理地得到的或理应得到的款额(如有),以及

(2)未使用或部分使用过的材料、承包人装备和临时工程的价值。

在业主因承包人违约而终止承包人在本合同项下的承包情况下,业主将暂停向承包人支付任何款额;在本工程缺陷责任期满之后,再由监理工程师查清承包人实施和完成本工程与缺陷修复应结算的费用,应扣除的完工拖期损失偿金(如有)以及业主已实际支付给承包人的各项费用,并予以证实。

在监理工程师的查清证实后,承包人仅能得到原应支付给他的已完合格工程的款额,并扣除上述应扣款额之后的余额。如果应扣款额超过承包人应得的原应支付给他的已完工程的款额,此超出部分款额应被视为承包人欠业主的应还债务,由承包人支付给业主。

契约利益的转让 63.4 在法律许可范围内,在第63.2款所指的进驻和终止合同后的14天内,如果监理工程师有指令,承包人应将为本合同工程已经签订的提供任何货物或材料或服务的契约利益,和(或)本合同中任何工程的施工协议的利益转让给业主。

十九、补救措施

紧急补救工作 **64.1** 无论在工程施工期或在缺陷责任期内,如果本工程中发生事故、失误,监理工程师认为急需进行补救以确保工程安全,经通知承包人后承包人无能力或不愿立即进行此类工作时,则业主有权雇用其他人员实施监理工程师认为必须做的工作,并支付有关费用。如果监理工程师认为由业主按此方式完成的上述补救工作,按合同规定本应由承包人负责以自费进行的,则因此引起的或伴随发生的全部费用,应由监理工程师在与业主和承包人适当协商后确定其款额,由业主向承包人索回,或由业主在应付或到期应付给承包人的款项中扣除,监理工程师应就此通知承包人,并抄送业主。但在任何上述紧急事件发生后,监理工程师应在实际可行的情况下,先尽快地通知承包人。

二十、特殊风险

特殊风险 **65.1** 在第20.4款所列的业主风险中,下列风险应划归于特殊风险。

(a)战争,入侵;和在工程现场发生了:

(b)核反应、辐射或放射性污染;

(c)空中飞行物体坠落或非业主亦非承包人责任造成的爆炸、火灾;

(d)暴乱、骚乱。但纯属承包人或其分包人派遣与雇用的人员由于本合同工程施工原因引起者除外。

承包人对特殊风险不承担责任 **65.2** 由于第65.1款所列出的任何一种特殊风险而发生的本工程破坏或损害或业主的或第三方的财产的破坏或损失或人身伤亡,承包人均不应承担赔偿或其他责任。

特殊风险对工程的损害 **65.3** 如果由于上述特殊风险致使本工程或材料、设备、施工机械在现场或其附近或在运输过程中遭到破坏或损害时,根据合同规定承包人应有权对上述受到破坏或损害的已实施的永久工程和上述范围内的材料或设备得到付款(已经保险者除外)。当监理工程师可能要求时或可能是完成工程所必需时,承包人应实施下述工作并应得到付款;

(1)修复遭受上述破坏或损害的工程;以及

(2)更换或修复上述损坏的承包人装备。

监理工程师应根据第52条规定在与承包人协商并报业主批准后,确定合同价格的增加额,并通知承包人,抄送业主。

由特殊风险引起的费用增加 **65.4** 除非按65.5款终止合同,业主应偿还承包人因特殊风险在施工方面产生的附加费用(但在特殊风险发生之前根据第39条的规定已宣告为不合格的工程的重建费用除外),而承包人应尽快将此增加的费用通知监理工程师。监理工程师在与承包人协商并经业主批准后,应确定与此有关的应加到合同价格上的费用款额,并通知承包人,抄送业主。

由特殊风险而终止合同 65.5 在合同执行过程中,如果发生上述特殊风险,承包人应继续尽最大努力实施和完成工程,除非此种特殊风险的发生对本工程施工有重大实质性影响而不可能继续履行合同,在这种情况下,业主应有权通知承包人终止合同。一经发出此项通知,除按本条规定和执行第67条规定的各方权利外,本合同即告终止,但不损害双方中任何一方对另一方在此以前发生的任何违约所应有的权利。

终止合同时承包人装备的撤离 65.6 如果根据第65.5款的规定终止合同,则承包人应尽快地从现场撤离一切承包人装备,并为其分包人的尽快从现场撤离提供同样的便利。

终止合同的支付 65.7 如果合同按前款予以终止,则业主应向承包人支付终止之日前已完成的全部工程的费用,其范围限于在已给承包人的暂付款中尚未包括的款额与款项,其单价和总额价应按合同的规定。另外还应支付下述费用:

(1)在工程量清单中100章驻地建设等总额支付细目的应付款额,只要这些细目中的工作或服务已经进行或履行,或其中的工作或服务已经部分履行了的相应比例的费用;

(2)已经交付承包人或承包人有责任收货的、为本合同工程合理订购的材料、设备或货物的费用,业主一经支付此项费用,该材料、设备或货物即成为业主的财产;

(3)作为已合理开支的、确实属于承包人为了完成本合同工程而预期开支的任何款额,而该项开支还没有包括在本款提及的各项其他支付之内;

(4)根据第65.3和65.4款规定应支付的任何附加款额;

(5)根据第65.6款规定撤离承包人装备的合理开支部分;

(6)承包人的员工在上述合同终止时的合理遣返费。

但是,业主除按本款规定支付上述费用外,应有权要求承包人偿还各项预付款的未结算余额,以及在合同终止之日,按合同规定应由业主向承包人收回的任何其他款额。

根据本款规定应支付的费额,应由监理工程师在与承包人协商并报业主批准后确定,然后通知承包人,抄送业主。

二十一、合同履行的解除

解除履行合同时的付款 66.1 在发出中标通知后和在合同履行过程中,如果发生双方无法控制的情况,使双方任何一方不可能或不能合法履行其合同义务时,或根据法律导致双方解除合同而不再继续履行时,则应由业主支付给承包人的已建工程款额,此款额应与根据第65条终止合同时的规定向承包人应结付的款额相同。

二十二、合同纠纷的解决

监理工程师的裁定 67.1 无论在施工过程中或在工程竣工之后,无论在本合同的失效或终止之前或之后,如果业主和承包人之间就本合同文件的条款、规定、规范、图纸、质量与进度要求、支付与扣除,延期与索赔、调价发生任何法律上、经济上或技术上的纠纷,包括对监理工程师作出的任何指示、指令、决定、评定、认证和估价发生纠纷,则纠纷中的问题,首先应根据本条规定书面提交监理工程师解决,并抄给另一方。监理工程师在收到此提交件后42天之内应将自己的裁定通知业主和承包人。

除非本合同已被终止,承包人无论在什么情况下都应尽一切努力继续完成本工程,承包人和业主应使监理工程师的上述每一项裁定付诸实施,除非并直到监理工程师的裁定按第67.2或67.3款规定的方式作出了更改。

如果监理工程师已将其对此纠纷的裁定通知了业主和承包人,而业主和承包人在收到该通知之日起的42天之内,任何一方均未向其提出要求按第67.2款进行友好协商或通过双方上级主管部门进行调解;或者在上述协商或调解并未达成协议后的42天内,任何一方也未通知另一方提出要求按第67.3款开始仲裁的意向,则监理工程师的上述裁定应是**最后的裁定**,并对业主和承包人均有约束力。

友好协商或上级调解 67.2 如果业主或承包人有一方对监理工程师的裁定有异议,或如果监理工程师在收到第67.1款所述提交件后42天内,没有发出自己的裁定通知,则双方可就纠纷事项进行友好协商或通过双方上级主管部门进行调解。协商或调解应在收到监理工程师发出的裁定通知后的42天内或监理工程师发出裁定通知中规定的期限内进行。通过协商或调解,如能达成书面协议,双方都应执行,对业主和承包人均有约束力,该协议应送监理工程师一份。如果协商或调解不能达成协议,则业主或承包人任何一方都可以在协商或调解达不成协议后的42天内通知另一方,说明自己对纠纷中的问题将提交仲裁的意向,并抄送监理工程师。该通知即确立了提出仲裁的一方按以下规定开始仲裁的权利。

仲　　裁 67.3 如果在67.2款规定的期限内,双方的友好协商或上级调解均未能奏效,而且双方中的一方已就此纠纷事项通知另一方提出要求仲裁的意向,则可据本款作为合同约定的仲裁协议,依照《中华人民共和国仲裁法》由设在项目所在省、自治区或市(有区建制的)仲裁委员会(见合同专用条款数据表)进行仲裁。仲裁具有最终法律效力。除非在合同专用条款中对本款另有删改,按照《中华人民共和国仲裁法》第五条和第十六条,双方已据本款形成有效的仲裁协议,一方不能再就同一纠纷向法院起诉。但一方按上述仲裁法第五十八条可以提出证据,向仲裁委员会所在地的中级人民法院申请撤销裁决。

仲裁可在竣工之前或之后进行，但业主、监理工程师和承包人各自的义务不得因在工程实施期间进行仲裁而有所改变。如果仲裁是在终止合同的情况下进行，则对合同工程应采取保护措施，措施费由败诉方承担。

未能遵守裁定或协议 **67.4** 在第67.1、67.2款规定的期限之内，业主和承包人都未发出对纠纷要求开始仲裁的通知，且上述有关的裁定或协议已经成为最后的和有约束力的情况下，如果任何一方未能遵守这样的裁定或协议，则另一方可在不损害他可能具有的任何其他权利的情况下，将未能遵守监理工程师裁定或不执行友好协商或上级主管部门调解达成书面协议的事项根据第67.3款的规定提交仲裁，在此情况下，第67.1和67.2款的各项程序不再适用。

仲裁费用 **67.5** 按第67.3和67.4款规定，任何纠纷事项如经仲裁机关裁决，则其仲裁费用应由败诉方承担；或按仲裁机关裁决的比例分担。

二十三、通知

致承包人的通知 **68.1** 根据本合同条款由业主或监理工程师发给承包人的一切证书、通知或指令均应通过传真或邮寄发送或派人送达承包人的住址，或承包人为此指定的其他地址。

致业主和监理工程师的通知 **68.2** 根据本合同条款致业主或监理工程师的通知均应通过传真或邮寄发送或派人送达本项目专用条款数据表指定的各有关地址。

地址的变更 **68.3** 合同双方的任何一方，经事先以书面通知另一方，均可更改其地址，并抄送监理工程师。监理工程师事先通知合同双方，也可更改其地址。

二十四、业主的违约

业主的违约 **69.1** 如果业主发生下列情况，即：

(1)在根据第60.15款规定的支付期到期后的42天之内，未能向承包人支付根据监理工程师签发的任何支付证书项下的应付款额（扣除根据合同规定有权扣除的款额后），也未向承包人说明理由；或

(2)未根据本合同任何条款而无理阻挠或拒绝对任何上述证书颁发的所需批准，

则承包人有权终止对本合同项下的承包，并通知业主，抄送监理工程师，该终止在发出通知14天后生效。

承包人装备的撤离 **69.2** 在第69.1款规定的通知发出14天之后，承包人将不受第54.1款规定的约束，可以以各种运输手段从现场撤离所有其带至现场的承包人装备。

合同终止时的支付 **69.3** 如果发生上述合同终止，业主对承包人应承担的支付义务，与根据第65条的规定终止合同时所应承担的支付义务相同。但除在第65.7款规定的各项支付之外，业主还应支付给承包人由于该项合同终止而引起的、或涉及的对承包人的损失或损害的款额。此款额应由监理工程师与承包人

和业主协商后确定,并通知承包人,抄送业主。

承包人暂停工程的权利 69.4 当第69.1款(1)所述的业主违约情况发生后,承包人可提前28天向业主发出通知并抄送监理工程师,表明承包人可能要暂停本工程施工,或放慢工程进度,承包人这种行动并不影响其根据第60.15款规定获得利息和根据第69.1款规定终止承包本合同的权利。如果承包人根据本款的规定在向业主发出通知28天后暂停施工,或者降低了工程进度率,因此而受到延误或发生额外费用,监理工程师在与承包人和业主协商后应确定:

(1)根据第44条的规定承包人应得的延长工期;以及

(2)应该加到合同价格上的上述费用款额。

并将此决定通知承包人,抄送业主。

工程的复工 69.5 当承包人按第69.4款规定发出通知后,已经暂停本工程施工或降低了工程进度率,而业主后来又支付了应付款额,包括第60.15款规定的利息。在这种情况下,如果终止合同的通知未曾发出,则承包人在第69.1款规定的终止承包的权利应停止,并应尽可能快地恢复正常施工。

二十五、费用和法规的变更

费用的增加或减少 70.1 除非合同专用条款另有规定,凡是合同预期工期在24个月以上者,在合同执行期间,由于人工和材料的价格涨落因素应对合同价格进行调整,调价时,应按下述公式计算,每年进行一次调整:

价格调整公式①

$$TJE = ZFE \cdot ZH = ZFE\left(X + a\frac{RG}{RG_0} + b\frac{GC}{GC_0} + c\frac{SN}{SN_0} + d\frac{LQ}{LQ_0} + e\frac{JX}{JX_0} + f\frac{YL}{YL_0} + \cdots - 1\right)$$

式中: TJE——对年累计支付额的调价额;

ZFE——年累计支付额;

ZH——综合调价系数;

X——支付中不进行调价部分所占的权重系数;

$a、b、c、d、e、f\cdots\cdots$——分别为人工费、钢材、水泥、沥青、机械使用费、燃油料费用等其他材料费用在合同价格中所占的权重系数;

$X = 1 - (a + b + c + d + e + f + \cdots)$;

RG_0——人工费基期价格指数;

RG——人工费当期价格指数;

GC_0——钢材基期价格指数;

注:①对于工程规模不大,而工期稍微超过24个月的工程,招标文件的专用条款中可酌情规定采用下述变通方式:对于合同执行期间劳务、材料等价格上涨对工程成本的影响,承包人在编投标文件时即应考虑确定一个"调价系数",并计入工程量清单中的各项目单价中,合同执行期间不再调整,风险自负。

GC——钢材当期价格指数；

SN_0——水泥基期价格指数；

SN——水泥当期价格指数；

LQ_0——沥青的基期价格指数；

LQ——沥青的当期价格指数。

JX_0——机械使用费基期价格指数；

JX——机械使用费当期价格指数；

YL_0——燃油料费用基期价格指数；

YL——燃油料费用当期价格指数。

在采用价格调整公式进行调价时，还应遵守以下规定：

(1)合同价格在投标所在年份不作调整，此后每年调整一次。

(2)式中基期价格指数，指投标年份(即送交投标书截止期前28天的所在年份)的价格指数，计算时采用100。

(3)式中**当期价格指数**①，采用本合同工程所在省(自治区、直辖市) 统计部门正式公布的该计算年份的《建筑业产值价格指数》②统计资料中各项相关的价格环比指数。

(4)权重系数由业主根据标底资料测算确定范围，在招标文件发出前填写；承包人应在投标时在此范围内填写各因素的权重系数，合同实施期间将按此权重系数进行调价，除非由于工程的实施或根据第51条工程的变更或其他原因，监理工程师认为某一因素的权重系数不合理或不适用，则权重系数应予以调整。

后继的法规 **70.2** 除非本合同专用条款另有规定，如果在送交投标文件截止期前28天之后，国家或省(自治区、直辖市)颁布的法律、法规出现修改或变更，因采用上述法律、法规使承包人在履行合同中的费用发生第70.1款规定的价格调整以外的增加或减少，则此项增加或减少的费用应由监理工程师在与承包人协商并报经业主批准后确定，增加到合同价上或从合同价中扣除，监理工程师应通知承包人，并抄送业主。

工程拖期的价格调整 **70.3** 如果承包人未能在投标书附录中写明的工期内完成本合同工程，则在该交工日期以后施工的工程，其价格调整计算应采用该交工日期所在年份的价格指数作为当期价格指数。但是，如果某种延期是符合第44条规定者，则在该延长的交工日期到期以后施工的工程，其价格调整计算应采用该延长的交工日期所在年份的价格指数作为当期价格指数。

注：①"当期价格指数"：当采用价格环比指数计算投标年份次年的价格调整时，即为公布的投标年份次年当年的价格指数；计算投标年份第三年的价格调整时，则为(投标年份次年的价格指数/100)×(公布的投标年份第三年当年的价格指数)；计算投标年份第四年的价格调整时，则为(投标年份次年的价格指数/100)×(投标年份第三年的价格指数/100)×(公布的投标年份第四年当年的价格指数)；按此推算。

②也可根据本省(地区)情况，由省级交通行政管理部门或省级公路管理部门委托省统计部门按月(季)专门发布公路工程人工费、机械费、材料费价格指数或价格，价格指数的来源在项目合同专用条款中写明。

二十六、其他

纳税和缴费 71.1 除合同另有规定外,按照国家现行税法和有关部门现行规定,承包人或其分包人需缴纳的一切税费,均应由承包人或其分包人承担并支付。在第二卷技术规范100章中作出具体规定。

廉政建设 72.1 在合同执行过程中,业主和承包人应严格履行《廉政合同》约定的双方在廉政建设方面的权利和义务以及应承担的违约责任。承包人如果用行贿、送礼或其他不正当手段企图影响或已经影响了业主或监理人员行为和(或)欲获得或已获得超出合同规定以外的额外费用,则业主除应按有关法纪严肃处理当事人(含业主人员和监理人员)外,因承包人的上述行为造成的工程损害、业主的经济损失等,承包人应负一切责任,并予赔偿。情节严重者,业主有权终止承包人在本合同项下的承包,因而本合同条款第63条的各项规定将随之适用。

共同的和各自分别的责任 73.1 如果承包人是联合体经营,则组成该联合体的成员都应在合同履行上共同地并分别地对业主负责。联合体应有一个被授权的、对成员单位有约束力的主办人,并应由该主办人指派的代表负责,有关文件应由该被授权的代表签署。未经业主事先同意,联合体的组成与结构不得变动。

附录2 《公路工程国内招标文件范本》(2003年版)合同专用条款

说明:合同专用条款是在通用条款中明确指出要在合同专用条款或数据表中予以具体规定的数据、信息或与工程所在地具体情况有关的规定(如异常气候条件),是必备的配套条款,不能缺少,否则通用条款就不完善。这类条款包括第2.1(2)(d)、5.2(10)、44.1(3)、52.3、60.5、63.1等有关条款。专用条款数据表是合同条款的组成部分。

项目业主单位认为需要进一步具体化的条款,或根据本地区特点或惯例需增列或删除的条款,例如优质工程的奖励条款、承包人人员、设备不到位时的违约处理办法条款等,也在本篇列出。

合同专用条款的编号应与合同通用条款一致。

在一般情况下,合同通用条款中的保险条款、开工预付款条款、材料、设备预付款条款及业主拖期付款支付利息的条款不得删除;如有特殊情况,对这些条款的修改应征得招标文件审批部门的批准。

专用条款数据表

说明:本数据表是合同条款中适用于本项目的信息和数据的归纳与提示,是合同专用条款的组成部分。第三卷投标书附录中的数据(供投标人确认)与本表所列有重复。编写招标文件的单位应仔细校核,不使数据出现差错或不一致。

序号	条款号	信 息 或 数 据
1	1.1(1)(a)	业 主: 地 址: 邮 编: (有时业主是×××交通厅,执行机构是××公路建设公司或办公室)
2	1.1(1)(d)	监理工程师: 单位: 地址: 邮编:

续上表

序号	条款号	信息或数据
3	10.1	履约担保金额:10%合同价格(如果采用最低评标价法评标,中标人还应按投标人须知第28.2款有关规定提交相应比例的银行汇票) 提交履约担保的时间:在收到中标通知书后28天内 出具履约担保的银行级别:
4	14.1	工程进度计划提交时间:承包人在与业主签订合同协议后的28天内提交给监理工程师
5	14.2	工程进度计划修订提交时间: 在确保合同工期的前提下,每三个月修订一次,在前一个进度计划的最后一个月的25日前提交给监理工程师
6	14.4	提交合同用款计划的时间: 承包人在与业主签订合同协议书后的28天内提交给监理工程师
7	21.1	工程一切险的保险费率: 保险范围:
		第三方责任险的最低投保金额:100万元人民币,事故次数不限
8	41.1	发出开工令期限:签订合同协议书之日后____天内
9	41.1	开工期:接到开工令之日算起____天内
10	42.3	临时用地最长使用期______年,每亩______元
11	43.1	工期:____个月
12	47.1	拖期损失偿金:人民币____元/天
13	47.1	拖期损失偿金限额:合同价的10%
14	49.1	缺陷责任期:____年 (缺陷责任期一般应为2年)
15	50.2	保修期:____年 (保修期一般应为5年)
16	60.2	监理工程师签发期中支付证书的时限____天(1) 期中支付证书最低限额:合同价的____%(2)或人民币______万元
17	60.3	保留金百分比:月支付额的10%
18	60.3	保留金限额:合同价的5%
19	60.5	开工预付款比例:____%合同价(3)
20	60.7	材料、设备预付款比例:____%(4)

续上表

序号	条款号	信息或数据
21	60.15	支付期限: 监理工程师签发中期支付证书后____天内 监理工程师签发最后支付证书后42天内
22	60.15	未付款额的利率:______‰/天[(5)]
23	67.3	仲裁机构:__________仲裁委员会
24	68.2	业主和监理工程师的地址、邮编:同本表第1,2项
25	70.1	本合同按调价公式调价或合同期内不调价:

注:(1)中等规模的合同段或与总监办距离不太远时,可以是14天。

(2)国际上一般按月平均支付额的0.3~0.5计算,我国可按0.2~0.3计,以利承包人资金周转。

(3) 一般应为10%。

(4)指主要材料,一般应为70%~75%,最低不少于60%。

(5)相当于商业银行短期贷款利率加手续费。招标人不能自行取消本项内容或降低利率。

参考文献

[1] 中华人民共和国合同法(1999年10月1日执行).北京:法律出版社,1999

[2] 中华人民共和国招标投标法.1999.8

[3] 中华人民共和国交通部.公路工程国内招标文件范本(2003年版),北京:人民交通出版社,2003

[4] 中华人民共和国交通部.交通部公路建设市场管理办法.2005.3

[5] 关于国务院有关部门实施招标投标活动行政监督职责分工的意见(2000年3月4日中央机构编制委员会办公室发布)

[6] 雷俊卿.合同管理.北京:人民交通出版社,1999

[7] 黄景瑗.土木工程施工招投标与合同管理.北京:知识产权出版社,中国水利水电出版社,2002

[8] 工程建设项目招标范围和规模标准规定(2000年5月1日国家发展计划委员会发布)

[9] 招标公告发布暂行办法(2000年7月1日国家发展计划委员会第4号发布)

[10] 工程建设项目施工招标投标办法(2003年3月8日国家计委、建设部、铁道部、交通部、信息产业部、水利部、中国民用航空总局发布)

[11] 中华人民共和国财政部.世界银行贷款项目招标文件范本—土建工程国内招标文件.北京:清华大学出版社,1997

[12] 中华人民共和国交通部.公路工程设计变更管理办法.2005.4

[13] 中华人民共和国仲裁法(1994年8月31日)

[14] 中华人民共和国建筑法(1997年11月1日)

[15] 中华人民共和国建设部令(第115号).建设工程勘察质量管理办法(2002年11月6日)

[16] 中华人民共和国国务院令(第293号).建设工程勘察设计管理条例(2000年9月20日)

[17] 中华人民共和国担保法(1995年6月30日)

[18] 国际咨询工程师联合会(FIDIC)编.张永波译.土木工程施工合同条件.北京:中国建筑工业出版社,1999

[19] 黄景瑗.FIDIC条款应用指南.北京:中国科学技术出版社,2003

[20] 公路工程施工监理合同范本.北京:人民交通出版社,1997

[21] 张起森,郭云开.公路工程监理工程师执业资格考试复习指南.北京:人民交通出版社,2005

[22] 韩明,邓祥发.建设工程监理基础.天津:天津大学出版社,2004

[23] 全国建筑业企业项目经理培训教材编写委员会.工程招投标与合同管理(修订版).

北京:中国建筑工业出版社,2004

[24] 江平.中华人民共和国合同法精解.北京:中国政法大学出版社,1999

[25] 张水波,何伯森.新版合同条件导读与解析.北京:中国建筑工业出版社,2003

[26] 梅阳春,邹辉霞.建设工程招投标及合同管理.武汉:武汉大学出版社,2004

[27] 田威.FIDIC合同条款应用实务.北京:中国建筑工业出版社,2002

[28] 佘立中.建设工程合同管理.广州:华南理工大学出版社,2002

[29] 何伯森.国际工程招标与投标.北京:中国水利水电出版社,1995

[30] 国际咨询工程师联合会(FIDIC).土木工程施工合同条件应用指南.北京:航空工业出版社,1991

[31] 中华人民共和国交通部.公路工程施工监理招标投标管理办法.2006

[32] 中华人民共和国交通部.公路工程施工监理规范(JTG G10—2006).北京:人民交通出版社,2006